本书获得国家社科基金资助
（项目批准号：15XFX016）

企业社会责任地方立法研究

以草原丝绸之路经济带为例

RESEARCH ON LOCAL LEGISLATION OF CORPORATE SOCIAL RESPONSIBILITY

TAKING THE LOCAL LAWS AND REGULATIONS OF GRASSLAND SILK ROAD ECONOMIC BELT AS AN EXAMPLE

朱海珅 著

社会科学文献出版社
SOCIAL SCIENCES ACADEMIC PRESS (CHINA)

前　言

丝绸之路经济带是以古丝绸之路为文化象征，以欧亚经济共同体为主要合作平台，以区域发展规划和发展战略为基础，以货币自由兑换和人民友好往来为保障，以实现各国互利共赢和亚欧大陆经济一体化为目标的带状经济合作区。草原丝绸之路经济带是丝绸之路经济带的重要组成部分，是以内蒙古为中心，向东延伸到东北三省以贯通东北亚，向西延伸到宁夏、甘肃、青海、新疆以贯通中亚、东欧和欧洲中心地带，向南与京津冀地区相连，向北连接蒙古、俄罗斯的广大区域。其在中国境内覆盖的省份主要有内蒙古、宁夏、甘肃、青海、新疆五省（区）。《中共中央　国务院关于新时代推进西部大开发形成新格局的指导意见》要求中西部各省份以共建“一带一路”为引领，积极参与和融入“一带一路”建设，区域内的企业将面临一次空前的发展机遇和严峻的挑战，必须有所为和有所不为。在企业履行社会责任方面，不仅需要政府推动、企业自愿，更需要法治予以保障。因此，研究草原丝绸之路经济带企业社会责任地方立法问题有其重要的现实意义。

《中共中央关于全面推进依法治国若干重大问题的决定》指出要加强企业社会责任立法。《中华人民共和国民法典》在《公司法》等企业社会责任立法的基础上，加入了“营利法人社会责任”的规定，这不仅扩大了企业社会责任的履责主体，也为企业社会责任国家立法和地方立法预留了立法空间。采取“民商合一”模式还是“民商分立”模式进行我国的商事立法，对企业社会责任立法将起着至关重要的指导作用。在制定商法通则中加入“商人社会责任”或者专门制定《营利法人社会责任法》都是必要的选择。在国家没有制定企业社会责任法之前，先行制定省（区）营利法人社会责任条例有其必要性、合理性。因此，研究企业社会责任地方立法有其重要的理论意义和实际应用价值。

“一带一路”倡议和统筹推进“五位一体”总体布局和协调推进“四个全面”战略布局，坚持“创新、协调、绿色、开放、共享”新发展理念，要求企业社会责任实现法治化。企业社会责任立法需要系统化、专门化，解决路径是先制定“营利法人社会责任法”，然后在制定“商法通则”时专设商人的社会责任一章。在现有国家法律对企业社会责任还没有形成体系规范的现实背景下，企业社会责任地方立法应当先行先试，由省级人大先行先试制定“营利法人社会责任促进条例”地方性法规。草原丝绸之路经济带各省（区）在区域经济与社会发展相对落后的情况下，在新时代推进西部大开发形成新格局的政策背景下，区域内的企业应当抓住机遇为促进本地区经济和社会快速发展做出自己应有的贡献。草原丝绸之路经济带亟需企业社会责任地方立法。

本书以草原丝绸之路经济带覆盖的内蒙古、宁夏、甘肃、青海、新疆的企业社会责任地方性法规文本为研究对象，运用文献研究法、文本研究法、综合分析的方法，研究了草原丝绸之路经济带企业社会责任地方立法现状及其规范的企业社会责任的具体内容，提出了企业社会责任地方立法的指导思想、基本原则以及具体内容。为此，除了绪论和结语外，本书的结构安排如下：第一章为文献综述和基本概念的厘定，主要研究了国内外企业社会责任立法及其理论研究现状，明晰了草原丝绸之路经济带、企业社会责任、地方立法三个基本概念。第二章为企业社会责任地方立法的理论依据，以权利与义务统一理论、团队生产理论、企业所有权理论为基础构建了企业社会责任义务模型，以人民主权理论、分权理论构筑了地方立法基本理论。第三章为我国企业社会责任的国家法规制，全面梳理了我国宪法、法律、行政法规对企业社会责任的规范。第四章为我国企业社会责任的地方法规制，全面梳理了我国省级地方性法规、规章对企业社会责任的文本规范，进行了立法星级评价；以立法先进的广东省为例进行了企业社会地方立法评析。第五章为内蒙古自治区企业社会责任的地方法规制，在全面研读企业社会责任地方立法文本基础上，分析了其立法内容、特色及不足。第六章为宁夏回族自治区企业社会责任的地方法规制，在全面研读企业社会责任地方立法文本基础上，分析了其立法内容、特色及不足，研究了宁夏先行制定企业社会责任地方立法的基础和可行性。第七章为甘肃省企业社会责任的地方法规制，在全面研读企业社会责任地方立法文本基础上，分析了其立法内容、特色及存在的问题。第八章为青海省企业社会责任的地方法规制，在全面研读企业社会责任地方立法文本基础上，分析了其立法内容、特色及不足。第九章为新疆维吾尔自治区企业社会责任的地方法规制，在全面研读企业社会责任地方立法文本基础上，分析了其立法内容、特色、创新点及不足。第十章为草原丝绸之路经济带企业履行社会责任状况，以区域上市公司发布的《企业社会责任报告》为研究对象，分析了上市公司履行企业社会责任的状况。第十一章为企业社会责任地方立法的法的构造，在分析企业社会责任国家立法模式选择、立法路径的基础上，研究了企业社会责任地方立法的指导思想、基本原则，设计出了省（区）营利法人社会责任促进条例地方性法规文本。

我国地方立法作为国家法的下位法，在国家大政方针和法律、法规得以有效实施方面发挥着不可或缺的作用。但因各地政治、经济、地理环境、历史、文化的不同，地方存在着一系列自身亟需解决的现实问题。因而在没有国家立法的情况下，地方立法就有必要回应本地存在的现实问题，及时制定地方性法规，有针对性地通过立法予以解决。如各地具体的或特有的自然资源和环境保护问题，少数民族就业问题，乡村振兴问题，土地沙化问题，等等。因此，地方立法先行先试既是地方立法的内在要求，也是赋予地方立法权的应有之义。

本书是国家社科基金“草原丝绸之路经济带企业社会责任立法研究”课题的结项成果，可为研究地方立法、企业社会责任领域的专家学者提供文献参考，也可作为本科生、研究生学习《立法学》《商法》《公司法》等课程的参考书，还可以作为地方立法工作者从事立法工作的参考书。

目　　录

绪 论

公司社会责任（corporate social responsibility，CSR）或企业社会责任（enterprise social responsibility，ESR）滥觞于美国，我国学者将Corporate Social Responsibility译为“公司社会责任”，是基于公司企业基本组织形式的考虑。[①] 2005年新《公司法》规定公司承担社会责任后，学界给予了很高的评价，认为是具有先进性、创造性、在国际公司立法上是比较先进的公司立法，是中国商法40年以来的一个重要创造，是我国社会主义公司法的一大特色，也是我国立法者对世界公司法的一大贡献。[②] 其后，我国不断加快企业社会责任立法步伐，其中

① “企业”与“公司”不是一个概念。它们之间，不仅外延不同，而且法律地位和法律适用皆迥然有别。将CSR译为“企业社会责任”，不只是翻译准确性的要求，还有指导实践的需要。在我国，不仅公司要承担社会责任，合伙企业和个人独资企业等非公司企业也不可推卸承担社会责任的义务。参见胡鸿高《论企业社会责任》，载《东方法学》2008年第1期，第105~113页。由于《民法通则》和《民法典》使用“营利法人社会责任”一词，企业和公司又均属于营利法人的范围，故本研究对企业社会责任、公司社会责任、营利法人三个概念在相同意义上使用，不作区分，但大多数情况下使用的是“企业社会责任”一词。

② 赵旭东主编《新公司法制度设计》，法律出版社，2006，第229页；范健：《中国商法四十年（1978-2018）回顾与思考——中国特色市场经济主体与行为制度的形成与发展历程》，载《学术论坛》2018年第2期，第26~35页；刘俊海：《关于公司社会责任的若干问题》，载《理论研究》2007年第22期，第19~22页。

将“承担社会责任”一词明确列为法律条文的就有《合伙企业法》《企业国有资产法》《食品安全法》《旅游法》《网络安全法》《民法总则》《证券法》《民法典》等，这些法律对推进我国企业社会责任运动提供了强有力的法治保障。

党和政府一直积极倡导企业承担企业社会责任，强调加强企业社会责任立法。党的十六届六中全会就曾指出，构建和谐社会要着眼于增强公民、企业、各种组织的社会责任。[①] 2014 年 10 月 23 日，党的十八届四中全会通过的《中共中央关于全面推进依法治国若干重大问题的决定》中强调，加强重点领域立法，编纂民法典，加强企业社会责任立法。《中华人民共和国民法典》第 86 条规定，营利法人从事经营活动，应当遵守商业道德，维护交易安全，接受政府和社会的监督，承担社会责任。但如何让营利法人承担社会责任，如何加强企业社会责任立法，是制定一部专门的企业社会责任法，还是在编纂商法典时将商人社会责任作为商法典分则的一篇，抑或是采取商法通则的形式等其他更为可行的立法思路，专家学者们观点各异、莫衷一是。因此，在建设社会主义法治国家的目标指引下，研究企业社会责任的地方先行立法问题，有着极其重要的理论意义和现实意义。

一 研究背景

一个国家一定时期的经济和社会发展水平，影响着相关理论研究的发展趋势，决定着国家的立法动态，企业社会责任地方立法的研究和履行现状与国家的大政方针和地区经济社会发展程度密不可分。

---

① 《中共中央关于构建社会主义和谐社会若干重大问题的决定》，见中央人民政府网，http：//www. gov. cn/govweb/gongbao/content/2006/content_453176. htm。

（一）“一带一路”倡议要求加强企业社会责任地方立法

1. “一带一路”倡议的提出及其内涵

早在中国提出“一带一路”倡议之前，世界许多国家提出过丝绸之路的政治、经济、外交战略，如 1997 年日本提出的“丝绸之路外交”战略，2002 年俄罗斯、印度和伊朗提出的“北南走廊计划”，2009 年欧盟提出的“新丝绸之路计划”，2011 年美国提出的“新丝绸之路战略”，伊朗提出的“铁路丝绸之路”计划，2012 年哈萨克斯坦开始实施“新丝绸之路”项目、蒙古国提出要建设“草原丝绸之路”等。但因上述战略或计划具有临时性、区域性和局部性，其主导性明显，范围狭窄，响应国家极少，基本没有付诸实施。[①] 而我国提出的“一带一路”倡议具有长期性、国际性和全局性的特点。

我国“一带一路”倡议，最早见于 2013 年 9 月 7 日习近平在哈萨克斯坦纳扎尔巴耶夫大学演讲时提出共同建设“丝绸之路经济带”的倡议和“五通”举措。[②] 2013 年 11 月 12 日中共十八届三中全会通过的《中共中央关于全面深化改革若干重大问题的决定》提出“加快同周边国家和区域基础设施互联互通建设，推进丝绸之路经济带、海上丝绸之路建设，形成全方位开放新格局”，正式提出“一带一路”倡议。[③] 2015 年 3 月 28 日，国家发展改革委、外交部、商务部联合发布的《推动共建丝绸之路经济带和 21 世纪海上丝绸之路的愿景与行动》中强调：根据“一带一路”走向，陆上依托国际大通道，以沿线中心城市为支撑，以重点经贸产业园区为合作平台，共同打造新亚欧大陆桥、中蒙俄、中国－中亚－西亚、中国－中南半岛等国际经

① 白永秀、王颂吉等：《丝绸之路经济带研究》，生活·读书·新知三联书店，2018，第 5~8 页。

② 《习近平谈治国理政》，外文出版社，2014，第 289 页。

③ 《中共中央关于全面深化改革若干重大问题的决定》，人民出版社，2013。

济合作走廊。[①] 截至2019年7月底，中国已累计同136个国家、30个国际组织签署了195份政府间合作文件，“一带一路”朋友圈遍及亚洲、欧洲、非洲、大洋洲、拉丁美洲。[②]

与其他国家提出的丝绸之路战略相比，我国“一带一路”倡议是政治、经济、外交、文化、法律等方面的全方位开放格局，具有历史性与现实性、区域性与全球性、经济性与综合性三个方面的特征。丝绸之路经济带是以古丝绸之路为文化象征，以上海合作组织和欧亚经济共同体为主要合作平台，以立体综合交通运输网络为纽带，以沿线城市群和中心城市为支点，以跨国贸易投资自由化和生产要素优化配置为动力，以区域发展规划和发展战略为基础，以货币自由兑换和人民友好往来为保障，以实现各国互利共赢和亚欧大陆经济一体化为目标的带状经济合作区。[③]

2. 草原丝绸之路经济带经济社会可持续发展状况

2020年2月28日，国家统计局公布的《中华人民共和国2019年国民经济和社会发展统计公报》显示：全年国内生产总值990865亿元，比上年增长6.1%；全国万元国内生产总值能耗比上年下降2.6%；西部地区生产总值205185亿元，增长6.7%；我国对欧盟、东盟进出口分别增长8.0%和14.1%；对“一带一路”沿线国家进出口总额92690亿元，比上年增长10.8%。[④] 这一系列数据，初步反映出“一带一路”倡议助推了我国特别是西部地区的经济和社会可持续发

① 国家发展改革委、外交部、商务部：《推动共建丝绸之路经济带和21世纪海上丝绸之路的愿景与行动》，https://www.yidaiyilu.gov.cn/zchj/qwfb/13745.htm。

② 中国一带一路网，https://www.yidaiyilu.gov.cn/xwzx/gnxw/102792.htm。

③ 白永秀、王颂吉等：《丝绸之路经济带研究》，生活·读书·新知三联书店，2018，第10~12页。

④ 国家统计局：《中华人民共和国2019年国民经济和社会发展统计公报》，http://www.stats.gov.cn/tjsj/zxfb/202002/t20200228_1728913.html。

展。本部分只对草原丝绸之路经济带覆盖区域经济社会发展状况进行总体分析。

(1) 草原丝绸之路经济带覆盖省（区）的战略定位。在国家“一带一路”倡议下，草原丝绸之路经济带五省（区）贯彻党中央和习近平总书记讲话精神，各自提出了在丝绸之路经济带建设中的定位。具体内容见表1。

表1 五省（区）在丝绸之路经济带建设中的定位

省份	提出时间	文件名称	定位
内蒙古	2015年11月	内蒙古自治区建设国家向北开放桥头堡和沿边经济带规划	我国向北开放的重要桥头堡和充满活力的沿边经济带
宁夏	2015年12月	宁夏参与丝绸之路经济带和21世纪海上丝绸之路建设规划	内陆开放型经济试验区、丝绸之路经济带重要战略支点
甘肃	2015年12月	甘肃省参与丝绸之路经济带和21世纪海上丝绸之路建设的实施方案	打造成为“一带一路”国际经济贸易文化合作黄金走廊
青海	2015年12月	青海省参与建设丝绸之路经济和21世纪海上丝绸之路实施方案	丝绸之路经济带的战略基地和重要支点
新疆	2014年9月	推进新疆丝绸之路经济带核心区建设行动计划（2014—2020）	丝绸之路经济带核心区

资料来源：根据五省（区）人民政府官方网站资料整理。

(2) 草原丝绸之路经济带覆盖区域经济和社会发展状况。本研究选取2014年至2019年地区国民生产总值，反映草原丝绸之路经济带故该区域实施“一带一路”倡议前后的地区经济发展总体情况①，见图1。

通过图1可以看出，新疆是国民生产总值增长幅度最快的地区，其他省（区）平稳中略有增长，内蒙古出现了滞涨后又有上升趋势。我们再从海关进出口总额进行分析。② 见图2。

① 根据国家统计局公布的《国民经济与社会发展统计公报》资料整理。
② 根据国家统计局公布的《国民经济与社会发展统计公报》资料整理。

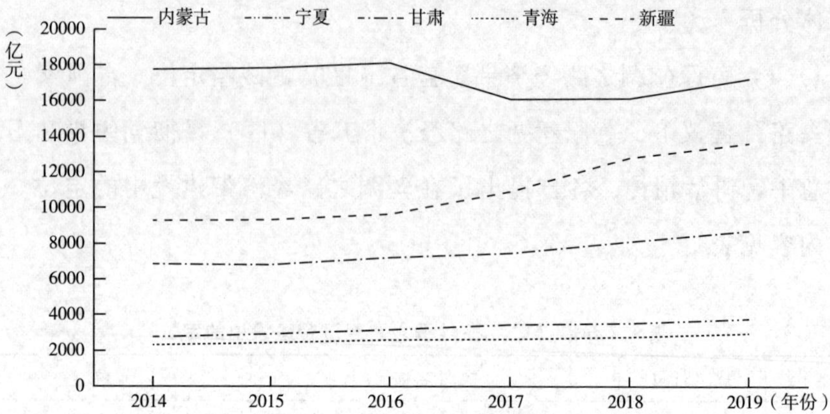

图 1　2014~2019 年草原丝绸之路经济带覆盖省（区）国民生产总值

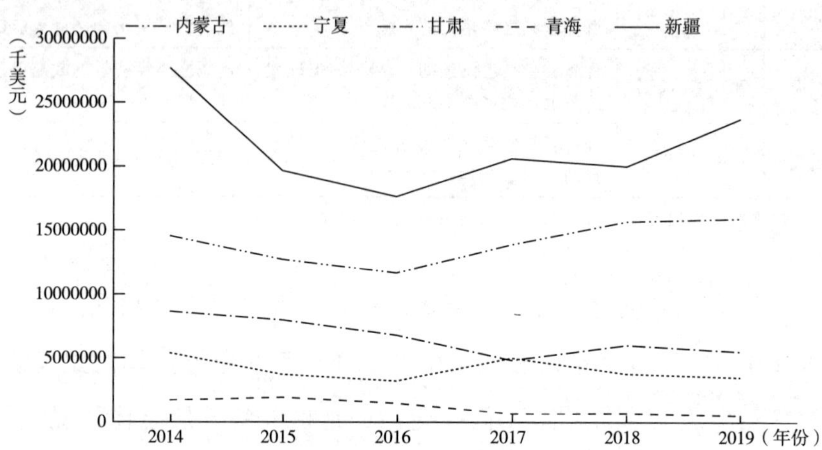

图 2　2014~2019 年经营单位所在地进出口总额

通过图 2 可以看出，新疆是进出口总额增长幅度最快的地区；其他省（区）出现平稳趋势。我们再从居民人均可支配收入进行分析①，

① 根据国家统计局公布的《国民经济与社会发展统计公报》资料整理。

见图 3。

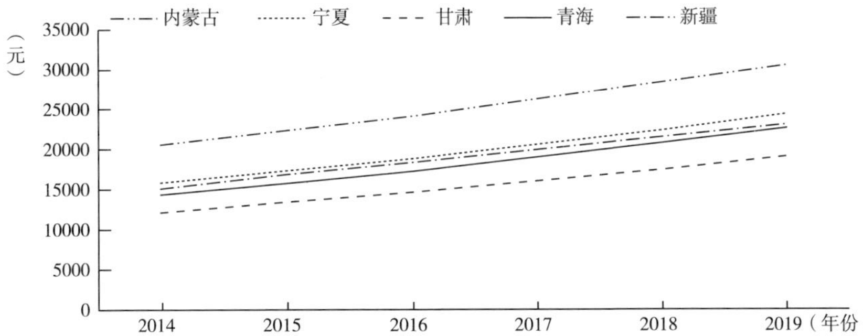

图 3 2014~2019 年地区居民人均可支配收入

通过图 3 可以看出，地区居民人均可支配收入增长幅度几乎一致，内蒙古人均可支配收入略高，其它依次是宁夏、新疆、青海、甘肃。

综上描述分析可以得知，在“一带一路”倡议下，新疆是经济社会发展最好的省区，得益于该区是“一带一路”的中心区域，也是草原丝绸之路经济带的重点区域。其它各省（区）的经济发展状况没有达到预期效果，其战略定位也没有充分体现出来。造成这种状况的原因纷繁复杂，主要原因是区位、资源、文化等优势没有得到充分的发挥，政策落实还有许多空间。但从法律角度来分析，没有充分营造出营商法律环境，与《法治政府建设实施纲要（2015—2020 年）》中提出“2020 年基本建成法治政府”的目标相差甚远是主要原因之一。根据第三方评估结果表明，地方法治政府的水平与 GDP 之间具有较强的正相关关系；居民人均收入与法治政府评分之间存在正相关关系。西部地区 2014 年和 2015 年的法治政府平均分不及格，2016 年开始达到及格线。2017 年评估结果显示，兰州、呼和浩特、包头、乌鲁木齐、喀什四市均不合格，且排名靠后。国家法治战略的整体推进，需要地方法治建设的有效实践，应有针对性地开展“法治扶贫”，通过多种方式，着力解决法治政府建设区域不平衡问题。[①] 因此，研究丝绸之路经济带企业社会责任地方立法，对响应《中共中央国务院关于新时代推进西部大开发形成新格局的指导意见》，推进西部地区法治政府建设以及经济与社会可持续发展有着极其重要的现实意义。

（二）可持续发展理念引领企业社会责任运动

二战结束后，各国经济的快速恢复，大量跨国公司出现，随之带来的是自然资源遭到破坏、环境问题日益突出，劳工成批失业，社会贫富日益悬殊等问题。国际组织开始反思经济活动给人类社会带来的负面影响，着手制定国际法律文件规范企业行为。如 1962 年联合国大会通过的《关于自然资源之永久主权宣言》，1965 年欧洲委员会制定的《欧洲社会宪章》，1972 年联合国人类环境会议通过的《联合国人类环境会议宣言》，1974 年联合国大会通过的《建立新的国际经济秩序宣言》《各国经济权利和义务宪章》，1974 年欧共体通过的《欧共体社会行动方案》等，对环境资源、劳动者权益保护等采取措施予以保护。[②] 1987 年世界环境与发展委员会通过的《我们共同的未来》，系统探讨了人类面临的一系列重大经济、社会和环境问题，鲜明地提出了为满足人类发展的需要，必须为当代人和下代人的利益改变发展模式的可持续发展报告。1992 年，联合国召开“环境与发展大会”，通过了以可持续发展为核心的《里约环境与发展宣言》（也称“地球宪章”），签署了《气候变化框架公约》，重申了斯德哥尔摩通过的联合

---

① 王敬波：《地方法治政府评估的中国实践》，载《中国法律评论》2017 年第 4 期，第 47~52 页；王敬波：《我国法治政府建设地区差异的定量分析》，载《法学研究》2017 年第 5 期，第 35~52 页；中国政法大学法治政府研究院编《中国法治政府评估报告（2018）》，社会科学文献出版社，2018，第 6 页。

② 刘萍、冯帅：《公司社会责任的国际造法运动研究》，法律出版社，2015，第 29 页。

国人类环境会议的宣言，确立了必须履行发展的权利，以便公正合理地满足当代和世世代代的发展与环境需要的可持续发展原则。国际经济进入全球化后，各国联合制定全球统一的企业社会责任政策和规范，供成员国及其企业自觉遵守。如1997年美国的自律性组织“社会责任国际”（SAI）制定了世界上第一个企业社会责任国际标准，简称“SA8000”（后又修订为2001年版、2008年版）；1999年《联合国全球契约》（UNGC）规定的企业社会责任十条原则；2002年，联合国又在南非召开“可持续发展问题世界首脑会议”，通过了《约翰内斯堡执行计划》；2002年“全球报告协议”（GRI）发布的《可持续发展报告指南》（后又修订为2006年第二版、2013年第三版）；2010年国际标准化组织发布的《社会责任国际标准》（ISO26000），等等。[①] 国际企业社会责任运动由此在世界范围内开展。

国际企业社会责任运动以联合国“全球契约”为兴起标志，截至2017年，全球企业社会责任报告的量化呈全球化、逐年上升趋势，见图4。[②]

我国2006年新《公司法》施行时，只有12份《社会责任报告》。到2016年发布《社会责任报告》达到2613份，10年增长了约217倍。仅2020年1月1日至6月30日，中国共发布1470份《社会责任报告》，比上年同期增长了9.70%。[③]

理念是行动的先导，一定的发展实践都是由一定的发展理念来引

---

① 李凯：《中国企业社会责任公共政策的演讲与发展》，中国经济出版社，2014，第10~13页。

② KPMG：《毕马威2017年企业社会责任报告调查》，调查对象是N100和G250，即全球49个国家和地区各自收入排名前100家企业，以及《财富》2016年世界500强全球收入最高的250家企业。资料来源：https：//home. kpmg/cn/zh/home/insights/2017/10/the-kpmg-survey-of-corporate-responsibility-reporting-2017. html。

③ 金蜜蜂企业社会责任中国网，https：//www. csr-china. net。

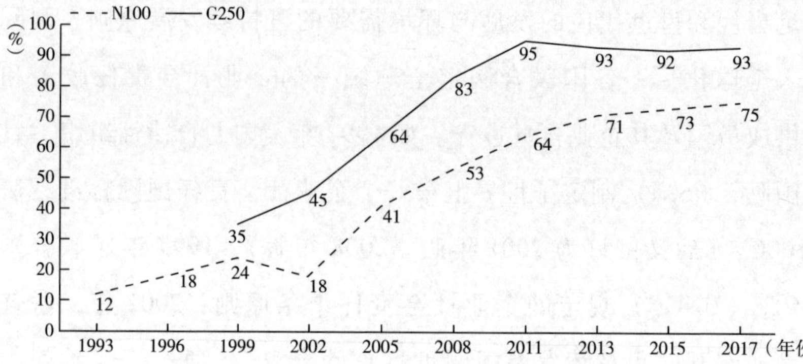

图 4　全球企业社会责任报告数量趋势统计

领的。[①] 中国在可持续发展理念形成、制度建设、发展援助等方面都发挥了建设性的作用。1994 年中国发布了《中国 21 世纪议程——中国 21 世纪人口、环境与发展白皮书》，从我国的具体国情和人口、环境与发展的总体联系出发，提出了促进经济、社会、资源与环境相互协调和可持续发展的总体战略、对策以及行动方案，努力寻求一条人口、经济、社会、环境和资源相互协调的、既能满足当代人的需求而又不对满足后代人需求的能力构成危害的可持续发展的道路。[②] 1996 年，可持续发展被正式确定为国家的基本发展战略之一。2007 年党的十七大正式提出"科学发展观"。2015 年 10 月 29 日中共中央明确提出"创新、协调、绿色、开放、共享"的五大发展理念是科学发展观的继承和发展。[③] 2018 年 3 月 11 日，十三届全国人大一次会议通过的《中华人民共和国宪法修正案》，将科学发展观列为指导思想，在"自

① 《习近平谈治国理政》（第二卷），外文出版社，2017，第 197 页。

② 《中国 21 世纪议程——中国 21 世纪人口、环境与发展白皮书》，中国环境科学出版社，1994，第 1 页。

③ 《中共中央关于制定国民经济和社会发展第十三个五年规划的建议》辅导读本，人民出版社，2015，第 10~11 页。

力更生，艰苦奋斗”前增写“贯彻新发展理念”。新发展理念是针对当前我国发展面临的突出问题和挑战所提出的战略指引。

当前我国资源约束趋紧、环境污染严重、生态系统退化的问题十分严峻。据不完全统计，2011 年至 2016 年，因建设占用、生态退耕等原因，全国耕地面积呈减少趋势，其中 2015 年减少 30.17 万公顷，2016 年减少 34.50 万公顷。[①] 2018 年，有 37 种主要矿产查明资源储量增长，有 11 种减少。[②] 2018 年，全国 338 个地级以上城市，环境空气质量达标数仅占 35.8%，超标占 64.2%。全国地表水监测的 1935 个水质断面（点位）中，Ⅰ～Ⅲ类比例为 71.0%，劣Ⅴ类比例为 6.7%，黄河流域、松花江流域、淮河流域轻度污染，海河流域、辽河流域中度污染。全国荒漠化土地面积 261.16 万平方千米，沙化土地面积 172.12 万平方千米。生态环境质量较差和差的县域面积占 31.6%，主要分布在内蒙古西部、甘肃中西部、西藏西部和新疆大部。[③]

上述生态环境问题不仅给政府提出一个严肃的命题，也给企业提出了一个长久的战略课题。在绿色发展理念引领下，政府加大环境执法力度的同时，企业在经营过程中必须承担社会责任，特别是环境责任。因此，要求加强企业社会责任立法研究，以推进企业社会责任法治化，助推地区经济和社会可持续发展。

（三）法治国家要求加强企业社会责任立法

2014 年《中共中央关于全面推进依法治国若干重大问题的决定》指出，加强企业社会责任立法。如何解读中共中央加强企业社

① 自然资源部：《2016 中国国土资源公报》《2017 中国土地矿产海洋资源统计公报》，http://www.mnr.gov.cn/sj。

② 中华人民共和国自然资源部编《2019 中国矿产资源报告》，地质出版社，2019，第 1 页。

③ 生态环境部：《2018 年中国生态环境状况报告》，http://www.mee.gov.cn/hjzl/sthjzk/zghjzkgb。

会责任立法的精神，既是本研究的缘起，也是本研究的立足点和出发点。

依法治国是坚持和发展中国特色社会主义的本质要求和重要保障，依法治国的总目标是坚持走中国特色社会主义法治道路、建设中国特色社会主义法治体系。企业社会责任立法是中国特色社会主义法治体系的重要组成部分，加强企业社会责任立法是实现依法治国总目标的必然要求和重要体现。

中国特色社会主义道路、理论、制度、文化是全面推进依法治国的根本遵循，也是企业社会责任立法的根本遵循。因为“法律就是地方性知识；地方在此处不只是指空间、时间、阶级和各种问题，而且也指特色（accent），即把对所发生的事件的本地认识与对可能发生的事件的本地想象联系在一起”①。因此，必须从我国基本国情出发，研究我国企业社会责任立法的基本原则、立法模式、基本架构。正如苏力提出的“中国的法学人和法律人必须面对和理解中国。要把中国这个高度抽象的概念转化为具体的山山水水和在上面生活的具体的人，要冷峻直面这块土地上的城市乡村，平原水乡，重峦叠嶂，雪域高原，要使所有这些没有体温的词和词组都在某种程度上与法治的想象和实践相勾连。并且不只是将之视为制约因素，更要将之视为促成中国法治、创造中国法学的激励因素”②。

首先，从生态文明建设的角度理解加强企业社会责任立法。2019年，欧盟100位首席执行官呼吁欧洲制定可持续发展新政，《欧洲绿色协议》提出2050年率先实现“碳中和”，“商业自然联盟”倡议在全

---

① 〔美〕吉尔兹：《地方性知识：事实与法律的比较透视》，邓正来译，载梁治平编《法律的文化解释》，三联书店，1994，第74~171页。

② 苏力：《崇山峻岭中的中国法治——从电影〈马背上的法庭〉透视》，载《清华法学》2008年第3期，第7~13页。

球预发起。我国提出用严格的法律制度保护生态环境，加快建立有效约束开发行为和促进绿色发展、循环发展、低碳发展的生态文明法律制度，强化生产者环境保护的法律责任，制定完善生态补偿和土壤、水、大气污染防治及海洋生态环境保护等法律法规，促进生态文明建设。因此，在修改和完善专门法律的同时，制定一部完整的企业社会责任法呼之欲出。

其次，从加强重点领域立法的角度理解加强企业社会责任立法。"一带一路"是我国在世界经济深度转型时期提出的倡议，法律合作是实现该倡议目标的基石和保障。我国应当在充分研究和尊重现有国际商事规则的基础上，提出既适合中国国情，又适应世界发展潮流的现代商事规则，提升我国在当代世界商事规则形成上的话语权，通过法律合作确保我国"一带一路"倡议的准确方向和最终目标的实现。[①] 因此，要加强企业社会责任立法研究，推进企业社会责任的国际化。

综上所述，在经济全球化、国家"一带一路"倡议助推丝绸之路经济带经济和社会可持续发展的宏观形势下，在国家强调加强企业社会责任立法的背景下，研究草原丝绸之路经济带企业社会责任地方立法，既是时代赋予法律人的使命，也是法学工作中的研究主题。因此，研究草原丝绸之路经济带企业社会责任地方立法，有着极其重要的理论意义和现实意义。

二 研究意义

企业社会责任的产生发展过程，就是企业社会责任法治化与本土

① 范健：《从法律认同走向商法趋同——中国"一带一路"倡议下的法律合作路径研究》，载《南京大学学报》（哲学·人文科学·社会科学）2018年第5期，第48~55页。

化的过程。近些年来，我国企业社会责任法治建设取得了一定进展，现行相关立法对企业社会责任也做了原则性规定。但从长远发展来看，我国企业社会责任法治建设还存在一些亟待解决的问题，如缺乏企业社会责任的有效推进模式和法律方法，企业社会责任的立法过于原则，可操作性差。因此，应制定适合我国国情，与国际接轨的企业社会责任法律法规。[①] 本研究以企业社会责任和地方立法的基本理论为基础，研究了企业社会责任的国家法规制，分析了企业社会责任国家法规制的特点及存在的问题，梳理了草原丝绸之路经济带地方立法的基本情况，分析了该区域企业履行社会责任的状况。在正确理解中共中央加强企业社会责任立法的基础上，提出了加快企业社会责任立法从某种意义上讲不是尽快制定一部国家层面的专门的企业社会责任法，而是加快企业社会责任的地方先行立法、创新立法的观点，为最终出台国家完整的体系化的企业社会责任法法典准备立法的理论基础。

本研究以企业社会责任法治化为出发点和落脚点，本着改变传统研究企业社会责任立法体系的模糊性，沿着企业社会责任强制性规范的立法思路，研究了企业社会责任地方立法的性质、指导思想、立法模式、立法具体内容并设计了省级营利法人社会责任促进条例，为其他地方制定企业社会责任地方法规提供了立法指导。

本研究的应用价值在于，可为地方权力机关制定企业社会责任地方法规提供立法参考，也可为企业社会责任国家层面的立法提供经验支撑。同时，对助推草原丝绸之路经济带经济和社会可持续发展以及地方法治政府建设具有一定的现实意义。

① 易凌、罗俊杰等：《企业社会责任及其立法研究》，科学出版社，2015，孙笑侠序。

三 研究内容和结构安排

（一）研究的问题

中国特色企业社会责任法律体系由规范企业社会责任行为的专门法律和法规、企业社会责任地方法规组成。本研究以草原丝绸之路经济带（包括内蒙古、宁夏、甘肃、青海、新疆）的企业社会责任地方性法规为研究对象，主要研究了以下几个问题：(1) 草原丝绸之路经济带、企业社会责任、地方立法三个基本概念的界定；(2) 企业社会责任地方立法的理论依据；(3) 我国企业社会责任的国家法和地方法规制；(4) 草原丝绸之路经济带五省（区）企业社会责任的地方法规制；(5) 以区域性上市公司社会责任报告为例，研究了草原丝绸之路经济带企业履行社会责任状况；(6) 企业社会责任地方立法的模式选择和地方立法的内容等。

研究重点放在“发现问题”和“解决问题”两个层面：(1) 草原丝绸之路经济带企业社会责任法治化现状；(2) 通过解读企业社会责任地方立法文本，掌握企业社会责任地方立法的具体内容。研究难点是确立企业社会责任地方立法的模式、体例，如何在采用强制性规范的立法思路基础上，构建企业社会责任地方立法的具体内容，起草出××省（自治区）营利法人社会责任促进条例。

（二）研究思路和研究方法

本研究按照“提出问题→分析问题→解决问题”的思辨研究模式进行设计，即提出问题→基础理论→发现问题→分析问题→解决问题→结语。

具体研究方法主要有：

1. 运用法经济学和法社会学方法，研究企业社会责任地方立法的法理基础，分析地方立法的必要性、可行性，探讨地方立法的“不必要重复”，研究地方立法后的效益和社会效果等问题。

2. 运用文献研究法和文本研究法，研究企业社会责任国家法规制和地方法规制，研究草原丝绸之路经济带企业社会责任地方立法现状及其规范的企业社会责任的具体内容。

3. 运用综合分析和比较研究法，研究发达地区（以广东省为例）和落后地区以及落后地区不同省份的企业社会责任地方立法文本及其具体内容，以此研究企业社会责任地方立法的具体内容、特色及立法不足。

（三）内容结构安排

为此，本研究具体内容结构安排如下：

绪论

第一章　文献综述和基本概念的厘定

第二章　企业社会责任地方立法的理论依据

第三章　我国企业社会责任的国家法规制

第四章　我国企业社会责任的地方法规制

第五章　内蒙古自治区企业社会责任的地方法规制

第六章　宁夏回族自治区企业社会责任的地方法规制

第七章　甘肃省企业社会责任的地方法规制

第八章　青海省企业社会责任的地方法规制

第九章　新疆维吾尔自治区企业社会责任的地方法规制

第十章　草原丝绸之路经济带企业履行社会责任状况——以区域上市公司发布《企业社会责任报告》为例

第十一章　企业社会责任地方立法的法的构造

结语

四 创新点自评

学界对企业社会责任的研究，偏好于自由经济、契约理论、利益相关者理论。本研究以权利和义务统一理论、团队生产理论、企业所有权理论为支撑，为企业社会责任强制性立法提供了科学的理论依据。构建的以权利和义务统一理论为统领，以团队生产理论、企业所有权理论为支撑的企业社会责任义务模型，是本研究的第一个创新点。

学者们研究企业社会责任的出发点和落脚点基本是采用企业社会责任授权性立法模式或者授权性立法和强制性立法结合的立法模式，本研究主张采用企业社会责任地方立法强制性立法模式，是本研究的第二个创新点。

前人对地方立法的理论研究成果颇丰，也有对地方立法实践的研究成果，但没有对草原丝绸之路经济带地方立法进行的研究，也没有对企业社会责任地方立法的研究。草原丝绸之路经济带属于国家资源、环境、能源富集地区，是新时代西部大开发的重点区域。本研究提出了企业社会责任地方立法先行、企业社会责任地方立法采用强制性立法方式的观点，有助于地区经济和社会的可持续发展，此为本研究的第三个创新点。

以草原丝绸之路经济带上市公司公布的《企业社会责任报告》为对象，研究该地区企业社会责任状况，并在前人设计出《企业社会责任法》《企业社会责任履行法》《企业社会责任促进法》的基础上，研究设计了××省（区）营利法人社会责任促进条例地方性法规文本，无论是法规标题还是规范内容，都属于研究者自创。

第一章
文献综述和基本概念的厘定

第一节　文献综述

对国内外企业社会责任立法历史的梳理，有助于站在历史的高度考察企业社会责任立法的未来趋势和发展走向。对国内外企业社会责任立法研究成果的总结，有助于借鉴前人研究成果丰富拓展研究主题，有助于构建研究企业社会责任地方立法的基本思路和研究方法、基本理论、基本内容。

一　国外企业社会责任立法的历史回顾和研究现状

（一）国外企业社会责任立法的历史回顾

国外企业社会责任立法早于我国，但少有企业社会责任专门法典，基本散见于宪法和《公司法》等专门法律之中。本研究选取企业社会责任立法具有前沿性、代表性的国家予以叙述。

1. 德国的企业社会责任立法

从企业承担社会责任的范围包括为了公共利益的角度讲，德国是较早在立法中贯彻企业社会责任思想的国家。1919 年《德意志帝国宪法》（亦称《魏玛宪法》）规定，经济组织应该与维持人类生存的目的相适应；遵守契约自由的同时，禁止追求纯粹的利润，违反善良风俗的法律行为无效；在保障所有权的同时，对所有权的行使进行限制，要求顾及公共利益。[①]《德意志帝国宪法》中还有对劳动者特别保护、结社自由、劳动条件保障、劳动者健康保障和保险、遵守国际法规等劳动者合法权益保护的相关规定，这与企业社会责任的本意基本契合。[②]

从商事法的角度讲，德国是世界上最早以法律形式规定企业社会责任的国家。1937 年德国的《股份公司法》，其中规定公司董事“必须追求股东的利益、公司雇员的利益和公共利益”[③]。德国 1951 年颁布的《职工参与矿冶业企业监事会和董事会共决法》《矿冶业参与共决法》规定，监事会应选任职工董事进入董事会，监事会由股东监事和职工监事组成。[④]

德国的劳工参与权与共同决定制度是企业社会责任立法的特色。该制度最早可以追溯到 19 世纪末。1891 年德国颁布了《营利事业法

① 《德意志帝国宪法》对顾及公共利益相关条款主要体现在 3 个条文中，即第 151 条规定，经济生活之组织，应与公平之原则及人类生存维持之目的相适应。第 152 条规定，经济关系，应依照法律规定，为契约自由之原则所支配。重利，应禁止之。法律行为之违反善良风俗者，视为无效。第 153 条规定，所有权为义务，其使用应同时为公共福利之义务。

② 《德意志帝国宪法》对劳动者权益保护主要体现在：第 157 条规定，劳力，受国家特别保护。联邦应制定划一之劳工法。第 159 条规定，为保护及增进劳工条件及经济条件之结社自由，无论何人及何种职业，均应予以保障。第 161 条规定，为保持健康及工作能力，保护产妇及预防因老病衰弱之生活经济不生影响起见，联邦应制定概括之保险制度，且使被保险者与闻其事。第 162 条规定，关于工作条件之国际法规，其足使世界全体劳动阶级得最低限度之社会权利者，联邦应赞助之。

③ 傅穹：《公司社会责任的法律迷思与规制路径》，载《社会科学战线》2010 年第 1 期，第 206~212 页。

④ 《德国商事公司法》，胡晓静、杨代雄译，法律出版社，2014，第 100、109 页。

增订法》，允许企业组建工人委员会作为雇员行使其参与权的机构。这一规定被认为是德国“雇员参与公司决策制度”的鼻祖。但这条规定只是一条任意性规范，不具有强制力。1916 年颁行了《为祖国义务服务法》，开始把设立这一机构作为企业义务强制规定下来。1920 年颁布了《企业参决委员会法》，成为调整企业雇员社会参与决定权的专门法。联邦德国建立之后，1951 年颁布了《矿冶业参与共决法》，1952 年又颁布了《企业组织法》，该法 1972 年重新修订后规定了雇员积极参与决策的其他形式。1976 年，德国颁布的《劳工参与权法》《共同决定法》规定，公司组织的员工享有参与权，并依法选派代表参与企业经营的决策和监督。德国的共同决定制度有两种表现形式：公司共同决定制度是指职工代表在公司机构中与公司股东代表们一起完成公司法所规定的任务；公司委员会共同决定是通过公司委员会在公司运营中实现职工参与。①

德国公司社会责任立法实践的另一个显著特点是对环境问题的重视。德国是世界上最早开展循环经济立法的国家，其环境保护法律体系在全球处于领先地位。如 1991 年颁布的《包装物废弃条例》、1996 年颁布的《循环经济废弃物法》等。另外，德国联邦各部也为环境与经济合作、发展推出了一系列指导方针和举措，如 2006 年的《公司社会责任——从环境的角度》、2007 年的《公司的可持续发展——公司实施社会责任与公司可持续发展的管理工具》、2020 年 1 月德国煤炭退出委员会提议最迟应在 2038 年前关闭所有燃煤电厂，彻底淘汰煤炭能源等。

2. 美国的企业社会责任立法

美国的企业社会责任法律体系包括三种形式：美国国会通过的联

① 范健、张萱：《德国法中雇员参与公司决策制度比较研究》，载《外国法译评》1996 年第 3 期，第 53~60 页。

邦法，如《反托拉斯法》和《证券法》；各州立法机构通过的普通公司法（以上两种形式为“成文法”）；各州法院和联邦法院在解释成文法时形成的“判例法”。立法类型主要分为许可型、强制型、董事会决定效力的终局推定型、债券持有人保护型四种。[①]

美国的企业社会责任立法是从支持公司捐赠开始的。1919 年得克萨斯州公司法赋予了公司捐赠的权利，到 1970 年有多达 48 个州在公司法中对公司社会责任尤其是公司的捐赠行为给予了正面描述，仅有亚利桑那州和爱达荷州对此未作规定。1921 年美国《税法》规定公司纳税者实施的捐赠不享受扣减所得税的优惠待遇。然而依据《税法》制定的《国库条例》将公司的捐赠行为视为《国内税收法典》中的“正常和必要”的营业支出而准许扣减所得税利润。1936 年《国内税收法典》修订后，进一步将公司捐赠所扣减的税额定为应税收入的 5%以内。1953 年新泽西州法院对“史密斯制造有限公司诉百娄”案的裁决一直被认为是公司社会责任造法运动道路上的一个里程碑。法院在判决书中明确指出：“公司在承认和履行私人责任的同时，还需要承认并履行相关的社会责任。”该判决奠定了公司社会责任进入判例法的基石。1969 年美国律师协会修改《示范商事公司法》时明确规定，每一个公司均有权为公共福利或捐赠、科学、教育等目的做出捐赠。《标准商事公司法》（2002 年修订）对公司的社会责任进行了较多规制，如股东的派生诉讼、独立的审计委员会、独立董事制度，赋予公司为公共福利或捐赠、科学与教育目的而进行捐赠的权利，公司应当支付抚恤金并制定抚恤金计划、董事和雇员的其他鼓励计划、选举董事累积投票等。

---

① 刘俊海：《强化公司的社会责任》，载《商事法论集》（第 2 卷），法律出版社，1997，第 90~92 页。

1989 年宾夕法尼亚州议会修改公司法，要求经理人对各利益相关者负责，使得美国公司法律制度取得革命性突破。1991 年美国颁布的《联邦判决指南》允许法官按照以企业所采取的社会责任方面得到的实施情况，酌情减少其对经理人员的罚款和监禁时间。2002 年签署了《企业社会责任法案》，加大了对忽视社会责任、侵害相关者利益的企业的处罚力度。[①]

在环境保护方面，针对水污染、大气污染、土壤污染等现状，美国以分别立法形式对其进行了规定。如 1972 年的《清洁水法》、1976 年的《资源保全与恢复法》、1977 年的《清洁空气法》（1990 年修订）、1980 年的《综合环境反应、赔偿与责任法》。

美国康涅狄格州《普通公司法》明确规定董事会既要考虑公司及其股东的长远利益和近期利益，又要考虑公司员工、债权人和社区等的利益。爱达荷州《控制股份取得法》《企业合并法》中更进一步明确规定，董事在履行其职责时，可以考虑雇员、供应商、顾客及社区的利益。

另外，美国在劳动者保护、人权责任、反腐败责任、信息披露责任等方面也有许多立法的规定。

3. 英国的企业社会责任立法

英国企业社会责任的立法贡献主要在劳动者合法权益保护方面。英国工业革命后，1802 年制定了世界上第一部劳动法——《工厂法》。其后通过陆续制定《就业保护法》《工会改革与职业权利法》《劳动卫生与安全法》《性别歧视法》等法律，限制公司在雇佣、发薪和解雇等方面的权利，禁止公司对员工实行差别待遇。1984 年《财政法》要

① 冯梅、范炳龙：《国外企业社会责任实践评述与借鉴》，载《生产力研究》2009 年第 22 期，第 164~166、177 页。

求公司通过购买股票的形式分配给员工一定利润。

1985 年《公司法》规定，董事会在做出决策时应将全体员工和其他利益相关者的利益纳入考虑范围。2000 年 7 月 1 日生效的职业养老金计划（投资）规定，强制公司经理向养老基金的受托人以及投资经理提供更多的关于公司经济、社会、环境方面的信息。2006 年通过的新《公司法》，最终采纳了“开明的股东价值模型”。根据该法，董事必须根据公司宪章考虑公司雇员的利益，增加了董事对其他利害关系人的考虑，同时扩大了员工在合法权益受到侵害时寻求救济的途径和手段，从而使员工的合法权益获得了越来越多的保护。① 该法明确规定：“董事负有促进公司成功的义务，即董事必须善意地，按照他所认为为了公司成员的整体权益，将最大可能地促进公司成功的方式行事。”②

除此之外，英国公司社会责任建设较晚。在债权人权益保护方面，1968 年《城市法典》规定，董事向股东会提出议案时，应当充分考虑股东的整体利益和公司员工、债权人的利益。1976 年《公司法改革》白皮书强调了公司对债权人等利益相关者的责任，要求公司经营者把社会责任作为公司决策过程中的一项重要内容。英国政府于 2002 年建立了公司责任指数，作为企业管理衡量手段，旨在支持公司改善其对社会和环境的影响。③

另外，英国也有对消费者、环境保护、信息披露责任等方面的相关立法。

---

① 葛伟军：《析英国新公司法中关于公司社会责任的规定》，载《政治与法律》2008 年第 4 期，第 140~142 页。

② 雷兴虎、刘斌：《〈企业社会责任法〉：企业践行社会责任的法制保障》，载《法治研究》2010 年第 4 期，第 45~51 页。

③ 冯梅、范炳龙：《国外企业社会责任实践评述与借鉴》，载《生产力研究》2009 年第 22 期，第 164~166、177 页。

4. 日本的企业社会责任立法实践

企业社会责任在日本正式登场是战后开始复兴时，以山城章1949年所著的《经营的社会责任》和经济同友会于1956年提出《管理者社会责任的自觉与实践》决议为标志。[①]

日本企业社会责任实践最主要的特点是民间团体在推动企业履行社会责任方面发挥着非常重要的作用。以经济同友会的宣言、决议为例，1973年《谋求社会和企业的相互信赖》、2000年《21世纪宣言》、2004《日本企业的CSR》、2009年的《蕴含企业家精神的经营实践：创造未来价值的CSR》宣言等。这些宣言或决议，既是日本企业社会责任的实践脉络，也浓缩了日本企业社会责任实践过程。

日本经历过的重大环境事件促使日本重视环境责任的立法。如1967年颁布的《公害对策基本法》、1972年的《自然环境保护法》、1979年颁布的《节能法》、1993年的《环境基本法》、2000年颁布的《循环经济基本法》等，对企业环境责任作了全面的规定。

20世纪70年代中期日本公司法修改时，关于企业社会责任的一般规定没有被纳入修改意见中。1993年，股东派生诉讼制度又得到立法改善，成为企业承担社会责任的方式之一。[②] 2014年修改《公司法》时，又增加了少数股东权利救济、公司分立中债权人保护、放宽股东知情权范围、监事会选举独立审计人员决定权等制度。[③]

日本企业注重社会责任，关注员工利益，形成独特的感恩伦理，其推动力主要来自政府、企业、媒体和非政府组织、民众四个方面，

---

① 〔日〕水尾顺一：《セルフガバナンスの経営倫理》，千仓书房，2003，第68页。

② 〔日〕布井千博：《日本关于企业社会责任讨论的展开》，载楼建波、甘培忠主编《企业社会责任专论》，北京大学出版社，2009，第487页。

③ 《日本公司法：附经典判例》，吴建斌编译，法律出版社，2017。

日本企业社会责任落后于欧美，但在亚洲仍然处于领先地位。[①] 日本基本探索出一条如何将全球社会责任理念与东亚文化和企业价值观相融合的道路。[②]

5. 印度的企业社会责任立法

在发展中国家里，印度的企业社会责任立法实践值得研究和借鉴。印度 CSR 是一个国际标准和本土政策的“混合物”，其发展经历了一个从自愿责任到强制性责任再到“遵守或解释”规则适用的漫长过程。2009 年 12 月，印度公司事务部发布了《公司社会责任自愿准则》，意在帮助公司制定相应的公司社会责任战略及决策。2011 年印度公司事务部颁布的《国家、社会、环境、商业责任自愿行为指引》，鼓励企业自愿公示其“三重底线”。2013 年新《公司法》出台后，印度强制性企业社会责任（MSCR）成为全球首次由国家认为应当在税收和企业自身意愿之外规定企业对于社会公共利益的强制支出的国家。印度学者标榜其将成为“金砖五国 CSR 立法的奠基石”。印度《公司法》第 135 条详细规定了社会责任的标准以及公司社会责任计划。同时，在该法案列表七中还列举了企业社会责任涉及的十个方面的具体事项。尽管该立法最终采用了“遵守或解释”原则，其法定性与强制性均远超各国目前立法。但迫于商界和学界的双重压力，印度金融委员会最终选择了妥协，该规则成为 MCSR 的豁免性规定。最终，CSR 规制方法由强制性的 MCSR 转变成了一种引导性的 MSCR 规则。[③] 2014 年，印度政府颁布实施了《公司企业社会责任政策规则》，细化

① 田虹、吕有晨：《日本企业社会责任研究》，载《现代日本经济》2006 年第 1 期，第 35 ~ 39 页。

② 钟宏武：《日本企业社会责任研究》，载《中国工业经济》2008 年第 9 期，第 150 ~ 160 页。

③ 华忆昕：《印度强制性企业社会责任立法的中国启示》，载《华中科技大学学报》（社会科学版）2018 年第 3 期，第 97 ~ 105 页。

了《印度公司法》135 条的规定。[①]

6. 印度尼西亚的企业社会责任立法

印度尼西亚 2007 年颁布新《公司法》，是对企业社会责任规定最完整的国家之一。该法第 5 章第 74 条规定经营天然资源行业或与天然资源行业有关的公司负有社会和环保责任。印尼《公司法》最大的优点在于将责任的承担主体和承担方式规定得相当明确，但该法仅规定了经营天然资源行业或与天然资源行业有关的公司承担这种责任，而对于其他公司则没有这种强制性的规定。[②]

（二）国外企业社会责任研究现状

社会责任思想的起源可以追溯到 2000 多年前的古希腊时代，哈佛大学的埃伯施塔特（Ebecrstadt）曾引述亚里士多德（Aristotle）的原话来说明现代公司社会责任思想的渊源："在一个治理很好的社会中……公民不能过着匠人或商人的生活，这样的生活毫无高尚可言，并且也有损于人格的完善。"[③] 中村美纪子以中世纪意大利梅第奇家族在文艺复兴方面的社会贡献为研究对象，认为企业社会责任起源于社会贡献，发端于中世纪意大利的企业社会贡献。[④] 古典经济学鼻祖亚当·斯密论述公司和社会利益之间存在的联系时说："他通常既不打算促进公共的利益，也不知道他自己是在什么程度上促进那种利益。……他追求自己的利益，往往使他能比在真正出于本意的情况下更有效地促进社会的利益。"[⑤]

---

① 高瑛玮：《印度新公司法社会责任规则评介》，载《人民论坛》2017 年第 4 期（上），第 254~256 页。

② 雷兴虎、刘斌：《〈企业社会责任法〉：企业践行社会责任的法制保障》，载《法治研究》2010 年第 4 期，第 45~51 页。

③ 沈洪涛、沈艺峰著《公司社会责任思想起源与演进》，上海人民出版社，2007，第 1 页。

④ 〔日〕中村美纪子：《企業的社会責任——法学を中心に》，東京：中央經濟社，1997。

⑤ 〔英〕亚当·斯密：《国民财富的性质和原因的研究》（下卷），郭大力、王亚南译，商务印书馆，1974，第 27 页。

一般认为，克拉克（Clark，1916）最早提出了关于企业经济和社会责任的思想。他在《改变中经济责任的基础》一文中指出：“大家关于社会责任的概念已经相当熟悉，但是迄今，大家并没有认识到社会责任中有很大一部分是企业的责任……我们需要有责任感的经济原则，发展这种原则并将它深植于我们的商业伦理之中。”克拉克的思想在多德（Dobb，1932）那里得到了进一步阐述，即管理者必须承担社会责任。1932 年，法学家伯利（Berle）和经济学家米恩斯（Means）在他们合著的《现代公司与私有财产》一书中指出，公司在获得经济权力集中的同时也就意味着他们要承担相应的社会责任，“经济组织的权力应该像其他权力一样受制于公共利益”。1931～1954 年伯利与多德围绕公司社会责任的论争焦点是公司的权力是对股东的受托责任还是对整个社会的受托责任。霍华德·R·鲍恩（Howard R. Bowen）1953 年的划时代著作《商人的社会责任》被认为标志着现代公司社会责任概念构建的开始。他认为，承担公司社会责任的主体是现代大公司，实施者是公司管理者，公司社会责任的原则是自愿。其后，戴维斯（Davis，1967）提出了著名的“权力——责任模型”认为“公司的社会责任来自于他所拥有的社会权力，责任就是权力的对等物”，“在一个秩序良好的社会中，法律的要求是，决策权力的所在就是责任的所在”。据此，戴维斯发展出了一个“责任铁律”，1975 年又提出了公司社会责任的五个定律。

对企业社会责任研究具有主要贡献的卡罗尔（Carroll，1979）认为，公司社会责任、社会问题管理和公司社会回应三个问题都非常重要，共同构成公司社会责任表现的三维空间。为此，卡罗尔首次提出著名的“公司社会表现的三维概念”模型，将公司社会责任分解成经济责任、法律责任、伦理责任和自愿责任。在此之后的几十年中，卡罗尔模型一直是研究企业社会责任的主要理论依据。如沃蒂克和科克伦（1985）在卡罗尔模型基础上，进一步提出“公司社会表现反映了公司社会责任准则、社会回应过程和用于解决社会问题的政策之间的相互根本作用”。伍德（1991）认为：“公司社会责任表现指一个企业组织的社会责任原则、社会回应过程与政策和方案的构成，以及当它们与企业社会关系相联系时所产生的可以观察的结果。”在此基础上，斯旺森（Swanson，1995）重新导向后的公司社会表现模型又加入了公司文化、经济化、生态环境化和权利追求四个表现。[①]

日本学者起初认为，企业社会责任观念始于江户时代。在井原西鹤（1642~1693）和石田梅岩（1685~1744）等人论述的经营理念中，已经看到“管理者的社会责任”和“消费者主权”等被称作当今新经营理念的萌芽。[②] 井原西鹤在其《日本永代藏》著述中，非常重视“世间”在家业和“世间”的关系中谨守“世间”道德的必要性。[③] 以卖方好、买方好、世间好的近江商人的“三方有利”观点为代表，强调“私人利益有赖于公共利益的增长”，这里贯穿着经营活动不仅为自己也为社会的社会优先的思想。[④] 有一种观点认为，企业社会责任论的渊源是明治以前石田梅岩的心学和二宫尊德（1787~1865）的报德思想、明治以后近代福泽谕吉和涩泽荣一的主张。[⑤] 涩泽荣一家训“义利何时能两全，每逢佳节思悠然，回头愧我少成事，流水开花九十年”真

① 前述引文没有标注的部分文献均来自沈洪涛、沈艺峰著《公司社会责任思想起源与演进》，上海人民出版社，2007。

② 〔日〕土屋乔雄：《日本經營理念史》，立澤大學出版社，2002，第 27 页。

③ 〔日〕合力知工：《現代経営戦略の論理と展開——持続的成長のための経営戦略》，同友馆，2004，第 127~128 页。

④ 〔日〕土屋乔雄：《日本經營理念史》，立澤大學出版社，2002，第 89 页。

⑤ 〔日〕経済産業省：《企業の社的責任（CSR）に関する懇談会》中間報告書，2004.7：6-7。

实地反映了当时的社会责任理念。①

日本最早研究企业社会责任的是藻利重隆（1948）、山城章（1949）、高田馨（1950），他们从经营者对企业和社会的角度研究了管理者的社会责任。② 藻利重隆把管理者的社会责任分成管理者对自己的责任、对社会的责任以及对国民经济的责任。③ 占部都美（1956）从基本的经济结构变化出发，探究企业社会责任产生的根据，即企业经营都希望在追求利润最大化为“唯一标准”、发挥市场自动调节功能的情况下实现了“社会最大福祉”，产生了经营的社会责任，包括管理者对股东、劳动者和消费者的责任。④ 本间幸作（1959）认为，垄断企业基于受到国家保护的缘故，作为交换应该自觉地承担社会责任；没有受到国家呵护成长的大多数私营企业，忙于企业自身的存续和发展，无暇顾及经济道德，这就要求它们承担企业社会责任；前者从内部自觉地履行企业经营者的社会责任，后者从外部被要求承担企业经营者的社会责任。⑤ 高田馨（1971）认为现代经营理念就是社会责任理念；企业社会责任的范围包括从业员、消费者、地域社会以及对其他环境主体的责任；从权力责任均衡法则出发，依据满足从业员精神和物质需求的统合、从业员和企业的统合、企业和社会的统合“统合原理”三重构造，“企业的社会责任”和“管理者的社会责任”

① 〔日〕宇田川勝、中村青志：《日本經營史——江戶から現在まで》，有斐閣，1999，第37页。

② 〔日〕藻利重隆：《經營者支配の經營學的意義》，载《經營學論集》1948年第18卷，第3~7页；山城章：《經營の社會的責任》，載《經營評論》1949年第4卷，第8~13页；高田馨：《経営者の社会的責任》，载《産業能率》1950年第11卷，第9~13页。

③ 〔日〕藻利重隆：《経営者の社会的責任とその企業的責任および自己責任》，载《經營學論集》1959年第5卷，第33~42页。

④ 〔日〕占部都美：《経営者》，钻石社，1956，第267~281页。

⑤ 〔日〕本间幸作：《企業経営者の社会的責任》，载《經營學論集》1959年总第5卷，第61~69页。

与劳资共同责任是一致的。[①]

樱井克彦（1973）以现代资本主义社会中具有典型代表性的现代企业——大型股份公司为中心，对企业社会责任进行概括性考察。他认为，企业社会责任是现代社会特点的社会责任、社会调整责任和体制规定的责任。作为责任的主要根源是指企业和社会的关联性、企业权力和社会权力的相适应性、经营者的专业化以及企业的大规模化和长期化。所以，拥有强大权力的现代企业，为了维持其自律的存在，必须不拘好恶地接受社会责任。[②]

日本经济经历了“失去的十年”，企业社会责任研究专注于企业社会责任实践的评价。2003 年日本“CSR 元年”以后，企业社会责任研究领域除了传统的利益相关者、公司治理、社会贡献、企业伦理、社会捐赠、捐赠事业等外，开始向 CSR 与人权、CSR 与国家、CSR 经营、CSR 会计、CSR 调查与测评等领域展开。日本企业社会责任已经上升到战略层面，注重企业社会责任管理层面的研究。企业社会责任报告和调查成为日本企业社会责任实践的一道亮丽风景线，环境会计是日本企业社会责任实践和研究的前沿问题之一。[③]

（三）企业社会责任相关立法的研究

关于企业社会责任立法的讨论，国外有着非常丰富的成果。一些研究者主张从法理学的角度对企业社会责任进行系统的法学分析。譬如，丹尼尔·奥斯塔斯（Daniel T. Ostas）主张从实证法形式主义

---

① 〔日〕高田馨：《経営者の社会的責任》，载《經營學論集》1971 年总第 41 卷，第 149~161 页。

② 〔日〕樱井克彦：《企業と環境：現代企業の社会的責任》，载《經營學論集》1973 年总第 43 卷，第 91~102 页。

③ 朱海珅：《日本学者视野里的企业社会责任研究》，载《现代日本经济》2011 年第 5 期，第 72~79 页；朱海珅：《经济同友会企业社会责任经营理念的演变》，载《日本研究》2012 年第 4 期，第 32~39 页。

(Positive Legal Formalism)、法律现实主义(Legal Realism)、自然法传统和法律实证主义(Legal Pragmatism)来对企业社会责任的法律化问题进行系统研究。[①] 在另一篇文章中，奥斯塔斯则主张，企业家的社会责任履行要与法律的特质结合起来。道德上正义的法律需要企业家的合作，道德上中立的法律需要企业家的遵约，而道德上非正义的法律则需要企业家的逃避。[②] 另如，莎尔玛·塔曼(Salma Taman)则认为，要开发企业社会责任的传统法律资源。譬如，伊斯兰教法中有许多强调企业社会责任的贸易性规则。同时，因为伊斯兰教法本身又是信仰，所以那些在《古兰经》中表述的规则一旦被正确地理解，那么这些规则被遵守的概率就会大大增加。塔曼还指出，商业伦理在伊斯兰教法中被尊重的程度要远远高于西方世界。[③]

国外还有一部分成果侧重于强调法律对企业社会责任履行的重要性。保罗·沈(Paul K. Shum)等人认为，可持续的商业上的成功需要企业的政治、经济、社会、技术、法律与环境的可持续存在。[④] 此外，一些成果还从不同的角度建议法律对企业社会责任进行有效监管。例如，班特卡斯(Llias Bantekas)主张从国际法的角度加强对企业社会责任的监管。[⑤] 诺姆·基斯(Norm Keith)则认为，要改变企业社会责任的履行方式，需要从对企业违法行为的威慑转向引导企业主

① Daniel T. Ostas, "Deconstructing Corporate Social Responsibility: Insights from Legal and Economic Theory", American Business Law Journal, Vol. 38, 2001, pp. 261-299.

② Daniel T. Ostas, "Cooperate, Comply, or Evade? A Corporate Executive's Social Responsibilities with Regard to Law", American Business Law Journal, Vol. 41, Summer 2004, pp. 559-594.

③ Salam Taman, "The Concept of Corporate Social Responsibility in Islamic Law", Indiana International & Comparative Law Review, Vol. 21, No. 3, 2011, pp. 481-508.

④ Paul K Shum and Sharon L Yam, "Ethics and Law: Guiding the Invisible Hand to Correct Corporate Social Responsibility Externalities", Journal of Business Ethics, Vol. 98, 2011, pp. 549-571.

⑤ Llias Bantekas, "Corporate Social Responsibility in International Law", Boston University International Law Journal, Vol. 23, 2004, pp. 309-347.

动履行社会责任。[①] 一些成果在新概念的基础上讨论了企业社会责任法律化的问题。

通过学术梳理，可以看出国外企业社会责任立法及研究的发展趋势：一是企业社会责任立法逐渐由倡导性立法向强制性立法转变；二是企业社会责任范围由单一的捐赠捐款逐渐向雇员、环境、信息披露、社会责任投资、社会可持续发展、反商业贿赂等方面扩大；三是经济发展状况与企业社会责任立法的有机结合。

二 国内企业社会责任立法的研究现状及发展趋势

（一）国内企业社会责任立法的研究现状[②]

自康树华发表第一篇关于企业责任论文呼吁加强环境立法以来[③]，国内法学界举办了三次有影响的学术会议[④]，对研究文献进行了阶段性的梳理。[⑤] 法学界主要围绕企业社会责任立法、企业社会责任司法裁判、企业社会责任与公司治理等主题进行了广泛而深入的研究。

许多研究者认为，《公司法》对企业社会责任的规定存在着许多问题，如义务立法意图和目标不明、法条属性难辨、适用范围不清、

① Norm Keith, "Sentencing the Corporate Offender: Form Deterrence to Corporate Social Responsibility", Criminal Law Quarterly, Vol. 56, 2010, pp. 294-327.

② 本部分内容主要引自朱海珅《企业社会责任立法研究回顾与展望：基于 1990—2015 年相关文献的研究》，载《法学杂志》2018 年第 11 期，第 92~106 页。

③ 康树华：《环境保护中的企业责任——从日本的四大公害案件判决谈起》，载《社会科学》1982 年第 10 期，第 35~38 页。

④ 三个学术会议是指 2006 年 1 月的"企业社会责任"国际研讨会；2007 年 11 月的"北京论坛"（2007）第四分论坛"全球化趋势中跨国发展战略与企业社会责任预备会暨企业社会责任与公司治理国际研讨会"；2009 年 9 月在成都举行的中国法学会商法学研究会 2009 年年会的学术主题是"商法视野下的企业社会责任"。

⑤ 叶静漪、肖京：《"企业社会责任"国际研讨会综述》，载《中外法学》2006 年第 5 期，第 553~563 页；郭秀华、王冠宇：《企业社会责任与公司治理国际研讨会综述》，载《中外法学》2008 年第 1 期，第 75~82 页；郑在义：《企业社会责任的商法考量——中国法学会商法学研究会 2009 年年会综述》，载《国家检察官学院学报》2010 年第 2 期，第 142~146 页。

责任内容不清、责任主体不明确、义务对象不存在、实施途径和条件欠缺、不具有可诉性等问题。① 因此，“作为一种原则性的规定，由于缺少可操作性、欠缺实际内容，决定了其作用是极为有限的”。②

2006 年新《公司法》出台前，有研究者全面论述了我国企业社会责任同步主义的立法思路，坚持我国公司法应有的社会主义性和民族性，挖掘我国社会主义制度中一切有利于强化公司社会责任的思想、理论和先进做法，努力吸收我国传统文化中一切有利于强化公司社会责任的有益成分，为我们强化公司社会责任提供有益的文化土壤。③

《公司法》将企业社会责任入法后，中国科学院院士石钟慈（2015）提出：“开展企业社会责任专项立法是推进我国企业社会责任法制建设，落实科学发展观，构建和谐社会的重要举措。”④ “把所有重要的、最低限度的企业社会责任内容纳入法律规范，采用强行性规范加以规定，强制公司执行。”⑤

有研究者建议企业社会责任立法模式应由授权型立法转变为强制型立法。具体而言，“在《公司法》中增加确保利益相关者的条款，

① 金玄武：《公司社会责任的法律界定与类型化分析——兼评公司法修改》，载《学习与探索》2006 年第 3 期，第 116~118 页；张询书：《公司社会责任的立法缺陷及其矫正》，载《重庆社会科学》2008 年第 3 期，第 115~117 页；田春雷：《我国企业社会责任制度的反思与完善》，载《兰州学刊》2009 年第 1 期，第 217~219 页；冯果、袁康：《浅谈企业社会责任法律化》，载《湖北社会科学》2009 年第 9 期，第 145~148 页；沈贵明：《我国公司社会责任的立法规范问题》，载《法学》2009 年第 1 期，第 99~101 页；雷兴虎、刘斌：《强化公司社会责任的最佳途径》，载《西南政法大学学报》2010 年第 5 期，第 81~89 页；王红一：《立法如何创新——对企业社会责任法律化的反思》，载《中山大学法律评论》2014 年第 4 辑，第 192~207 页。

② 雷兴虎、刘斌：《强化公司社会责任的最佳途径》，载《西南政法大学学报》2010 年第 5 期，第 81~89 页。

③ 刘俊海：《强化公司的社会责任》，法律出版社，1997，第 59 页；刘俊海著《公司的社会责任》，法律出版社，1999，第 6~8 页。

④ 易凌、罗俊杰：《企业社会责任及其立法研究》，科学出版社，2015，石钟慈序。

⑤ 朱慈蕴：《公司的社会责任：游走于法律责任与道德准则之间》，载《中外法学》2008 年第 1 期，第 29~35 页。王玲：《论企业社会责任的涵义、性质、特征和内容》，载《法学家》2006 年第 1 期，第 136~142 页。

使公司承担社会责任有法律依据”。[①] 建议“在现行公司法第 5 条规定的公司承担社会责任的基础上充实‘公司不得为了实现自己的利益而损害他人的利益’或者强调‘公司不得损害社会公共利益’；在公司法的公司治理部分正式引入‘其他利益相关者’概念，建议增加‘董事会做出经营决议时应对所产生的社会后果做出安排’、‘董事、监事、高级管理人员在执行职务时，应维护全体股东的长期利益，并尊重其他利益相关者的利益’等内容”[②]。

有研究者建议在《民法总则》中增设“法人的社会责任”条文，把公司、合伙企业、非营利性社团法人、财团法人、机关法人、设立中的法人都纳入法人社会责任承担主体。[③] 其先见已为我国《民法总则》和《民法典》吸收成为“营利法人社会责任”。

有研究者建议出台专门的企业社会责任单行法律，不过法律名称和具体内容差异很大。有研究者起草的《中华人民共和国企业社会责任法》（草案建议稿）分为 7 章 26 条，包括总则、职工权益保护、债权人权益保护、消费者权益保护、环境保护和可持续发展、社会公益与慈善发展、社区等利益相关者以及为促进社会与环境可持续发展、附则。[④] 有研究者草拟了《中华人民共和国企业履行社会责任促进法》（立法建议稿），分为 5 部分 58 条，包括总则、企业社会责任内容、政府的责任、法律责任、附则。[⑤] 有研究者起草了《中华人民共和国企

---

① 张询书：《公司社会责任的立法缺陷及其矫正》，载《重庆社会科学》2008 年第 3 期，第 115~117 页。

② 王保树：《公司社会责任对公司法理论的影响》，载《法学研究》2010 年第 3 期，第 82~91 页。

③ 雷兴虎、温青美：《企业社会责任：回归法人制度立法》，载《中国商法年刊》（2015 年），法律出版社，2015，第 318~323 页。

④ 雷兴虎、刘斌：《〈企业社会责任法〉：企业践行社会责任的法制保障》，载《法治研究》2010 年第 4 期，第 45~51 页。

⑤ 易凌、罗俊杰：《企业社会责任及其立法研究》，科学出版社，2015，第 317~323 页。

业社会责任促进法（草案）》，分为 11 章 61 条，包括总则、债权人权益、股权权益、劳动者权益、消费者权益、信息披露、公平运营、环境保护、慈善公益、财政贡献、法律责任等。①

有研究者建议在司法审判中采用判例制度审理企业社会责任案件，由最高人民法院发布司法解释，建立案例指导制度的立法建议。②

有研究者建议“由国务院制定《公司社会责任条例》行政法规，商务部等部门组织各行会或商会组织颁布《公司社会责任规范指引》或由行业协会出台《社会责任行为守则》”③。

（二）国内企业社会责任立法研究的发展趋势

企业社会责任立法将是今后一段时间法学界研究的热点问题。因为“加强企业社会责任立法”已经写入中央文件之中，研究企业社会责任立法是时代赋予法学研究者的责任和担当。通过文献梳理，研究者认为国内企业社会责任立法研究的可能趋势如下：

1. 研究企业社会责任立法模式的选择，将是学界永远争论不休的课题，至少在国家没有出台企业社会责任法之前，该问题将会热度不减。

---

① 张宪丽：《企业社会责任的硬法与软法之治》，中央编译出版社，2018，第 67～78 页。

② 朱慈蕴：《公司法人人格否认法理与公司的社会责任》，载《法学研究》1998 年第 5 期，第 83～100 页；蒋建湘：《企业社会责任的法律化》，载《中国法学》2010 年第 5 期，第 123～132 页；罗培新：《我国公司社会责任的司法裁判困境及若干解决思路》，载《法学》2007 年第 12 期，第 66～73 页；刘新民：《企业社会责任研究》，载《社会科学》2010 年第 2 期，第 89～99 页；左传卫：《公司社会责任理论述评》，载《湖南社会科学》2010 年第 2 期，第 59～64 页。

③ 史际春、肖竹：《论公司社会责任：法律义务、道德责任及其他》，载《首都师范大学学报》（社会科学版）2008 年第 2 期，第 38～51 页；沈云樵：《公司社会责任再思考》，载《法学杂志》2008 年第 5 期，第 110～112 页；刘俊海：《论全球金融危机背景下的公司社会责任的正当性和可操作性》，载《社会科学》2010 年第 2 期，第 70～79 页；罗培新：《我国公司社会责任的司法裁判困境及若干解决思路》，载《法学》2007 年第 12 期，第 66～73 页。

2. 企业社会责任立法建议研究将是本领域的研究热点、重点和难点。[①] 企业社会责任立法研究领域主要包括但不限于：(1) 研究先行制定部委规章或行业规范的必要性、可行性，以及与现行《民法总则》《民法典》衔接问题。(2) 研究建立指导案例制度、司法解释和司法建议，其重点是研究企业社会责任是否可诉。(3) 研究制定企业社会责任法或企业社会促进责任、企业社会责任条例等法律、行政法规的体例、具体内容，等等。

3. 企业社会责任评价问题值得法学界展开深入研究。包括评价依据、评价程序、评价结果的使用等。

4. 企业社会责任地方立法研究，也将是该领域的一个研究发展趋势。制定企业社会责任地方法规的立法资源、立法技术、立法计划、立法后评估等都是该问题研究的重点。

综上所述，企业社会责任法成文法和地方立法的研究将是企业社会责任法研究领域的重点和难点问题。

第二节　基本概念的厘定

德国著名法学家伯恩·魏德士在《法理学》中曾说："在借助语言描述事实或问题的时候，明确的定义是科学研究成功的前提。"著名法学家凯尔森在《法与国家的一般理论》中也曾说："我们对自己智力工作中想当作工具用的那些术语，可以随意界定。唯一的问题是它们是否符合我们打算达到的理论目的。"

法律概念既是人们认识法律现象和法律事物成果的总结，又是法

① 2016年11月16日公布的《2016年度国家社科基金重大项目立项名单》中，赵旭东教授《中国企业社会责任重大立法问题研究》（编号16ZDA067）从侧面说明了这个问题。

律思维和法律实践的出发点和工具。“法律概念可以被视为是用来以一种简略的方式辨识那些具有相同或共同要素的典型性的工作性工具。”“没有概念，我们便无法将我们对法律的思考转变为语言，也无法以一种可理解的方式将这些思考传达给他人。”[①] 做好草原丝绸之路经济带企业社会责任地方立法的研究，首先要明晰草原丝绸之路经济带的概念及其覆盖区域，确定研究对象中的地方立法主体；其次要厘清企业社会责任的内涵和外延，确定企业社会责任地方法规的范围，框定企业社会责任立法的研究框架；最后要对地方立法的概念作清楚的解释，以释明地方立法仅指地方性法规，不包括地方政府规章和规范性文件。因此，有必要先对草原丝绸之路经济带、企业社会责任、地方立法三个核心概念进行界定，以便对研究对象、研究范围、研究内容作更为详细、确定、完整的描述，为后续的研究框定研究边界。

一 草原丝绸之路经济带的界定

（一）草原丝绸之路是丝绸之路的重要组成部分

自从国家提出“一带一路”国际合作倡议后，丝绸之路成为最热门的话题。由于丝绸之路研究涉及地理学、经济学、人类文化学、民族学、史学学科等丰富内容，人们难以把握它的特点、界定它的范围。这条荟萃人类几种主要文化系统的“丝绸之路”，被誉为“中西文化交流的大动脉”“人类文明的运河”，在推动人类文明进程中发挥着极其重要的作用。[②] 正如我国著名学者季羡林先生所说：“横亘欧亚大陆的丝绸之路，稍有历史知识的人没有不知道的。它实际上是在极其漫

① 〔美〕E. 博登海默：《法理学——法律哲学与法律方法》，邓正来译，中国政法大学出版社，2004，第501~504页。

② 李明伟：《丝绸之路研究百年历史回顾》，载《西北民族研究》2005年第2期，第90~106页。

长的历史时期内东西文化交流的大动脉，对沿途各国、对我们中国，在政治、经济、文化、艺术、宗教、哲学等等方面的影响既广且深，倘若没有这样一条路，这些国家今天发展的情况究竟如何，我们简直无法想象。”①

历史上的“丝绸之路”是东西文化交流之路、商品流通之路、民族迁徙之路、军事征服之路、信仰传播之路、朝聘贡赐之路。“丝绸”在这里成了文化载体的代表，“丝绸之路”已久的目的就是寻找失落的东西文化交流的轨迹。②

草原丝绸之路是古代史的中心。长泽和俊认为，丝绸之路作为亚非两洲的动脉，是世界史展开的主轴，是世界上主要文化的母胎，是东西文明的桥梁。丝绸之路史的古代史以草原路为中心，古代后期到中世纪以亚欧大陆为中心，近代以来则以南海路为中心。③

我国权威学者徐苹芳提出，中国境内的丝绸之路有四条：一是西北地区的“沙漠丝绸之路”；二是中国北部的“草原丝绸之路”；三是西南地区的“西南丝绸之路”；四是中国东南沿海地区的“海上丝绸之路”④。

由此可见，历史上的草原丝绸之路是连接亚欧经济、文化的通道，也是连接北方草原地区与中原地区经济、文化交流的要道。⑤ 学者们对“草原丝绸之路”覆盖地区，目前还没有形成统一的认识。研究者有必要粗略地追本溯源对研究草原丝绸之路的文献进行梳理，以期对

---

① 李明伟主编《丝绸之路贸易史研究》，甘肃人民出版社，1991，季羡林序。

② 余太山：《早期丝绸之路文献研究》（增订本），商务印书馆，2018，第 3 页。

③ 〔日〕长泽和俊：《“丝绸之路”研究的回顾与展望》，冯佐哲译，载《国外社会科学》1978 年第 5 期，第 82~86 页。

④ 徐苹芳：《丝绸之路考古论集》，上海古籍出版社，2017，第 3~4 页。

⑤ 张景明：《草原丝绸之路研究中的几个问题》，载《中国古代社会与思想文化研究论集》第四辑，黑龙江人民出版社，2010，第 205~206 页。

草原丝绸之路经济带进行最后的学术定位和把控。

（二）草原丝绸之路的历史区域考察

环境考古学证明，中国北方草原地区位于欧亚草原地带之上，这条天然的草原通道，向西可以连接中亚和东欧，向东南可以通往中国的中原地区。[①] 现在我国的新疆、青海、甘肃、宁夏、内蒙古和东北三省处于这片草原的东部。[②]

对草原丝绸之路的历史考察，众说纷纭，莫衷一是，而且历史上有许多不同的称呼。最早使用的“草原之道”、“草原丝路”、“北新路”或“草原之路”一词应为“草原丝绸之路”的缘起。[③]

早在汉朝以前，北方的游牧民族就开辟了连接欧亚大陆东西两端的国际通道，被称为“草原之道”[④]。也有说新疆北部地区，在公元前1000年前，就有东向蒙古高原、西伯利亚东部、南阿勒泰，西向哈萨克斯坦以至欧洲东部、印度、伊朗，存在着沟通彼此的“草原丝路”[⑤]。

草原丝绸之路称为“北新道”，先见于《魏略·西戎传》。[⑥] 汉唐间我国丝绸经中亚、伊朗西运至地中海东岸各地的那条陆路交通线，还有一条陆路交通线是沿天山山脉北麓西去，经中亚沙漠地带和东南

---

① 在严耕望先生提出汉代“松潘草原”及“河湟青海地区”草原交通作用基础上，王子今提出甘青至西北草原道路的存在。参见王子今《河西“之蜀”草原通道：丝路别支考》，载《丝绸之路研究集刊》（第一辑），商务印书馆，2017，第16~28页。

② 田广林：《论草原丝绸之路》，载《国学研究》第13卷，北京大学出版社，2004，第302页。

③ 〔日〕加藤九祚：《草原丝路的民族与历史》，梁景之译，载《民族译丛》1986年第3期，第42~47页。

④ 陆文龙：《丝路到底有多长》，载《丝绸》1981年第10期，第27页。

⑤ 王炳华：《从考古资料看丝路开拓及路线变迁》，载《西域研究》1991年第3期，第13~24页；马雍、王炳华：《阿尔泰与欧亚草原丝绸之路》，载张智尧主编《草原丝绸之路与中亚文明》，新疆美术摄影出版社，1994，第1~8页。

⑥ 石云涛：《3—6世纪的草原丝绸之路》，载《社会科学战线》2011年第9期，第71~79页。

俄草原至黑海，这一条丝绸之路当时称为“北新道”[①]。

在北方草原地带，存在着一条由蒙古高原东南端的辽河上溯，越过大兴安岭，循阴山南北两麓向西，经居延而趋向天山南北，转经高昌进入欧亚草原的道路，这便是所谓的“草原丝绸之路”[②]。“青铜器时代草原丝绸之路的东段走向经过的区域大致为：从中原运至鄂尔多斯地区的丝绸，经阴山山脉西段——狼山南下进入贺兰山，循贺兰山东麓西向进入北山，经北山西向进入腾格里沙漠，沿腾格里沙漠南缘越武威进入河西走廊，历河西走廊进入天山山脉，直到阿尔泰地区。”[③] 17世纪以后，欧洲、中亚、中国内地的商人，又沿着昔日“草原丝绸之路”东线商路、西线商路和中线商路。[④] 因此，草原丝绸之路的南道，东起辽海，沿燕山北麓、阴山北麓、天山北麓，西去中亚、西亚和东欧。[⑤]

内蒙古是草原丝绸之路的必经之地，是草原丝绸之路的中心。因为中原地区发明丝绸后，首先向北传至山西、陕西北部及内蒙古地区的草原民族，从阿尔泰山和内蒙古额济纳旗发现了古代丝绢证明了这一点。[⑥] 著名学者齐东方在考察赤峰市敖汉旗出土的粟特银器基础上提出，在中国北部存在着一条从河西经包头、呼和浩特、大同，通过

---

① 孙培良：《丝绸之路概述》，载《陕西师范大学学报》（社会科学版）1978年第3期，第68~77页。

② 苏赫、田广林：《草原丝绸之路与辽代中西交通》，载《昭乌达蒙族师专学报》（汉文哲学社会科学版）1989年第4期，第1页。

③ 朱存世、李芳：《试析青铜时代贺兰山、北山岩画与欧亚草原丝绸之路的关系——兼论欧亚草原丝绸之路的东段走向》，载《宁夏社会科学》2001年第5期，第101~107页。

④ 卢明辉：《草原丝绸之路——亚欧大陆草原通道与中原地区的经济交流》，载《内蒙古社会科学》1993年第3期，第73~78页；卢明辉：《13世纪以后亚欧大陆“草原丝绸之路”与蒙古游牧文化的变迁》，载《内蒙古社会科学》1997年第6期，第41~46页。

⑤ 王大方：《论草原丝绸之路》，载《前沿》2005年第9期，第14~17页。

⑥ 苏北海：《哈萨克族文化史》，新疆大学出版社，1989，第209~216页；贾合甫·米尔扎汗：《丝绸之路在草原文化发展中的作用》，载《西域研究》1994年第4期，第41~47页。

河北北部进入内蒙古赤峰，到达辽宁朝阳的中西交通路线，这段北路应看作是历史上中国北部通西方的草原路。[①] 位于内蒙古察哈尔右翼前旗巴音塔拉镇土城子村应当是草原丝绸之路的起点之一，草原丝绸之路东端的中心地在内蒙古地区。[②]

我国著名学者徐苹芳认为，历史上存在着一条贯穿东西、横亘蒙古高原的“草原丝绸之路”，从新疆的伊犁、吉尔萨克、哈密，经额济纳、河套、呼和浩特、大同、张北、赤城、宁城、赤峰、朝阳、义县、辽阳，经朝鲜而至日本。[③]

通过对文献梳理后发现，研究者们从地理区域、交通线路、贸易往来、历史演变等角度对历史上的草原丝绸之路做了详尽的研究，观点虽有差异，但一致性的看法概括起来有以下几点：(1) 历史上存在着与沙漠丝绸之路、西南丝绸之路、海上丝绸之路并行的草原丝绸之路；(2) 草原丝绸之路形成最早、延续时间最长、通道最多、覆盖地域最广；(3) 草原丝绸之路自古以来就是联结中原文明、草原文明、中亚文明、西亚文明、欧洲文明的纽带；(4) 草原丝绸之路境内线路覆盖的主要区域在现今内蒙古、宁夏、甘肃省、青海省、新疆维吾尔自治区。[④]

(三) 草原丝绸之路经济带区域的确定

“草原丝绸之路经济带”是“丝绸之路经济带”的下位概念。[⑤] 有

① 齐东方：《李家营子出土的粟特银器与草原丝绸之路》，载《北京大学学报》1992年第2期。

② 海亮：《内蒙古发现草原丝绸之路起点》，载《光明日报》2003年6月11日；张景明：《草原丝绸之路与草原文化》，载《光明日报》2007年1月26日。

③ 徐苹芳：《丝绸之路考古论集》，上海古籍出版社，2017，第6页。

④ 参见潘照东、刘俊宝《草原丝绸之路探析》，载《中国历史上的西部开发》，商务印书馆，2005，第70~82页。

⑤ 国内最早提出的是“中国—中亚经济带”这一“新丝绸之路经济带”概念，参见朱显平、邹向阳《中国—中亚新丝绸之路经济发展带构想》，载《东北亚论坛》2006年第5期，第1~9页。

研究者认为"丝绸之路经济带"是在古代丝绸之路概念基础上形成的当代经贸合作升级版，是世界上最长、最具有发展潜力的经济大走廊，是贯通亚欧两大洲的经济大陆桥，是我国集向西开放与西部开发为一体的政策综合版。①

从区域上划分，"丝绸之路经济带"东边牵着亚太经济圈，西边系着发达的欧洲经济圈，是中国通向欧亚大陆西端的重要环节。②2013 年 12 月，在国家发改委召开的推进丝绸之路经济带建设座谈会上，西北 5 省区划为陆上丝绸之路经济带，当时内蒙古没有被划入。③

对于草原丝绸之路经济带，有两种权威的观点。一种观点认为，草原丝绸之路经济带内蒙古以东的地区为东端，处于草原地带的内蒙古地区为中段，内蒙古以北以西的地区为西段，内蒙古的草原地区处于草原丝绸之路经济带的中间环节，在草原丝绸之路经济带建成的过程中起着桥梁和纽带的作用。④ 第二种观点认为，从区域和走向上来区分，草原丝绸之路经济带可以分为西部草原丝绸之路和东部草原丝绸之路两部分。西部草原丝绸之路的基本定位依然是传统丝绸之路也就是沙漠丝绸之路的有力分支，以呼和浩特、包头、临河为重要支点，向西经宁夏、青海与新疆丝绸之路相连；东部丝绸之路的定位是服务于亚欧大通道的重要平台和通道组成部分，由满洲里、阿尔山、二连浩特等重要节点为依托，以连接内地和俄罗斯、蒙古国及欧洲腹地为

① 胡鞍钢等：《"丝绸之路经济带"：战略内涵、定位和实现路径》，载《新疆师范大学学报》（哲学社会科学版）2014 年第 2 期，第 1~10 页。

② 梁鲜桃：《构建内蒙古"草原丝绸之路经济带"的优势与对策思考》，载《区域发展》2015 年第 8 期，第 53~55 页。

③ 郭爱君、毛锦凰：《丝绸之路经济带：优势产业空间差异与产业空间布局战略研究》，载《兰州大学学报》（社会科学版）2014 年第 1 期，第 40~49 页。

④ 李加洞：《构筑丝绸之路右翼——草原丝绸之路经济带的可行性分析与内蒙古的路径选择》，载《前沿》2015 年第 3 期，第 15~19、79 页。

战略定位。[①]

本研究认为，草原丝绸之路经济带以内蒙古为中心，向东延伸到东北三省以贯通东北亚，向西延伸到宁夏、甘肃、青海、新疆以贯通中亚、东欧和欧洲中心地带，向南与京津冀地区相连，向北连接蒙古、俄罗斯。由于黑龙江、辽宁、河北等省份已纳入“振兴东北”计划和“京津冀协同发展”辐射地区。因此，本研究确定的草原丝绸之路经济带在中国境内覆盖的省份主要有内蒙古、宁夏、甘肃、青海、新疆五省（区）。草原丝绸之路经济带沿线经过的城市主要有：呼伦贝尔、赤峰、呼和浩特、包头、石嘴山、银川、酒泉、嘉峪关、西宁、海北藏族自治州、乌鲁木齐、昌吉回族自治州、克拉玛依市等，详细情况见本章尾部。

二　企业社会责任的内涵和外延

企业社会责任是一个内涵与外延不确定的概念，从出现“企业社会责任”一词以来，国内外学者们一直未形成一个统一的定义。因此，从历史与逻辑辩证统一的方法出发，研究前人对企业社会责任概念的不同界定，掌握其实质内容，对我们准确把握企业社会责任的内容、实质，有着极其重要的研究意义。

（一）国外企业社会责任定义的梳理

目前为止，很难找到国外学者对企业社会责任的一个准确的定义。谢克（1997）曾说：“公司社会责任的概念是无法准确定义的，可能只能进行描述。”[②] 因为国外企业社会责任的概念，是对企业在利

① 马永真、梅园：《构建“草原丝绸之路经济带”的若干思考》，载《内蒙古社会科学》（汉文版）2014 年第 6 期，第 5~8 页。

② 沈洪涛、沈艺峰著《公司社会责任思想起源与演进》，上海人民出版社，2007，第62 页。

润最大化目标之外所负义务之概括或表达，是以外延式的方法（Extensional Approach）对企业社会责任所作的界定。①

1. 国外学者对企业社会责任概念的阐释

国外最早使用企业社会责任概念的是1916年芝加哥大学的克拉克。② 在伯利和多德的论战中，多德（1932）绝不认为“公司存在的唯一目的是为股东创造利润，公司作为一个经济组织，在创造利润的同时也有服务社会的功能。”最早构建社会责任概念的是鲍恩（Bowen，1953），他在《商人的社会责任》一书中指出，商人的社会责任是指“商人有义务制定政策，做出决策，遵循对社会目标和价值观有益的行动指南”③。他认为承担社会责任的主体是现代大公司，实施者是公司管理者，公司社会责任原则是自愿。

诺贝尔经济学奖获得者弗里德曼（Milton Friedman，1962，1970，1988）认为“确实有实实在在的社会责任，那就是在遵守法律和适当的道德标准的前提下，尽可能地挣更多的钱。”④ 管理学大师德鲁克（Peter F. Drucker，1984）提出，公司承担的“首要的社会责任”就是赚取足够的利润来承担未来的支出，这种支出是为了保证未来的工作机会，即“赚钱行善”⑤。

戴维斯（1975）从促进人与人、人与自然之间和谐的角度，在“责任与权力形影相随”的“责任铁律”基础上，提出了公司社会责

① 施天涛：《公司法第5条的理想与现实：公司社会责任何以实施?》，载《清华法学》2019年第5期，第57~79页。

② 克拉克在《政治经济学学刊》上发表的《改变中的经济责任的基础》一文中写道：“迄今为止，大家并没有认识到社会责任中有很大一部分是企业的责任。……超越法律的企业责任不仅仅只是一种理想，在相当大的程度上，已经成为一个事实。”引自沈洪涛、沈艺峰：《公司社会责任思想起源与演进》，上海人民出版社，2007，第48页。

③ 〔美〕霍华德·R. 鲍恩：《商人的社会责任》，肖红军等译，经济管理出版社，2015，第5页。

④ 沈洪涛、沈艺峰：《公司社会责任思想起源与演进》，上海人民出版社，2007，第36页。

⑤ 沈洪涛、沈艺峰：《公司社会责任思想起源与演进》，上海人民出版社，2007，第40页。

任的五个定理。[①]

美国佐治亚大学教授卡罗尔（1979）提出著名的“公司社会表现的三维概念模型”，将公司社会责任分解成经济责任、法律责任、伦理责任和自愿责任。[②]

斯坦福研究所（1963）提出相关利益者理论并几经发展后，公司社会责任的定义越来越明确，企业社会责任的范围越来越清晰。[③] 克拉克森（1991）认为，“公司及其管理者管理的是与相关利益者的关系”。卡罗尔（1991）提出，把相关利益者纳入社会责任框架中，要针对每一个主要的相关利益群体考虑社会责任问题。伍德和琼斯（1995）提出了“公司社会责任表现的相关利益者理论”[④]。“公司公民”（E. M. Epostein，1989）和“全球公司公民”（Logsdon，Jeanne，2002）概念提出后，企业社会责任研究又有了新的突破。

综合国外企业社会责任概念的研究，我们可以梳理出以下要点：（1）非法学和跨学科领域研究成果居多；（2）企业社会责任是经济社会发展的必然产物，不同时期其内涵和外延不同亦属必然；（3）企业社会责任是对公司本质认识上的革命，都在强调公司与社会的关系，公司社会回应、社会责任表现、公司公民在不同时期占据统治地位足以说明这一点；（4）利益相关者理论是公司社会责任的理论基石，具

① 这五个定理是：（1）社会责任来自社会权力；（2）企业应该作为双向开放的系统来经营；（3）企业在进行有关活动、产品和服务的决策时应全面计算和考虑社会成本和社会收益；（4）社会成本应计入活动、产品和服务的价格中；（5）企业作为公民，除了承担社会成本外，还有责任在社会需要的地方尽其所能地参与其中。参见沈洪涛、沈艺峰《公司社会责任思想起源与演进》，上海人民出版社，2007，第56~57页。

② 沈洪涛、沈艺峰：《公司社会责任思想起源与演进》，上海人民出版社，2007，第88~89页。

③ 沈洪涛、沈艺峰：《公司社会责任思想起源与演进》，上海人民出版社，2007，第148、192页。

④ 沈洪涛、沈艺峰：《公司社会责任思想起源与演进》，上海人民出版社，2007，第192~194页。

有超越股东主义的全面性和包容性；（5）法律责任、经济责任非常明确，便于操作，道德责任和自愿责任较为含糊，尚未很好地构建起规范基础，难以评价；（6）经济全球化情况下，缺乏超越文化差异的普遍性，无法提供基于一般原则并能超越不同文化与宗教的理论和经验基础。

2. 国际社会对企业社会责任的定义

国际社会对企业社会责任定义进行的描述，为推动全球企业社会责任运动做出了突出的贡献，为研究企业社会责任起到了指引作用。比较有代表性的有：

（1）世界银行（World Bank）认为："企业社会责任是指企业与利益相关者的关系、企业的价值观以及企业尊重和遵守与人、社区和环境有关的法律、政策和实践的集合，是企业改善来吸引观众的生活质量而坚持可持续发展的一种承诺。"

（2）维基百科（Wikipedia）把企业社会责任定义为："企业在其业务范围内需要考虑客户、雇员、债权人、社区以及环境等因素的利益，这些都是超越法律所规定的范围之外的内容。"

（3）国际标准化组织（International Standard Organization）则认为，企业社会责任是一个论点，是为了实现可持续发展而进化的产物，是一个正在主动地走进许多政策辩论和企业议程中的议题。①

（4）欧盟将企业社会责任（CSR）的概念表述为："企业在自愿基础上将社会和环境关切纳入其商业运作及与利益相关方的互动中，是企业为了应对社会需要而做出的超出最低法律要求和义务的

① See C. V. Baxi and Ajit Prasad (ed), Corporate Social Responsibility: Concepts and Cases, the Indian Experience, Excel Books, 2005, pp. 5-16。转引自李雪平《企业社会责任国际法律问题研究》，中国人民大学出版社，2011，第49~50页。

行动。”①

（5）国际标准化组织（2010）制定的 ISO26000 对企业社会责任的定义是最明确的定义：“企业社会责任是一个组织用透明的、合乎道德规范的行为，对它的决策或者活动在社会和环境中产生的影响负责，这些行为：有利于可持续发展，其中包括健康和社会福利；考虑利益相关方的期望；与现有的法律保持一致，并符合国际行为规范；融入整个组织，并落实到组织与利益相关方的关系中。”②

综上文献梳理可以发现，国外学者们对企业社会责任概念的研究，均是从不同学科，依据不同理论，作的模糊性、不确定的概括。国际社会对企业社会责任的概念均是倡导性、描述性的列举，缺少抽象性的概括。

（二）对国内企业社会责任概念的研究梳理

相比国外研究者企业社会责任的概念的模糊性、不确定性、缺少抽象性而言，我国学者一直较为理性地研究企业社会责任的内涵和外延，而且思路清晰、脉络清楚、逻辑严谨。本研究从《公司法》出台前、《公司法》施行后到新《公司法》出台前、新《公司法》施行后三个时间段进行文献的过程梳理。

1.《公司法》出台前企业社会责任概念的初步研究

1994 年《公司法》出台前，就有研究者从义务、责任等不同角度，初步阐述了企业社会责任的概念。③ 袁家方（1990）认为：“企业社会责任，是企业在争取自身的生存与发展的同时，为维护国家、社

① 崔征：《欧盟关于企业社会责任的政策——欧盟企业总司长 Heinz ZOUREK 在中欧企业社会责任高层论坛上的致辞》，载《WTO 导刊》2006 年第 8 期，第 92~94 页。

② 孙继荣：《ISO26000——社会责任发展的里程碑和新起点（二）》，载《WTO 导刊》2010 年第 11 期，第 43~54 页。

③ 企业社会责任既有强制的法律责任，也有自觉的道义责任。参见张彦宁《中国企业管理年鉴》，企业管理出版社，1990，第 778~779 页。

会和人类的根本利益，必须承担的义务。”[①] 尤力、王金顺（1990）认为：“企业社会责任是企业为了自身和社会的健康发展必须承担的法律上和道义上的责任。”[②] 于向阳（1991）认为：“企业社会责任有广义和狭义之分，广义的企业社会责任既包括‘道义性’的责任，又包括‘规范性’的责任；狭义的企业社会责任仅指‘规范性’的责任，是指处于一定社会地位的企业，为了实现一定社会目标而由劳动者就业、自然资源保护、消费者保护等法律规定而承担的责任。”[③] 这些研究已经初步揭示了企业社会责任的本质问题。

2.《公司法》施行后企业社会责任概念的深入研究

1994 年《公司法》施行后，学者们对企业社会责任概念进行了广泛深入的研究，刘俊海、朱慈蕴、刘连煜、卢代富等对公司社会责任的定义，奠定了后续研究的基础。

刘俊海（1997，1999）认为：“公司社会责任是指公司不能仅仅以最大限度地为股东们营利或赚钱作为自己唯一存在的目的，而应当最大限度地增进股东利益之外的其他所有社会利益。”“利益相关者泛指消费者、职工、债权人、中小竞争者、当地社区和社会弱势群体等与公司生存发展具有利害关系的社会主体，既包括既存的利益相关者，也包括未来或潜在的利益相关者。利益相关者的利益既表现为自然人的权益（尤其是根本人权与自由），也表现为法人和其他组织的权益。”[④]

---

① 这里的责任属于广义的社会学范畴，不是法律责任。参见袁家方《企业社会责任》，海洋出版社，1990，第 4 页。

② 尤力、王金顺：《论企业的社会责任》，载《四川大学学报》（哲学社会科学版）1990 年第 1 期，第 41~46 页。

③ 于向阳：《企业社会责任之探讨》，载《山东法学》1991 年第 4 期，第 22~25 页。

④ 刘俊海：《强化公司的社会责任——建立我国现代企业制度的一项重要内容》，载王保树主编《商事法论集》（第 2 卷），法律出版社，1997，第 59 页；刘俊海：《公司的社会责任》，法律出版社，1999，第 6~7 页。

朱慈蕴（1998）认为："公司社会责任是指公司应对股东这一利益群体以外的，与公司发生各种联系的其他相关利益群体和政府代表的公共利益负有的一定责任，主要是指对公司债权人、雇员、供应商、用户、消费者、当地住民以及政府代表的税收利益、环保利益等等。"①

台湾学者刘连煜（2001）认为："公司社会责任是指营利性的公司，在其决策机关确认某一事项为社会上多数人所希望后，该营利性公司便应放弃营利性意图，以符合多数人对该公司的期望。"②

卢代富（2001，2002）从早期企业社会责任的倡导者使用"企业社会责任"一语时所表达的基本意旨出发，扩大了社会责任的主体范围，将公司扩展到企业，他认为："企业社会责任，乃指企业在谋求股东利润最大化之外所负有的维护和增进社会公益的义务。"③

刘俊海、朱慈蕴、刘连煜、卢代富阐述的企业社会责任定义被后续研究者广泛引用。另外，王妍（2001）④、张士元、刘丽（2001）⑤等也从不同角度给企业社会责任下了定义。

3. 2006年新《公司法》施行后对企业社会责任概念的广泛研究

《公司法》修订后，明确将社会责任写进《公司法》总则，研究者们对企业社会责任概念的研究更明确、全面而具体。

金玄武（2006）认为："公司社会责任是指公司及公司机关成员在经营活动中所负有的由法直接规定的义务或由法律关系主体依法通

① 朱慈蕴：《公司法人人格否认法理研究》，法律出版社，1998，第299页；朱慈蕴：《公司法人人格否认法理与公司的社会责任》，载《法学研究》1998年第5期，第83~100页。

② 刘连煜：《公司治理与企业社会责任》，中国政法大学出版社，2001，第66~67页。

③ 卢代富：《国外企业社会责任界说述评》，载《现代法学》2001年第3期，第137~144页；卢代富：《企业社会责任的经济学与法学分析》，法律出版社，2002，第70~71页。

④ 王妍：《企业社会责任及其法理学研究》，载《哈尔滨工业大学学报》（社会科学版）2001年第3期，第104~109页。

⑤ 张士元、刘丽：《论公司的社会责任》，载《法商研究》2001年第6期，第106~110页。

过积极活动而设立的不威胁、不侵犯社会利益的第一性义务和违反此义务而引致的由专门国家机关认定并归结于公司有责主体、应向社会公众承担的有直接强制性的第二性义务。”①

胡鸿高（2008）从企业、政府、社会三者关系的角度，提出：“企业社会责任是指企业在谋求自己经济利益时，与政府合作，对于企业行为的利益相关者承担法律和道德责任，以增进社会公益，保障全球经济和社会的可持续发展。”②

史际春（2008）从企业与社会关系的角度分析，认为：“公司社会责任本质上是特定的经济和社会条件对企业的客观要求，表现为社会对企业的期待，是企业对社会应承担的义务，包括守法、做好企业本身和对社会的道义承担。”③

周友苏、张虹（2009）认为：“公司社会责任实际上指公司对社会承担的一种义务，即公司应当或必须为一定行为或不为一定行为的必要性。”④

冯果、袁康（2009）认为：“企业社会责任是指企业在创造最大价值和利润，维护股东利益之外，兼顾社会公益，维护非股东利益相关者的利益，对自己的活动产生的社会影响负责，追求自身经济效益和社会效益相统一的责任的总和。”⑤

赵万一、朱明月（2009）从社会公共利益义务及承担的法律责任

① 金玄武：《公司社会责任的法律界定与类型化分析——兼评公司法修改》，载《学习与探索》2006 年第 3 期，第 116~118 页。作者参考李平龙《超越道德化：公司社会责任法律内涵解读》，载《社会科学家》2005 年第 1 期，第 86~88 页。

② 胡鸿高：《论企业社会责任》，载《东方法学》2008 年第 1 期，第 105~113 页。

③ 史际春等：《论公司社会责任：法律义务、道德责任及其他》，载《首都师范大学学报》（社会科学版）2008 年第 2 期，第 39~51 页。

④ 周友苏、张虹：《反思与超越：公司社会责任诠释》，载《政法论坛》2009 年第 1 期，第 57~63 页。

⑤ 冯果、袁康：《浅谈企业社会责任法律化》，载《湖北社会科学》2009 年第 8 期，第 145~148 页。

角度出发，他们认为："公司社会责任是公司在从事营利性的经营活动中负有的维护社会公共利益的义务，以及侵害社会公共利益应承担的法律责任。"①

甘培忠、郭秀华（2010）从立法论角度提出了"法定的公司社会责任"的概念，"是指那些为保护某种特殊群体利益（或者说落实某种特定类型的企业社会责任）而制定的专项立法。这些立法大都规定了相对明确的权利主体（责任对象）和义务内容，规定了违法的刑事责任、行政责任和民事赔偿责任。"②

刘新民（2010）阐述了企业社会责任的内涵和外延，认为："企业社会责任是一个以开放性、多层次、立体式为特征的责任体系，其内涵乃在于公司利润最大化与公司利益相关者利益最大化的协调一致，其外延则随着社会经济的发展不断增添新的内容。"③

雷兴虎、刘斌（2010）从商事主体和商事活动的社会义务角度出发，认为："企业社会责任是企业作为一种商事组织，在谋求自身及其股东最大经济利益的同时，从促进商事交易和社会发展的目标出发，应当为其他利害关系人履行相应的社会义务。"④

王保树（2010）认为："公司社会责任是公司承担的一种社会义务，包括三个不同的方面：一是法律上已规定的义务，如环境保护法规定的环境保护义务，食品安全法规定的保证食品安全的义务等；二是道德义务，如捐赠捐款义务等；三是经营中发生的既非法律已经明

---

① 赵万一、朱明月：《伦理责任抑或法律责任——对公司社会责任制度的重新审视》，载《河南省政法管理干部学院学报》2009年第2期，第112~122页。

② 甘培忠、郭秀华：《公司社会责任的法律价值与实施机制》，载《社会科学战线》2010年第1期，第191~199页。

③ 刘新民：《企业社会责任研究》，载《社会科学》2010年第2期，第89~99页。

④ 雷兴虎、刘斌：《〈企业社会责任法〉：企业践行社会责任的法制保障》，载《法治研究》2010年第4期，第45~51页。

确规定，也非道德性质的义务。”①

王晓、任文松（2012）将企业社会责任定义为“企业为实现自身利益与社会利益的可持续发展，遵循法律、道德和商业伦理，对利益相关者（雇员、消费者、债权人、环境、政府等）所负有的责任。”②

李凯等（2014）把企业社会责任定义为“企业在追求经济利益的同时，主动承担起对利益相关方及整个社会之应尽责任与社会对企业的行为进行之规制的总和，包括企业强制性的社会责任和自愿性的社会责任两个方面。”③

刘萍（2011，2015）基于对公司、社会、责任的语义分析，她认为，“公司社会责任是指公司对其利益相关者（含股东和其他利益相关者）负担的经济、环境、劳工等方面的道德和法律责任。”④

刘俊海（2015）给企业社会责任下的定义是对自己原来定义的升级版，用了两个“最大限度”用语以强调公司履行社会责任的重要性，对企业社会责任的对象和内容也做了更为全面的论述。他认为：“公司社会责任（corporate social responsibility）指公司不能仅仅以最大限度地为股东们赚钱作为自己唯一存在目的，而应当最大限度地关怀和增进股东利益之外的其他所有社会利益，包括消费者利益、职工利益、债权人利益、中小竞争者利益、当地社区利益、环境利益、社会弱者利益及整个社会公共利益等内容，既包括自然人的人权尤其是社会权，也包括法人和非法人组织的权利和利益。”⑤

---

① 王保树：《公司社会责任对公司法理论的影响》，载《法学研究》2010年第3期，第82~91页。

② 王晓、任文松：《多维法制视角下的企业社会责任》，中国社会科学出版社，2012，第11页。

③ 李凯等：《中国企业社会责任公共政策的演进与发展》，中国经济出版社，2014，第4页。

④ 刘萍：《公司社会责任的重新界定》，载《法学》2011年第7期，第141~147页；刘萍、冯帅：《公司社会责任的国际造法运动研究》，法律出版社，2015，第17页。

⑤ 刘俊海：《现代公司法》（第三版），法律出版社，2015，第791页。

白江（2015）认为："企业社会责任是指企业在创造利润、实现经济价值、对股东利益负责和最终实现股东利益最大化的同时，还要承担对社会健康发展所应承担的商业伦理责任或商业道德责任，包括遵守商业道德、生产安全、职业健康、保护劳动者的合法权益、节约资源等。"①

漆鲜萍（2017）从企业社会责任运动的角度，她认为："企业社会责任主要是指企业对于社会，具体是指相关利益者所负有的责任和义务，是对企业只为投资者负责的传统观念的修正。"②

武正雄（2017）将公司社会责任定义为"公司在运营过程中，遵循法律法规、社会道德和商业伦理标准，对利益相关方、环境及子孙后代负责、持续追求经济、社会和环境的综合价值最大化的行为。"③

施天涛（2019）对公司社会责任概念作了最全面的阐释，认为公司社会责任是一个多维度的话题，就其法律意义而言，公司社会责任几乎涉及整个法律体系，不能简单地从字面上将"公司社会责任"理解为"公司法上的社会责任"。他认为："公司社会责任包括五个方面，即：（1）公司守法意义上的社会责任；（2）公司治理结构意义上的社会责任；（3）商业决策意义上的公司社会责任；（4）公司捐赠时的受信义务；（5）公司的社会问责与社会披露，接受政府和社会监督。"④

另外，还有许多研究者提出了诸多类似的论述，在此不再一一叙述。

还有研究者提出了"超越法律"的企业社会责任的概念。认为

---

① 白江：《公司治理前沿法律问题研究》，法律出版社，2015，第 14 页。

② 漆鲜萍：《国际企业社会责任运动及其应对研究》，法律出版社，2017，第 10 页。

③ 武正雄：《公司的社会责任伦理论探究——以〈公司法〉为视角》，吉林大学出版社，2017，第 4 页。

④ 施天涛：《公司法第 5 条的理想与现实：公司社会责任何以实施?》，载《清华法学》2019 年第 5 期，第 57~79 页。

“超越法律”的企业社会责任是企业负担的那些超出法律强制性义务规定且符合社会价值和期望的责任。[①]

综合以上描述和梳理，学者们运用不同理论，从不同角度，运用不同方法对企业社会责任的概念进行的考察和界定，本身都是合乎逻辑的。可以说贡献突出、观点各异、争鸣不断，为今后对企业社会责任的研究起到了指引性作用。但同时也可以发现以下几个问题：(1) 国外关于企业社会责任概念的研究有着丰富的理论作支撑，国内学者更多的是在研究国外理论基础上对企业社会责任定义的阐释，缺少创新性；(2) 国外关于企业社会责任的定义大多属于描述性的概括和叙述，国内学者更多的是抽象性的概括和外延式的描述；(3) 对企业社会责任性质的不同认识，导致对企业社会责任的主体、范围的争论；(4) 没有科学的理论支撑，创新企业社会责任定义是无法科学界定的；(5) 游走于强制和自愿、道德和法律之间的企业社会责任，终究不能使企业社会责任法律化。

（三）本研究对企业社会责任的定义

在现代汉语里，定义是：“对于一种事物的本质特征或一个概念的内涵和外延的确切而简要的说明。”[②] 由此，本质、内涵、特征、外延、确切、简要六个要素构成了定义的基本属性，或者称判断标准。定义（definition）“诚如该语词所提示的，最初所指的就是在某类事物和他类事物之间划定界限或做区分的问题，这个界限乃是通过个别独立的语词在语言上所做的划分。有些人常常感受到这种划定界限的需要，这些人完全熟悉所议论之语词的日常用法，但却无法说出或解释

① 周林彬、何朝丹：《试论“超越法律”的企业社会责任》，载《现代法学》2008 年第 2 期，第 37~45 页。

② 中国社会科学院语言研究所词典编辑室：《现代汉语词典》（2002 年增补本），商务印书馆，2003，第 998 页。

他们所意识到的，将某类事物从另一类事物分开的区别”[①]。当然，法律命题可能非常笼统，或者非常具体。[②] 从社会科学研究的角度讲，概念是尝试性的、具体的、基于共识的，其作用只能限于把握或分离现实中的某些重要的、可定义的方面。[③] 因此，本研究尝试从语义分析的角度出发，按照逻辑学的定义方法，揭示企业社会责任的内涵和外延。《现代汉语词典》中没有“企业社会责任”一词，本研究按照企业、社会、责任三个并列名词进行解释。

1. 企业社会责任中的“企业”

清晰界定“企业”的概念，明确履行企业社会责任的义务主体和法律责任的承担主体，才能为企业社会责任立法厘清法律适用的主体范围。

词典里对“企业”的解释。在《现代汉语词典》中，“企业”是从事生产、运输、贸易等经济活动的部门，如工厂、矿山、铁路、公司等。[④]《布洛克斯百科全书》中，企业被界定为：能够“提供产品或劳务，这些产品或劳务既能出售达到盈利目的，同时又能满足公共需要”[⑤]。

对“企业”的经济学解释。美国学者曼斯菲尔德认为：“企业就是生产商品和劳务以供销售的单位。”[⑥] 科斯认为，“企业是一种与市

① 〔美〕哈特：《法律的概念》，许家鑫、李冠宜译，法律出版社，2011，第 14 页。
② 〔美〕罗纳德·德沃金：《法律帝国》，许杨勇译，上海三联书店，2016，第 3 页。
③ 〔美〕肯尼斯赫文、托德多纳：《社会科学研究：从思维开始》（第十版），李涤非、潘磊译，重庆大学出版社，2013，第 14 页。
④ 中国社会科学院语言研究所词典编辑室编：《现代汉语词典》（2002 年增补本），商务印书馆，2003，第 998 页。
⑤ 高岚君、吴凤君：《全球化视野下企业社会责任法律研究》，法律出版社，2011，第21 页。
⑥ 〔美〕曼斯菲尔德：《微观经济学：理论与应用》，郑琳华等译，上海交通大学出版社，1988，第 166 页。

场协调机制有相同职能并且更具有节省交易费用的组织。”[①] 美国学者詹森和麦克林认为：“企业的本质是合约关系，不仅与雇员，而且与供应商、顾客、债权人等等的合约关系。……认识到大多数组织不过是一个充当众多个体间合约集的结点的法律实体（legal fiction）。”[②] “企业是合约结”的观点有助于认识企业与雇员、供应商、顾客、债权人和其他利益相关者之间的合约关系。由此，从经济学角度分析，企业是由生产要素构成的从事经营活动的以营利为目的的组织。

对“企业”的法学解释。“‘公司’一词并没有严格的法律含义。”[③] 企业的法律概念、法律本质和企业法的形成、发展是德国民法学在整个20世纪里所研究的问题，它们在研究方法、体例结构和法律政策方面引发了大量的争论。里特纳（Rittner，1973）从广义和狭义上区别了企业这个法学概念。他认为，广义的企业是“一个人的单位”，即为独立的意思表示单位、行为单位和生产单位，它为人们提供产品和服务，在市场经济的规则下与其他企业竞争；狭义的企业为“质的有体物”，具有民法和商法上的意义，即作为以营利为目的的企业或商事企业可被继承、买卖和出租。企业形式是“企业全部权利、义务的归集主体”，而企业是“这种整体上归集的连接点”。这与经济学上的企业基本契合。弗卢梅（Flume，1983）将企业分为人合企业和法人企业，独资商人、独资企业和共同共有合伙为企业形式。[④] 法国学者Durand认为企业是企业主、职员、动产、不动产及其他各种财物构成的类似于国家的协同体或组织体。日本学者田中诚教授认为，

① R. Kose, “The Nature of the Firm,” Ecnomica, Nov. 1937. p. 388.

② M. Jensen, W. Meckling. Theory of the Firm: Managerial Behavior, Agency Costs and Ownership Structure [J]. Journal of Financial Economics, 1976, (4) p. 310.

③ 施天涛：《公司法论》（第四版），法律出版社，2018，第4页。

④ 〔德〕托马斯·赖塞尔：《企业和法人》，赵亮译，载《私法》2001年第1辑第1卷，第96~111页。

“商法中的企业，是为了获得不定量的利润，有计划地持续地投入资本和劳力，为经济上给付的供给行为，具有这种特别的设施或者是组织的独立的经济单位体。”[①]

史际春（1997）非常详细地考察了企业和公司的历史，认为“企业是指经营性的生产、流通或服务组织，既包括营利性的经营，也包括非营利性或公益性经营，如公用事业企业和民众基于互助合作而经营的合作企业。”[②] 范健、王建文（2006）把商法意义上的企业概念界定为：“依法成立并具备一定组织形式，以营利为目的的独立的从事生产经营和服务性活动，具有独立法律主体地位的经济组织。”[③] 刘俊海（2015）认为，“现代企业”一语有广义、狭义之分，前者“泛指现代市场经济条件下存在的各种企业组织形式，包括公司、个人独资企业、合伙企业、合作社以及其他派生的现代企业组织形式”；狭义“现代企业”仅指“现代公司，包括有限责任公司与股份公司。”[④] 史际春（2015）从英语词源角度出发，进一步将企业定义为“企业是指依法设立，以一定的法律形态存在，实行独立核算的经营性主体。同时，它作为概括的资产或者资本和人员集合之经营体，也可以作为交易的客体。”[⑤] 由此，从法学角度分析，企业是依法成立具有独立意思表示和独立人格的民商法律主体，包括个人独资企业、合伙企业、公司和其他具有独立主体地位的经济组织。

结合前人研究成果，本研究给企业下的定义是：企业是依法成立、

① 〔日〕古田龙夫：《企业の法律概念の研究》，東京文化社，1987，第 73 页。王艳梅：《企业概念与地位的法律分析》，载《社会科学战线》2012 年第 1 期，第 194~199 页。

② 史际春：《企业、公司溯源》，载《商事法论集》（第 1 卷），法律出版社，1997，第 31 页。

③ 范健、王建文：《公司法》，法律出版社，2006，第 1~2 页。

④ 刘俊海：《现代公司法》（第三版），法律出版社，2015，第 29 页。

⑤ 史际春：《经济法》（第三版），中国人民大学出版社，2015，第 113 页。

具有独立意思表示和独立人格、从事经营活动、以营利为目的的民商法律主体，包括独资企业、合伙企业、公司制企业、外商投资企业以及其他具有独立主体地位的经济组织。[①] 给企业下的这个定义，排除了按照所有制性质划分的国有、集体、私营企业之分，排除了按照组织形式划分的个人独资、合伙、公司之分，排除了按照资本来源划分的内资、外资企业之分。像企业集团、合作社等经济组织都属于企业的范畴，因为其具备了法定性、独立性、经营性、营利性等企业的基本特征。《民法典》称为“营利法人”。

2. 企业社会责任中的“社会”

有研究者（以 Brummer 为代表）将企业社会责任中的“社会”作为“责任”的前缀词，认为“企业责任”属概念之下包括企业经济责任、企业法律责任、企业道德责任和企业社会责任。[②] 这种按照责任性质的划分显然不合企业社会责任概念的本意。企业社会责任中的“社会”是企业承担社会责任的对象，是在明确“谁承担责任”（企业）的基础上，“对谁承担责任”“承担哪些责任”（社会）的问题。

《辞源》对“社会”有两种解释，一是古时社日，里社举行的赛会；二是志趣相同者结合的团体。[③] 在《现代汉语词典》中，“社会”是指由一定的经济基础和上层建筑构成的整体，也叫社会形态，或泛指由于共同的物质条件而互相联系起来的人群。[④] 恩格斯谈到人类社会的根本特征时说：“由于随着完全形成的人的出现而产生了新的要

① 《中华人民共和国外商投资法》2020 年 1 月 1 日起施行后，原来的《中外合资经营企业法》《外资企业法》《中外合作经营企业法》同时废止。该法第二条规定，本法所称外商投资企业，是指全部或者部分由外国投资者投资，依照中国法律在中国境内经登记注册设立的企业。

② 卢代富：《国外企业社会责任界说述评》，载《现代法学》2001 年第 3 期，第 137～144 页。

③ 《辞源》（第三卷），商务印书馆，1984，第 2268 页。

④ 《现代汉语词典》（2002 年增补本），商务印书馆，2003，第 1115 页。

素——社会。”[①] 马克思认为：“社会——不管其形式如何——究竟是什么呢？是人们交互作用的产物。”[②] 根据马克思和恩格斯的论述，哲学词典或教科书通常把社会定义为：社会是人类生活的共同体，是人们通过交往形成的社会关系的总和。从哲学角度看，“社会是以一定的地域或自然环境为基础，能满足人的基本需要，有着相互认同和集体目标的人群的集合”。[③] 社会学家理解的社会指的是由有一定联系、相互依存的人们组成的超乎个人的、有机的整体，是人们的社会生活体系。[④] 有社会法研究者认为，现代“社会法”中的“社会”包括“全体社会和部分社会，其中侧重全体社会的应然的社会法，主要有教育法、环境资源法、经济法中的反垄断法等；侧重部分社会的社会法法则主要有劳动法、社会保障法、经济法中的消费权益保护法和中小企业促进法等”[⑤]。

由于社会是一个抽象的哲学范畴，我们无法准确定义。但我们至少要从以下几个方面理解现代意义上的社会：（1）社会是人类生活和发展的共同体，我们应该致力于构建“人类命运共同体”；（2）与国际社会密不可分；（3）社会是有文化、有文明、有规范的系统；（4）社会以组织生产活动为基础，企业是社会公民，企业应当承担社会责任。因此，企业对社会中的群体、群体依存的社会环境和自然环境、国际社会承担法律上和道德上的责任都是企业分内的事。

因此，本研究对企业的定义再引申一步，即企业是依法成立、具有独立意思表示和独立人格、从事经营活动、以营利为目的、具有社

① 恩格斯：《劳动在从猿到人转变过程中的作用》，载《马克思恩格斯选集》第 3 卷，人民出版社，2012，第 993 页。
② 《马克思恩格斯选集》（第 4 卷），人民出版社，1995，第 532 页。
③ 本书编写组：《马克思主义哲学》，高等教育出版社，2009，第 96 页。
④ 王思斌：《社会学教程》，北京大学出版社，2016，第 27 页。
⑤ 竺效：《社会法中的“社会”》，载《法学》2004 年第 5 期，第 11~12 页。

会性的民商法律主体，包括个人独资企业、合伙企业、公司、外商投资企业以及其他具有独立主体地位的经济组织。企业具有法定性、独立性、经营性、营利性和社会性的特征。

3. 企业社会责任中的“责任”

在《现代汉语词典》中，“责任”是分内应做的事，或没有做好分内应做的事因而应当承担的过失。[①] 张文显教授结合法理学理论对此解释认为，现代汉语中“责任”的基本语义有三：其一，“责任”即为分内做的事，这种责任实际上是一种角色义务，在这种意义上使用“责任”其中心意义仍为“义务”；其二，特定的人对特定事项的发生、发展、变化及其后果负有积极的助长义务，如“担保责任”“举证责任”；其三，因没有做好分内之事（没有履行角色义务）或没有履行助长义务而应承担的不利后果或强制性义务，如“违约责任”“侵权责任”等。[②]

梁慧星教授从民法学角度解释，认为“责任”一词在法律上有多种意义。第一种含义为职责，如所谓生产责任制、岗位责任制，大致相当于英文中的“Responsibility”。第二种含义为义务，如法律上常用的“保证责任”一词，应为保证义务，相当于“Obligation”。第三种含义，即所谓法律责任、民事责任等，其意指不履行法律义务因而应受到某种制裁，相当于“Liability”。现代法律责任有民事责任、刑事责任和行政责任之分，但在法律发展史上，三种法律责任同出一源，起初并无区分。关于三种法律责任的关系，《民法总则》第 187 条设有明文规定：“民事主体因同一行为应当承担民事责任、行政责任和刑事责任的，承担行政责任或者刑事责任不影响承担民事责任；民事

---

① 中国社会科学院语言研究所词典编辑室编《现代汉语词典》（2002 年增补本），商务印书馆，2003，第 1574 页。

② 张文显：《法学基本范畴研究》，中国政法大学出版社，1993，第 184 页。

主体的财产不足以支付的，优先用于承担民事责任。”[①]

崔新健教授在此基础上对责任作了进一步的解释。他认为，“责任”在汉语中包括三个有机组成部分：第一，责任主体的分内之事，“分”即角色，是各种社会规范要求社会成员负担与自己的社会角色相适应的行为，表明了社会对责任主体的行为预期，属于积极意义上的责任；第二，责任主体没有做好分内之事时应受的谴责和制裁，反映社会对其成员不履行或没有履行好积极意义上的责任进行的处置，属于消极意义上的责任；第三，对责任主体行为的评价，评价包括社会评价和自我评价，前者体现了社会成员相互之间和社会成员与社会之间的关系，后者反映了责任主体对他人、集体、社会赋予自己的职责的理解和认识。[②]

国内法学界的通说认为：“法律责任是由特定法律事实引起的对损害予以赔偿、补偿或接受惩罚的特殊义务。”[③] 抑或表述为，“法律责任是由特定法律事实引起的对损害予以补偿、强制履行或接受惩罚的特殊义务。”[④]

综上理论研究及分析，从法学的角度出发，本研究所指的“责任”包括三个层面的含义：（1）主体的法定职责和法定义务；（2）主体没有履行法定职责和法定义务而应承担的不利后果或强制性义务；（3）主体法定职责和法定义务的实践是能够进行评估或评价的。

4. 企业社会责任的内涵和外延

迄今为止，理论界和实务界对企业社会责任的争论已达百年之久。不同时代经济社会发展的背景不同，争论的主题不同亦属必然。

---

① 梁慧星：《民法总论》（第五版），法律出版社，2017，第 82 页。

② 崔新健：《企业社会责任概念的辨析》，载《社会科学》2007 年第 12 期，第 28~33 页。

③ 杨春福：《法理学》，清华大学出版社，2009，第 236 页。

④ 张文显：《法理学》（第五版），高等教育出版社、法律出版社，2018，第 166 页。

除了学科的差异之外，同一学科领域对建立在不同理论基础上的企业社会责任的理解也不尽相同。如果我们从法学视域或者进一步从民法、商法或社会法的角度，对企业社会责任进行重新定义，应该能够从学术丛林里寻找到自己的路径。

(1) 定义的思路。从法学视角分析，企业是权利与义务的统一体，是一系列内部的（集团与其成员、投资者与企业、投资者与决策者和管理者、管理者与员工）和外部的（企业与债权人、供应商客户、消费者、社区居民、会计师事务所等市场中介机构、政府、社会公众、环境等）契约链接点。企业作为依法成立的具有法律主体资格的经济组织，从它出生那天起，就要遵循市场经济规律，遵守市场基本法则，享有从事经营活动并获得利润的权利，其本身的权利与其承担的义务是统一的。企业享有从市场获取利益的权利的同时，也承担着社会所赋予的义务，两者都具有同等的法律效力。实际上立法者和制度的设计者已经将社会责任内化为企业的法律规制，企业的社会责任具有法律的规定性。企业的社会属性反映了企业与内部利益相关者和外部利益相关者之间的社会关系，它要求企业在从事经济活动时兼顾他人的利益，即利益相关者的利益，否则企业自身的利益也将难以得到保障。企业对社会中的群体、群体依存的社会环境和自然环境、国际社会承担法律上和道德上的责任，都是企业分内的事。社会是人类生活和发展的共同体，我们在致力于构建“人类命运共同体”的倡议下，企业与国际社会密不可分。企业在有文化、有文明、有规范的社会系统中，作为社会公民，企业应当承担社会责任。企业作为具有独立意思表示和独立人格的法律主体，在契约自由下的各种民商事活动受到法律保护，但其行为同时也不得违反法律法规的强制性规定，不得违反社会公德，不得损害社会公共利益。

界定企业社会责任的概念，是建立在以下几个问题认识基础上的。

第一，企业社会责任必须建立在科学的理论基础之上。社会契约论认为，企业自成立起便与社会之间形成了契约，来规范双方的权利和义务，这一契约包含着一个社会固有的假定和期望，社会契约论奠定了企业承担社会责任的基础。利益相关者理论根据企业活动影响或影响企业活动的团体或利益团体，明确了企业承担企业社会责任的范围和内容。

第二，企业的角色是界定企业社会责任概念的切入点，责任内涵的三个有机组成部分是概念的核心。企业的角色不同，其适用的社会规范也不同。社会规范的层次及其调整社会关系的范围、对象、手段不同，责任的性质也就有差异，如经济责任、法律责任、道德责任和捐赠责任等。基于此，企业是责任的主体，企业社会责任的概念应该从企业的角色切入，明确其社会责任的范畴及其评价，以此明确企业的法定职责和法定义务。[①]

第三，要立足于企业社会责任法律化问题。“企业社会责任中的经济责任和法律责任是法律之内的责任，道德和捐赠责任是法律之外的责任，捐赠责任可以法律化，但道德责任只能靠企业的自愿。企业社会责任法律化，主要涉及通过立法将道德责任法律化，将法律之外的责任转化为法律之内的责任的问题。”[②]

第四，按照定义的基本属性或者判断标准进行企业社会责任的概括，包括本质、内涵、特征、外延、确切、简要六个要素。

---

① 崔新健：《企业社会责任概念的辨析》，载《社会科学》2007年第12期，第28~33页。

② 王红一：《立法如何创新——对企业社会责任法律化的反思》，载《中山大学法律评论》2014年第4辑，第192~207页。

（2）企业社会责任的内涵。基于以上论述和分析，本研究对企业社会责任定义是：企业社会责任是企业在从事经营活动中，依法负有的对投资者、利益相关者及其他社会公共利益的义务，以及不履行法定义务而应承担的不利后果或强制性义务。对于该定义，应当从以下几个方面予以理解：

第一，企业社会责任的主体是法定的，包括各类企业及其他经济组织。

第二，企业社会责任的内容是法定的，企业社会责任是法定责任，是强制性义务，不包括自愿履行的责任，如道德责任。

第三，经济责任是企业的根本责任，是企业在法律允许的范围内，对投资者负责，追求经营利益最大化，依法纳税，创造就业机会，为社会创造财富。

第四，法律责任是企业的基本责任，必须遵守相关法律法规的规定，履行其法定义务，否则就要承担不利后果或强制性义务。

第五，企业社会责任实践是可以评价的，应该加强企业社会责任立法和执法，监督企业社会责任的实践活动。

（3）企业社会责任的外延。根据上述对企业社会责任的定义，下面对企业承担社会责任的对象和范围分述之。

第一，企业对投资者人的责任。出资和分红、决策和获得真实信息等是企业对投资者权利义务的统一，投资者有获得利润分配和获取真实信息的权利，企业有向投资者进行利润分配、信息披露的义务。企业经营的目的是给投资者最直接、最丰厚的回报，企业对投资者最主要的义务是分红，这样才能鼓励投资者和社会公众的投资积极性，鼓励创新创业。以我国 A 股证券市场为例，制度设计过分强调融资属性，忽视中小投资者利益，重融资、轻分红现象依然存在。在强制分红政策下，2019 年以现金分红的上市公司只占全部上市公司的 75.14%。[①] 政府在鼓励上市公司自觉分红的同时，还应该适度采用强制分红政策。[②] 在“中国裁判文书网”以案由进行搜索，可查知公司“利润分配”纠纷案 15810 件，“信息披露”纠纷案 22301 件，“股东知情权”纠纷案 19088 件；合伙企业“利润分配”纠纷案 2335 件。[③] 因此，通过立法的形式解决对投资者权益保护问题迫在眉睫。

第二，企业对劳动者的责任。按照马克思主义“劳动价值论”的基本观点，资本和劳动的有机结合，才能创造商品的价值和使用价值。“劳动是财富之父，资本是财富之母。”把企业对投资者的责任放在第一位是出于维系企业存续的需要，把企业对劳动者的责任放在第二位就是为了企业的永续发展。《公司法》和其他专门法律对劳动者权益保护的规定，是企业对劳动者承担社会责任的主要制度依据。

第三，企业对消费者的责任。企业是否尊重消费者、视消费者为“上帝”，是衡量企业诚实守信、对其他利益相关者合法权益保护程度的重要标准。企业离开对消费者的社会责任，离开消费者的信任，企业就会失去市场和商誉。“市场有眼睛，法律有牙齿。”在“互联网+”经营时代，企业对消费者责任面临着空前挑战，呼吁《消费者权益保护法》等相关立法与时俱进。

第四，企业对自然资源和生态环境保护的责任。企业的生存和发展依赖自然资源和生态环境，同时也要履行对自然资源和生态环境保护的义务。

第五，企业对债权人的责任。市场交易要求企业谨守契约精神，

---

① 胡威：《中证指数有限公司 A 股证券市场分红报告（2019 年）》，参见 http：//www.csindex.com.cn/uploads/researches/files/zh_CN/research_c_1622.pdf。

② 秦海林、潘丽莎：《强制分红政策、倒逼效应与公司绩效——基于 DID 模型的实证检验》，载《现代财经》2018 年第 8 期，第 17~35 页。

③ 资料来源于“中国裁判文书网”，http：//wenshu.court.gov.cn，2020 年 2 月 15 日访问。

诚实守信，企业不得利用公司优势地位、滥用股东权利侵害债权人的利益。

第六，企业对客户、供应商、中小竞争者的责任。企业在经营过程中要维护充满活力、公平竞争、诚实守信的公平交易秩序，构建企业“伙伴关系”，最终实现协同发展、共同富裕。

第七，企业对社会捐赠的责任。企业捐赠是企业承担社会责任的重要形式，也是社会对企业的一种义务要求。作为社会公益事业的一部分，企业捐赠的受益者是股东之外的其他利益相关者。从追求企业长远利益的目标出发，企业作为具有独立人格的法律实体，应该树立“良好公民”的形象，积极履行社会捐赠的义务。

第八，企业对社区等社会公共利益的责任。我国相关法律等都对企业遵守社会公德、商业道德，诚实守信，不得损害社会公共利益等作了明确的规定，可以看作是企业的兜底性义务。

企业承担的社会责任是有重要程度和先后顺序的，“当企业承担社会责任与利益相关者存在利益冲突时，应遵循下列原则：第一，利益相关者的人权和基本自由优先原则；第二，社会公共利益优先原则；第三，法律层面的社会责任优于伦理层面的社会责任原则；第四，利益相关者对企业的贡献率与企业对利益相关者的贡献率呈正比的原则；第五，鼓励企业全面承担社会责任的原则。”①

企业社会责任对国家而言是一种法律制度安排，对社会而言是一种社会治理现代化的重要表现，对企业而言是法定义务，对企业决策者而言是一种企业治理理念，对社会公众和媒体舆论而言是一种监督的手段。当然，企业社会责任是伴随着人类社会发展进步而产生的，也必然随着时代的发展其内容随之产生变化，由此精确地界定一个永

① 刘俊海：《现代公司法》（第三版），法律出版社，2015，第793~794页。

恒的企业社会责任范畴也是不现实的。

三 地方立法及研究范围的界定

立法是依法治国的基础，是实行法治的前提。《法学词典》中把立法解释为："国家立法机关按照立法程序制定、修改或废止法律的活动。"[①] 对草原丝绸之路经济带和企业社会责任两个概念进行定义后，需要对地方立法的概念进行界定，在此基础上框定草原丝绸之路企业社会责任地方立法的研究范围，以便展开下一步的研究。地方立法的界定是确保研究对象具体、清晰的需要，也是研究地方立法问题展开讨论的逻辑起点。

（一）地方立法的内涵和外延

在我国，地方立法种类繁多、层次多样，对"地方"和"立法"认识不同，对地方立法的理解也不尽相同。鉴于我国《立法法》等法律法规没有对"地方立法"的内涵和外延进行解释，"地方立法"还仍是个学术术语。因此，有必要对"地方立法"的概念进行阐释。

关于地方立法的含义，国内法学著述中有诸多界说，但其中有不少属于误解。[②] 石佑启等（2019）对学界林林总总的不同观点作了概括总结，认为国内关于"地方立法"有 5 种代表性的观点，即地方代议机关说、中国现状描述说、行政过程中的地方立法说、本行政区域说、保障说。[③]

周旺生（1994）认为："所谓地方立法，是指特定的地方政权机

① 《法学词典》，上海辞书出版社，1984，第 217 页。

② 周旺生：《关于地方立法的几个理论问题》，载《行政法学研究》1994 年第 4 期，第 30~35、15 页。

③ 石佑启等：《地方立法学》（第二版），高等教育出版社，2019，第 13~14 页。

关，依据一定职权和程序，运用一定技术，制定、认可、修改、补充和废止效力不超出本行政区域范围的规范性法律文件的活动。”①

有研究者突出了地方立法在地方国家机关行使监督权和管理权的作用，认为“地方立法是指地方国家机关在行使监督权和行政管理权的过程中，制定地方性法规和地方政府规章的行为。”②

有研究者认为地方立法有广义和狭义之分，“狭义的仅指宪法和法律规定的地方立法主体制定地方性法规和政府规章的活动；广义的还应该包括县级以上地方各级人大、政府及其部门制定作为社会管理依据的规范性文件的活动。”③

有研究者认为：“地方立法意指特定的地方政权机关，依据一定职权和程序，运用一定技术制定、认可、修改、补充和废止规范性文件的活动。”④

谢勇（2019）认为：“地方立法是由合格的地方立法主体，根据其法定或委托授权的立法权限，经由一定的程序或过程，制定、认可或变动适用于本区域内的规范性文件的活动。”⑤

石佑启（2019）等认为：“地方立法是指特定的地方国家机关依法进行的立法活动。”⑥

上述概念揭示了地方立法的本质属性，但个别词语用得不太准确，作为定义的逻辑要素，有的指示不太清楚，有的描述不太准确。“特定的”“合格的”两个词指示不清楚；“规范性文件”一词范围太

① 周旺生：《立法论》，北京大学出版社，1994，第 410 页。

② 张淑芳：《地方立法客体的选择条件及基本范畴研究》，载《法律科学》2015 年第 1 期，第 79~88 页。

③ 陈公雨：《地方立法十三讲》，中国法制出版社，2015，第 3 页。

④ 张显伟：《地方立法科学化实践的思考》，法律出版社，2017，第 11 页。

⑤ 谢勇主编《地方立法学》，法律出版社，2019，第 7 页。

⑥ 石佑启等著《地方立法学》（第二版），高等教育出版社，2019，第 14 页。

大；“国家权力机关”“地方立法主体”“地方政权机关”三个用词不太准确，“地方立法主体”犯了“同语反复”的逻辑错误。笔者无意在此提出地方立法的新定义，而只是对个别词汇做个微调，使之易懂而已。因此，本研究给出的地方立法的定义是：地方立法是依法享有立法权的地方权力机关和行政机关，依据法定权限，制定、修改、补充和废止适用于本区域内的地方法规和规章的活动。该定义讲明了以下几个问题：（1）地方立法主体是法定的；（2）地方立法权限是法定的；（3）地方立法程序是法定的；（4）地方规范性法律文件的形式是法定的。

地方立法的表现形式有三种：地方性法规、自治条例和单行条例、地方政府规章。地方性法规是指：“享有地方立法权的地方国家权力机关依照法定权限，在不同宪法和行政法规相抵触的前提下，制定和颁布的在本行政区域范围内实施的规范性法律文件。”① 地方性法规又分为省级地方性法规和设区的市地方性法规。自治条例和单行条例是民族区域自治立法的表现形式，是中国地方立法的一种特殊形式。②

（二）本研究所指地方立法的范围

由于草原丝绸之路经济带沿线经过的区域广阔，地方立法的主体众多，地方法规和规章数量庞大，对所有草原丝绸之路经济带关于企业社会责任方面的地方立法进行研究显然是不现实的。本研究依据我国《立法法》第2条规定，采取“解剖麻雀”的办法对地方立法进行限缩。

第一，地方立法的渊源限缩为地方性法规、自治条例和单行条例，

① 杨临宏：《立法学：原理、制度与技术》，中国社会科学出版社，2016，第181页。
② 胡戎恩：《中国地方立法研究》，法律出版社，2018，第2、27~28页。

不包括地方政府规章。因为“地方性法规是地方立法的重要形式，地方性法规的特性之一是具有地方性，其内容适应地方实际情况，解决本行政区域的实际问题”[①]。研究地方立法问题首要的是研究地方性法规。草原丝绸之路经济带覆盖的地区有3个少数民族自治区、3个自治州、3个自治旗、12个自治县，研究自治条例和单行条例文本是本研究的一个特色。因此，本研究所指地方性法规是指由草原丝绸之路经济带五省（区）、设区的市人民代表大会及其常委会制定的地方性法规和自治州、自治县、自治旗人民代表大会制定的自治条例和单行条例。[②]

第二，地方性法规、自治条例和单行条例中，突出对投资者、劳动者、消费者、自然资源和生态环境、企业捐赠、公共利益六个企业社会责任方面内容的研究，重点研究自然资源和生态环境保护方面的地方性法规。对债权人、客户、供应商、中小竞争者的责任，由于涉及面太广，无法突出主题，故不纳入本课题的研究范围。

第三，有关自然资源和生态环境保护方面的地方性法规，由于涉及面太广，限缩为对五省（区）经济社会发展有重大影响的大气、水、土地、矿藏、森林、草原、湿地、自然保护区、野生动物保护等方面地方性法规的研究。

第四，地方立法主体48个，主要包括5个省（自治区）的人民代表大会及其常委会制定的有关企业社会责任的地方性法规，25个设区的市人民代表大会及其常委会制定的有关环境保护方面的地方性法规，3个自治州人民代表大会及其常委会制定的有关劳动者权益保护、

① 全国人大常委会法制工作委员会国家法室编著《中华人民共和国立法法释义》，法律出版社，2015，第227页。

② 截至目前，5个自治区没有出台过自治条例和单行条例。参见付明喜《中国民族自治地方立法自治研究》，社会科学文献出版社，2014，第4页。

消费者权益保护、自然资源和生态环境保护、企业捐赠方面的自治条例和单行条例，15个自治旗、自治县人民代表大会制定的有关劳动者权益保护、消费者权益保护、自然资源和生态环境保护、企业捐赠方面的自治条例和单行条例。地方立法主体见表1-1。

表1-1　草原丝绸之路经济带企业社会责任地方立法主体

省级人大及其常委会	设区的市人民代表大会及其常务委员会（25个）	自治州人大及其常委会	自治县、自治旗的人民代表大会（15个）
内蒙古	呼和浩特、包头、呼伦贝尔、通辽、赤峰、乌兰察布、鄂尔多斯、巴彦淖尔、乌海		鄂伦春 鄂温克族 莫力达瓦达斡尔族
宁夏	银川、石嘴山、吴忠、中卫		
甘肃	兰州、武威、金昌、张掖、酒泉、嘉峪关		天祝藏族、肃南裕固族、阿克塞哈萨克族
青海	西宁、海东	海北藏族	民和回族土族、互助土族、化隆回族、循化撒拉族、门源回族
新疆	乌鲁木齐、哈密、吐鲁番、克拉玛依	昌吉回族 巴音郭楞蒙古	巴里坤哈萨克、木垒哈萨克、焉耆回族、布克赛尔蒙古

本章小结

从五年前撰写课题文本开始，作者一直在思考，历史上的草原丝绸之路是个什么样子？当代草原丝绸之路经济带到底覆盖哪些区域？阅览企业社会责任文献时，也一直在困惑，企业社会责任到底能不能以立法形式出现？研究至此，上述困惑和一直思考的问题迎刃而解。毫无疑问，草原丝绸之路作为一个历史概念，现在已经被赋予了时代因子，演化为新草原丝绸之路经济带，其覆盖的区域就是以内蒙古为中心加上西北四省区及其延伸的国家和地区。企业社会责任不但应该法律化，而且能够法律化，它包含的八个方面的内容在国家和地方的立法中早有浩瀚的法律性文件予以规范。虽然概念被视为是用来以一种简略的方式辨识那些具有相同或共同要素的典型性的工作性工具，但这种工具在研究过程中起的定海神针般的作用，是其他工作无法比拟的。后面展开的研究以这三个概念为出发点，研究企业社会责任地方立法的法理依据和国内企业社会责任的法律规制，将我们对法律概念的思考转变为逻辑论理，以一种可理解的方式将这些思考传达给他人。

第二章
企业社会责任地方立法的理论依据

研究是一个复杂的系统工程，前期已经进行的事无巨细的工作只是研究过程的初步准备。如果把上一章对概念的界定作为研究的起点，本章选择正确的理论并进行论证，才是研究的真正出发点。正如桑德尔教授所言："我们的制度与实践是理论的体现。不采用一种负载着理论的语言——权利与义务、公民身份与自由、民主与法律这样的语言，我们就无法描述我们的政治生活，更不用说参与进去了。……我们践行着某种理论……一直如此。"[①] 理论是研究的基石，是我们分析问题、解决问题的视角和方法，是保证研究质量、研究结论科学性的基础，是研究成果具有研究价值的保障。企业社会责任地方立法研究是建立在企业社会责任基本理论和地方立法基本理论基础上的，下面分述之。

---

① 〔美〕迈克尔·桑德尔：《民主的不满：美国在寻求一种公共哲学》，曾纪茂译，江苏人民出版社，2012，第1~2页。

第一节　企业社会责任硬法之治的法理基础

企业社会责任从产生到发展，研究者们提出若干理论对其进行论证支撑。最早研究者以自由经济理论为基础，其后以企业契约理论为基础并认为企业是由物质资本所有者、人力资本所有者以及债权人等组成的一系列契约的组合，企业的利益主体不只是股东，还有债权人、雇员、经理人、顾客等的利益，企业需要对他们的利益加以保护。另外，还有被广泛使用的卡罗尔“金字塔”理论、可持续发展理论，等等。在众多理论中，利益相关者理论一直主导着企业社会责任的研究和实践，与企业社会责任理论二者相互影响、相互作用，被多学科研究者广泛应用。特别是利益相关者理论被植入到公司法的诸多制度后，对公司治理的研究和修订公司法都起到了至关重要的作用，对企业履行社会责任义务和承担伦理责任、实施“硬法”和“软法”之治提供了强有力的支撑。美国学者弗里曼（1983）提出“公司利益网理论”和英国工党领袖布莱尔（1996）提出“利益相关者经济”的观点，都说明了利益相关者理论的永恒魅力。但利益相关者理论无法解决企业社会责任是法定义务的问题，无法将伦理责任排除在企业社会责任之外。因此，本研究抛开传统的利益相关者理论，以法律权利与法律义务统一理论、团队生产理论、企业所有权理论为基础和支撑，构建企业社会责任硬法之治的研究思路。

一　法律权利与法律义务统一理论

权利和义务是法学学科领域最基本的概念，是法学的基本范畴，是法律关系中最核心的概念。权利与义务统一理论是法学界公认的基本理论。马克思提出的“没有无义务的权利，也没有无权利的义务”[①]这一著名论断一直是法律人信奉的至理名论。法律权利和法律义务的统一，早已是被人们直接引用的原理，本无需讨论，且作者也不可能提出新的论证。但为了能够论证社会责任是企业的法律义务，应该用“硬法”进行约束，本部分主要援引谢晖教授的权利义务对应互助理论简单论之。

（一）权利：合理代价规则

对于什么是权利？就像康德所说：“问一个法学家‘什么是权利？’就像问一个逻辑学家一个众所周知的问题‘什么是真理’同样使他感到为难。”[②]

通说认为我国“权利”一词来自日本。[③] 1995年李贵连教授在台湾讲学时提出“权利”一词创自中国，也是中国古已有之，其含意是“权势及货财”，与近代“权利”大异其趣。[④]《辞源》解释“权利”为“权势与货财”。《荀子·君道》：“接之以声色、权利、忿怒、患险而观其能无离守也。”又《史记》卷106《魏其武安侯传附灌夫》：“家累数千金，食客日数十百人，陂池田园，宗族宾客为权利，横于颍川。”[⑤] 申卫星教授认为《荀子·礼记》中把“分”与人的“欲”和“求”的联结，包含近代的“权利”意蕴。[⑥] 在现代汉语里，“权

① 马克思：《临时协会章程》，载《马克思恩格斯全集》（第21卷），人民出版社，2003，第17页。

② 〔德〕康德：《法的形而上学原理——权利的科学》，沈叔平译，商务印书馆，1991，第39页。

③ 梅仲协：《民法要义》，中国政法大学出版社，2004，第32页；郑玉波：《民法总则》，中国政法大学出版社，2003，第62页；史尚宽：《民法总论》，中国政法大学出版社，2000，第85页。

④ 李贵连：《二十世纪初期的中国法学》，载《中外法学》1997年第2期，第1~13页；李贵连：《话说“权利”》，载《北大法律评论》1998年第1卷第1辑，第115~129页。

⑤《辞源》（第二卷），商务印书馆，1984，第1649页。

⑥ 申卫星：《民法基本范畴研究》，法律出版社，2015，第105页。

利是公民或法人依法行使的权力和享受的利益”。[①]

许多先哲如洛克、孟德斯鸠、卢梭、霍布斯、康德、黑格尔、耶林都对权利有诸多论述。下面选取两个著名法学家的著名论断以辅之。

耶林（1872 年）认为，权利自身不外是一个在法律上受保护的利益。[②] 罗科斯·庞德（1942）认为权利不过是从国家官员行使政治组织社会的强力得出的推论。[③] 耶林比较全面地论述了权利的含义：“（1）权利指利益；（2）广义的法律权利指法律上得到承认和被划定界限的利益；（3）狭义的法律权利指一种通过政治组织社会的强力，来强制另一个人或所有其他人去从事某一行为或不从事某一行为的能力；（4）权利即法律权力，指一种设立、改变或剥夺各种狭义法律权利从而设立或改变各种义务的能力；（5）权利指自由权，或称之为特权；（6）权利即正义。”[④]

申卫星教授总结说，权利的本质先后涌现的意思说、利益说、意思力说、法力说四种具有代表性的学说，在法学舞台上尽情演绎。他认为，“权利乃是法律人用以描述这个世界、认识这个世界、表达这个世界、改造这个世界的法律技术工具”。[⑤] 张文显教授总结权利的释义有资格说、主张说、自由说、利益说、活力说、可能说、规范说、选择说（意志论），认为：“法律权利是规定或隐含在法律规范中、实现于法律关系中的，主体以相对自由的作为或不作为的方式获得利益的一种手段。”[⑥]

---

① 《现代汉语词典》（2002 年增补本），商务印书馆，2002，第 1048 页。

② 〔德〕鲁道夫·冯·耶林：《为权利而斗争》，郑永流译，法律出版社，2012，第 21 页。

③ 〔美〕罗科斯·庞德：《通过法律的社会控制》，沈宗灵译，商务印书馆，2010，第 23 页。

④ 〔德〕鲁道夫·冯·耶林：《为权利而斗争》，郑永流译，法律出版社，2012，第 52~54 页。

⑤ 申卫星：《民法基本范畴研究》，法律出版社，2015，第 110~117 页。

⑥ 张文显：《法理学》（第五版），高等教育出版社、法律出版社，2018，第 130~131 页。

权利既然是一个在法律上受保护的利益，因此，在这里我们称之为“法律权利”。“法律权利就是法律规范所规定的，法律关系主体所享有的做出某种行为的可能性。这种可能性包括三个方面：（1）权利主体自己实施某种行为的可能性；（2）请求对方履行义务的可能性；（3）在义务人不履行其义务时，权利人诉诸法律，要求保护的可能性。”[①] 那么，权利的享有和行使是否应该用规则进行限制和控制呢？回答是肯定的。谢晖教授认为，权利是人类自由的法律界定，应当用权利的合理代价规则进行规制。[②] 谢晖教授论述说：“在法律上，权利与义务作为一对矛盾的概念，两者是相互作用、对应而存在的，即法律权利因为依赖于义务才有可能，法律义务只有相对于法律权利才有价值。”[③] 因此，要设定法律权利相对于法律义务之规制，这一规制便是权利之合理代价规制。法律权利代价的规制表现（界限）：（1）法律义务是法律权利的规制边界，权利必须有度；（2）法律义务是法律权利的价值边界，权利行使能满足权利行使者自身需求，对相对人无所损及，形成了协调的秩序；（3）法律义务是法律权利的实践边界。因此，权利的实现必须与相应的代价相伴随。如果没有代价意识而只有权利意识，那么权利在实践中只能演变为特权，而不是普遍权利；只能在现代法律面前成为非法而不是合法举动。这进一步从实践层面证成了在权利设定和运用时，人们必须同时要具有强烈的权利之合理代价意识，否则，权利设定只能是对平衡的破坏，是对实践中人们普遍权利要求的漠视。[④]

因此，没有无义务的权利，权利规则的设定必须以权利的合理代

① 赵振江、付子堂：《现代法理学》，北京大学出版社，1999，第66~71页。

② 谢晖：《权利是人类自由的法律界定——就教于莫纪宏先生》，载《社会科学报》1990年12月27日。

③ 谢晖：《法学范畴的矛盾辨思》，法律出版社，2017，第147页。

④ 谢晖：《法学范畴的矛盾辨思》，法律出版社，2017，第147~160页。

价为限，这种合理规则的代价表现便是法律义务。权利不是绝对的，更不能滥用权利。为权利而斗争是一种权利人对自己的义务。[①]

（二）义务：正当目的规则

“义务”一词，《辞源》中解释为“合乎正道的事”[②]。在现代汉语里，“义务”有三种解释：公民或法人按法律规定应尽的责任；道德上应尽的责任；不要报酬的。[③]

我国台湾学者郑玉波认为，义务有广狭二义，广义之义务指一切规范所课于吾人之拘束而言，如道德上之义务，宗教上之义务，均包括在内；至狭义之义务则专指法律上之义务而言。义务者乃法律上所课之作为或不作为之拘束也。[④] 史尚宽教授认为，义务谓法律上应受一定作为或不作为之拘束，即不问自己意思如何，不得不履行之。[⑤] 本研究使用的义务是狭义的义务即法律义务。

所谓法律义务，是指：“法律所规定的，法律关系的主体所承担的某种行为的必要性。这种必要性包括三个方面：（1）义务人按照权利人的要求做出某种行为的必要性；（2）义务人抑制某种行为的必要性；（3）义务人侵犯权利人的利益，接受国家强制措施的必要性。[⑥] 法律义务是设定或隐含在法律规范中、实现于法律关系中的，主体以相对抑制的作为或不作为的方式保障权利主体获得利益的一种约束手段。”[⑦]

既然义务是法律要求行为人为或不为一定行为的责任，为什么还

---

① 〔德〕鲁道夫·冯·耶林：《为权利而斗争》，郑永流译，法律出版社，2012，第 12 页。

② （汉）徐幹：《中论·贵验》：“诗曰‘伐木丁丁，鸟鸣嘤嘤，出自幽谷，迁于乔木’，言朋友之义务，在切直以升于善道者也。”载《辞源》（第三卷），商务印书馆，1984，第 2497 页。

③ 《现代汉语词典》（2002 年增补本），商务印书馆，2002，第 1490 页。

④ 郑玉波：《民法总则》，中国政法大学出版社，2003，第 74 页。

⑤ 史尚宽：《民法总论》，中国政法大学出版社，2000，第 34 页。

⑥ 赵振江、付子堂：《现代法理学》，北京大学出版社，1999，第 66~71 页。

⑦ 张文显：《法理学》（第五版），高等教育出版社、法律出版社，2018，第 131 页。

要设定权利呢？谢晖教授认为，权利是法律义务所设定的基本目的，取决于人类好利恶害的普遍天性，取决于义务本身的特征，即必行性：对于作为性义务而言，必行性表现为必须按照法律规定的内容做某事；对于不作为性义务而言，必行性表现为必须不做法律禁止的内容。法律义务的必行性从表面上表现为一种制约，即使主体的行为适度或有限度，这与权利要求主体享受权利的行为必须有限度相合辙。因此，义务的约束性，又可表现为其对主体权利的明显度量性，服从这一度量标准则是权利，任由主体处置；而违反这一度量标准，则是违法，不但是利益的失去，而且会加倍地付出利益。[①] 因此，法律不应该设定无权利目的的纯粹义务，能最大限度地保障法律权利实现，满足主体的权利需求，则表明义务设定的合理性和正当性程度更高。

所以，没有无权利的义务，义务是法定的，其目的不是为义务而义务，而是为权利的正当目的的实现。

（三）权利与义务：对应互助关系

对权利和义务的关系，通常表述为：不享权利，不尽义务；不尽义务，不享权利。权利和义务的统一，不是权利和义务的同一，也不是权利和义务的一致，而是权利和义务的对应。张文显教授把权利与义务的关系表述为："结构上的相互关系、数量上的等值关系、功能上的互补关系、价值意义上的主次关系。"[②]

谢晖教授认为，法律权利与法律义务作为一对相对应的概念，其正当性亦是相对的，即只有正当义务对应于正当权利，才既有义务之正当，亦有权利之正当；相应的，只有正当权利以正当义务为保障，正当目的才能真正实现。否则，就会导致义务失当与权利流失。解决

---

① 谢晖：《法学范畴的矛盾辨思》，法律出版社，2017，第161~164页。

② 张文显：《法学基本范畴研究》，中国政法大学出版社，1993，第84~87页。

义务失当与权利流失的基本方法是以义务平衡权利。只有以义务平衡权利，才能满足人们对自由和秩序的法律要求，才能使法律自身协调并创造一种和谐的社会关系，才能表明这种法律是一种善法之被创造和推行。当然，法律义务对权利的平衡，不是一个绝对的常数，而是受到民族文化传统、经济生产方式、主体知识素质及政治体制等因素的影响。谢晖教授总结权利与义务对应关系时强调，“对应关系乃是指法律上的权利与义务各自对对方的依存性及在此基础上的对应和互足性。相互依存表明权利须以义务为参照，义务须以权利为目的；对应互足则表明权利与义务的规范和实践状态”。①

权利与义务的对应互助规则，对企业社会责任立法的研究支撑，主要体现在以下几点：(1) 企业权利是通过立法明确的，其权利是法定的，是受法律保护的利益，侵犯企业权利的行为要受到法律的制裁；与之对应的是，企业义务也是通过立法确定的，其义务是法定的、强制的，企业不履行法定义务必须承担法律责任；(2) 法律上规定的企业的义务，是以企业相对人的权利为目的，是为满足相对人权利的实现；与之对应的是，法律上规定企业相对人的义务，是以企业的权利为目的，是为满足企业权利的实现；(3) 法律上规定的企业的权利，是以企业相对人的义务为参照的；与之对应的是，法律上规定企业相对人的权利，是以企业的义务为参照；(4) 法律规定的企业义务，在实践中是可以用企业相对人的权利满足状况衡量的，企业义务的履行程度和相对人的权利保障呈正相关关系。

根据企业法律权利和法定义务统一理论，依据上一章对企业社会责任法定义务的描述，可以对企业对相对人的义务和相对人对企业的义务之间的关系，描述如下。见图 2-1。

① 谢晖：《法学范畴的矛盾辨思》，法律出版社，2017，第 183 页。

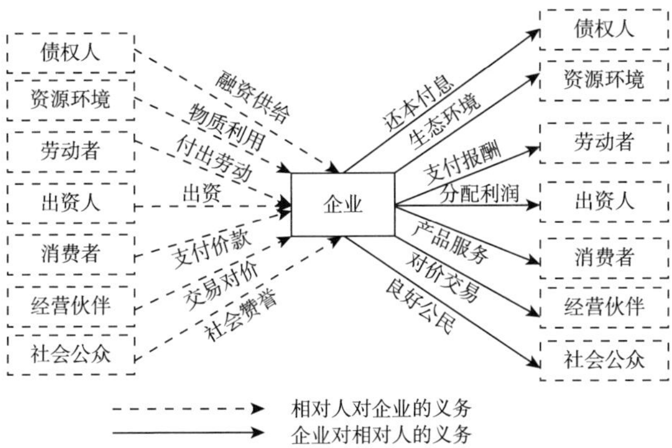

图 2-1　相对人对企业的义务与企业对相对人的义务平衡

综上所述，企业对相对人的义务是可以用法律规制的，事实上我国已经有着相对完善的法律体系规范企业的社会责任。但正因为企业社会责任国内立法的不完备，导致企业权利与义务的不平衡甚至失衡。现实中，企业在完成依法纳税的强制性义务之后，对股东、劳动者、债权人、消费者等合法权益的保护不甚理想。因此，只有将企业社会责任法律化后，才能强制企业履行对义务相对人的法律义务，才能使企业权利和企业义务实现平衡。法律权利与法律义务理论，为企业社会责任强行性立法提供了理论支持。当然，企业社会责任立法时，以权利与义务统一理论为基本支持，构建企业社会责任制度安排时，也包含有契约理论和利益相关者理论的影响因子。

二　团队生产理论

法律权利与法律义务统一理论，为我们解决了企业社会责任立法的基础理论问题，接下来阐述企业社会责任应当采取“硬法”的立法模式的基础理论。

（一）企业社会责任理论的简要述评

纵观公司理论的研究文献，有两条主线主导着企业社会责任的研究：一条主线是契约论和利益相关者理论；另一条主线是董事至上理论、股东至上理论和团队生产理论。

契约论认为企业是一系列契约的连接点，企业既是市场交易的主体，也是市场交易的客体，主张用显性的或隐性的契约约束企业行为。显性契约主要指社会的政治制度、法律等，隐性契约包括习惯、风俗、承诺、信任等，靠人们自觉遵守。社会契约论为构建“企业自律、政府推动、社会参与”的企业社会责任实现机制，起到了很好的推动作用。但“社会契约不是一种正式的书面契约，而是一种关于行为准则和规范的非正式协议，这些行为规范是从人群或社会共有的观念、目标和态度中产生的。所以，社会契约有别于法律契约，以社会契约论构建企业社会责任立法显然是不可行的”①。

利益相关者理论解决了企业承担社会责任的对象，扩大了企业承担社会责任的内容和范围，经历了一个“窄定义——宽认识——多维细分——属性评分”的过程，对完善公司治理、提高公司治理质量，推动企业社会责任运动和国际化趋势，以及企业社会责任理论向纵深发展，过去、现在以及将来都已经和必将起到永恒的推动作用。特别是现在盛行的利益相关者属性评价，也使利益相关者理论具有了很强的可操作性。但能影响组织行为或受组织行为影响的人或团体众多，终因利益相关者难以界定，最终确定的是自愿性、工具性而不是强制性、规范性，从而使得利益相关者理论难以应用于企业实践，这是利益相关者理论的“软肋”。②

另一条主线是董事至上理论、股东至上理论和团队生产理论。

---

① 李淑英：《社会契约论视野中的企业社会责任》，载《中国人民大学学报》2007 年第 1 期，第 51～57 页。

② 贾生华、陈宏辉：《利益相关者的界定方法述评》，载《外国经济与管理》2002 年第 5 期，第 13～18 页；陈宏辉、贾生华：《企业利益相关者三维分类的实证分析》，载《经济研究》2004 年第 4 期，第 80～90 页。

"公司利益至上和股东利益至上的观念决定了传统公司法上的一系列制度安排倾向于保护股东利益，而不利于强化公司的社会责任。"① 董事至上理论、股东至上理论已经逐渐被利益相关者理论所取代并继续发展，团队生产理论目前成为公司法的主流理论。"公司社会责任有了一定的法理正当性支持，其中'公司团队生产理论'的贡献最大。"②

（二）团队生产理论的基本内容

阿门·阿尔钦（Armen Alchian）和哈罗德·登姆塞茨（Harold Demsetz）1972 年最初提出团队生产理论的核心观点是："企业的实质不是雇主与雇员的长期合约，而是团队生产；在所有投入的合约中，处于集权位置的团体充当合约代理人，统一使用所有投入。"③ 在团队生产中，股东并不是唯一对团队生产做出特定投入的主体，团队生产的其他参与者，公司的董事、经理层、员工、债权人，甚至企业所在地的社区都对团队生产做出了重要的贡献。因此，"公司董事的主要职能并非仅仅是最大化股东利益，还要协调和保护所有向企业进行特定投资的团队生产成员，诸如债权人、职工等。"④ 团队生产理论是法律经济学在公司法领域的进一步应用，它强调雇员对公司专属性资产的投资，这一理论在一定程度上挑战了股东至上主义，把雇员放在与股东更为平等的地位上。⑤

---

① 刘俊海：《强化公司的社会责任》，载《商事法论集》第 2 卷，法律出版社，1997，第 78 页。

② 施天涛：《〈公司法〉第 5 条的理想与现实：公司社会责任何以实施?》，载《清华法学》2019 年第 5 期，第 57~79 页。

③ 费方域：《团队生产、监控和激励——评阿尔钦和登姆塞茨的古典企业理论》，载《外国经济与管理》1995 年第 7 期，第 36~39 页。

④ 周天舒：《公司法经济分析的两个维度：产权理论与团队生产理论》，载《长沙大学学报》2018 年第 4 期，第 90~93 页。

⑤ 张宪丽、高奇琦：《团队生产理论：公司社会责任的理论基础考辩》，载《政法论丛》2017 年第 4 期，第 58~66 页。

玛格丽特·布莱尔（Margaret M. Blair）和林恩·斯托特（Lynn A. Stout）在1999年《公司法的团队生产理论》一文中，首次将生产团队理论引入公司法的研究之中。[①] 团队生产理论最大的意义在于，团队生产理论把各个行为方放在相对平等的基础上讨论。[②]

团队生产理论又可以分为许可理论、契约主义、过程理论，被称为公司法的三大理论。契约主义的核心理念主要强调股东利益至上，否定企业的独立主体地位，主张企业是由契约组成的契约束。现实中，在企业掌控着订立契约主动权的情况下，作为被动的企业相对人如何维护自身的合法权益，将无法得到解决。所以，契约主义与企业社会责任是相互逆向的一组概念，不能作为企业社会责任立法的理论基础。过程理论是在批判契约主义的过程中发展出来的理论，强调董事会作为公司契约的连接中心，把企业当作真正的实体。但因过程理论突出强调董事的作用，认为董事会是公司事务的最终决定者，其目标是为股东利益最大化，所以，这一理论很难作为公司社会责任立法的理论支撑。

许可理论是团队生产理论的一部分。派德菲尔德（2014）对公司法下的许可理论进行了重构，认为这一理论给政府管制以合理性。其主要论点是：（1）公司是人为的、无形的（无形的仅在考虑法律的情况下存在），作为法律的纯生物，它仅具有其创造的宪章赋予它的那些财产，无论是明示的还是其本身存在的；（2）创建公司的现象普遍存在，例如政府希望促进的对象，它们被认为对国家有利；在许可理论下，公司被认为是国家创建的实体，被赋予独特的特权，旨在使整个社会受益；（3）公司是巨大的资本积累工具，只有通过这种方式才能实现国

① 玛格丽特·布莱尔（Margaret M. Blair）和林恩·斯托特（Lynn A. Stout）将公众公司看成是由股东、管理者、雇员、债权人和地方共同体等广泛的团队成员组成的输入联结。

② 张宪丽：《企业社会责任的硬法与软法之治》，中央编译出版社，2018，第24~27页。

家向公司法人传达某些特权，国家可以由此实现一些目标；(4) 在这一理论下，国家保留了重要的权力来规范公司实体，许可理论使国家监管合理化；(5) 许可理论所假设的立法命令成立的结果，能让国家通过这些机制实现更大的总体目标，那么揭开面纱和无限的股东责任可能与该功能相一致；(6) 许可理论可以帮助恢复公司、国家和个人公民之间更平衡的权力分配。[①] 所以，许可理论能够作为企业社会责任立法的理论基础，用来构建企业社会责任立法的理论框架。

（三）许可理论对企业社会责任立法的支撑

派德菲尔德认为，许可理论支持强制性的企业社会责任建议，他说："那些强制性企业社会责任的倡导者应该使用许可理论，将其作为公司的理论基础，这样才能够提供有说服力的证据，以使我们的理论避免朝向股东财富最大化的方向发展。"[②]

许可理论对企业社会责任立法的支持主要体现在以下几个方面：(1) 企业的产生和存续，需要国家通过立法的方式，保证企业实现目标最大化；(2) 国家需要用立法，规制企业的行为，实现国家、企业、社会三者利益的平衡；(3) 需要用立法方式，强制企业承担社会责任。因此，许可理论是企业社会责任强行性立法的理论基础。值得一提的是，许可理论容易被误解为企业设立的"特许主义"，是历史的倒退。需要重申的是，我们这里论述的是企业社会责任立法的基础理论，是为解决企业社会责任强行性立法寻找一个理论根据，为企业社会责任的实现路径寻找一个突破口。

综上所述，法律权利与法律义务统一理论和团队生产理论，为企

① Stefan J. Padfield, "Rehabilitating Concession Theory", Oklahoma Law Review, Vol. 66, 2014, pp. 1-37.

② Stefan J. Padfield, "Rehabilitating Concession Theory", Oklahoma Law Review, Vol. 66, 2014, pp. 1-38.

业社会责任立法提供了强有力的理论支撑。企业社会责任不但应该用法律进行规制，而且能够用法律进行规制。只有用法律规制企业社会责任，企业才能在依法享有经济权利的同时，承担企业社会责任。保罗·沈（Paul K. Shum，2011）提出的五个假设中前两个假设构建了企业社会责任的法律属性，第一种假设为较高的经济责任产生较高的企业社会责任；第二种假设为有较强的经济责任，那么他将有较高的法律责任。[①]

现行《公司法》等法律倡导企业承担社会责任的“软法”时代已时过境迁，在法治国家建设宏观战略背景下，我国立法工作也进入一个与时俱进、与时创新的新时代。“一带一路”倡议，加快企业社会责任立法步伐，回应企业社会责任的现实困境，破解企业社会责任实践中的难题，是法律人应当承担的历史使命，企业社会责任已经到了“硬法”时代。在《民法典》将营利法人社会责任进行原则性的强行性立法之后，国家应该抓紧制定商法典，统一规范商人的社会责任行为，以补足《民法典》的立法空缺。按照范健教授的建议，中国商事立法既要关注商法的私法属性，更要看到商法的强制性，要确立严格的法定责任，肯定商事主体在法律框架下创设商事责任的合法性；维护经营者利益的同时，关注消费者利益，彰显国家利益和社会公共利益。[②] 在没有制定商法典之前，企业社会责任地方先行立法是唯一正确的选择。

三　企业所有权理论

在阐述完上述两个理论之后，总感觉用“硬法”约束企业履行社

① 参见张宪丽《企业社会责任的硬法与软法之治》，中央编译出版社，2018，第5页。

② 范健：《编纂〈中国商法典〉前瞻性思考》，载《广东社会科学》2018年第3期，第219~227页。

会责任义务的理论依据还是不够充分。问题的原点是“企业是谁的?”是股东的?还是利益相关者的?这两个问题早已是老生常谈,也是本研究没有用利益相关者理论作为研究理论支撑的原因。亨利·汉斯曼(Henry Hansmann)所著《企业所有权论》一书的观点,令笔者茅塞顿开,故作简单述之。

耶鲁大学法学院亨利·汉斯曼教授是当代美国企业和企业法研究的领军人物,其一系列论著极大地推动了当代企业理论和企业法理论的发展。集其观点之大成的《企业所有权论》,作为江泽民与克林顿达成的“中美元首法治计划”所确定的“美国法律文库”系列中的第一本著作而被引进国内。[①] 本研究借鉴的主要观点有:(1)提出的“名义上的”企业所有权人的概念,使我们更加明确了企业不仅仅是“名义投资者”的企业,更是所有“实际投资者”的企业,为企业承担社会责任找寻到了一条“硬法”之路。亨利·汉斯曼认为:“企业的‘所有人’是指分享以下两项名义权利(formal rights)的人:对企业的控制权和对企业利润或剩余收益(residual earnings)的索取权。……两项权利只是‘名义上的’,而‘名义上的’控制并不一定是有效的控制。”[②] (2)成本而不是资本决定了企业所有权,企业的所有权取决于企业同各种客户的交易成本与企业自身的运营成本(所有权成本)的和。这个观点使我们更加明确了企业承担社会责任的对象和范围。亨利·汉斯曼认为:“几乎所有大型企业的所有人都同时是企业的客户,消费者和生产者合作社就是很明显的例子,这些企业的名称就表明它们分别由企业产品的消费者和生产者所有的。典型的商事公司也是如此,它们其实是由资本的出借方所有的企业……更确切

① 缪因知:《汉斯曼的企业所有权理论》,载《中外法学》2009年第2期,第289~301页。

② 〔美〕亨利·汉斯曼:《企业所有权论》,于静译,中国政法大学出版社,2001,第13页。

地说，这些企业其实是债权人合作社或者资本合作社。”[①] 合作社是一种由客户掌控所有权的企业，而向企业投入资本的人只是合作社众多客户的一种。所以，商事企业只是合作社的一种特殊表现形式，“企业所有权与资本所有权其实没有任何必然的联系，无论这种资本是实务资本还是金融资本”。[②] （3）“企业在本质上是一系列合同的共同签署人”。[③] 市场交易成本和所有权成本之和，综合决定了每一个企业的所有权形式，由此形成了不同所有者的企业，不同所有者所有权的企业承担社会责任是不同的。如生产者所有权的企业、顾客所有权的企业、非营利性机构和互助企业。由此，根据企业所有权的性质或归属设定不同行业企业的社会责任义务，是本研究值得特别注意的。

根据团队生产理论和企业所有权理论，对法律权利与法律义务统一下的企业社会责任模型完善如下，见图 2-2。

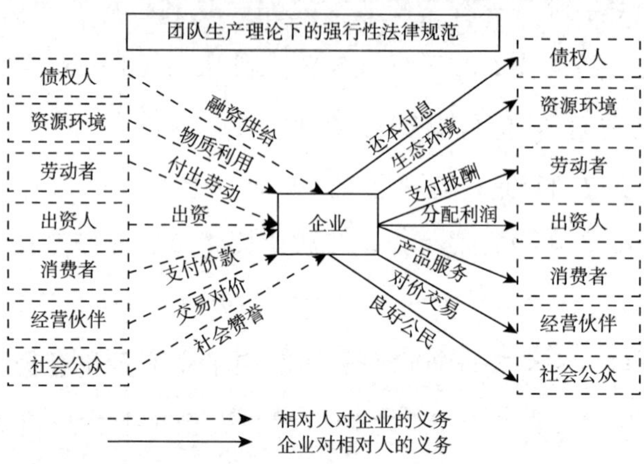

图 2-2　团队生产理论和企业所有权理论下的企业社会责任义务

---

① 〔美〕亨利·汉斯曼：《企业所有权论》，于静译，中国政法大学出版社，2001，第 15 页。

② 〔美〕亨利·汉斯曼：《企业所有权论》，于静译，中国政法大学出版社，2001，第 19 页。

③ 〔美〕亨利·汉斯曼：《企业所有权论》，于静译，中国政法大学出版社，2001，第 24 页。

第二节 地方立法的理论依据

地方立法是中国特色社会主义法制体系的重要组成部分，地方各级人民代表大会及其常委会行使地方立法权，少数民族自治地方依法可以制定单行条例和自治条例，是马克思主义人民主权思想在中国实践的成果。因此，研究地方立法，离不开人民主权、地方立法权和地方自治权等基本理论。本部分主要阐述人民主权理论、分权理论和地方自治理论，为研究企业社会责任地方立法准备理论基础。

一 人民主权理论

人民主权思想缘起于中国古代的民本思想和古代西方哲学的主权观念，是在马克思主义经典作家批判近代西方资产阶级国家主权理论基础上形成的。习近平新时代中国特色社会主义思想丰富了马克思主义的人民主权理论，提出了坚持以人民为中心的“人民中心论”，是当代马克思主义在中国的继承和发展。

（一）人民主权的词语解释

人民主权由“人民”和“主权”两个名词构成。

《辞源》对“人民”有两种解释：一是指人类，出自《管子·七法》：“人民鸟兽草木之生物”；二是指百姓、平民，出自《周礼·地官大司徒》：“掌建邦之土地之图，与其人民之数。”① 《现代汉语词典》对人民的解释为“以劳动群众为主体的社会基本成员”②。显然，现代汉语的解释更接近现代对“人民”一词的理解。

---

① 《辞源》（第三卷），商务印书馆，1984，第 158 页。

② 《现代汉语词典》（2002 年增补本），商务印书馆，2003，第 1063 页。

关于“主权”一词的解释，基本倾向于国家主权。《现代汉语词典》把主权解释为：“一个国家在其领域内拥有的最高权力。根据这种权力，国家按照自己的意志决定对内对外政策，处理国内国际的一切事务，而不受任何外来干涉。”[①]《布莱克维尔政治学百科全书》对主权的界定是“构成最高仲裁者属性的权力或权威，这种仲裁者对做出决策以及解决政治体系内的争端具有某种程度的最终权力，能够进行这种决策意味着对外部力量的独立性和对于内部团体享有最高权威或支配权”。在《法学词典》中，主权是“一国固有的处理其国内事务和国际事务而不受他国干预或限制的最高权力”。《中国大百科全书》（政治学卷）中，“主权是一个国家所拥有的独立自主地处理其内外事务的最高权力。”

因此，人民主权是指国家或政府的最高权力来源于和最终属于人民，即习近平同志最简明地概括为“权为民所赋，权为民所用”。

（二）人民主权理论的历史发展

人民主权理论起源于我国古代的民本思想，它是以人民为国家政治本体的一种思想体系，是近现代民主的原初观念形态。民本思想最早的观念是“重民”。《尚书·盘庚》篇首先提出：“重我民，无尽杀。”《管子》两次讲到“以人为本”。在《霸形》篇中，管子答齐桓公：“齐国百姓，公之本也。”在《霸言》篇中，“夫霸王之所始也，以人为本。本理则国固，本乱则国危”。《孟子·尽心下》中，“民为贵，社稷次之，君为轻”表述的民本思想，是中国传统政治文化中最具进步性的永恒的思想主题。西方人民主权思想萌芽于亚里士多德、西塞罗。在亚里士多德的《政治学》中，虽然没有明确提及“人民”和“主权”，但他对“公民”“城邦”“立法”“最高权力”等的论述，

① 《现代汉语词典》（2002年增补本），商务印书馆，2003，第1642页。

其核心思想是公民应当参与城邦治理。他认为公民有政治权利，“凡有权参加议事和审判职能的人，我们就可说他是那一城邦的公民”。他认为城邦就是为了要维持自给生活而具备足够人数的一个公民集团。[①] 城邦治理以伦理道德为基础，但也需要制定法律。他说：“在我们今日，谁都承认法律是最优良的统治者，法律能尽其本旨做出适当的判决。”[②] 亚里士多德论述“最高权力”时说，一切政体都有三个要素，即一般公务的议事机能、行政机能、审判机能。“议事机能具有最高权力：对于（1）和平与战争以及结盟与解盟事项，（2）司法方面有关死刑、放逐和没收案件，（3）行政人员的选任以及任期终了时对于他们的政绩的审查，这些都由议事机能作最后裁决。”[③] 西塞罗说：“国家乃人民的事业，但人民不是人们某种随意聚合的集合体，而是许多人基于法的一致和利益的共同而结合起来的联合体。”[④] 这里的“人民”指的是人民、民族、公民团体、市民团体、罗马公民、平民、民众等较为广泛的范围。[⑤]

让·博丹（Jean Bodin，1576）首次提出了主权概念并论述了国家主权。博丹在《国家论六卷》里，把国家的目的定义为“用主权对若干家族及其共同财产进行合法的统治”。主权是“不受法律约束的对公民和臣民进行统治的最高权力”，这种最高权力：（1）是永恒的；（2）不是授予；（3）既不能转让或取消，也不受时效的限制；（4）不

① 〔古希腊〕亚里士多德：《政治学》，吴寿彭译，商务印书馆，1965，第116~117页。

② 〔古希腊〕亚里士多德：《政治学》，吴寿彭译，商务印书馆，1965，第174页。

③ 〔古希腊〕亚里士多德：《政治学》，吴寿彭译，商务印书馆，1965，第218页。

④ 〔古罗马〕西塞罗：《论共和国·论法律》，王焕生译，中国政法大学出版社，1997，第39页。

⑤ 王晓朝、李树琴：《论西塞罗的国家定义及其基本特征》，载《云南大学学报》（社会科学版）2009年第7期，第53~58页。

受法律的约束，因为主权者就是法律的渊源。[①] 博丹第一次确定了国家和主权之间的关联，视主权为国家最本质的特征，为此后国家主权学说的发展奠定了基石。此后，无论是绝对主义还是立宪主义，都将立法视为主权永久的主要特征。[②] 博丹通过将主权界定为立法的绝对权力，通过分离和重组中世纪约束王权的习惯法，确立了主权和法的新边界。[③]

霍布斯（1651）在社会契约论的基础上，提出了国家主权的概念，并详细论述国家主权思想。他认为“利维坦”就是一个人格。承担这一人格的人就称为主权者，并被说成是具有主权，其余的每个人都是他的臣民。[④] 立法、司法、宣战及媾和都属于主权的范围。[⑤] 霍布斯主权理论中的主权具有永恒性、不受限制性、不可分割性和主权者意志的不受外在限制性和自由性。[⑥] 霍布斯的国家主权理论，为新兴的国家权力提供了合理性和正当性。

洛克提出了人民主权思想，卢梭对其进行了深入的研究。洛克在《政府论》下篇（1690）中提出，人类天生都是自由、平等和独立的；立法权是国家最高权力，只有人民才能通过组成立法机关和指定谁来行使立法权。[⑦] 卢梭（1762）的人民主权思想主要表现在以下几个方

---

① 〔美〕萨拜因：《博丹论主权》（《政治学说史》第 21 章），邓正来译，载《河北法学》2008 年第 9 期，第 54~59 页。

② 陈颐：《博丹立法主权理论的论证及其意义》，载《比较法研究》2010 年第 1 期，第 127~138 页。

③ 孔元：《宪法政治话语的历史生成：以博丹为中心的考察》，载《中外法学》2017 年第 6 期，第 1584~1608 页。

④ 〔英〕霍布斯：《利维坦》，黎思复、黎廷弼译，商务印书馆，1985，第 132 页。

⑤ 〔英〕霍布斯：《利维坦》，黎思复、黎廷弼译，商务印书馆，1985，第 137~138 页。

⑥ 唐学亮、王保民：《霍布斯论绝对主权及其挑战》，载《西安交通大学学报》（社会科学版）2018 年第 2 期，第 117~127 页。

⑦ 〔英〕洛克：《政府论》（下篇），叶启芳、瞿菊农译，商务印书馆，1964，第 59、89、94 页。

面：（1）人是生而自由的；（2）人是生而平等的；（3）人民是国家的主权者，“对于个人，他是主权者的一个成员；而对于主权者，他就是国家的一个成员。”[①] 卢梭预设了“自由是人的本质”这一根本命题，人民主权是人民、公意、公共利益三位一体的观念结构，主权属于人民整体，主权是绝对的，但又是有限的。卢梭以“天赋人权”为出发点，又以维护“人权”为宗旨，提出了更为激进的民主革命思想，对以后各国资产阶级民主革命以及资本主义国家内部的政治生活和立法原则也产生深远的影响。[②]

康德基本接受了卢梭人民主权的思想，从纯粹理性批判的角度，明确主张最高权力在人民手中，其他一切权利都从这个权力中产生。他认为在国家的三种权力中，主权者或立法机关的权力是最重要的，因为“从它的理性原则来看，只能属于人民的联合意志。因为一切权利都应该从这个权力中产生，它的法律必须对任何人不能有不公正的做法”[③]。

黑格尔从国家作为一个理念出发，将国家视为有机体，具有最高的法律人格。他的人民主权思想主要有以下几点：（1）主权属于人民，国家权力来源于人民全体；（2）人民主权是一国内的最高权力，没有其他更高的意志；（3）立法权属于人民，法律是人民共同意志的集中和真实的体现；（4）国家权力机关均由人民选举产生，国家权力机关的权力来自人民的授予，向人民负责，受人民监督。但因黑格尔的唯心主义方法论，他的人民主权思想依然是“意识的存在。”[④]

① 〔法〕卢梭：《社会契约论》，何兆武译，商务印书馆，2016，第4、80、87、22页。
② 谭永灼：《试论卢梭的人权思想》，载《外国哲学》1983年第4辑，第84~97页。
③ 〔德〕康德：《法的形而上学原理——权利的科学》，沈叔平译，商务印书馆，2005，第139页。
④ 李婷：《黑格尔法哲学中的主权观及其归属》，载《宁夏社会科学》2017年第5期，第16~21页。

（三）马克思主义的人民主权理论及其发展

马克思主义的人民主权理论是在总结无产阶级革命经验，吸收人类历史上优秀的主权思想，借鉴和批判卢梭、康德、黑格尔的主权学说基础上形成的科学的人民主权思想。其理论内容主要包括：(1) 国家是人民创造的，它的权力是人民赋予的。“人民的主权不是从国王的主权中派生出来的，相反的，国王的主权倒是以人民的主权为基础的。”(2) 主权者是人民，是无产阶级和广大劳动者。(3) 人民主权是公民权力与公民权利的统一，其本质是人民当家作主。(4) 人民主权是所有政治权利中最为重要、最为基本的权利。(5) 人民主权的实现方式是用暴力革命打碎资产阶级国家机器，建立无产阶级专政，民主共和国是无产阶级人民主权的政体形式。(6) 人民主权的理想形态是社会主义共和国过渡到共产主义社会。[①] 马克思的人民主权理论，真正确立了人民的历史主体地位，使人民主权真正成为所有劳动群众的主权。马克思“是第一个站在普通工人的立场上来观察生活的伟大思想家”[②]；马克思的人民主权思想成为我国社会主义人民民主专政国家政治制度的理论依据。

列宁将马克思人民主权理论发展到一个新的高度并付诸实践。列宁指出了人民主权的本质，就是“全体人民享有全部权利，即统一的、完全的和整个的权利”[③]。在列宁的人民主权思想里，阐明了民主、国家政权和法律的关系，即以民主形式产生的法律必须服务于、依赖于政权，法律是一种“国家意志”的体现。十月革命胜利后建立

① 李婷：《论人民主权思想的发展脉络——从卢梭到马克思》，博士学位论文，南京师范大学，2014。

② 〔美〕兰德尔·柯林斯、迈克尔·马科夫斯基：《发现社会之旅——西方社会学思想述评》，李霞译，中华书局，2005，第9页。

③ 《列宁全集》第10卷，人民出版社，1987，第313页。

的苏维埃政权，通过的《俄罗斯苏维埃社会主义联邦共和国宪法（根本法）》中，把《被剥削劳动人民权利宣言》作为引言列入。[①]

在哈贝马斯看来，权利必须被证明并通过一种以“人民主权原则”为基础的“立法程序”使之成为合法的。[②] 哈贝马斯的人民主权理论主要内容有：(1) 人民主权是建立在商谈伦理学基础之上的话语民主；(2) 人民主权是体现于一系列的交往预设和程序安排中的程序民主；(3) 人民主权是以自主的公共领域为基础的市民社会意义上的民主。哈贝马斯的人民主权理论，把交往行动理论与资产阶级宪法传统结合起来，建立一个“既忠于人类解放的灵感，又避免传统社会主义革命乌托邦”的民主政治理论，具有浓厚的乌托邦色彩。[③]

毛泽东思想中的人民主权思想是对马克思主义人民主权理论的继承和发展。毛泽东明确指出：“世间一切事物中，人是第一个可宝贵的。”[④] “人民，只有人民，才是创造世界历史的动力。”[⑤] 毛泽东关于人民主权思想的主要贡献是：(1) 明确地界定了“人民”概念的标准，“人民”的范围不断扩大。毛泽东在《关于正确处理人民内部矛盾的问题》一文中提出，界定“人民”的标准是革命阶级性、历史发展性以及外延广泛性。例如，为建立革命统一战线，毛泽东在《中国社会各阶级的分析》中论述“谁是我们的朋友”时提出：“工业无产阶级是我们革命的领导力量。一切半无产阶级、小资产阶级，是我们最接近的朋友。那动摇不定的中产阶级……其左翼可能是我们的朋

---

① 宋秉武等：《马克思主义法律思想研究》，中国社会科学出版社，2017，第 171～173 页。

② 龚廷泰、程德文：《马克思主义法律思想通史》第四卷，南京师范大学出版社，2014，第 257 页。

③ 严海良：《超越人权与人民主权的对峙：哈贝马斯的人民主权理论探析》，载《学海》2005 年第 6 期，第 38～43 页。

④ 《毛泽东选集》第四卷，人民出版社，1991，第 1512 页。

⑤ 《毛泽东选集》第三卷，人民出版社，1991，第 1031 页。

友……"[①] 在抗日战争时期，毛泽东认为"最广大的人民是农民、城市小资产阶级以及其他的中间阶级"[②]，"一切抗日的阶级、阶层和社会集团都属于人民的范围"[③]，"我们过去的政府是工人、农民和城市小资产阶级联盟的政府，那么，从现在起，应当改变为除了工人、农民和城市小资产阶级以外，还要加上一切其他阶级中愿意参加民族抗日的分子。"[④] 解放战争时期，"人民是什么？在中国，在现阶段，是工人阶级，农民阶级，城市小资产阶级和民族资产阶级"。[⑤] 在社会主义建设时期，"一切赞成、拥护和参加社会主义建设的阶级，阶层和社会集团，都属于人民的范围"。（2）确立了中国共产党全心全意为人民服务的根本宗旨。（3）提出了"从群众中来，到群众中去"的工作方法。此两点不再阐述。

习近平的"人民中心论"是对马克思主义人民主权论的大胆创新，是习近平新时代中国特色社会主义思想的重要组成部分。习近平"人民中心论"包含着人民至上的价值取向、为民服务的根本宗旨、人民共享的发展理念、人民主体的动力机制、以人民为师的工作方法和为人民发展的目标追求。党的十九大报告强调："坚持以人民为中心。人民是历史的创造者，是决定党和国家前途命运的根本力量。必须坚持人民主体地位，坚持立党为公、执政为民，践行全心全意为人民服务的根本宗旨，把党的群众路线贯彻到治国理政全部活动之中，把人民对美好生活的向往作为奋斗目标，依靠人民创造历史伟业。""人民中心论"的核心思想包括：（1）人民的主体地位是党和国家前

① 《毛泽东选集》第一卷，人民出版社，1991，第 9 页。
② 《毛泽东选集》第三卷，人民出版社，1991，第 808 页。
③ 《毛泽东文集》第七卷，人民出版社，1999，第 205 页。
④ 《毛泽东选集》第一卷，人民出版社，1991，第 156 页。
⑤ 《毛泽东选集》第四卷，人民出版社，1991，第 1475 页。

途命运的根本力量；（2）我们的奋斗目标是一切为了人民；（3）依靠人民创造历史伟业；（4）朝着实现全体人民共同富裕不断迈进；（5）群众路线是党的生命线和根本工作路线。这里包含着四个深层次逻辑，即人民史观的历史逻辑、人民立场的价值逻辑、人民参与的制度逻辑、群众路线的实践逻辑。

（四）人民主权论对本研究的指导意义

人民主权论对本研究的指导意义在于：（1）人民是权力主体，依靠人民立法是民主立法的核心之一。地方各级人民代表大会及其常务委员会在行使地方立法权时，必须依靠本地区、本民族的人民，结合地区和民族经济社会发展实际，制定出反映本地区、本民族人民意志，有地方特色和民族特色的地方性法规。（2）人民是权利主体，为了人民立法是民主立法的另一个核心之一。企业社会责任地方立法，就是要以保障利益相关者特别是劳动者和消费者的合法权益为立法目标，以保障企业合法权益为目的，最终为地区经济和社会可持续发展服务。（3）人民主权理论要求科学立法、民主立法、依法立法。地方立法要根据现有企业社会责任立法现实状况，依据本地区经济和社会发展实际，科学制定地方立法计划，充分征求和听取本地人民群众意见，制定出高质量的企业社会责任地方性法规。（4）地方立法权是人民主权的组成部分，充分运用地方立法权是人民主权理论的实践形式之一。

二　分权理论

根据上述对“人民主权”理论的论述，人民掌握着至高无上、不可限制、不可分割和转让的主权，由此从表面上看分权是不可能存在的，但实质上和实践中，主权是可以分享、可以限制甚至可以融合、可以让渡的。[①]

在现有的文献中，相当一部分学者做了如下定义：分权是把制定和执行公共政策的权力、职责和配套资源从中央政府转移到地方决策者。[②] 分权从理论上可分为“横向分权”和“纵向分权”。[③] “横向分权”是指同一层级、同权力机构之间的分权，最典型的是“三权分立”理论支持下的西方国家，大多数采用立法、行政、司法的“三权分立”。“纵向分权”是指不同层级的权力机构之间的分权。从整体和部分的哲学范畴出发，把由中央集中行使的权力，部分分配、分工给其所属的人民享有和行使，纵向地对权力进行分配和融合，不仅是必要的，而且是可行的、现实的。

（一）分权理论的演变

分权理论早在亚里士多德《政治学》那里就有论述，可以看作分权理论的萌芽。“一切政体都有三个要素，作为构成的基础，一个优良的立法家在创制时必须考虑到每一要素，怎样才能适合于其所构成的政体……三者之一为有关城邦一般公务的议事机能（部分）；其二为行政机能部分……；其三为审判（司法）机能。”[④] 这些机能可以有三种不同的安排，产生不同的城邦政体：君主式的“僭主政治”、寡头性质的政体、共和政体。

洛克、孟德斯鸠、联邦党人、哈·耶克是“三权分立”理论的主要代表人物。洛克（1689）认为，立法权是最高权力，执行权和对外权总是从属于立法权。孟德斯鸠（1748）正式提出了“三权分立”思

① 张千帆：《主权与分权——中央与地方关系的基本理论》，载《国家检察官学院学报》2011 年第 2 期，第 61~84 页。

② 季卫东：《宪法的理念与中国实践》，上海人民出版社，2018，第 108 页。

③ 史际春：《论和谐社会语境下的地方经济法治》，载《法学家》2007 年第 5 期，第 92~101 页。

④ 亚里士多德：《政治学》，商务印书馆，1965，第 218~221 页。

想，即“每个国家都有三种权力：立法权、适用万民法的执行权、适用公民法的执行权。……第三种权力称作为司法权……。司法权如果不与立法权的行政权分置，自由也就不复存在。司法权如果与立法权合并，公民的生命和自由就将由专断的权力处置，因为法官就是立法者。司法权如果与行政权合并，法官将拥有压迫者的力量。如果由同一个人，或由权贵、贵族或平民组成的同一个机构行使这三种权力，即制定法律的权力、执行国家决议的权力以及裁决罪行或个人争端的权力，那就一切都完了”①。汉密尔顿、杰伊和麦迪逊（1787）等联邦党人，着重探讨了联邦和州之间的分权。哈·耶克（1979）主张在中央集权下进行适当分权。②

地方分权理论最早由经济学家于20世纪50年代提出，后来扩展到政治学和法学领域。一般认为，分权理论肇始于1956年查尔斯·M. 蒂布特教授在芝加哥大学《政治经济学杂志》上发表的《一个关于地方支出的纯理论》的经典论文。③ 萨缪尔森、阿罗、哈耶克等人使分权理论形成了较为独立的体系。

布鲁斯·阿克曼（Bruce Ackerman）教授在考察了德国等许多国家的宪政实践之后，对孟德斯鸠的三权分立学说在今日之实践提出了质疑，“权力分立是一个好主意，但没有理由认为这些经典作者已经将分权制设计得尽善尽美。事实恰恰相反。当我们逐一考察分权制的三个基本原理，就会发现有足够多的理由来质疑既有的美国式的智慧。”④

---

① 〔法〕孟德斯鸠：《论法的精神》上卷，商务印书馆，2015，第186~187页。

② 〔英〕哈·耶克：《法律、立法与自由》第二、三卷，邓正来译，中国大百科全书出版社，2000，第464~465页。

③ 〔美〕查尔斯·M. 蒂布特：《一个关于地方支出的纯理论》，吴欣望译，载《经济社会体制比较》2003年第6期，第37~43页。

④ 〔美〕布鲁斯·阿克曼：《别了，孟德斯鸠：新分权的理论与实践》，聂鑫译，中国政法大学出版社，2016，第131页。

阿克曼提出了反对输出美国式的三权分立体制的新分权理论，主张实行“有限议会制”（Constrained Parliamentarianism）模式，认为该模式能够更好地服务于现代分权的三大基本原则——民主、专业化、保护基本权利。[①]

许振周教授（1995）在对法国分权理论及分权改革研究的基础上，提出了地方分权的定义。他引用法国政治学家吕歇尔父子在《地方分权法》中的论述：“地方分权是将这些权力由中央或在地方的中央官员手中转移到独立于他们的行政地方的代表手中。”[②]

中外学术界谈论分权问题更多集中于“三权分立”的横向分权问题，在现代中国纵向分权是一个更重要的问题。纵向分权是在不同层级的政府之间配置不同的治理权力。[③] 有学者提出了“分权法治化”问题，“法治化首先要求中央与地方关系有法可依，中央与地方都按照规范与调整两者关系的基本法律或规则行使各自的权力，因而有必要制定一部‘中央与地方关系基本法’。”[④]

有研究者以地方分权理论与比较分析的双重视角，研究了地方立法权的范围。认为在联邦制国家，地方立法权一般由地方专属立法权、中央与地方共享立法权和剩余立法权组成。《立法法》修改后，为地方立法权范围的制度边界打下基础。地方分权理论的终极目标并不是要将所有的权力都下放给地方政府，而是探寻地方政府权力的范围。[⑤]

① 〔美〕布鲁斯·阿克曼：《新分权理论与民主合法性》，杜刚建、彭亚楠译，载《国家行政学院学报》2001年第1期，第84~90页。

② 许振洲：《法国的地方分权改革——理论动因与托克维尔》，载《欧洲》2005年第1期，第17~27页。

③ 苏力：《当代中国的中央与地方分权——重读毛泽东〈论十大关系〉第五节》，载《中国社会科学》2004年第2期，第42~55、205页。

④ 张千帆：《国家主权与地方自治——中央与地方权力关系的法治化》，中国民主法制出版社，2012，第355~358页。

⑤ 冯洋：《论地方立法权的范围——地方分权理论与比较分析的双重视角》，载《行政法学研究》2017年第2期，第132~144页。

由此，分权理论下产生了两个问题：一是地方立法权问题；二是自治立法权问题。

（二）分权理论视域下的地方立法权

立法权来源于国家主权，立法权就是以国家名义制定法律的权力，是国家的一项权能，立法权是全国人大及其常委会的一项专有权力。国家立法权是统一的，但不等于说我国行使立法权和从事立法活动的机关也只能是一个。相反，立法工作可以由不同的国家机关承担。[①] 因此，我国采取“一元两级多层次”的立法体制。[②] “一元”系指国家立法权的统一，“两级多层次”系指多层级、多地域的地方立法。地方立法权是国家立法权的重要组成部分，是由地方行使国家立法权的活动。

一般来说，地方立法权来源于地方自治权。分权理论在立法中表现为中央与地方立法权限划分问题，地方立法权是分权理论应用的表现形式之一。正如毛泽东所说：“我们的宪法规定，立法权集中于中央，但是在不违背中央方针的条件下，按照实际情况与工作需要，地方可以搞章程、条例、办法，宪法没有约束。”[③] 赋予地方立法权是以国家意志的形式表示的，它意味着中央和地方分权。[④]

为便于后续的研究，有必要在这里析出地方立法权的概念。地方立法权具体是指“特定的地方国家权力机关制定法规和条例的权力，以及按照法律规定的权限对法规和条例进行审查和批准的权力”[⑤]。“我国的地方立法权就是地方的人民代表大会及其常务委员会根据宪

① 蔡定剑：《立法权与立法权限》，载《法学研究》1993年第5期，第3~9页。
② 郭道晖：《立法：原则、制度、技术》，北京大学出版社，1994，第102~103页。
③ 《毛泽东选集》第5卷，人民出版社，1977，第275~276页。
④ 沈关成：《对地方立法权的再认识》，载《中国法学》1996年第1期，第17~22页。
⑤ 葛洪义等：《我国地方法制建设理论与实践研究》，经济科学出版社，2012，第128页。

法、法律和行政法规的规定，从本地区实际情况出发，在被授予的立法权限与立法程序下制定、修改、废止地方性法规的活动，以及地方政府根据本行政区实际制定、修改、废止地方政府规章的活动。”① 综合学者们对地方立法权的论述，从分权理论的角度可以明确地方立法权的基本含义如下：

（1）地方立法权是权力，同时也是权利。相对于国家通过宪法和法律赋予地方立法主体制定法律的权力角度讲，地方立法权是权力，是国家权力行使的一种方式；从地方立法主体制定地方规范性法律文件的过程角度讲，是本地区人民行使主权的权利，地方立法权是人民主权原则的体现。

（2）地方立法权是法定权力。地方立法主体行使地方立法权来自《宪法》《立法法》等法律的明确规定，而且立法程序和立法形式也是法定的。

（3）目前中国地方立法权包括一般地方立法权、民族区域自治立法权和特区地方立法权。一般地方立法权是一般地方的有关国家政权机关，依法制定和变动效力可以及于本地范围的规范性法律文件的权力，其表现形式为地方性法规和规章。民族区域自治立法权指民族自治地方的自治机关，依法制定和变动效力可以及于民族自治地方的自治条例和单行条例的权力，其表现形式为自治条例和单行条例。特区地方立法权又包括经济特区立法权、特别行政区立法权，在此不再赘述。

（4）地方立法权与自治立法权是有区别和联系的。广义的地方立法权包括自治立法权，狭义的地方立法权即一般地方立法权，与自治立法权是并列的两种权力。

---

① 武钦殿：《地方立法专题研究：以我国设区的市地方立法为视角》，中国法制出版社，2018，第 2 页。

（三）分权理论视域下的自治立法权

地方自治是相对于中央集权而言，基于分权原理而设计的一种地方政治制度，它强调一定区域内住民的自主精神和民主权利，是现代社会治理一国之地方的一种科学方式，也是一种世界潮流。[①] 一般来说，国家立法权来源于主权，地方立法权来源于地方自治权。在法律性质和特点上，“自治立法是维护民族权利的立法，是实施民族区域自治制度的配套立法，是规定当地自治权的具体立法。”[②] 民族区域自治制度是民族自治地方立法权得以确立的基础。[③]

分权理论视域下的“自治”显然不是指“某个人或集体管理其自身事务，并且单独对其行为和命运负责的一种状态。”[④] 依据《中国大百科全书》的解释，地方自治是指“在一定的领土单位之内，全体居民组成法人团体（地方自治团体），在宪法和法律规定范围内，并在国家监督下，按照自己的意志组织地方自治机关，利用本地区的财力，处理本区域内公共事务的一种地方政治制度。”[⑤] 因此，地方自治是在中央政府的统一领导下，由地方政府自主管理地方性事务[⑥]，是相对于中央政府对于全国的绝对控制而言的，它是对集中制的突破。[⑦] 从社会治理的角度讲，“自治”与“他治”相对，如村民自治、基层社会治理中的法治、德治和自治。从政治制度角度讲，“自治”非与

① 陈绍方：《地方自治的概念、流派与体系》，载《求索》2005年第7期，第45~47页。

② 曾宪义：《论自治条例的立法基础》，载《中南民族大学学报》（人文社会科学版）2004年第4期，第5~8页。

③ 粟丹：《论民族自治地方立法权在我国立法体制中的地位》，载《贵州民族研究》2006年第1期，第128~132页。

④ 〔英〕戴维·米勒、韦农·波格丹诺：《布莱克维尔政治学百科全书》，邓正来等译，中国政法大学出版社，1992，第693页。

⑤ 《中国大百科全书》政治学卷，中国大百科全书出版社，1992，第56页。

⑥ 雷振扬、唐鸣：《马克思主义地方自治理论与实践问题初探》，载《中南民族学院学报》（哲学社会科学版）1990年第2期，第95~99页。

⑦ 许崇德：《各国地方制度》，中国检察出版社，1994，第2页。

“他治”相对，而与“官治”相对。加之“地方”一词与中央相对，因而与“地方自治”相对的词是“中央统治”或中央集权。从法学角度讲，“地方自治就是指一个国家的不同区域、不同层级的地方国家组织，严格根据宪法和法律的授权，自治地管理属于地方辖区内的事务，可以从区域自治、主体自治、权力自治、规范自治四个方面理解。”[①] 本研究所指地方自治仅指民族区域自治。

自治权既是一种权力，也是一种权利，“自治权是人民主权原则的体现”。[②]

地方自治是一种垂直型的分权设计，自治形成的自主性和独立性是相对的、有限度的。自治权是由法律承认或国家赋予的，是构成一个主权国家的有机组成部分，这就意味着地方行政并没有从国家行政（中央行政）领域中分离出来。因此，地方自治权的行使，需要在国家监督下运行。

地方自治首先是“地方”的自治，具有地域性和主体性的特征；地方自治是地方的“自治”，具有独立性和民主性的特征；地方自治是在宪法和法律范围内的自治，是在中央监督下的自治。因此，“自治性立法的核心特点是立法价值的自治性、立法规范的自治性。”[③] 基于地方分权的地方自治在“缓和中央权力过于集中的弊端方面，改善和提高政府活动的效率，激发地方的独创精神，释放出具有创造性的革新能力”方面的作用，已越来越成为人权和民主主义观念和制度的辅助成分。[④]

---

① 谢晖：《地方自治与宪政》，载《行政管理改革》2012 年第 12 期，第 46~49 页。

② 李芳、张英洪：《地方自治与自治权成长》，载《社会科学辑刊》2007 年第 1 期，第 85~89 页。

③ 秦前红：《宪政视野下的中国立法模式变迁从“变革性立法”走向“自治性立法”》载《中国法学》2005 年第 3 期，第 42~48 页。

④ 〔日〕杉原泰雄：《宪法的历史——比较宪法学新论》，吕昶、渠涛译，社会科学文献出版社，2000，第 187 页。

行使自治立法权，要把国家利益与民族利益统一起来，把立法者的意志与各民族人民群众的意志统一起来，把国家权力与民族权利统一起来，把民族权利与民族义务统一起来。这四个统一本质上是要求把少数民族权利及其保障作为自治立法的立法基础。[①]

（四）分权理论在我国的现实价值

分权理论下产生的地方立法权和自治立法权，在现实中出现了如何界分的问题。根据《立法法》第72条第2款规定，设区的市人民代表大会及其常务委员会享有对城乡建设与管理、环境保护、历史文化保护等方面的事项制定地方性法规的权力，此款规定毫无疑问指的是地方立法权。同时该条第5款还规定自治州的人民代表大会及其常务委员会可以行使设区的市制定地方性法规的职权。按照此款规定，自治州享有自治立法权的同时，还享有地方立法权。本研究无需对二者之间的区分交叉问题进行纠缠缕清，援引学者们的观点为根据。界分民族自治地方自治立法权和地方立法权的关键是要科学厘定“本民族内部事务”中“本民族”一词的内涵以及“本民族内部事务”的基本内容。从《宪法》和《民族区域自治法》立法目的和文本原意来看，民族区域自治权的归属主体是民族自治地方的聚居少数民族。因此，“本民族内部事务”的“本民族”是指民族自治地方的聚居少数民族，“本民族内部事务”就是聚居少数民族的内部事务，自治立法权的客体就是与聚居少数民族相关的政治、经济和文化权益的事项。[②]

《宪法》《地方组织法》《民族区域自治法》《立法法》等法律的规定，中央和地方国家机关分别享有不同的立法权限，制定具有不同

---

① 曾宪义：《再论自治条例的立法基础》，载《民族法学评论》（第6卷），团结出版社，2008，第131~140页。

② 潘红祥：《论民族自治地方自治立法权和地方立法权的科学界分》，载《法学评论》2019年第3期，第119~129页。

法律效力的规范性法律文件，确立了“统一分层次”的立法制度。这种立法体制一元、立法权多层次制度，恰是分权理论在我国立法现实中的体现。从本课题研究的角度出发，分权理论在我国的现实价值，主要表现在：

第一，分权理论为地方立法、自治立法奠定了坚实的理论基础，与《宪法》《立法法》一道构筑了地方立法权的理论来源和法律依据，使地方立法具有了科学的合理性、符合宪法的合宪性、能够操作的现实性。

第二，分权理论明确了地方立法、自治立法在国家法律体系中的地位，恰与我国民主集中制原则和制度有机地契合起来。集权与分权、中央与地方是集中统一关系，没有中央集权，就不可能存在地方分权。因此，地方立法、自治立法是一个国家立法的组成部分。

第三，分权理论对于框定地方立法、自治立法的边界和范围具有指导意义。

第四，地方分权理论为实现地方创新立法、先行立法提供了理论指引。地方立法的每一项成功的实验创新成果，不仅可以横向扩散到其他地方供地方立法借鉴，还可以被国家层面立法借鉴和移植。

本章小结

“经济学家带给其他社会科学的主要优势仅仅是一种观察世界的方式。”（科斯，1978）从股东利益至上理论到利益相关者理论，从交易成本理论到契约理论，这些著名的经济学理论为法律人思考企业的性质提供了一个新的思路和视角。如果说经济学思考的是一种制度安排，法律人就应该思考这种制度安排的制度基础以及实现这种制度的规则和规范。按照企业是契约的联结点的观点出发，这些契约恰是一种正式的、法定的承诺，遵守交易规则意味着遵守法律。企业作为独立的法律主体，享有权利的同时承担法律上的义务，也就是天经地义的事情。“从正式意义来说，企业所有权和治理作用之间的差别是一种虚假差别。所有权本身就是一种法律规则和补救办法所维系的条件。但是法律地位上的改变并不能自然地转换为一种资产。所改变的是那些资产的经济参与者之间的关系，是由法律体系所界定和支撑的经济参与人的权利和义务。”[①] 由此可见，企业在法律人的眼里就是法律权利和法律义务的统一体，企业社会责任“软法”之治过渡到“硬法”之治成了时代的呼唤和法律上的回应。企业社会责任强制性规范之后，作为评价标准的规范，既可规范企业的社会责任行为，也可以指导企业社会责任行为的方向，更重要的是为企业社会责任司法裁判提供法律依据。在国家强调加强企业社会责任立法的政策背景下，企业社会责任法呼之欲出。在企业社会责任国家立法之前，先行先试企业社会责任地方立法是地方治理现代化和法治化的必然要求。

---

① 〔美〕斯考特·E. 马斯特恩：《企业的法律基础》，载〔美〕奥利弗·E. 威廉姆森、西德尼·G. 温特编《企业的性质》，姚海鑫、邢源源译，商务印书馆，2010，第315页。

第三章
我国企业社会责任的国家法规制

法治不仅是人类社会生活的一种范式，而且是一种优良的生活范式。为构建这种优良的生活范式，首先必须有成文的公布周知的法律。[①] 研究企业社会责任地方立法，首先需要对国内企业社会责任国家层面的法律规制进行描述梳理和研究。本章研究的企业社会责任国家法律规制，包括国家企业社会责任立法现状、评述以及立法趋势两个部分。

第一节　企业社会责任国家法律规制现状

按照当代中国法的正式渊源分类，企业社会责任国内法应该包括涉及企业社会责任内容的宪法、法律、行政法规、地方性法规、自治法规、经济特区的经济法规、特别行政区的法律和法规、国际条约与协定、法律解释。非正式渊源包括习惯、政策、指导性案例、道德规

① 汪国华：《立法：理想与变革》，山东人民出版社，2007，第1页。

范和正义观念、法理。[①] 本节重点叙述我国当代国家法正式渊源的宪法、法律、行政法规和非正式渊源中的政策关于企业社会责任的法律规制。

一 《宪法》对企业社会责任的根本性规定

依法治国首先是依宪治国，依法立法首先是依宪立法。《宪法》规定了包括企业在内的各经济组织都必须以《宪法》为根本的活动准则。企业社会责任立法必须以《宪法》为依据，根据《宪法》对企业社会责任进行立法规制。《宪法》对企业社会责任的根本性规定主要体现在以下两个方面。

（一）国家尊重和保障人权：企业社会责任的根本

从《世界人权宣言》、联合国《全球契约》到企业社会责任国际SA8000、国际标准化组织ISO26000等，其核心理念之一是尊重和保障人权，尊重和保障人权是企业社会责任的核心内容之一。2011年6月16日，联合国人权理事会一致通过了《工商企业与人权：实施联合国“保护、尊重和补救”框架指导原则》（即《联合国工商业与人权指导原则》）。与此相适应，自2009年起，我国先后发布了三个《国家人权行动计划》，这三个《国家人权行动计划》对于推动我国人权保护发挥了重要作用。我国《宪法》中规定“国家尊重和保障人权”，明确了国家是尊重和保障人权的义务主体，表明了国家保障人权的基本态度，是国家对人民的承诺。其具体体现是国家尊重人的生命权、自由权、言论自由权、选举权和被选举权、经济性权利、各种社会福利性权利和各种受益权，包括劳动权、受教育权、社会保障权，等等。

---

① 张文显：《法理学》第五版，高等教育出版社，2018，第89~91页。

这些根本性规定，是企业社会责任法的最主要渊源。正如习近平总书记指出："中国共产党和中国政府始终尊重和保障人权。长期以来，中国坚持把人权的普遍性原则同中国实际相结合，不断推动经济社会发展，增进人民福祉，促进社会公平正义，加强人权法治保障，努力促进经济、社会、文化权利和公民、政治权利全面协调发展，显著提高了人民生存权、发展权的保障水平，走出了一条适合中国国情的人权发展道路。"①

（二）《宪法》关于企业社会责任的基本规定

《宪法》对保障劳动者权利、保护消费者等弱势群体利益、生态建设和环境保护、维护市场经济秩序等企业社会责任内容作了基本规定。

1.《宪法》对劳动者合法权益保护作了基本规定

《宪法》第16条、第17条规定了国有企业、集体企业职工参与企业民主管理、决定经营管理的重大问题的权利。

《宪法》第42条、第43条规定了劳动者劳动权、就业权、劳动保护权、社会保障权、休息休假等权利。

《宪法》关于劳动者合法权益保护的基本规定，既是保障人权原则的体现，也为企业承担对劳动者的社会责任提供了宪法依据。

2.《宪法》对消费者等弱势群体权益保护作了基本规定

《宪法》第38条规定中华人民共和国公民的人格尊严不受侵犯；第45条规定公民在年老、疾病或者丧失劳动能力的情况下，有从国家和社会获得物质帮助的权利。这对企业承担对保护消费者人格尊严权及对弱势群体的慈善义务提供了宪法依据。

---

① 习近平：《致"2015·北京人权论坛"的贺信》，见中国政府网，http://www.gov.cn/xinwen/2015-09/16/content_2932998.htm。

3.《宪法》对生态建设和环境保护作了基本规定

《宪法》第 26 条对企业承担自然资源和环境保护责任以及对慈善等公益事业的社会责任提供了宪法依据。

4.《宪法》对维护社会主义市场经济秩序作了明确的规定

《宪法》第 15 条对企业承担对客户、供应商、竞争者的社会责任，维护交易安全，保障市场交易秩序的义务，提供了宪法依据。

《宪法》的上述根本性规定，既是对企业承担社会责任的基本规定，也是企业社会责任法的主要渊源。

二 法律对企业社会责任的规定

从狭义的法律概念出发，我国法律对企业社会责任的规定可以分为四类：一是在法律条文中明确规定企业或经营者应该承担社会责任；二是用教育、引导、督促等方式，培养企业社会责任感，增强企业社会责任意识；三是用“维护社会公共利益”“不得侵犯社会公共利益”等词替代“社会责任”，强调企业的社会责任；四是法律规范中包含企业承担社会责任的具体内容。其中，第四类是企业社会责任法的最主要渊源。

（一）法律条文中明确规定企业或经营者应该承担社会责任

通过“北大法宝”法律法规数据库，在“中央法规”全文中输入“承担社会责任”一词，得到 14 项检索结果，去掉修正、修订等重复的法律以外，有 8 部法律明确规定企业、公司、经营者应该“承担社会责任”。按照规定“承担社会责任”的法律施行时间排序，具体情况见表 3-1。

表 3-1 法条中明确规定企业承担社会责任的法律简况

法律名称	施行时间	承担企业社会责任的主体
公司法（2015 年修正）	2006 年 1 月 1 日	公司
合伙企业法（2006 年修正）	2007 年 6 月 1 日	合伙企业及其合伙人
企业国有资产法	2009 年 5 月 1 日	国家出资企业
食品安全法	2009 年 6 月 1 日	食品生产经营者
旅游法	2013 年 10 月 1 日	旅游经营者
网络安全法	2017 年 6 月 1 日	网络运营者
民法总则	2017 年 10 月 1 日	营利法人
民法典	2021 年 1 月 1 日	营利法人

通过文本分析，可以发现这八部法律对企业社会责任的规定，呈现以下几个特点：

第一，承担社会责任主体的广泛性随着时间的推移逐渐在扩大，由不同组织形式、不同所有者、不同行业的经营者扩大到营利法人。按照法律实施时间排序，企业社会责任的主体包括公司、合伙企业、国家出资企业、食品生产经营者、旅游经营者、网络运营者、营利法人。

第二，企业社会责任条款均在企业遵守法律、法规的规定之后，与遵守社会公德和商业道德并列，导致了理论界和实务界对企业社会责任条款是强制性条款还是倡导性条款的争议。

第三，条文中有"承担社会责任"的表述，但在同部法律的规定中却不具体明确企业社会责任的具体内容，这为进一步加强企业社会责任立法提供了必要性和可能性。

第四，《民法总则》和《民法典》采用民商合一的立法模式，使用"营利法人"一词，为后续社会责任立法打开了立法空间。

（二）明确规定增强"社会责任感"等进行企业社会责任教育的规定

社会责任教育与企业社会责任性质不同，分属于不同的领域。但为了让企业更好地履行社会责任，形成社会责任全社会的普遍共识，按照《社会主义核心价值观融入法治建设立法修法规划》要求，也将社会责任感等企业社会责任教育纳入其中。且通过“北大法宝”法律法规数据库，在“中央法规”全文中分别输入“社会责任感”“社会责任意识”等词，得到9项检索结果，去掉修订重复的法律以外，有6部法律和2个《决议》对企业社会责任教育进行了规定。具体情况见表3-2：

表3-2　明确规定进行企业社会责任教育的法律和决定简况

法律名称	施行时间	企业社会责任教育的内容
科学技术普及法	2002年6月29日	第三章标题为社会责任
全国人大常委会关于加强法制宣传教育的决议	2006年4月29日	企业经营管理人员社会责任意识；强化大众传播媒体的社会责任
未成年人保护法	2007年6月1日	教育未成年人增强社会责任感
全国人大常委会关于进一步加强法制宣传教育的决议	2011年4月22日	各类媒体要继续履行好社会责任，广泛开展法制宣传教育
教育法（2016年修正）	2016年6月1日	增强受教育者的社会责任感
高等教育法（2016年修正）	2016年6月1日	高等教育的任务是培养具有社会责任感……的高级专门人才
证券法（2019年修正）	2020年3月1日	督促证券行业履行社会责任
社区矫正法	2020年7月1日	根据社区矫正培养社会责任感

通过文本研究后发现：

第一，全国人大常委会把社会责任意识教育作为法制宣传教育的重点，强调增强企业经营管理人员社会责任意识，提高依法经营和依法管理的能力，强调新闻传播行业的社会责任，其目的是在全社会营造一个良好的崇尚社会责任的氛围。

第二，六部法律中，从学校和社区矫正的任务、普及科学知识、证券行业协会职能的角度，强调培养受教育者的社会责任感和督促履行社会责任。把社会责任教育上升到社会主义核心价值观教育的主要内容，足见社会责任教育的地位和作用。完全可以说，社会责任教育要贯穿整个教育的全过程，人人（包括企业、经营管理人员）都应当树立社会责任观念和意识。

（三）用“公共利益”等词语强调企业的社会责任

在现行有效的法律中，含有“公共利益”的法律有 13 部。具体情况见表 3-3：

表 3-3 有关“公共利益”条款法律的规定

法律名称	施行时间	企业社会责任的规定
公益事业捐赠法	1999 年 1 月 1 日	捐赠不得损害公共利益
个人独资企业法	2000 年 1 月 1 日	个人独资企业不得损害社会公共利益
票据法	2004 年 8 月 28 日	票据活动不得损害社会公共利益
物权法	2007 年 10 月 1 日	物权的取得和行使不得损害公共利益
民法通则（2009 年修正）	2009 年 8 月 27 日	民事活动不得损害社会公共利益
著作权法（2010 年修正）	2010 年 4 月 1 日	著作权人行使著作权不得损害公共利益
保险法	2015 年 4 月 24 日	从事保险活动不得损害社会公共利益
科技成果转化法（2015 年修正）	2015 年 10 月 1 日	科技成果转化活动不得损害社会公共利益
水法（2016 年修正）	2016 年 7 月 2 日	引水、截（蓄）水、排水，不得损害公共利益
中小企业促进法（2017 年修订）	2018 年 1 月 1 日	中小企业不得损害社会公共利益
建筑法（2019 年修正）	2019 年 4 月 24 日	建筑活动不得损害社会公共利益
外商投资法	2020 年 1 月 1 日	外商投资企业不得损害社会公共利益
基本医疗卫生与健康促进法	2020 年 6 月 1 日	开展医疗卫生与健康促进，应当维护社会公共利益

通过对上述法律文本的分析，可以看出：

第一，法条中没有明确用“社会责任”一词，但“公共利益”一词包含在企业承担的社会责任范围之内，说明这些法律规定中有企业承担社会责任的意蕴。

第二，履行维护公共利益责任的主体不断扩大，包括个人独资企业、中小企业、外商投资企业、著作权人。

第三，维护公共利益的行为活动也在扩大，包括捐赠行为、物权行为、票据活动、民事活动、保险活动、科技成果转化活动、建筑活动，等等，都要维护公共利益。

（四）法律对企业承担社会责任的规定

除了《公司法》外，其他法律中虽然没有明确写明企业承担"社会责任"或"公共利益"等词语，但通过对企业承担社会责任某一方面义务的规定，强调企业的社会责任义务。下面根据企业应该承担的主要社会责任义务进行分述。

1. 关于企业对投资者义务的规定

企业对投资者义务的规定，有的法律明确了保护投资者合法权益的立法宗旨，如《合伙企业法》第 1 条"为了保护合伙人的合法权益"的规定。

有的法律规定了企业保护投资者合法权益的基本义务。如《全民所有制工业企业法》第 6 条"企业必须有效地利用国家授予其经营管理的财产，实现资产增值"的规定，要求企业必须向投资者履行国有资产保值增值的义务。《个人独资企业法》第 17 条"个人独资企业投资人对本企业的财产依法享有所有权，其有关权利可以依法进行转让或继承"的规定。《中小企业促进法》第 50 条明确规定"国家保护中小企业及其投资者的财产权和其他合法权益。任何单位和个人不得侵犯中小企业财产及其合法收益"。对域外投资者保护主要规定了不实行国有化和征收制度，如《外商投资法》第 20 条规定"国家对外国投资者的投资不实行征收"，《台湾同胞投资保护法》第 4 条规定"国家对台湾同胞投资者的投资不实行国有化和征收”，同时该法第 5 条规定：“台湾同胞投资者投资的财产、工业产权、投资收益和其他合法权益，可以依法转让和继承。”

《合伙企业法》非常充分地规定了对投资者权益的保护。如第 5 条规定订立合伙协议平等原则、第 8 条规定合伙人的合法财产及其权益受法律保护、第 26 条规定合伙人平等享有合伙事务执行权、第 28 条规定合伙人经营知情权、第 59 条规定特殊的普通合伙企业建立执业风险基金、办理职业保险制度。上述规定均是企业对投资者（合伙人）义务的规定。

2. 关于企业对劳动者义务的规定

企业对劳动者义务的规定，主要体现在企业相关立法、安全生产相关立法和劳动法中。

相关企业法中，《全民所有制工业企业法》对企业对劳动者义务的规定，是通过第五章专门规定“职工和职工代表大会”的权利，以体现对劳动者合法权益的保护。在该法第 41 条专门规定了对劳动者的义务，即“企业必须贯彻安全生产制度，改善劳动条件，做好劳动保护和环境保护工作，做到安全生产和文明生产”。同时，规定了对侵犯职工合法权益的救济措施，即第 62 条规定“企业领导干部滥用职权，侵犯职工合法权益，情节严重的，由政府主管部门给予行政处分；滥用职权、假公济私，对职工实行报复陷害的，依照刑法有关规定追究刑事责任”。可见，《全民所有制工业企业法》对企业对劳动者义务的规定比较全面具体。另外，《个人独资企业法》对企业应当对劳动者履行的义务作了明确规定，包括依法招用职工，依法建立工会，依法与职工签订劳动合同、保障职工的劳动安全，按时、足额发放职工工资，为职工缴纳社会保险费等。《中小企业促进法》也规定了中小企业应当遵守国家安全生产、劳动和社会保障等方面的法律、法规，不得损害劳动者合法权益。

《安全生产法》中对生产经营单位的安全生产保障义务、从业人员的安全生产权利义务、安全生产的监督管理、生产安全事故的应急救援与调查处理等规定，对劳动者人身安全权提供了有效的法律保障。

《劳动法》《劳动合同法》两个基本法律对企业对劳动者的义务，有明确具体的规定。该两部法律从与劳动者订立劳动合同、保证劳动者休息休假权、最长工作时间、最低工资保障、劳动安全卫生、女职工、未成年工特殊保护、禁止招用童工、安排职业培训、缴纳社会保险等方面规定了企业对劳动者的社会责任。另外，社会保险法、就业促进法、职业教育法、职业病防治法、劳动争议调解仲裁法等对劳动者合法权益作了详细的、具体的补充性规定。

3. 关于企业对消费者义务的规定

企业对消费者的义务，集中体现在《消费者权益保护法》中。该法对经营者应当履行对消费者的义务作了专章规定，以保护消费者合法权益。另外规定了消费者合法权益的具体内容，以明确经营者对消费者的社会责任。

另外，其他法律对消费者权益保护以及企业对消费者的义务也有相关规定。具体法律规定见表 3-4。

表 3-4 法律对企业的消费者保护的义务规定概况

法律名称	施行时间	企业对消费者社会责任的规定
价格法	1998 年 5 月 1 日	保护消费者合法权益是立法目的之一
合同法	1999 年 10 月 1 日	经营者对消费者提供商品或者服务有欺诈行为的，依法承担损害赔偿责任
反垄断法	2008 年 8 月 1 日	维护消费者利益是立法目的之一

续表

法律名称	施行时间	企业对消费者社会责任的规定
全民所有制工业企业法（2009 年修正）	2009 年 8 月 27 日	企业必须保证产品质量和服务质量，对用户和消费者负责
烟草专卖法（2015 年修正）	2015 年 4 月 24 日	维护消费者利益是立法目的之一
民事诉讼法（2017 年修正）	2017 年 7 月 1 日	对侵害众多消费者合法权益的行为，可以向人民法院提起公益诉讼
民法总则	2017 年 10 月 1 日	法律对消费者等的民事权利保护有特别规定的，依照其规定
标准化法（2017 年修正）	2018 年 1 月 1 日	制定强制性标准、推荐性标准，应当在立项时对消费者的实际需求进行调查
反不正当竞争法（2017 年修正）	2018 年 1 月 1 日	保护消费者的合法权益是立法目的之一
旅游法（2018 年修正）	2018 年 10 月 26 日	保障旅游者的合法权益是立法目的之一
农产品质量安全法（2018 年修正）	2018 年 10 月 26 日	制定农产品质量安全标准应当保障消费安全
广告法（2018 年修正）	2018 年 10 月 26 日	保护消费者的合法权益是立法目的之一
计量法（2018 年修正）	2018 年 10 月 26 日	使用计量器具不得破坏其准确度，损害消费者的利益
食品安全法（2018 年修正）	2018 年 12 月 29 日	保障公众身体健康和生命安全是立法目的之一（43 处涉及消费者）
产品质量法（2018 年修正）	2018 年 12 月 29 日	保护消费者的合法权益，是立法目的之一
电子商务法	2019 年 1 月 1 日	电子商务经营者从事经营活动，应当履行消费者权益保护等方面的义务
反不正当竞争法（2019 年修正）	2019 年 4 月 23 日	保护消费者的合法权益是立法目的之一
商标法（2019 年修正）	2019 年 11 月 1 日	保障消费者利益是立法目的之一

通过对上述法律文本进行分析，法律对消费者权益的保护主要有以下几个特点：

第一，大量法律把对消费者权益的保护作为立法宗旨，在第一条有“为了保护消费者合法权益”的表述，涉及价格法、反垄断法、反不正当竞争法、烟草专卖法、旅游法、广告法、产品质量法、商标法等。

第二，对消费者权益的保护是全方位、立体式、系统化的保护，不仅有市场规制方面的法律，还有行业性法律；不仅有实体性法律，也有程序性法律。它们与我国《消费者权益保护法》共同构成了我国消费者权益保护体系，这无疑为经营者履行对消费者的义务提供了有效的法律保障。

第三，最近几年新制定、修正的法律中，突出了经营者义务的规定和对消费者权益的保护，如《产品质量法》《反不正当竞争法》《电子商务法》《商标法》等。

4. 关于对企业自然资源和环境义务的规定

对企业环境义务的规定，主要体现在修订后的《环境保护法》中。该法从达标排放、减少排污、采取措施防治在生产建设中产生的“三废”及其他有害物质对环境的污染和危害、建立环境保护责任制度、开展排污监测、制定突发环境事件的应急预案、信息公开等方面规定了企业的社会责任。2016 年 7 月 2 日起施行的修订后的《中华人民共和国节约能源法》从加强节能管理、制定节能计划、使用节能技术、降低能耗、建立节能目标责任制等方面规定了企业的社会责任。企业对上述社会责任的履行，对我国环境、资源保护意义重大。《中小企业促进法》第四条明确规定，中小企业应当遵守资源环境等方面的法律、法规。

其他专门对自然资源和环境保护义务的法律规定，总体情况见表 3-5。

表 3-5 法律对企业的自然资源和环境保护的义务规定概况

法律名称	实施时间	企业对自然资源和环境保护的责任
森林法（2019 年修订）	2020 年 7 月 1 日	禁止向林地排放有毒有害物质含量超标的污水、污泥，以及可能造成林地污染的尾矿、矿渣
土地管理法（2019 年修正）	2020 年 1 月 1 日	任何单位和个人都有遵守土地管理法律、法规的义务
土壤污染防治法	2019 年 1 月 1 日	企业从事生产经营活动，应当采取有效措施，防止、减少土壤污染，对造成的污染依法承担责任
环境影响评价法（2018 年修正）	2018 年 12 月 29 日	工业、能源等的有关专项规划，应当组织进行环境影响评价
环境噪声污染防治法（2018 年修正）	2018 年 12 月 29 日	任何单位和个人都有保护声环境的义务
大气污染防治法（2018 年修正）	2018 年 12 月 26 日	企业应当采取有效措施，防止、减少大气污染，对所造成的损害依法承担责任
循环经济促进法（2018 年修正）	2018 年 10 月 26 日	企业应当采取措施，降低资源消耗，减少废物的产生量和排放量，提高废物的再利用和资源化水平
环境保护税法（2018 年修正）	2018 年 10 月 26 日	直接向环境排放应税污染物的生产经营者，除缴纳环境保护税外，应当依法承担责任
节约能源法（2018 年修正）	2018 年 10 月 26 日	任何单位都应当依法履行节能义务
防沙治沙法（2018 年修正）	2018 年 10 月 26 日	在沙化土地范围内从事开发建设活动的，必须事先提交环境影响报告；环境影响报告应当包括有关防沙治沙的内容
野生动物保护法（2018 年修正）	2018 年 10 月 26 日	禁止在相关自然保护区域建设法律法规规定不得建设的项目
水污染防治法（2017 年修正）	2018 年 1 月 1 日	任何单位都有义务保护水环境
海洋环境保护法（2017 年修正）	2017 年 11 月 5 日	为了保护和改善海洋环境，保护海洋资源，防治污染损害
水法（2016 年修正）	2016 年 7 月 2 日	开发、利用、节约、保护水资源和防治水害
环境保护法（2014 年修订）	2015 年 1 月 1 日	生产经营者应当防止、减少环境污染和生态破坏，对所造成的损害依法承担责任

续表

法律名称	实施时间	企业对自然资源和环境保护的责任
草原法（2013 年修正）	2013 年 6 月 29 日	进行矿藏开采和工程建设，应当不占或者少占草原
水土保持法（2010 年修订）	2011 年 1 月 1 日	任何单位和个人都有保护水土资源、预防和治理水土流失的义务
矿产资源法（2009 年修正）	2009 年 8 月 27 日	开采矿产资源，必须遵守有关环境保护的法律规定，防止污染环境

通过对法律关于企业的自然资源和环境保护方面义务规定的文本解读，可以发现：

第一，自然资源和环境保护是我国的基本国策，相关立法已经形成体系。如何落实自然资源和环境保护基本国策，除了出台类似“最严环保法”之外，强化企业对自然资源和环境保护的义务，通过制定企业环境责任法或在企业社会责任立法中专门规定企业的环境责任，也是一种必要的选择。

第二，自然资源和环境保护主要依靠公法进行规制，私法规制较少。单纯从环境法律角度考虑所有企业都应承担相应的环境法律责任是毋庸置疑的。企业环境责任作为社会责任的组成部分，是企业最重要的法律责任。公司是产生工业污染的主要来源。因此，落实公司环境责任是实现生态环境善治的重中之重。完善公司环境责任制度不能囿于环境法，而应结合公司法等其他相关部门法。[①]

5. 关于企业对捐赠、社会公共利益义务的规定

企业对社会公众的义务，主要体现在法律条文中明确不得损害社会公共利益的规定以及捐赠法等法律中。如《个人独资企业法》第 4 条、《中小企业促进法》第 4 条、《外商投资法》第 6 条均规定，企业

① 潘永建：《企业社会责任视角下公司环境责任之完善》，载《江西社会科学》2015 年第 5 期，第 163~168 页。

从事经营活动不得损害社会公共利益。

1999 年 9 月 1 日起施行的《中华人民共和国公益事业捐赠法》规定了企业参与公益事业的捐赠可以享受企业所得税方面的优惠。2016 年 9 月 1 日起施行的《中华人民共和国慈善法》鼓励企业开展慈善公益活动，并规定将为其提供场所和便利条件，以及给予税收优惠。

由此可以看出，我国对企业捐赠的立法还不完善。因为企业捐赠不仅涉及受赠人的利益，还涉及企业利益、投资者利益、劳动者利益、债权人利益等，是一项需要精心设计的制度。企业捐赠应由谁决策？企业捐赠中如何避免损害其他利益相关者利益？需要用立法的方式规范企业捐赠行为，或者在企业社会责任立法中规范企业捐赠行为。由于公益概念的模糊性，由经营者决策的纯粹公益性公司捐赠从公司治理理论看是不妥当的。实践中的公司捐赠行为并不能使捐赠资金得到高效使用，公司法应对公司捐赠予以规制，实践中董事决策的策略型捐赠不能违背董事的忠实与勤勉义务。①

(五)《公司法》对企业社会责任的规定

"新《公司法》是一部强化公司社会责任的人本型公司法，不仅将强化公司社会责任的理念列入总则条款，而且在分则中设计了一套充分强化公司社会责任的具体制度。"② 我国法律对企业社会责任的规定中，《公司法》是最全面、最系统规定公司社会责任的法律。下文重点对《公司法》企业社会责任的规定作详细的论述。

1. 关于公司对股东社会责任的规定

新《公司法》是一部强化投资者信心的保护型公司法，是一部弘

---

① 宁金成、张昱罡：《企业社会责任视域下的公司捐赠问题研究》，载《云南财经大学学报》2011 年第 5 期，第 148~153 页。

② 刘俊海：《新公司法的制度创新：立法争点与解释难点》，法律出版社，2006，第 554 页。

扬股权文化、尊重股东价值的公司法，是一部股东友好型的公司法。[①]《公司法》对股东权益的保护主要体现在以下几个方面：

（1）专门把保护股东合法权益作为《公司法》的立法宗旨之一，确认了股东主权思想。立法宗旨集中地体现了一部法律的基本价值判断准则，《公司法》（2018 年 10 月 26 日修改）开宗明义在第 1 条中规定，为了规范公司的组织和行为，保护公司、股东和债权人的合法权益，维护社会经济秩序，促进社会主义市场经济的发展，制定本法。同时在第 4 条高度概括了股东的基本权利，即“公司股东依法享有资产收益、参与重大决策和选择管理者等权利”。

（2）为保护股东合法权益，《公司法》对公司及控股股东、实际控制人、董事、监事、高级管理人员的行为作了许多禁止性规定。对公司可能侵犯股东合法权益行为的禁止性规定，《公司法》第 15 条明确规定，公司向其他企业投资“不得成为对所投资企业的债务承担连带责任的投资者”。对股东间可能相互侵犯的行为作了禁止性规定，第 20 条规定公司股东“不得滥用股东权利损害公司或者其他股东的利益”。对可能间接损害股东权益行为作了禁止性规定，如第 21 条“公司的控股股东、实际控制人、董事、监事、高级管理人员不得利用其关联关系损害公司利益”；第 115 条“公司不得直接或者通过子公司向董事、监事、高级管理人员提供借款”和第 147 条第 2 款“董事、监事、高级管理人员不得利用职权收受贿赂或者其他非法收入，不得侵占公司的财产”。

（3）通过规定股东权利以规范公司保护股东利益的义务。依据《公司法》的规定，股份有限公司的股东享有决议撤销权（第 20 条第 2 款）、查阅权（第 97 条）、质询权（第 97 条、第 150 条第 1

---

① 刘俊海：《新公司法的制度创新：立法争点与解释难点》，法律出版社，2006，第 188 页。

款)、临时股东大会召集请求权（第100条第3项)、临时提案权(第102条第2款)、股东大会出席权及表决权（第103条第1款)、委托代理人出席股东大会权（第106条)、选举和被选举董事和监事权（第108条)、临时董事会召开提议权（第110条第2款)、股票交付权（第132条)、股份转让权（第137条)、股东退股权（第142条第4项)、股东代表诉讼权（第151条)、股东诉讼权（第151条、152条)、财务会计报告查阅权（第165条第2款)、利润分配请求权（第166条)、新股认购权（第178条)、解散公司请求权(第182条)，等等。

（4）对中小股东合法权益保护的专门规定。我国公司法对中小股东利益保护是通过限制大股东权利、扩大中小股东行使权利自由度实现的。在大股东权利限制方面，一是通过规定“累积投票制”限制大股东权利，保护中小股东合法权益。二是通过表决权排除制度，避免大股东和实际控制人操控股东大会的“内部人控制”现象。这一制度可以防止大股东滥用投票权来通过对自己有利的决议，使公司的表决更加公平，能够反映规定的真实意志。扩大中小股东行使权利自由度方面，规定了有限责任公司股东自由约定分红和投票比例。《公司法》第34条第二句规定，全体股东可以约定不按照出资比例分取红利；第42条规定:“股东会会议由股东按照出资比例行使表决权；但是，公司章程另有规定的除外。”根据这一规定，“如果公司小股东有足够的谈判能力则完全可以在公司章程中约定其表决能力及分红比例而并完全不拘泥于其出资比例”。[①]

2. 关于公司对劳动者社会责任的规定

按照企业所有权理论，劳动者对公司的出资成本是劳动，公司应

① 王作全:《公司利益相关者法律保护及实证分析》，法律出版社，2010，第119页。

当对劳动者承担社会责任。《公司法》作为商事基本法，从贯彻《宪法》“人权保障”原则角度出发，规定了公司对劳动者的社会责任。《公司法》关于公司对劳动者社会责任的规定，主要体现在以下几个方面：

（1）公司必须保护职工的劳动权。《公司法》第 17 条第一句规定“公司必须保护职工的合法权益，依法与职工签订劳动合同，参加社会保险，加强劳动保护，实现安全生产”。

（2）公司应当采取措施，提高劳动者素质。《公司法》第 17 条第二句规定“公司应当采用多种形式，加强公司职工的职业教育和岗位培训，提高职工素质”。

（3）公司保障职工集体谈判权和民主管理权。《公司法》第 18 条第 1 款、第 2 款规定“公司工会代表职工就职工的劳动报酬、工作时间、福利、保险和劳动安全卫生等事项依法与公司签订集体合同。公司依照宪法和有关法律的规定，通过职工代表大会或者其他形式，实行民主管理”。

（4）重大问题和重要规章制度建议权。《公司法》第 18 条第 3 款规定“公司研究决定改制以及经营方面的重大问题、制定重要的规章制度时，应当听取公司工会的意见，并通过职工代表大会或者其他形式听取职工的意见和建议”。

（5）规定了职工董事制度。众所周知，公司董事会是公司经营决策机构，职工进入公司董事会，既可以把职工意见和建议反映给董事会决策者，也可以有效防止董事会决策侵犯职工利益情况的发生。《公司法》第 44 条对两个以上的国有企业或者两个以上的其他国有投资主体投资设立的有限责任公司，其董事会成员中应当有公司职工代表。第 67、70 条规定国有独资公司董事会成员中应当有公司职工代表，且比例不得低于1/3。第108条规定股份有限公司董事会成员中可以有公司职工代表。

（6）规定了法定职工监事制度。监事会是公司的监督机构，有权监督董事会、经理层的决策和日常经营行为。《公司法》规定职工监事是法定的，即任何公司的监事会成员中，都应该有职工监事。《公司法》第51条、第117条规定有限责任公司、股份有限公司监事会应当包括公司职工代表，且比例不得低于1/3。第70条规定国有独资公司监事会成员不得少于5人，其中职工代表的比例不得低于1/3。

（7）规定了员工股权激励制度。员工股权激励制度的实施，真正使职工既是劳动者，也是企业的股东，做到了把公司利益、股东利益和职工利益有机联系在一起。《公司法》第142条第3项规定，公司可以收购本公司股份，将股份用于员工持股计划或者股权激励。

（8）规定了公司清算时劳动债权的优先清偿制度。按照《公司法》第186条规定，公司清算时的公司财产在支付清算费用后，首先是支付职工的工资、社会保险费用和法定补偿金，然后才是缴纳税款、清偿债务。职工的劳动债权的优先支付，体现了对劳动者合法权益的保护。另外，根据《公司法》第190条规定公司被依法宣告破产的，依照有关企业破产的法律实施破产清算。《企业破产法》第113条规定破产财产在优先清偿破产费用和共益债务后，首先支付破产人所欠职工的劳动债权。劳动债权优先权充分证明了企业保障劳动者合法权益的责任和义务。

3. 关于公司对债权人社会责任的规定

根据传统民法学中关于债的理论，《公司法》上的债权人应该包括基于契约的债权人和非基于契约的债权人，前者如公司债券持有人，后者如被侵权人、无因管理人、不当得利给付请求权人等。《公司法》关于公司对债权人社会责任的规定主要体现在以下几个方面。

（1）保护债权人合法权益是《公司法》的立法宗旨之一。公司在经营活动中必然产生大量的债权债务，为了规范公司的组织和行为，维护市场交易秩序，保障交易安全，保护债权人利益作为公司法的价值判断标准，是《公司法》的立法理念之一。《公司法》第1条把保护债权人的合法权益与保护公司和股东利益相提并论，足见保护公司债权人合法权益的重要性。

（2）规定"公司法人人格否认"制度，以最大限度保护债权人利益。公司本以股东的有限责任吸引和鼓励投资，但另一方面需要对股东有限责任进行限制，以规制公司和股东行为，维护债权人利益。为此，《公司法》规定公司法人人格被否认后，股东应当承担连带责任，其目的是维护公司债权人的合法权益。[①] 特别是针对一人有限公司缺乏监督的情况下，《公司法》第63条也规定了"法人人格否认"制度。[②]

（3）规定了公司债务承继制度，以保护债权人合法权益。司法实践中，经常出现公司借转制或合并、分立之机，逃避公司债务，损害债权人利益的情况。为此，《公司法》第9条规定，有限责任公司变更为股份有限公司的，或者股份有限公司变更为有限责任公司的，公司变更前的债权、债务由变更后的公司承继。第174条规定，公司合并时合并各方的债权、债务，应当由合并后存续的公司或者新设的公司承继。第178条规定，公司分立前的债务由分立后的公司承担连带

① 《中华人民共和国公司法》第20条规定，公司不得滥用公司法人独立地位和股东有限责任损害公司债权人的利益。公司股东滥用公司法人独立地位和股东有限责任，逃避债务，严重损害公司债权人利益的，应当对公司债务承担连带责任。

② 《中华人民共和国公司法》第63条规定，一人有限责任公司的股东不能证明公司财产独立于股东自己的财产的，应当对公司债务承担连带责任。

责任。但是，公司在分立前与债权人就债务清偿达成的书面协议另有约定的除外。

（4）发行公司债券时对债权人合法权益的保护。依照《公司法》第153条规定，发行公司债券应当符合《中华人民共和国证券法》的规定。2020年3月1日起施行的《证券法》第15条对发行公司债券的条件、第16条对报送的文件、第17条对不得发行公司债券的情形等等，作了详细的规定。特别是《证券法》第19条“发行人报送的证券发行申请文件，应当充分披露投资者做出价值判断和投资决策所必需的信息，内容应当真实、准确、完整”的规定，通过信息公开的方式对债权人予以保护。

（5）设置公积金制度，有利于保护债权人合法权益。按照《公司法》的规定，公积金有资本公积金、法定公积金和任意公积金，其基本用途是弥补公司亏损、扩大生产经营和增加公司资本。公积金用于弥补公司亏损时，可提高公司偿债能力；公积金用于扩大生产经营时，有利于公司做大做强；公积金用于转增资本时，可降低公司资产负债率。为此，《公司法》第167条规定了股份有限公司超过股票票面金额的发行价格发行股份所得的溢价款以及国务院财政部门规定列入资本公积金的其他收入，应当列为公司资本公积金。第166条规定公司分配当年税后利润时，应当提取利润的10%列入公司法定公积金。经股东会或者股东大会决议，还可以从税后利润中提取任意公积金。第168条规定公司的公积金用于弥补公司的亏损、扩大公司生产经营或者转为增加公司资本。

（6）公司分立、减少注册资本时对债权人合法权益的保护。公司分立、减少注册资本时，如果公开进行资产和债权债务处理，一般情况下不会侵犯公司债权人的利益。因为债权人在接到公司分立、减少注册资本的通知或看到公告后，会采取措施要求公司偿还债务或提供相应的担保。但公司分立、减少注册资本是在隐蔽的情况下进行时，公司债权人在不知情的情况下无法采取债权保全措施，此种情况最易使公司借机逃避债务，损害债权人利益。为此，《公司法》规定了公司分立、减少注册资本时，需要编制资产负债表和财产清单，通知债权人并进行公告。[①]

4. 上市公司独立董事制度的规定

《公司法》除了针对公司对股东、劳动者、债权人的义务进行规范外，还规定了上市公司独立董事制度，以保护利益相关者的利益。[②] 独立董事制度是美国公司法的舶来品，对维护中小股东权益，完善公司治理发挥了积极作用。实践证明，独董制度对提高公司决策的科学性、准确性、安全性与可行性，增强公司竞争能力，预防内部控制人鲸吞公司和股东利益，强化公司内部民主机制，保护中小股东和其他利益相关者发挥了积极作用。[③] 我国《公司法》第 122 条只对上市公司设立独立董事作了原则性规定，具体办法由国务院规定。

三　行政法规对保障劳动者合法权益之农民工工资支付的规定

行政法规条文中对企业承担社会责任的规定较少，仅有《中华人民共和国食品安全法实施条例》（2016 年修订）第 3 条第 2 款规定

① 《中华人民共和国公司法》第 175 条规定，公司分立、减少注册资本时，应当编制资产负债表及财产清单。第 177 条规定，公司自作出决议之日起十日内通知债权人，并于三十日内在报纸上公告。债权人自接到通知书之日起三十日内，未接到通知书的自公告之日起四十五日内，有权要求公司清偿债务或者提供相应的担保。

② 在《中国证监会关于在上市公司建立独立董事制度的指导意见》中指出："上市公司独立董事是指不在上市公司担任除董事外的其他职务，并与其所受聘的上市公司及其主要股东不存在可能妨碍其进行独立客观判断关系的董事。"

③ 刘俊海：《现代公司法》（第三版）（上册），法律出版社，2015，第 646~649 页。

"食品生产经营者对其生产经营的食品安全负责，对社会和公众负责，承担社会责任"。其他行政法规对企业社会责任相关内容的规定较为宽泛，且相当庞杂。本研究选取最具有典型代表性的《保障农民工工资支付条例》这一行政法规作为研究样本，对企业承担劳动者社会责任这一重点领域进行简单的研究梳理。

"农民工"一词是国家城镇化建设过程中出现的"进城务工人员"的俗称，不是专门的法律用语。随着国家城镇化进程的推进，这个有点歧视性的词语将会消失。"农民工"作为我国劳动者的重要组成部分，对其合法权益的保护可以反映出企业对劳动者社会责任义务的履行情况。现行有效的保护劳动者权益的法律如《劳动法》《劳动合同法》等均适用于"农民工"。同样，现行有效的行政法规如《女职工劳动保护特别规定》《工伤保险条例》《劳动合同法实施条例》《劳动保障监察条例》《使用有毒物品作业场所劳动保护条例》《劳动就业服务企业管理规定》《劳动保险条例》等，同样也是保护"农民工"合法权益的行政法规。

企业对"农民工"的义务，也就是企业对劳动者的义务。但由于"农民工"从事工作的行业特殊性、工作的不稳定性、自身维权能力弱等特点，需要对"农民工"加以特殊保护。企业对"农民工"承担的义务，除了承担对劳动者的共同义务以外，还要特别强调对"农民工"按时足额支付工资、缴纳工伤保险、安全生产等义务。《国务院办公厅关于全面治理拖欠农民工工资问题的意见》（国办发〔2016〕1号）中指出：拖欠农民工工资问题，有些行业特别是工程建设领域仍较突出，一些政府投资工程项目不同程度存在拖欠农民工工资问题，严重侵害了农民工合法权益，由此引发的群体性事件时有发生，影响社会稳定。解决拖欠农民工工资问题，事关广大农民工切身利益，事关社会公平正义和社会和谐稳定。[①] 另据统计，2019 年末，全国就业人员 77471 万人，其中农民工总量 29077 万人，参加工伤保险的农民工有 8616 万人[②]，只占全体农民工总量的 29.6%。为解决拖欠农民工工资问题，国家出台了相关法律、司法解释、国务院规范文件[③]，以解决拖欠农民工工资问题，但收效甚微。2020 年 5 月 1 日起施行的《保障农民工工资支付条例》（国务院令第 724 号），第一次以行政法规的形式对农民工劳动报酬权益予以保护。该《条例》是对《劳动法》《劳动合同法》的细化和补充，是保障农民工工资支付的最基本的行政法规。《条例》对企业支付农民工工资的义务，作了更为详细、更为严格的规定。

（1）保障农民工工资支付是全社会的责任和义务。为根治拖欠农民工工资这一社会问题，必须建立协同治理机制，明确负责主体、监管主体、监督主体。《条例》第 5 条规定，保障农民工工资支付，应当坚持市场主体负责、政府依法监管、社会协同监督，按照源头治理、预防为主、防治结合、标本兼治的要求，依法根治拖欠农民工工资问

---

① 《国务院办公厅关于全面治理拖欠农民工工资问题的意见》（国办发〔2016〕1 号），中华人民共和国中央人民政府网站，参见 http://www.gov.cn/zhengce/content/2016-01/19/content_5034320.htm。

② 数据来源于国家统计局《2019 年国民经济和社会发展统计公报》，http://www.stats.gov.cn/tjsj/zxfb/202002/t20200228_1728913.html。

③ 如 1999 年颁布实施的《合同法》第 286 条就规定了建筑工程款优先受偿权问题；《最高人民法院关于建设工程价款优先受偿权问题的批复》（法释〔2002〕16 号）明确了建筑工程款优先受偿权的范围、行使期间等。另有《最高人民法院关于集中清理拖欠工程款和农民工工资案件的紧急通知》（法〔2004〕259 号）、《最高人民法院关于进一步清理拖欠工程款和农民工工资案件的通知》（法〔2006〕158 号）、《最高人民法院关于进一步加强拖欠农民工工资纠纷案件审判工作的紧急通知》（法〔2010〕43 号）、《最高人民法院关于做好当前涉农民工工资案件执行工作的通知》（法明传〔2012〕25 号）、《国务院办公厅关于全面治理拖欠农民工工资问题的意见》（国办发〔2016〕1 号）等规范性法律文件。

题。《条例》除了规定乡级、县级以上人民政府主体责任之外，还规定了人力资源社会保障等行政机关、工会等组织、新闻媒体等单位在保障农民工工资支付问题上的职责。同时，《条例》第10条还规定任何单位和个人对拖欠农民工工资的行为，有权向人力资源社会保障行政部门或者其他有关部门举报。

（2）明确农民工工资的权利主体和义务主体。《条例》第3条规定“农民工有按时足额获得工资的权利。任何单位和个人不得拖欠农民工工资”。第10条规定，被拖欠工资的农民工有权依法投诉，或者申请劳动争议调解仲裁和提起诉讼。

（3）用人单位应当建立农民工劳动用工实名制管理制度。《条例》第6条规定，用人单位实行农民工劳动用工实名制管理，与招用的农民工书面约定或者通过依法制定的规章制度规定工资支付标准、支付时间、支付方式等内容。

（4）规定了用人单位足额支付农民工工资的形式与周期。①

（5）规定了企业拖欠农民工工资的清偿办法，特别是由投资者支付农民工工资的规定。②

（6）具体规定了工程建设重点领域农民工工资支付问题。《条例》将实践中成熟有效的治理拖欠农民工工资问题的措施，包括资金安排、建设单位担保、农民工工资专用账户、总承包单位代发、用工实

① 《保障农民工工资支付条例》第11条规定，农民工工资应当以货币形式，通过银行转账或者现金支付给农民工本人，不得以实物或者有价证券等其他形式替代。第12条规定，用人单位应当按照与农民工书面约定或者依法制定的规章制度规定的工资支付周期和具体支付日期足额支付工资。

② 《保障农民工工资支付条例》第16条规定，用人单位拖欠农民工工资的，应当依法予以清偿。第20条规定，合伙企业、个人独资企业、个体经济组织等用人单位拖欠农民工工资的，应当依法予以清偿；不清偿的，由投资者依法清偿。

名制、工资保证金等措施上升为法律规范。[①]

(7) 对企业拖欠农民工工资的法律责任作了详细的、具有可操作性的规定。《条例》第53条规定，违反本条例规定拖欠农民工工资的，依照有关法律规定执行。《条例》第54至62条对不履行支付农民工工资义务的行为，规定了详细的处罚措施。

四 政策对企业社会责任的规定

政策是国家或政党为了完成一定时期的任务而制定的活动准则，包括党的政策和国家政策。[②] E. 博登海默将其分为法定政策或法律政策和公共政策。[③] 我国企业社会责任政策主要包括三个层次：国家领导人的重要讲话是关于倡导企业社会责任的顶层设计；中共中央、国务院的文件是战略性、纲领性和主导性的企业社会责任政策；国务院各部门有关企业社会责任规范性文件是贯彻执行国家政策的可操作性依据。

(一) 国家领导人关于倡导企业社会责任的顶层设计

党和国家领导人一直重视企业社会责任，这些顶层设计在国家发展战略和行动规划上对企业社会责任提出要求。

1. 党和国家领导人对企业社会责任的阐述

2000年12月20日，江泽民在澳门特区成立一周年庆祝大会上的

---

① 《保障农民工工资支付条例》第23条规定，建设单位应当有满足施工所需要的资金安排。没有满足施工所需要的资金安排的，工程建设项目不得开工建设。第24条规定，建设单位应当向施工单位提供工程款支付担保。第26条规定，施工总承包单位应当按照有关规定开设农民工工资专用账户，专项用于支付该工程建设项目农民工工资。第31条规定，工程建设领域推行分包单位农民工工资委托施工总承包单位代发制度。第32条规定，施工总承包单位应当按照有关规定存储工资保证金，专项用于支付为所承包工程提供劳动的农民工被拖欠的工资。

② 张文显：《法理学》(第五版)，北京大学出版社，2018，第91页。

③ 〔美〕E. 博登海默：《法理学：法哲学与法律方法》，邓正来译，中国政法大学出版社，2004，第486~488页。

讲话中，较早从政治上对新闻媒体履行社会责任提出明确要求，“传媒不仅要注重新闻自由，而且也要注重社会责任，在事关澳门的繁荣稳定、国家利益和民族大义的问题上，发挥更加积极的作用”。[①] 上述讲话精神，直接体现在 2002 年 6 月 29 日施行的《科学技术普及法》第三章“社会责任”，其中第十六条规定了传媒行业的社会责任。

2008 年 11 月 21 日，时任中共中央总书记、国家主席胡锦涛在亚太经合组织工商领导人峰会上指出：“在经济全球化深入发展的条件下，企业应该树立全球责任观念，自觉将社会责任纳入经营战略，遵守所在国法律和国际通行的商业习惯。”[②]

2009 年 2 月 2 日，时任国务院总理温家宝在英国剑桥大学演讲时，引用亚当·斯密《道德情操论》中“如果一个社会的经济发展成果不能真正分流到大众手中，那么它在道义上将是不得人心的，而且是有风险的，因为它注定要威胁社会稳定”的话，提出应对金融危机，企业应当承担社会责任，“企业家的身上还应该流淌着道德的血液”。[③]

2. 习近平总书记对社会责任的论述

习近平总书记有关社会责任的讲话和论述，是当代最全面、最系统的社会责任理论，他曾多次论述国家社会责任、教师社会责任和青年社会责任。在对企业社会责任的论述中，从媒体行业、国有企业、民营企业、企业社会责任的内容等方面进行了精辟的论述。

（1）关于媒体行业社会责任的论述。早在 2007 年 7 月 23 日，时任上海市委书记习近平同志对媒体行业提出要求：“要进一步增强政

① 《江泽民在澳门特区成立一周年庆祝大会上的讲话》，载央视国际网，http：//www. cctv. com/news/china/20001220/496. html。

② 胡锦涛：《携手共同努力推动经济发展》，载《光明日报》2008 年 11 月 23 日第 1 版。

③ 温家宝：《企业家身上要流淌着道德的血液》，见人民网，http：//finance. people. com. cn/GB/1037/8737588. html。

治意识、大局意识、责任意识，坚持正确的舆论导向，切实担当起自身肩负的社会责任。”[①]

（2）关于国有企业社会责任的论述。2013 年 11 月 9 日，习近平在《关于〈中共中央关于全面深化改革若干重大问题的决定〉的说明》中指出，“推动国有企业完善现代企业制度、提高经营效率、合理承担社会责任、更好发挥作用。”[②] 2013 年 12 月 10 日，习近平在中央经济工作会议上的讲话中“要求国有企业要带头保护环境、承担社会责任”[③]。

（3）关于民营企业社会责任的论述。2015 年 7 月，习近平考察吉林敖东药业集团延吉股份有限公司时强调，每家制药企业都必须认真履行社会责任，使每一种药、每一粒药都安全、可靠、放心。[④] 2016 年 3 月，习近平参加全国政协十二届四次会议民建、工商联界委员联组会时指出：“广大民营企业要积极投身光彩事业和公益慈善事业，致富思源，义利兼顾，自觉履行社会责任。”[⑤] 2018 年 10 月，习近平给“万企帮万村”行动中受表彰的民营企业家们回信时说：“看到有越来越多的民营企业积极承担社会责任，踊跃投身脱贫攻坚，帮助众多贫困群众过上了好日子，我非常欣慰。”[⑥] 2019 年 12 月，习近平在中共中央召开党外人士座谈会上讲话时再一次鼓励和支持广大民营企

① 习近平：《坚持正确舆论导向切实担当起社会责任》，见人民网，http：//leaders.people.com.cn/GB/6024591.html。

② 习近平：《关于〈中共中央关于全面深化改革若干重大问题的决定〉的说明》（2013 年 11 月 9 日），载《十八大以来重要文献选编》（上），中央文献出版社，2014，第 501 页。

③ 习近平：《在中央经济工作会议上的讲话》（2013 年 12 月 10 日），见中国共产党新闻网，http：//jhsjk.people.cn/article/29847865。

④ 习近平：《保持战略定力增强发展自信 坚持变中求新变中求进变中突破》，见中国共产党新闻网，http：//jhsjk.people.cn/article/27325865。

⑤ 习近平：《毫不动摇坚持我国基本经济制度 推动各种所有制经济健康发展》，见中国共产党新闻网，http：//jhsjk.people.cn/article/28183110。

⑥《习近平回信勉励广大民营企业家：心无旁骛创新创造 踏踏实实办好企业》，见中国共产党新闻网，http：//jhsjk.people.cn/article/30353935。

业家积极履行社会责任，踊跃投身扶贫行动和公益慈善事业中来。[①]

（4）关于企业社会责任内容的论述。2016 年 4 月，习近平在网络安全和信息化工作座谈会上的讲话中强调："一个企业既有经济责任、法律责任，也有社会责任、道德责任。企业做得越大，社会责任、道德责任就越大，公众对企业这方面的要求也就越高。……只有富有爱心的财富才是真正有意义的财富，只有积极承担社会责任的企业才是最有竞争力和生命力的企业。"[②] 2018 年 4 月，习近平在全国网络安全和信息化工作会议上再一次强调："企业发展要坚持经济效益和社会效益相统一，更好承担起社会责任和道德责任。"[③] 2019 年 11 月，习近平出席金砖国家领导人同金砖国家工商理事会和新开发银行对话会上，从"一带一路"倡议的角度，强调"帮助各国不断改善营商环境。既重视经济效益又承担社会责任，心系民生福祉。在建设高质量、可持续、包容可及的基础设施方面加强合作，开发、推广绿色环保技术"[④]。

上述党和国家领导人特别是习近平总书记对企业社会责任的论述，直接影响着中共中央企业社会责任政策。

2. 中共中央文件中的企业社会责任政策

在党和国家领导人重要讲话的基础上，党中央整体把握中国企业社会责任发展的顶层设计，在文件中明确提出对企业社会责任的战略要求。具体情况见表 3-6。

---

① 《征求对经济工作的意见和建议，中共中央召开党外人士座谈会，习近平主持并发表重要讲话》，见中国共产党新闻网，http：//jhsjk. people. cn/article/31494565。

② 习近平：《在网络安全和信息化工作座谈会上的讲话》，见中国共产党新闻网，http：//jhsjk. people. cn/article/28303771。

③ 习近平：《敏锐抓住信息化发展历史机遇 自主创新推进网络强国建设》，见中国共产党新闻网，http：//jhsjk. people. cn/article/29941696。

④ 习近平出席金砖国家领导人同金砖国家工商理事会和新开发银行对话会，见中国共产党新闻网，http：//jhsjk. people. cn/article/31456369。

表 3-6 中共中央有关企业社会责任文件概况

文件名称	发布时间	有关企业社会责任的政策
全面建设小康社会开创中国特色社会主义事业新局面	2002 年 11 月 8 日	首次提出科学发展观、构建社会主义和谐社会、建设生态文明
中共中央关于构建社会主义和谐社会若干重大问题的决定	2006 年 10 月 11 日	广泛开展和谐创建活动，形成人人促进和谐的局面。着眼于增强企业的社会责任
高举中国特色社会主义伟大旗帜为夺取全面建设小康社会新胜利而奋斗	2007 年 10 月 1 日	坚持节约资源和保护环境的基本国策，把建设资源节约型、环境友好型社会放在工业化、现代化发展战略的突出位置
中共中央关于制定国民经济和社会发展第十二个五年规划的建议	2010 年 10 月 18 日	加快建设资源节约型、环境友好型社会，提高生态文明水平；构建和谐劳动关系
中共中央关于全面深化改革若干重大问题的决定	2013 年 11 月 12 日	以规范经营决策、公平参与竞争、承担社会责任为重点，进一步深化国有企业改革
中共中央关于全面推进依法治国若干重大问题的决定	2014 年 10 月 23 日	加强重点领域立法，加强企业社会责任立法
中共中央国务院关于构建和谐劳动关系的意见	2015 年 3 月 21 日	建立符合我国国情的企业社会责任标准体系和评价体系，营造鼓励企业履行社会责任的环境
中共中央国务院关于深化国有企业改革的指导意见	2015 年 8 月 24 日	社会主义市场经济条件下的国有企业，要成为自觉履行社会责任的表率
中共中央关于制定国民经济和社会发展第十三个五年规划的建议	2015 年 10 月 25 日	实现“十三五”时期发展目标，破解发展难题，厚植发展优势，必须牢固树立创新、协调、绿色、开放、共享的发展理念
中共中央国务院关于营造企业家健康成长环境弘扬优秀企业家精神更好发挥企业家作用的意见	2017 年 9 月 8 日	推动企业家带头依法经营，自觉履行社会责任。引导企业家主动履行社会责任。国有企业企业家要自觉做履行政治责任、经济责任、社会责任的模范
决胜全面建成小康社会夺取新时代中国特色社会主义伟大胜利	2017 年 10 月 18 日	构建政府为主导、企业为主体、社会组织和公众共同参与的环境治理体系；坚持人与自然和谐共生。强化社会责任意识、规则意识、奉献意识

续表

文件名称	发布时间	有关企业社会责任的政策
中共中央国务院关于全面加强生态环境保护坚决打好污染防治攻坚战的意见	2018 年 6 月 16 日	以习近平生态文明思想为指导，全面加强生态环境保护，坚决打好污染防治攻坚战。企业主动承担环境治理主体责任
中共中央国务院关于营造更好发展环境支持民营企业改革发展的意见	2019 年 12 月 4 日	民营企业要依法经营、依法治企，认真履行环境保护、安全生产、职工权益保障等责任。推动民营企业积极履行社会责任

在上述文献中，有以下几个文件是值得重点注意的。

第一，首次提出增强企业社会责任的文献是 2006 年《中共中央关于构建社会主义和谐社会若干重大问题的决定》。

第二，2013 年《中共中央关于全面深化改革若干重大问题的决定》，提出深化国有企业改革的重点之一是企业承担社会责任。

第三，2014 年《中共中央关于全面推进依法治国若干重大问题的决定》，提出"加强企业社会责任立法"。

第四，2018 年《中共中央国务院关于全面加强生态环境保护坚决打好污染防治攻坚战的意见》，提出以习近平生态文明思想为指导，全面加强生态环境保护，坚决打好污染防治攻坚战，企业主动承担环境治理主体责任。

第五，2019 年《中共中央国务院关于营造更好发展环境支持民营企业改革发展的意见》，提出推动民营企业积极履行社会责任的基本内容，即筑牢守法合规经营底线，认真履行环境保护、安全生产、职工权益保障等责任。

总之，企业社会责任建设已纳入党中央治国理政的总体框架中，并将向着法治化的方向发展。党中央的关注推动了法律法规、中央政府政策、地方政府政策、自律性组织的文件的修改与完善，共同促进中国企业社会责任建设工作的推进。[①]

3. 国务院规范性文件对企业承担社会责任具体内容的规定

国务院除了颁布行政法规规范企业社会责任以外，还以大量规范性文件的形式，明确提出了规范企业社会责任的具体内容以及实施企业社会责任的具体举措。在“北大法宝”以全文搜索共得到63条结果，去掉已被修改和失效的规范性文件、工作报告、自贸区分方案、公民和社会公众社会责任等以外，现行有效的企业社会责任规范性文件共有37件。主要规范性文件具体情况见表3-7。

表3-7　国务院关于企业社会责任的规范性文件概况

文件名称	发布时间	企业社会责任的主要内容
国务院关于加强野生动物保护严厉打击违法犯罪活动的紧急通知	1991年1月8日	各新闻教育单位，都要把保护野生动物的宣传教育，当作一项应尽的社会责任，做好宣传服务工作
国务院关于深化粮食购销体制改革的通知	1994年5月8日	粮食批发企业应承担社会责任
国务院关于同意在山西省开展煤炭工业可持续发展政策措施试点意见的批复	2006年6月15日	培育具有发展活力、依法经营、承担经济和社会责任的市场主体
国务院关于促进资源型城市可持续发展的若干意见	2007年12月18日	资源型企业要强化资源节约和环境保护意识，切实承担社会责任
国务院关于进一步推进长江三角洲地区改革开放和经济社会发展的指导意见	2008年9月7日	率先推行符合国际惯例的质量、安全、环保、技术、劳工等标准，强化企业社会责任
国务院关于印发物流业调整和振兴规划的通知	2009年3月10日	积极推进物流服务的企业社会责任建设，坚持最严格的节约用地制度，注重节约能源，保护环境，减少废气污染
国务院关于进一步促进中小企业发展的若干意见	2009年9月19日	督促中小企业严格遵守安全、环保、质量、卫生、劳动保障等法律法规，履行社会责任

① 金仁仙：《中国企业社会责任政策的分析及启示》，载《北京社会科学》2019年第8期，第22~33页。

续表

文件名称	发布时间	企业社会责任的主要内容
国务院关于进一步加强淘汰落后产能工作的通知	2010年2月6日	企业要严格遵守安全、环保、节能、质量等法律法规，积极履行社会责任，主动淘汰落后产能
国务院关于落实《政府工作报告》重点工作部门分工的意见	2010年3月21日	引导企业以品牌、标准、服务和效益为重点，健全质量管理体系，强化社会责任
国务院关于鼓励和引导民间投资健康发展的若干意见	2010年5月7日	指导民营企业建立规范的产权、财务、用工等制度，依法经营。民间投资主体要主动承担社会责任
国务院关于促进稀土行业持续健康发展的若干意见	2011年5月10日	明确稀土矿山和冶炼分离企业的产品质量、能源消耗、资源综合利用、环境保护、清洁生产、安全生产和社会责任等方面的准入要求
国务院关于批转中国残疾人事业“十二五”发展纲要的通知	2011年5月16日	引导经营性人力资源服务机构履行社会责任，为残疾人提供优质、高效、贴心的就业服务
国务院关于批转促进就业规划（2011—2015年）的通知	2012年1月24日	调动企业履行社会责任、扩大和稳定就业的积极性
国务院关于印发质量发展纲要（2011—2020年）的通知	2012年2月6日	强化以确保质量安全、促进可持续发展为基本要求的企业社会责任理念，建立健全履行社会责任的机制，将履行社会责任融入企业经营管理决策。推动企业积极承担对员工、消费者、投资者、合作方、社区和环境等利益相关方的社会责任。鼓励企业发布社会责任报告
国务院关于支持农业产业化龙头企业发展的意见	2012年3月6日	强化龙头企业社会责任，提升辐射带动能力和区域经济发展实力
国务院关于促进信息消费扩大内需的若干意见	2013年8月8日	引导企业诚信经营，切实履行社会责任，抵制侵害消费者合法权益等违法行为
国务院关于印发大气污染防治行动计划的通知	2013年9月10日	企业是大气污染治理的责任主体，要按照环保规范要求，自觉履行环境保护的社会责任，接受社会监督
国务院关于印发全国资源型城市可持续发展规划（2013—2020年）的通知	2013年11月12日	强化资源开采企业的社会责任，建立和谐共赢的矿地关系
国务院关于印发注册资本登记制度改革方案的通知	2014年2月7日	引导市场主体履行出资义务和社会责任

续表

文件名称	发布时间	企业社会责任的主要内容
国务院关于全国对口支援三峡库区合作规划（2014—2020年）的批复	2014年7月30日	在三峡库区的中央企业，要承担起更多的社会责任，积极主动制定扶贫方案，明确帮扶重点，开展定点扶贫
国务院关于促进捐赠事业健康发展的指导意见	2014年11月24日	把参与捐赠作为履行社会责任的重要方面
国务院关于加快培育外贸竞争新优势的若干意见	2015年2月12日	根据安全标准、环保标准、社会责任等要求，完善商品进出口管理
国务院关于印发《中国制造2025》的通知	2015年5月8日	推行企业社会责任报告制度，开展绿色评价，强化企业社会责任建设
国务院关于推进国际产能和装备制造合作的指导意见	2015年5月13日	企业要认真遵守所在国法律法规，保障员工合法权益，做好知识产权保护，坚持诚信经营，抵制商业贿赂。注重资源节约利用和生态环境保护，承担社会责任
国务院关于加快构建大众创业万众创新支撑平台的指导意见	2015年9月23日	鼓励有条件的企业依法合规发起或参与设立公益性创业基金，开展创业培训和指导，履行企业社会责任
国务院关于实行市场准入负面清单制度的意见	2015年10月2日	承诺式准入，是指各类市场主体承诺履行法定义务、承担社会责任、践行社会诚信并向有关部门提交书面承诺书后，即可准入
国务院关于改革和完善国有资产管理体制的若干意见	2015年10月25日	以经济增加值为主，并将转型升级、创新驱动、合规经营、履行社会责任等纳入考核指标体系
国务院关于促进加工贸易创新发展的若干意见	2016年1月4日	督促企业强化安全生产、节能低碳、环境保护等社会责任
国务院关于印发盐业体制改革方案的通知	2016年4月22日	建立由政府储备和企业社会责任储备组成的全社会食盐储备体系，确保自然灾害和突发事件发生时食盐和原碘的安全供应
国务院关于加强困境儿童保障工作的意见	2016年6月13日	积极倡导企业履行社会责任，通过一对一帮扶、捐赠、实施公益项目等多种方式，为困境儿童及其家庭提供更多帮助
国务院关于印发“十三五”加快残疾人小康进程规划纲要的通知	2016年8月3日	将安排残疾人就业情况纳入全国信用信息共享平台，列为企业履行社会责任内容

续表

文件名称	发布时间	企业社会责任的主要内容
国务院关于促进创业投资持续健康发展的若干意见	2016 年 9 月 16 日	围绕推进创新型国家建设、支持大众创业万众创新、促进经济结构调整和产业转型升级的使命和社会责任。按照市场化、法治化原则，树立“责任创投”价值理念
国务院关于印发“十三五”国家信息化规划的通知	2016 年 12 月 15 日	加快贫困地区互联网建设和应用步伐，鼓励电信企业积极承担社会责任
国务院关于印发“十三五”市场监管规划的通知	2017 年 1 月 12 日	加强新消费领域市场监管，强化电信运营商、虚拟运营商的法律责任与社会责任
国务院关于做好当前和今后一个时期促进就业工作的若干意见	2018 年 11 月 16 日	指导企业等各方履行社会责任，广泛调动社会各界积极性，形成稳定、扩大就业的合力
国务院关于文化产业发展工作情况的报告	2019 年 6 月 26 日	通过市场准入、资格认定、加强监管等方式，引导和推动文化企业自觉肩负起社会责任
国务院关于印发 6 个新设自由贸易试验区总体方案的通知	2019 年 8 月 2 日	落实市场主体首负责任制，在安全生产、资源节约、环境保护等领域建立市场主体社会责任报告制度和责任追溯制度

通过文本阅读、梳理上述有关企业社会责任的规范性文件，发现国务院对企业社会责任的规定有以下几个特点。

第一，承担企业社会责任的主体范围不断扩大。新《公司法》施行之前，仅规定了新闻教育单位、粮食批发企业承担社会责任；新《公司法》施行后，不仅规定了具体行业类别如资源型企业、物流服务企业、稀土矿山和冶炼分离企业、盐业企业、经营性人力资源服务企业等行业企业的社会责任，而且明确规定了中央企业、国有企业、民营企业应当承担社会责任，同时大多数规范性文件是对所有企业承担社会责任的规定。

第二，企业承担社会责任的内容和范围逐渐扩大清晰。新《公司法》施行前，仅是笼统规定企业应当承担社会责任。新《公司法》施行后，企业承担社会责任的内容越来越清晰，承担社会责任的范围越来越大。企业不仅应当遵守法律、法规，而且应当对安全生产、产品质量、劳动者、消费者、自然资源和环境保护、弱势群体、社会公益、产权保护、反对商业贿赂等承担社会责任。

第三，企业社会责任制度逐步完善。2012 年颁布施行的《质量发展纲要（2011—2020 年）》鼓励企业发布社会责任报告，在企业社会责任制度建设上具有里程碑的时代意义。2015 年发布的《中国制造 2025》规定推行企业社会责任报告制度、开展绿色评价，使企业社会责任制度建设又迈上了一个新的台阶。以公布《企业社会责任报告》的企业数量为例，2006 年只有 12 家，2016 年上升为 2613 家。其中，中央企业公布《企业社会责任报告》的数量由 2006 年的 2 家上升到 2015 年的 85 家；国有企业公布《企业社会责任报告》的数量由 2006 年的 2 家上升到 2016 年的 400 家；民营企业公布《企业社会责任报告》的数量由 2007 年的 17 家上升到 2019 年的 537 家。[①] 另外，“截至 2018 年年底，88%的中央企业确立社会责任主管部门，85%的中央企业制定了社会责任相关制度，61%的中央企业将社会责任工作纳入工作绩效考核，38%的央企连续 10 年发布《企业社会责任报告》”。[②]

第四，不断创新企业社会责任制度。在企业社会责任报告制度、企业社会责任考核评价制度的基础上，2019 年 8 月发布实施的《六个新设自由贸易试验区总体方案》提出“企业社会责任追溯制度”这一创新制度，如何实施该制度将是企业社会责任制度研究领域的一个新

① 资料来源：金蜜蜂企业社会责任中国网，https：//goldenbee.applysquare.com/analysis/statistics。

② 原诗萌：《2018 年〈中央企业社会责任蓝皮书〉的新发现》，载《国资报告》2019 年第 1 期，第 62~63 页。

命题。

第五，企业社会责任自觉实践的“软法”之治，充分体现了依法治国与以德治国相结合的治国理政理念。国务院关于企业社会责任的规范性文件中，除了使用企业“应当”承担社会责任这一“硬法”词语之外，还使用了“指导”“倡导”“引导”“鼓励”“推动”“调动”企业自觉实践社会责任的“软法”词语，实现了“硬法”与“软法”之治的有机结合。

4. 国务院各部门的规范性文件具体规定了企业社会责任的主要内容

国务院各部门的规范性文件，更为详细地规定了企业履行社会责任的具体内容。基本情况见表 3-8。

表 3-8　国务院各部门规范性文件规定企业社会责任内容概况

发布机构及时间	规范性文件名称	企业社会责任的主要内容
中国银监会 2007 年 12 月 5 日	关于加强银行业金融机构社会责任的意见	公平对待所有股东；重视和保护员工的合法权益；维护金融消费者合法权益；保护和改善自然生态环境；支持社会公益事业
国资委 2007 年 12 月 29 日	关于中央企业履行社会责任的指导意见	加强资源节约和环境保护；保障生产安全；维护职工合法权益；积极参与社会公益事业
国资委 2011 年 9 月 30 日	中央企业“十二五”和谐发展战略实施纲要	争做优秀企业公民，模范履行企业公民的责任和义务，积极开展社会责任实践活动。维护各类投资者合法权益；维护消费者权益；大力推进绿色央企建设
商务部 2012 年 2 月 11 日	中国对外承包工程行业社会责任指引	社会责任是指中国对外承包工程企业在决策和经营活动中以透明和道德的行为方式，对客户（业主）、员工、供应商（分包商）、合作伙伴、当地社区等利益相关方以及为促进经济、社会和环境的可持续发展所应承担的责任。核心议题涵盖工程质量与安全、员工权益与职业发展、客户（业主）权益、供应链管理、公平竞争、环境保护、社区参与和发展等内容
国家工商总局 2013 年 10 月 22 日	直销企业履行社会责任指引	社会责任是指直销企业在经济活动中，对企业员工、直销员、供应商、消费者、政府、社会等利益相关者所承担的法律、经济与道德的社会责任和义务

续表

发布机构及时间	规范性文件名称	企业社会责任的主要内容
国家工商总局 2014 年 5 月 28 日	网络交易平台经营者履行社会责任指引	社会责任是指网络交易平台经营者在经济活动中，对平台内经营者等利益相关者所承担的责任和义务，包括法律社会责任、经济社会责任和道德社会责任
民政部国资委 2015 年 5 月 19 日	关于支持中央企业积极投身公益慈善事业的意见	确定专门负责社会责任履行的部门。将企业开展慈善活动的情况作为企业社会责任报告的重要内容，有条件的中央企业可编制专门的企业年度慈善报告
国家质监总局 2015 年 6 月 2 日	社会责任指南（GB/T 36000—2015）	与 GB/T36001—2015《社会责任报告编写指南》和 GB/T36002—2015《社会责任绩效分类指引》共同构成支撑社会责任活动的基础性系列国家标准
国资委 2015 年 12 月 8 日	关于全面推进法治央企建设的意见	严格执行有关反垄断、安全生产、环境保护、节能减排、产品质量、知识产权、劳动用工等国家法律法规和市场规则，认真履行社会责任
中国保监会 2015 年 12 月 24 日	关于保险业履行社会责任的指导意见	保险企业在发展战略、经营管理、市场行为中，要承担促进社会公共利益的相关义务，最大限度地追求对全社会有利的长期目标
国家发改委等 2016 年 2 月 17 日	关于促进绿色消费的指导意见的通知	强化企业社会责任，促进绿色消费，加快生态文明建设
国资委 2016 年 7 月 1 日	关于国有企业更好履行社会责任的指导意见	企业积极履行社会责任，在运营全过程对利益相关方、社会和环境负责，最大限度地创造经济、社会和环境的综合价值，促进可持续发展
国家发改委等 2017 年 7 月 3 日	关于促进分享经济发展的指导性意见	平台企业要加强内部治理和安全保障，强化社会责任担当，严格规范经营
国务院办公厅 2019 年 9 月 25 日	关于进一步做好短缺药品保供稳价工作的意见	鼓励引导大型医药流通企业积极履行社会责任，发挥“蓄水池”功能

通过对上述规范性文件文本的解读，可以发现国务院各部门对企业社会责任具体内容的规定，存在着以下几个特点。

第一，制定规范性文件主体较少，集中在市场监管部门，如商务部、原国家工商总局、原银监会、原保监会等。另外国资委非常重视央企和国有企业履行社会责任。

第二，全面地规定了企业承担社会责任的具体内容，包括对股东、客户、债权人、劳动者、消费者、政府和社区等所有利益相关者。

第三，对企业社会责任的承担主体的规定相当明确，如金融机构、保险公司、直销企业、网络平台交易经营者、大型医药流通企业等。

除此之外，行业自律组织推出的具有指引性的企业社会责任标准，在大力宣传企业社会责任理念、推动企业履行社会责任、监督企业社会责任的效果等方面，发挥着各自的作用。如2005年中国纺织工业联合会发布的《社会责任管理体系 CSC9000T（2005）》。

第二节　我国企业社会责任国家立法评述及发展趋势

首先应该承认，上一节对我国企业社会责任国家立法的梳理，是细致的但却不一定是最完全的，如没有详细描述分析国务院有关企业社会责任的行政法规，没有全面描述企业社会责任的行政规章，中国法非正式渊源中仅描述了企业社会责任政策等。但通过典型描述，能够总结出企业社会责任国家立法的特质和一般规律，有助于捋清企业社会责任国家立法的脉络和发展趋势。

一　我国企业社会责任国家立法评述

（一）我国企业社会责任立法的中国特色

相对于发达国家来讲，我国企业社会责任立法起步较晚，但能够与我国经济社会发展状况相适应。随着改革开放的不断深入，企业社会责任立法呈加快趋势，体现出中国特色社会主义法治的特点。尤为重要的是《公司法》在企业社会责任立法上的突破与创新。为体现以人为本的科学发展观，新《公司法》第5条旗帜鲜明地要求：“公司从事经营活动，必须遵守法律、行政法规，遵守社会公德、商业道德，诚实守信，接受政府和社会公众的监督，承担社会责任。”这是我国社会主义公司法的一大特色，也是我国立法者对世界公司法的一大贡献。[①]《中华人民共和国民法典》第86条规定：“营利法人从事经营活动，应当遵守商业道德，维护交易安全，接受政府和社会的监督，承担社会责任。”

1. 党和国家政策是企业社会责任立法的指导

在我国，从根本上来说，社会主义法与中国共产党的政策是高度一致的，它们具有相同的经济基础、相同的阶级本质、相同的指导思想与精神原理，以及相同的社会目的，它们都反映了广大人民的根本利益和要求。因此，在法的制定与实施过程中，必须以党的基本政策为指导。[②] 在我国社会责任立法过程中，凸显了党和国家政策的指导作用。下面以《科学技术普及法》和《公司法》为例予以证明。

（1）科教兴国战略政策指导下《科学技术普及法》规定的社会责任。“社会责任”一词，最早出现在2002年6月29日起施行的《科学技术普及法》。该法第三章标题为“社会责任”，围绕“科普是全社会的共同任务、社会各界都应当组织参加各类科普活动”这一核心主题，规定了各类学校及其他教育机构、科研机构及自然科学和社会科学团体、新闻出版等文化机构、国家机关事业单位、工会等社会团体、企业在科学技术普及中的社会责任。该法规定的“社会责任”，是在国家实施科教兴国战略和可持续发展战略背景下制定的。正如全国人大教科文卫委员会副主任委员朱丽兰在《关于〈中华人民共和国科学技术普及法（草案）〉的说明》中强调：“我国科学技术普及立法有

① 刘俊海：《新公司法的制度创新：立法争点与解释难点》，法律出版社，2006，第553页。
② 郑成良：《现代法理学》，吉林大学出版社，1999，第390~392页。

宪法和有关法律为依据，有我国几十年来科普工作的实践和1995年以来全国贯彻执行《中共中央、国务院关于加强科学技术普及工作的若干意见》的政策实践基础。”[①]

“科教兴国”战略[②]的理论基础是邓小平同志关于科学技术是第一生产力的思想。邓小平指出：“马克思说过，科学技术是生产力，事实证明这话讲得很对。依我看，科学技术是第一生产力。”[③] 邓小平同志在全国科学大会上再一次强调“科学技术是第一生产力”的论断。

2002年6月29日施行的《科学技术普及法》第1条规定“为了实施科教兴国战略和可持续发展战略，加强科学技术普及工作，提高公民的科学文化素质，推动经济发展和社会进步，根据宪法和有关法律，制定本法”。第三章规定“社会责任”，既体现出科学技术普及是实施科教兴国战略的举措之一，也说明了科学技术普及的公益事业性质，与我国宪法规定的“国家发展自然科学和社会科学事业，普及科学技术知识”的原则规定相一致。社会责任的原意及性质与该法第4条第1款规定的“科普是公益事业”、第13条“科普是全社会的共同任务”的规定相一致。设立的“社会责任”一章第14条至第22条分别就学校、科研单位、企业、农村和城镇基层组织，以及大众媒体单位和医疗卫生、计划生育、体育、环保、气象、地震、国土资源、文物、旅游等机构，在科普工作中应当履行的责任做的规定，与《中共中央国务院关于加速科学技术进步的决定》文件精神基本一致。总

① 朱丽兰：《关于〈中华人民共和国科学技术普及法（草案）〉的说明》，参见中国人大网，http：//www.npc.gov.cn/wxzl/gongbao/2002-08/05/content_5298246.htm。

② 1995年5月6日颁布的《中共中央国务院关于加速科学技术进步的决定》，首次提出在全国实施科教兴国的战略。1996年第八届全国人民代表大会第四次会议批准的《中华人民共和国国民经济和社会发展“九五”计划和2010年远景目标纲要》中提出，实施科教兴国战略。

③ 1988年9月5日，邓小平在会见捷克斯洛伐克总统胡萨克时的讲话。《邓小平文选》（第三卷），人民出版社，1993，第274~276页。

之，科教兴国战略是《科学技术普及法》制定的政策依据，其有关社会责任的规定，是国家科学技术普及政策的具体体现。

（2）在科学发展观与和谐社会战略目标指引下《公司法》社会责任的规定。科学发展观是以胡锦涛为总书记的党中央，高举中国特色社会主义伟大旗帜，以邓小平理论和“三个代表”重要思想为指导，总结中国发展实践，适应中国发展要求提出的重大战略思想。社会主义和谐社会是中国共产党提出的社会发展战略目标，基本内容是“民主法治、公平正义、诚信友爱、充满活力、安定有序、人与自然和谐相处”。2003 年 10 月 14 日，中国共产党第十六届中央委员会第三次全体会议通过《中共中央关于完善社会主义市场经济体制若干问题的决定》指出：“坚持以人为本，树立全面、协调、可持续的发展观，促进经济社会和人的全面发展。”在此政策背景下修订的《公司法》，是在科学发展观和和谐社会政策指引下，着眼于确立制度、规范权责、保障权益规定企业社会责任的，充分体现了科学发展观和和谐社会的基本要求。可以说，新《公司法》是构建和谐社会的重要法律基础，体现了以人为本的科学发展观，是强调公司社会责任的人本型公司法。[①]

新《公司法》强调公司对劳动者的社会责任是以人为本的体现。前面已经对新《公司法》关于对劳动者的社会责任作过具体的叙述，在此不再赘述。为什么新《公司法》对劳动者的合法权益保障作了如此多的规定，是因为修订《公司法》时，全面贯彻了“以人为本”的科学发展观。在新《公司法》总则中规定公司应当承担社会责任后，还有必要明确规定公司对劳动者的社会责任，因为企业社会责任只是

① 刘俊海：《新公司法的制度创新：立法争点与解释难点》，法律出版社，2006，第 4、552 页。

补充而不能代替劳动法和集体谈判。政府不可能监察所有的工厂，也不可能抓住所有的违法者，当工人不能从集体谈判获得帮助时，企业社会责任却能够帮助他们。[①] 所以，新《公司法》进一步完善了职工董事制度和职工监事制度，允许公司回购股份奖励职工，公司解散时在缴纳所欠税款前除了支付职工工资，还要支付社会保险费用和经济补偿金。另外，在公司保护职工合法权益方面的规定更为具体且具有可操作性。如第 17 条规定公司必须依法与职工签订劳动合同，参加社会保险，加强劳动保护，实现安全生产。第 18 条规定公司应当为本公司工会提供必要的活动条件。公司工会代表职工就职工的劳动报酬、工作时间、福利、保险和劳动安全卫生等事项依法与公司签订集体合同。公司依照宪法和有关法律的规定，通过职工代表大会或者其他形式，实行民主管理。公司研究决定改制以及经营方面的重大问题、制定重要的规章制度时，应当听取公司工会的意见，并通过职工代表大会或者其他形式听取职工的意见和建议。规定职工代表由公司职工通过职工代表大会、职工大会或者其他形式民主选举产生。国有独资公司董事会、监事会中的职工代表由公司职工代表大会选举产生。[②]

新《公司法》对公司治理规范和股东权益保护是可持续发展的体现。2005 年《公司法》修订的一大亮点是对公司治理的规范，表面看来这种规范是规范股东行为，规范公司董事会，其实质是通过优化公司治理，惠顾公司利益相关者的利益，实现公司的长治久安和可持续发展。同样，规范公司治理也有助于对股东权益的保护，可以鼓励投资者投资兴业的积极性。

---

① Lance Compa：《企业社会责任和工人的权利》，吴小村译，载《中外法学》2006 年第 5 期，第 517~522 页。

② 曹康泰：《关于〈中华人民共和国公司法（修订草案）〉的说明》，中国人大网，http：//www. npc. gov. cn/wxzl/gongbao/2005-10/27/content_5343120. htm。

2. 企业社会责任政策是我国企业社会责任实践的指引

我国台湾学者伍启元认为："公共政策是政府所采取对公私行动的指引，公共政策是将来取向的；公共政策是目标取向的；公共政策是与价值又密切关联而受到社会价值所影响的。"[①] 已有学者研究了中国企业社会责任公共政策和中国地方政府推进企业社会责任政策。如李凯等著《中国企业社会责任公共政策的演进与发展》、高宝玉等编著《中国地方政府推进企业社会责任政策概览》等。由于我国是以公有制为主体、多种所有制并存的经济体制，企业的性质、目标不同，决定了我国国有企业比私营企业面临更多的代理问题，政府通过加强政策导向，直接或者间接促进国有企业和私营企业践行社会责任是当然的选择。[②] 需要运用市场手段，强化政策导向，加强法制建设，以推动我国企业社会责任的发展。[③] 政党的政策是政党在政治活动中为实现一定目的而做出的政治决策。[④] 因此，企业社会责任政策与法律一道，共同构成了推动我国企业社会责任实践的规范和指引。

从企业社会责任政策的规范层级来看，是沿着"宏观—中观—微观"的路径进行规制的，微观政策对企业社会责任实践更具有可操作性。

（二）企业社会责任立法的"散"和"乱"与"硬"和"软"

新修订的《公司法》出台后，有研究者认为《公司法》是我国公司社会责任法治化的开始。但《公司法》中的规定仅仅是法定公司社

---

① 伍启元：《公共政策》，香港商务印书馆，1989，第 1 页。

② 苏蕊芯、仲伟周：《基于企业性质的社会责任履责动机差异及政策含义》，载《财经理论与实践》（双月刊）2011 年第 1 期，第 83~86 页。

③ 黄晓鹏：《演化经济学视角下的企业社会责任政策——兼谈企业社会责任的演化》，载《经济评论》2007 年第 4 期，第 129~137 页。

④ 郑成良：《现代法理学》，吉林大学出版社，1999，第 390 页。

会责任的一个重要部分，它需要一个庞大的法律系统去分门别类地涵盖。[①] 因此，企业社会责任的“散”和“乱”就成为我国企业社会责任立法的一大弊端。从法律部门来说，企业社会责任分布在企业法、劳动法、环境法、经济法、社会法等多个法律部门中。从立法层次上来讲，既有宪法，也有法律和行政法规。这种“散”和“乱”从一定意义上对企业履行社会责任制造了混乱，也不利于行政部门执法。

对于企业社会责任立法的“软”与“硬”之争，基本是围绕对《公司法》第5条第1款和《民法总则》第86条的解释进行的。

一种观点认为，《公司法》第5条第1款规定的社会化责任是软法，是倡导性条款，是原则性规定。我国《公司法》对企业社会责任的规定是一种宣示性规定，属于授权型立法。[②] 公司法对企业社会责任在总则中进行原则性、抽象性的规定，对于法律具体操作没有实际意义。[③] 在总则中宣示性地提出公司“社会责任”的概念，在公司法中难以找到因为公司没有承担社会责任而应当承担的不利后果，仅作为一种宽泛的原则纳入公司法中，并未构成具有刚性约束力的责任体系。[④]

另一种观点认为，《公司法》第5条第1款规定的社会化责任是硬法，具有很强的可操作性。正如刘连煜所言：“公司社会化责任概念，其本身基本上虽是道德性的抽象观念，但在学术研究上仍应该请求如何将之具体落实的办法，否则将沦为纯粹道德化的诉求，免不了

① 徐立军：《试论公司社会责任的法治化问题》，载《江西社会科学》2006年第8期，第196~200页。

② 张珣书：《公司社会责任的立法缺陷及其矫正》，载《重庆社会科学》2008年第3期，第115~117页。

③ 裴敬伟、潘磊：《企业环境社会责任的法制化》，载《世界环境》2008年第5期，第78~79页。

④ 时建中、杨巍：《评公司法修订中的公司社会化责任条款》，载楼建波、甘培忠主编《企业社会责任专论》，北京大学出版社，2009，第260~261页。

终致落空成为一项口号而已。”[①] 新《公司法》在分则中设计了一套充分强化公司社会责任的具体制度[②]，至少为行政机关在必要时强制公司履行社会化责任提供了一种可能性，或者说是普遍的授权。[③] 法律规则应当具有可裁判性，不能进入司法裁判过程的法律只能是软法——严格来说，那并非是法律。由于大部分公司社会责任的对象都是可以明确的，故通过个案诉讼制度制裁违反社会化责任的公司行为，具有一定的可行性。[④] 还有研究者建议，欲破解法官在裁断“公司社会责任”案件时的司法裁判困境，需要搭建更具有说服力的理论框架，最高法院在《中国审判案例要览》中发布一批事涉公司社会责任的典型案例，以为下级法院提供事理逻辑支撑。[⑤]

还有一种观点认为，我国企业社会责任立法既是“软法”也是“硬法”。公司社会责任的落实，既离不开法律责任的“硬约束”，也离不开道德准则的“软约束”。[⑥] 企业社会责任法律化，既包括企业社会责任的“硬法”化，也包括企业社会责任的“软法”化。[⑦] 有研究者将《公司法》第 5 条与《民法总则》第 86 条合并研究后认为，总

---

① 刘连煜：《公司治理与公司社会责任》，中国政法大学出版社，2001，第 8 页。

② 刘俊海：《强化公司社会化责任的若干思考——兼谈新〈公司法〉第 5 条的解释》，载楼建波、甘培忠主编《企业社会责任专论》，北京大学出版社，2009，第 202 页。

③ 楼建波：《中国公司法第五条第一款的文义解释及实施路径——兼论“道德层面的企业社会责任”的意义》，载楼建波、甘培忠主编《企业社会责任专论》，北京大学出版社，2009，第 238～241 页。

④ 蒋大兴：《虚构的裁判幻象？——检验公司社会责任的可裁判性》，载楼建波、甘培忠主编《企业社会责任专论》，北京大学出版社，2009，第 299～320 页。

⑤ 罗培新：《试析我国公司社会责任的司法裁判困境及若干解决思路》，楼建波、甘培忠主编《企业社会责任专论》，北京大学出版社，2009，第 329～332 页。

⑥ 朱慈蕴：《公司的社会责任：游走于法律责任与道德准则之间》，载《中外法学》2008 年第 1 期，第 29～35 页。

⑦ 卢代富：《企业社会责任研究——基于经济学与法学的视野》，法律出版社，2014，第 292～293 页。

体来看，公司法确实存在可践履社会责任的空间。[①]

二　我国企业社会责任立法的发展趋势

早在《公司法》将社会责任入法之前就有研究者提出，强化公司社会责任的立法，需要借鉴发达国家先进立法例、判例与学说的同时，采取同步主义，立足于我国丰富的文化资源、法律资源、经济资源和政治制度资源，坚持我国公司法应有的社会主义和民族性，制定具有中国特色社会主义的公司社会责任法体系。[②]

范健教授提出："在编纂完《中华人民共和国民法典》之后，需要编纂一部《商法典》，这不仅仅是当下中国社会政治经济与法治建设的需要，更是倡导'一带一路'的中国走向世界的需要。当下的中国，需要制定规范和引导商人和商行为的商事基本法典，使《商法典》成为构建中国企业家精神的坐标。作为现代的商事立法，中国商法典既要关注商法的私法属性，更要看到商法的强制性，以商业伦理为出发点维护商事交易中的公平正义，平等保障参与商事交易的各方主体的权利义务，维护经营者利益的同时，关注消费者利益，彰显国家利益和社会公共利益。"[③] 我国在后民法典时代应以承认商法独立性为基础的相对民商合一或有限民商合一，其基本建构思路应该是以民法典作为整个私法理念和原则的供给基础，以商法作为市场经济的基本调整手段，通过对商事基本法和商事单行法的提炼和完善，实现对

① 施天涛：《〈公司法〉第5条的理想与现实：公司社会责任何以实施?》，载《清华法学》2019年第5期，第57~79页。

② 刘俊海：《公司的社会责任》，法律出版社，1999，第71~74页。

③ 范健：《编纂〈中国商法典〉前瞻性思考》，载《广东社会科学》2018年第3期，第219~256页。

市场经济关系的精准调整。[①]

编纂商法典时，在商事行为篇中单设企业社会责任一篇，应是企业社会责任立法的趋势之一。

中国在进行企业社会责任立法选择时，应借鉴强制性企业社会责任立法的部分思路，改变股东优先主义在公司治理中至高无上的地位，在此基础上通过标准化、个体化、公司法化的立法路径促进企业社会责任与企业发展的融合，并通过公司法的路径将企业社会责任融入公司治理，以培育企业社会责任发展的健康土壤。[②]

在国家层面制定企业社会责任法之前，可选择通过地方立法的方式先行先试。如银川市依据《银川市社会组织履行社会责任评价体系试点工作》（银民发〔2012〕151 号）推动企业社会责任评价，宁波市依据《宁波市企业信用监管和社会责任评价办法》（2016 年修正）对市内企业进行企业社会责任评价，这为进一步推进企业社会责任地方立法提供了宝贵经验。其后，根据地方立法的实施情况，国务院适时制定出台《企业社会责任条例》，最终实现企业社会责任的国家立法。

另外，我国《公司法》《民法总则》《民法典》等法律对企业社会责任的授权性立法，为今后企业社会责任的强行性立法留有立法空间。

本章小结

通过梳理我国企业社会责任的国家法规制，可以说我国企业社会

① 参见赵万一《民商合一体制之困惑思考》，载《法学杂志》2020 年第 10 期，第 42～51 页。

② 华艺昕：《印度强制性企业社会责任立法的中国启示》，载《华中科技大学学报》（社会科学版）2018 年第 3 期，第 97～105 页。

责任的立法已经相当成熟，只不过是散见于宪法、法律、行政法规、政府规章、行业规范之中，没有形成完备的系统性而已。随着中央提出“加强企业社会责任立法”的政策，我国制定企业社会责任法的条件已经成熟。特别是《民法总则》和《民法典》关于营利法人社会责任的规定，使我国企业社会责任国家立法又前进了一大步。在没有出台企业社会责任国家法之前，各地可以采取企业社会责任先行先试的方式，加强企业社会责任的地方立法。

第四章
我国企业社会责任的地方法规制

我国企业社会责任立法除了国家法规制以外，还有大量的地方法规制。地方法规制其主要表现形式是地方性法规和地方政府规章。本章主要对有关企业社会责任的地方性法规和地方政府规章进行梳理，以期为草原丝绸之路经济带企业社会责任地方立法研究确立比较研究的对象。

地方立法数据通过“北大法宝”数据库统计而来，时间截止到2020年5月1日现行有效的地方性法规和政府规章。检索方式有两种：一是输入关键词进行“标题”检索；二是输入关键词进行“全文”检索。

研究设计：对我国地方性法规总体情况的研究，尽量以客观评价为主，通过对地方性法规数量进行统计排序，按照“多寡”进行直观了解和描述全国地方立法的总体情况。[①] 第一步把地方性法规分为省级、设区的市、经济特区、自治条例和单行条例四个类别；第二步统

① 中国政法大学法治政府研究院：《中国法治政府评价报告（2013）》，中国政法大学出版社，2014，第1页。

计地方性法规和规章数量，计算出数据平均数；第三步将平均数乘以系数设定为标准分 60 分；第四步将计算出的得分分为五个星级：90 分以上为“AAAAA”，80 分以上 90 分以下为“AAAA”，70 分以上 80 分以下为“AAA”，60 分以上 70 分以下为“AA”，60 分以下为“A”；第五步对数据进行总结分析，提出我国地方性法规立法的特点，为研究企业社会责任地方立法作基础性研究铺垫。对地方政府规章进行数量统计，参照上述评价等级结果进行排序，对地方政府规章进行研究。按照上述步骤和方法，对企业社会责任地方立法进行描述统计和研究。最后，选取具有典型性、先行性的广东省为例对有关企业社会责任内容的地方性法规进行总结分析。

第一节 我国地方立法总体状况

一 我国现行有效的地方性法规总体情况

有研究者将改革开放 40 多年来，地方立法的发展历程大致划分为四个阶段：起步探索阶段（1980~1992）、努力构建市场经济体制阶段（1992~2002）、协调推进各领域立法阶段（2003~2012）、引领和推动全面深化改革阶段（2013 年至今）。[①] 通过检索发现，截至 2020 年 5 月 1 日，我国现行有效的地方性法规 30802 件。30802 件地方性法规中，省级地方性法规 17826 件，占 57.9%；设区的市地方性法规 10067 件，占 32.7%；经济特区法规 1183 件，占 3.8%；自治条例和单行条例 1723 件，占 5.6%。我国地方性法规构成情况，见图 4-1。

① 曲頔：《改革开放四十年地方立法》，《地方立法研究》2018 年第 6 期，第 99~107 页。

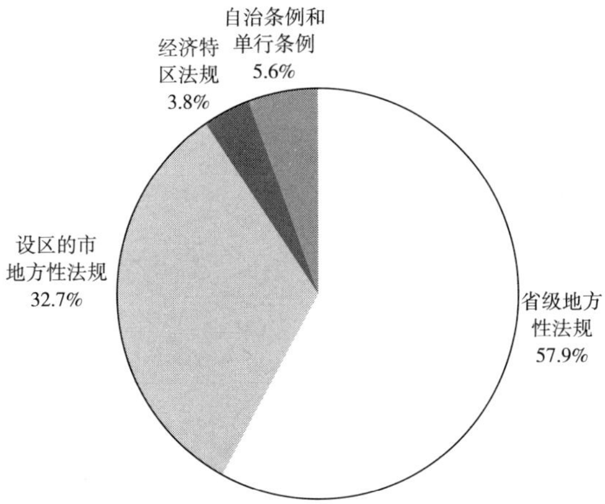

图 4-1 我国地方性法规构成情况

根据统计，我国 1978 年以前地方性法规仅有 34 件，2020 年地方性法规 214 件。1997 年地方立法数量最多，达到 2365 件，其次是 2004 年达到 2109 件。2015 年修改《立法法》后，地方性法规保持高位增长，充分体现依法治国战略的实施效果。1979～2019 年我国地方性法规按照发布年份统计，具体情况见图 4-2。

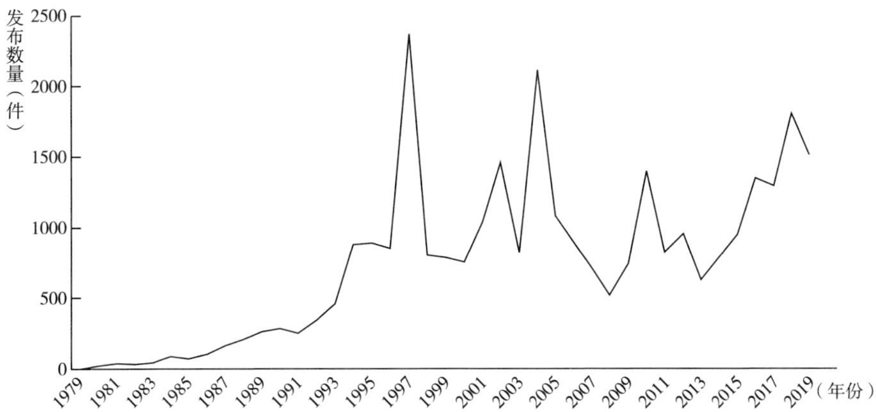

图 4-2 我国地方性法规发布年份统计

对地方性法规按照发布省份统计和排序，我国地方性法规立法情况，见图 4-3。

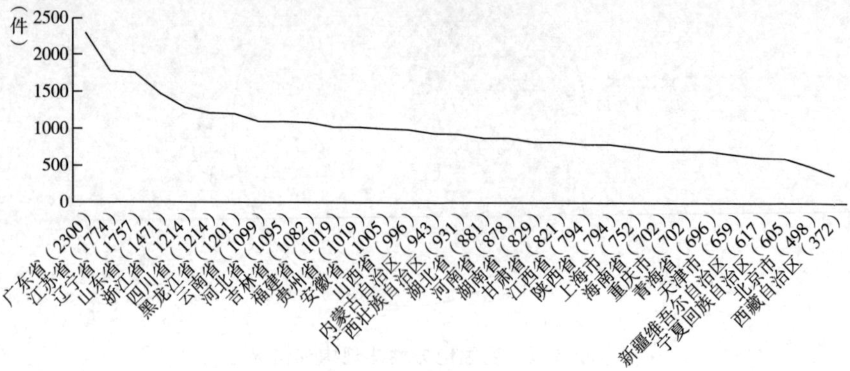

图 4-3　我国地方性法规立法分省发布数量

对图 4-3 中的数据进行统计分析，可以得知：

（1）地方性法规 30802 件，按照 31 个省份进行平均得数约 994 件，有 14 个省份超过平均得数，17 个省份低于平均得数。

（2）地方性法规立法数量差别很大，数量最多的广东省达到 2300 件，数量最少的西藏自治区仅有 372 件。西北三省（陕西、甘肃、青海）和 5 个少数民族自治区均没有达到平均数。

（3）综合各省份立法数量，乘以 0.086 系数，排序情况见表 4-1。

表 4-1　全国地方性法规立法排序基本情况

序号	省份	星级
1	广东、江苏、辽宁、山东、浙江、四川、黑龙江、云南、河北、吉林	AAAAA
2	福建、贵州、安徽、山西、内蒙古、广西	AAAA
3	湖北、河南、湖南、甘肃	AAA
4	江西、陕西、上海、海南、重庆	AA
5	青海、天津、新疆、宁夏、北京、西藏	A

二 我国现行有效的地方政府规章总体情况

通过检索发现，截至 2020 年 5 月 1 日我国现行有效的地方政府规章 28575 件。按照发布省份统计和排序，我国地方政府规章立法情况，见图 4-4。

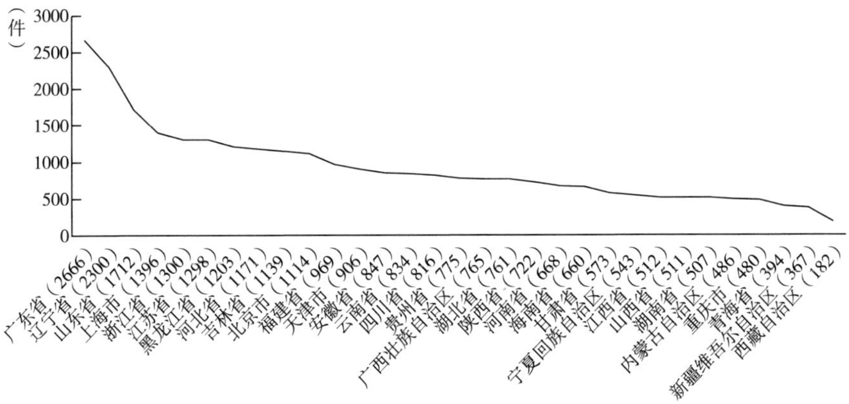

图 4-4 我国地方政府规章分省数量

对图 4-4 中数据进行统计分析，可以得知：

（1）地方政府规章 28577 件，按照 31 个省份进行平均得数约 922 件，有 11 个省份超过平均得数，20 个省份低于平均得数。

（2）地方政府规章立法数量差别很大，数量最多的广东省达到 2666 件，数量最少的西藏自治区仅有 182 件。西北三省（陕西、甘肃、青海）和 5 个少数民族自治区均没有达到平均数。

（3）综合各省份地方政府规章立法数量，按照地方性法规星级省份数量进行排序，具体情况见表 4-2。

表 4-2 全国地方政府规章排序基本情况

序号	省份	星级
1	广东、辽宁、山东、上海、浙江、江苏、黑龙江、河北、吉林、北京	AAAAA
2	福建、天津、安徽、云南、四川、贵州	AAAA
3	广西、湖北、陕西、河南	AAA
4	海南、甘肃、宁夏、江西、山西	AA
5	湖南、内蒙古、重庆、青海、新疆、西藏	A

三 地方性法规和地方政府规章立法总体情况

将地方性法规和地方政府规章获得星级进行合并分析，获得 6 星以上的省份有 19 个省份，占 61.29%，其中获得 10 星有 8 个省份，获得 9 星有 2 个省份，获得 8 星有 3 个省份，获得 7 星有 2 个省份，获得 6 星有 4 个省份。有 12 个省份获得 5 星及 5 星以下，占 38.71%。具体情况见表 4-3。

表 4-3 全国地方性法规和政府规章立法综合排序基本情况

序号	省级名称	地方性法规星级	地方政府规章星级	合计星级
1	广东省	AAAAA	AAAAA	10 星
2	江苏省	AAAAA	AAAAA	10 星
3	辽宁省	AAAAA	AAAAA	10 星
4	山东省	AAAAA	AAAAA	10 星
5	浙江省	AAAAA	AAAAA	10 星
6	黑龙江省	AAAAA	AAAAA	10 星
7	河北省	AAAAA	AAAAA	10 星
8	吉林省	AAAAA	AAAAA	10 星
9	四川省	AAAAA	AAAA	9 星
10	云南省	AAAAA	AAAA	9 星
11	福建省	AAAA	AAAA	8 星
12	贵州省	AAAA	AAAA	8 星

续表

序号	省级名称	地方性法规星级	地方政府规章星级	合计星级
13	安徽省	AAAA	AAAA	8星
14	广西壮族自治区	AAAA	AAA	7星
15	上海市	AA	AAAAA	7星
16	山西省	AAAA	AA	6星
17	湖北省	AAA	AAA	6星
18	河南省	AAA	AAA	6星
19	北京市	A	AAAAA	6星
20	内蒙古自治区	AAAA	A	5星
21	甘肃省	AAA	AA	5星
22	陕西省	AA	AAA	5星
23	天津市	A	AAAA	5星
24	湖南省	AAA	A	4星
25	江西省	AA	AA	4星
26	海南省	AA	AA	4星
27	重庆市	AA	A	3星
28	宁夏回族自治区	A	AA	3星
29	青海省	A	A	2星
30	新疆维吾尔自治区	A	A	2星
31	西藏自治区	A	A	2星

立法是法治政府建设的前提，根据《中国法治政府评估报告（2018）》显示，2018年被评估的100个城市中，有80个城市得分在600分以上，即八成的城市达到了及格水平。[①] 从地方立法数量分析，有12个省份获得5星以下，占38.71%。甘肃、青海以及内蒙古、宁

① 中国政法大学法治政府研究院：《中国法治政府评估报告（2018）》，社会科学文献出版社，2018，第4页。

夏、新疆、西藏4个少数民族自治区均在5星以下，地方立法数量明显偏少。

第二节 我国企业社会责任地方立法状况

一 企业社会责任地方立法检索概述

在地方法规中输入“社会责任”一词进行“标题”检索，得到检索结果97条，其中地方政府规章2件、地方规范性文件45件、地方工作文件50件；输入“企业社会责任”一词进行“标题”检索，得到检索结果只有17条，其中地方规范性文件13件、地方工作文件4件。因此，用标题检索的结果不具有研究价值。

输入“社会责任”一词进行“全文”检索，得到检索结果21461条，其中地方性法规303件、地方政府规章95件、地方规范性文件8953件、地方司法文件96件、地方工作文件11887件、行政许可批复127件。再输入“企业社会责任”一词，进行“全文”检索，得到检索结果1338条，其中地方性法规4件、地方政府规章6件、地方规范性文件545件、地方工作文件782件、行政许可批复1件。下面进行分类统计描述。

二 企业社会责任省级地方性法规立法情况

在“北大法宝”数据库地方性法规中，输入“社会责任”进行“标题”检索，没有得到检索结果。输入“社会责任”进行“全文”检索，得到检索结果303条，其中省级地方性法规218件、设区的市地方性法规62件、经济特区法规17件、自治条例和单行条例6件。303件企业社会责任地方性法规，按照时效性区分，现行有效215件、失效 17 件、已被修改 69 件、尚未生效 2 件。

根据统计，企业社会责任地方性法规最早颁布于 1990 年，2005 年修改《公司法》后，企业社会责任地方性法规数量基本呈上升趋势，特别是 2019 年达到 35 件，2020 年已经发布 9 件。1990~2019 年企业社会责任地方性法规发布情况，见图 4-5。

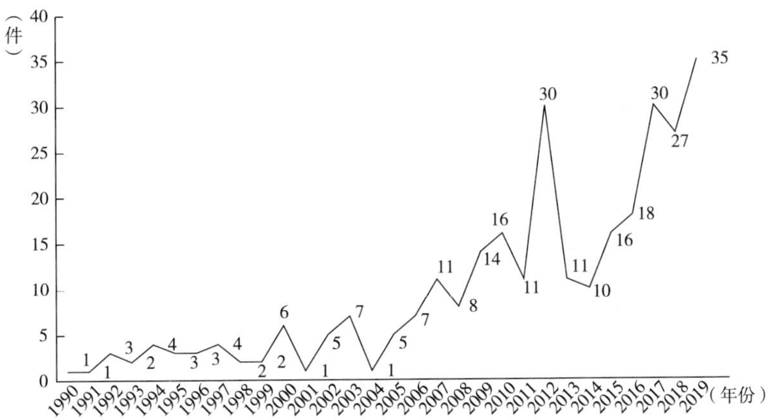

图 4-5　1990~2019 年企业社会责任地方性法规发布数量

按照发布省份划分，企业社会责任省级地方性法规立法情况，见图 4-6。

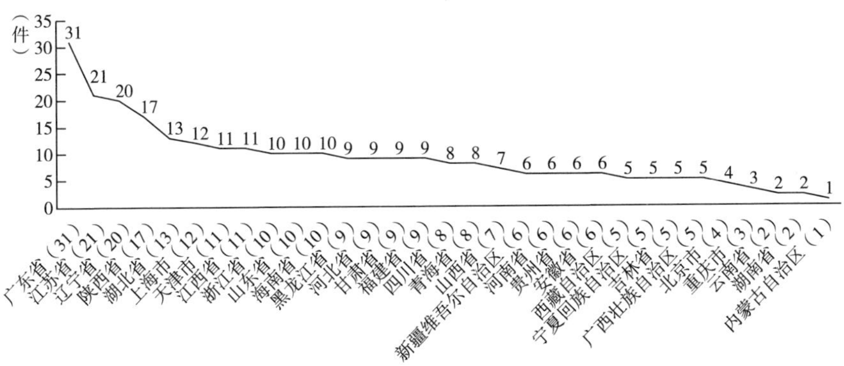

图 4-6　企业社会责任省级地方性法规立法数量

对上述数据进行统计分析，可以得知：

（1）有关企业社会责任地方性法规 281 件，按照 31 个省份进行平均得数约 9 件，有 15 个省份超过平均得数，16 个省份低于平均得数。

（2）企业社会责任地方性法规立法数量差别很大，数量最多的广东省达到 31 件，数量最少的内蒙古自治区仅有 1 件。西北五省区中，陕西和甘肃排名靠前，5 个少数民族自治区均没有达到平均数。

（3）按照地方性法规星级省份数量进行排序，具体情况见表 4-4。

表 4-4　企业社会责任地方性法规排序基本情况

序号	省份	星级
1	广东、江苏、辽宁、陕西、湖北、上海、天津、江西	AAAAA
2	浙江、山东、海南、黑龙江、河北、甘肃、福建	AAAA
3	四川、青海、山西、新疆、河南、贵州、安徽	AAA
4	西藏、宁夏、吉林、广西、北京、重庆	AA
5	云南、湖南、内蒙古	A

三　设区的市有关企业社会责任地方性法规立法情况

设区的市有关企业社会责任地方性法规 62 件，按照省份立法数量排序，具体情况见图 4-7。

根据图 4-7 中数据统计，可以发现：

（1）全国 31 个省份中，只有 22 个省份设区的市有企业社会责任地方性法规，占 71%；平均只有 2.8 件。另有 9 个省份（北京、天津、上海、重庆、河北、云南、广西、内蒙古、西藏）设区的市没有企业社会责任的地方性立法。

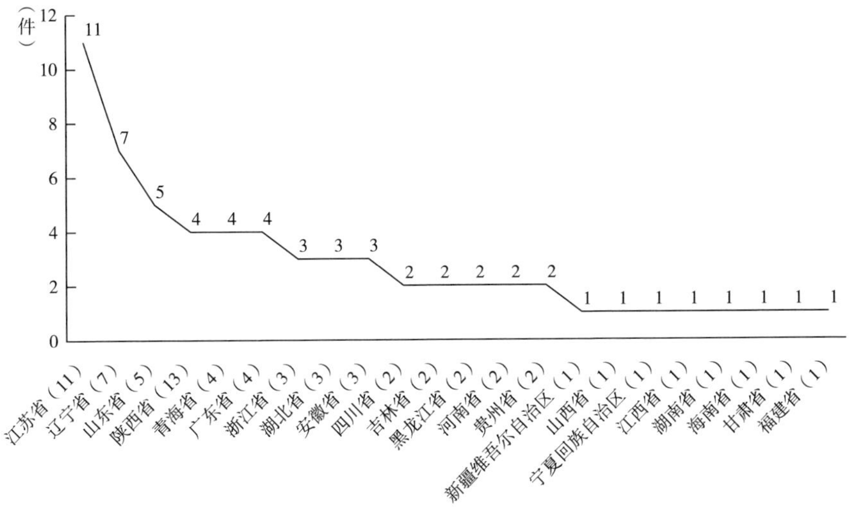

图 4-7 设区的市企业社会责任地方性法规立法数量

（2）与省级企业社会责任地方立法相比，设区的市企业社会责任地方性法规数量偏少，8 个省份只有 1 件相关立法，5 个省份只有 2 件立法，立法数量最多的江苏省也只有 11 件立法。

（3）按照星级对设区的市企业社会责任地方性法规进行排序，具体情况见表 4-5。

表 4-5 设区的市企业社会责任地方性法规排序基本情况

序号	省份	星级
1	江苏、辽宁、山东	AAAAA
2	陕西、青海、广东	AAAA
3	浙江、湖北、安徽	AAA
4	四川、吉林、黑龙江、河南、贵州	AA
5	新疆、山西、宁夏、江西、湖南、海南、甘肃、福建	A

四 企业社会责任地方政府规章立法情况

95件有关企业社会责任地方政府规章中，按省份统计情况见图4-8。

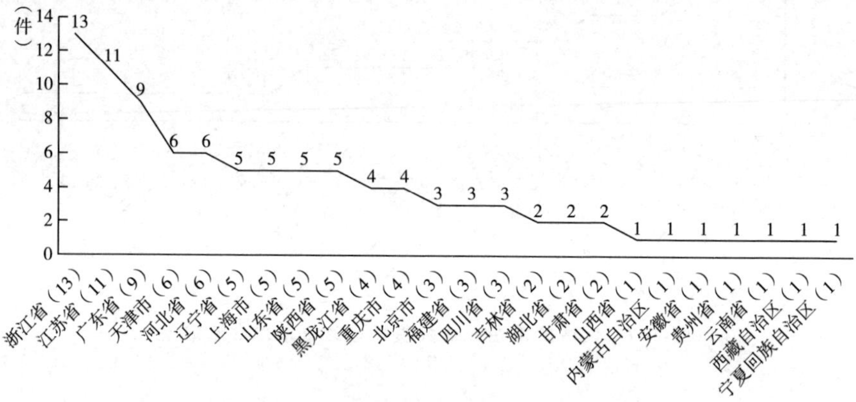

图4-8 企业社会责任地方政府规章立法数量

根据图4-8中数据统计，可以发现：

（1）全国31个省份中，只有24个省份制定有企业社会责任地方政府规章，占77.4%；平均不到4件。另有7个省份（海南、河南、湖南、江西、广西、青海、新疆）没有企业社会责任的地方政府规章。

（2）与省级企业社会责任地方性法规相比，企业社会责任地方政府规章数量偏少，7个省份只有1件相关立法，3个省份只有2件立法，立法数量最多的浙江省也只有13件地方政府规章。

（3）按照星级对企业社会责任地方政府规章进行排序，具体情况见表4-6。

表 4-6 企业社会责任地方政府规章排序基本情况

序号	省份	星级
1	浙江、江苏、广东	AAAAA
2	天津、河北、辽宁、上海、山东、陕西、黑龙江、重庆	AAAA
3	北京、福建、四川	AAA
4	吉林、湖北、甘肃	AA
5	山西、内蒙古、安徽、贵州、云南、西藏、宁夏	A

注：海南、河南、湖南、江西、广西、青海、新疆 7 省份没有企业社会责任政府规章。

五 企业社会责任省级地方性法规和地方政府规章立法总体情况

将省级地方性法规和地方政府规章获得星级进行合并分析，获得 6 星以上的省份 15 个，占 48.39%，其中获得 10 星有 2 个省份，获得 9 星有 5 个省份，获得 8 星有 3 个省份，获得 7 星有 2 个省份，获得 6 星有 3 个省份。有 16 个省份获得 5 星以下，占 51.61%。具体情况见表 4-7。

表 4-7 全国企业社会责任地方性法规和政府规章立法综合排序基本情况

序号	省级名称	地方性法规星级	地方政府规章星级	合计星级
1	广东省	AAAAA	AAAAA	10 星
2	江苏省	AAAAA	AAAAA	10 星
3	辽宁省	AAAAA	AAAA	9 星
4	陕西省	AAAAA	AAAA	9 星
5	上海市	AAAAA	AAAA	9 星
6	天津市	AAAAA	AAAA	9 星
7	浙江省	AAAA	AAAAA	9 星
8	山东省	AAAA	AAAA	8 星
9	海南省	AAAA	AAAA	8 星
10	黑龙江省	AAAA	AAAA	8 星
11	湖北省	AAAAA	AA	7 星

续表

序号	省级名称	地方性法规星级	地方政府规章星级	合计星级
12	福建省	AAAA	AAA	7星
13	甘肃省	AAAA	AA	6星
14	四川省	AAA	AAA	6星
15	重庆市	AA	AAAA	6星
16	江西省	AAAAA		5星
17	北京市	AA	AAA	5星
18	河北省	AAAA		4星
19	山西省	AAA	A	4星
20	贵州省	AAA	A	4星
21	安徽省	AAA	A	4星
22	吉林省	AA	AA	4星
23	青海省	AAA		3星
24	新疆维吾尔自治区	AAA		3星
25	河南省	AAA		3星
26	西藏自治区	AA	A	3星
27	宁夏回族自治区	AA	A	3星
28	广西壮族自治区	AA		2星
29	云南省	A	A	2星
30	内蒙古自治区	A	A	2星
31	湖南省	A		1星

第三节　地方立法中有关企业社会责任的内容分析——以广东省为例

研究地方立法中包含企业社会责任的内容，难以做到对全国全部省份进行分析研究。因此，采用“解剖麻雀”的方法，选取企业社会责任地方立法数量最多的广东省为例进行研究。下面从地方立法中包含企业社会责任的内容进行分析研究。

一 广东省企业社会责任地方立法概况

广东省现行有效的地方性法规 346 件、地方政府规章 245 件。

通过输入“社会责任”进行“全文”检索，广东省有 42 件有关企业社会责任的地方立法，其中省级地方性法规 15 件、设区的市地方性法规 4 件、经济特区法规 14 件、地方政府规章 9 件。按照发布年份具体情况见图 4-9。

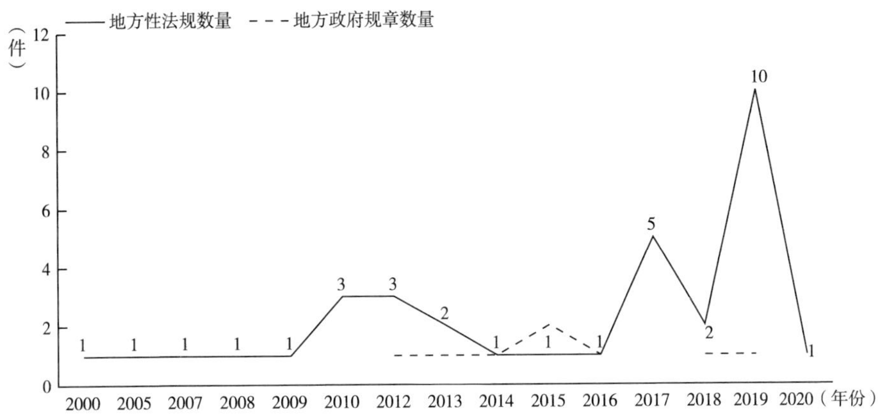

图 4-9 广东省企业社会责任地方立法数量

通过图 4-9 数据可以看出，2019 年广东省企业社会责任地方立法数量最多，达到 10 件。地方政府规章数量相对较少，最多年份只有 2 件。

在“北大法宝”数据库进行文本检索，通过对广东省现行有效的地方性法规进行文本解读，对有关企业社会责任内容的立法进行分类。

二 广东省企业社会责任立法内容分析

企业社会责任地方立法表现在两个方面：一是文本中有“社会责

任”一词；二是文本中有企业社会责任的内容，如投资者、劳动者、消费者、自然资源、环境保护、捐赠和社会公益事业等。

（一）地方性法规中有“社会责任”一词的立法

在“北大法宝”数据库对“社会责任”进行全文检索，广东省关于企业社会责任现行有效的地方性法规 22 件，其中省级地方性法规 12 件、设区的市地方性法规 3 件、经济特区法规 7 件。通过对地方性法规的文本研读，排除与企业社会责任无关的《广东省社会科学普及条例》《广东省突发事件应对条例》《广东省人民代表大会常务委员会关于深化平安广东建设的决定》《广东省高等学校学生实习与毕业生就业见习条例（2019 年修正）》《珠海市法制宣传教育条例》《广州市科学技术普及条例（2015 年修订）》《深圳市义工服务条例》（2019 年修正）《深圳经济特区科学技术普及条例》等 8 个地方性法规，有关企业社会责任内容的地方性法规 14 件，具体情况见表 4-8。

表 4-8　有关企业社会责任内容的广东省地方性法规

序号	法规名称	实施时间	企业社会责任的具体内容
1	广东省查处生产销售假冒伪劣商品违法行为条例（2012 年修订）	2012 年 12 月 1 日	行业协会应当指导、监督生产者、销售者的经营活动，引导其依法生产经营、履行社会责任
2	广东省道路运输条例	2014 年 5 月 1 日	质量信誉评估的内容包括履行社会责任等方面
3	广东省建设工程质量管理条例（2017 年修正）	2017 年 7 月 27 日	行业协会应当建立健全守信表彰、失信惩戒的行业自律机制，引导会员依法经营、履行社会责任
4	广东省企业和企业经营者权益保护条例（2017 年修订）	2017 年 12 月 1 日	企业和企业经营者应当依法从事生产经营活动，承担社会责任，不得损害国家利益、社会公共利益，不得侵害职工和他人的合法权益。鼓励企业和企业经营者支持和参与社会公益事业

续表

序号	法规名称	实施时间	企业社会责任的具体内容
5	广东省实施《中华人民共和国残疾人保障法》办法（2018年修订）	2018年9月1日	用人单位安排残疾人就业情况纳入全省信用信息共享平台，列为企业履行社会责任内容，定期向社会公布
6	深圳经济特区环境保护条例（2018年修正）	2018年12月27日	生态环境主管部门应当将承担环保社会责任等情况向社会公开
7	深圳经济特区和谐劳动关系促进条例（2019年修正）	2019年4月26日	用人单位应当承担保护劳动者合法权益，保护环境等社会责任。鼓励用人单位在劳动者遇到困难时予以扶助和抚慰
8	深圳经济特区政府采购条例（2019年修正）	2019年4月26日	供应商参与政府采购的，应当履行社会责任，接受有关部门的监督与管理
9	广东省人民代表大会常务委员会关于大力推进法治化营商环境建设的决定	2019年7月25日	加强对企业贯彻实施外商投资法、中小企业促进法、公司法、合同法、物权法等法律的宣传，引导企业积极履行社会责任
10	深圳经济特区社会建设促进条例（2019年修正）	2019年9月5日	健全面向全体劳动者的普惠型职业技能培训制度，增强用人单位的社会责任意识
11	深圳经济特区质量条例（2019年修正）	2019年9月5日	鼓励和引导企业切实履行社会责任，保障质量安全，加强环境保护，全面提升经济、环境和社会效益
12	深圳经济特区中小企业发展促进条例（2019年修正）	2019年11月13日	中小企业开展社会责任标准认证可以由专项资金予以支持
13	广东省促进中小企业发展条例（2019年修订）	2020年1月1日	中小企业应当依法履行义务，遵循诚信原则，践行社会责任，不得损害劳动者的合法权益和社会公共利益
14	广东省野生动物保护管理条例（2020年修订）	2020年5月1日	餐饮服务提供者应当承担社会责任

通过上述描述，广东省有关企业社会责任地方性法规，1件为实施性立法，1件人大决定，12件制定的《条例》，包括的企业社会责任基本内容有：

（1）鼓励企业承担法律责任、道德责任，要求企业依法经营、安全生产、保障产品质量、促进就业和劳动者权益保护、加强野生动物等自然资源和环境保护、促进社会公益事业等企业社会责任内容。

（2）注重企业诚信体系建设和企业社会责任标准认证。

（3）注重法治化营商环境构建，对中小企业有财政性资金支持和保障。

（4）充分发挥行业协会在企业社会责任监督管理中的作用。

（5）强化劳动者合法权益保障，特别是将职业技能培训、劳动者遇到困难时予以扶助和抚慰、用人单位安排残疾人就业情况纳入全省信用信息共享平台，作为企业履行社会责任内容，定期向社会公布，有助于促进就业和弱势群体保护。

（二）地方政府规章中有“社会责任”一词的立法

广东省有关企业社会责任的地方政府规章9件，现行有效的5件，另有2件失效、2件已被修改，具体情况见表4-9。

表4-9　广东省有关企业社会责任内容的地方政府规章

序号	地方政府规章	实施时间	企业社会责任内容
1	广东省安全生产责任保险实施办法	2015年10月1日	应当将生产经营单位投保安全生产责任保险情况作为重点行业企业履行社会责任的重要指标
2	广州市城市更新办法	2015年12月1日	城市更新应当选取有社会责任感的诚实守信的企业
3	珠海经济特区城市更新管理办法	2016年12月20日	鼓励有社会责任的开发企业实施城市更新项目
4	深圳市计量质量检测研究院规定	2018年11月20日	市检测院应当依照有关法律、法规和本规定，加强社会公益公共服务，积极履行社会责任
5	广州市珠江游经营管理办法（2019年修订）	2019年11月14日	水路运输行政主管部门应当根据经营者的市场经营、社会责任等信用信息对经营者进行诚信等级评价和分类管理

广东省地方政府规章对企业社会责任的规定，有以下几个特点：

（1）广东省人民政府通过具体措施的实施，以强化安全生产和劳动者权益保护的社会责任，将生产经营单位投保安全生产责任保险情况作为重点行业企业履行社会责任的重要指标，该举措具有必要性、可行性和现实操作性。

（2）广州市和珠海市在城市更新过程中，将履行社会责任作为市场准入门槛，具有创新性。

（3）深圳市人民政府专门指定计量质量检测研究院出台地方政府规章，实属少见。要求企业提供的质量计量、检验、检测、认证等高技术服务，有助于企业履行产品质量责任，促进深圳产业发展。

（4）建立珠江游经营者诚信管理制度，有助于企业履行对消费者权益保护的社会责任。特别是根据经营者的市场经营、财务征信、安全生产、社会责任等信用信息对经营者进行诚信等级评定和分类管理制度的构建。

（三）广东省地方性法规涉及企业社会责任内容的立法

在“北大法宝”数据库，通过对广东省现行有效的346件地方性法规进行全文检索，按照企业社会责任的7个方面内容，即企业对投资者的责任、企业对劳动者的责任、企业对消费者的责任、企业对自然资源和生态环境保护的责任、企业对客户（供应商、中小竞争者）的责任、企业对社会捐赠的责任、企业对社会公共利益的责任进行分类研究。

1. 企业对投资者的社会责任

我国《公司法》《合伙企业法》《外商投资法》等企业组织法律，均对投资者的权利也就是企业对投资者的义务作了明确规定，如《公司法》中规定公司股东享有重大决策权、选择管理者权、分红收益权等。广东省地方性法规对企业对投资者的义务的规定，主要表现在以下几个方面。

（1）股份合作制企业对劳动者作为企业投资者权益的保护规定。2014年9月25日实施的《广东省股份合作企业条例》（2014年修正）

和 2019 年 9 月 14 日实施的《深圳经济特区股份合作公司条例》（2019 年修正）两部地方性法规，既是广东省地方立法的一大特色和创新点，也是我国企业对投资者权益保护少有的法律规定。[①] 如《广东省股份合作企业条例》第 3 条规定，股份合作企业主要由职工股份构成，职工股东共同劳动，民主管理，共享利益，共担风险；第 5 条规定股份合作企业应当实行入股自愿、民主管理、按劳分配与按股分红相结合的原则；第 6 条设立股份合作企业制定的企业章程，对出资者和全体职工具有约束力，等等。《深圳经济特区股份合作公司条例》为了保护投资者合法权益，第 9 条规定，公司不得成为合伙组织的普通合伙人；公司成为其他公司的有限责任股东时，除出于控股需要外，其出资额不得超过本公司净资产的百分之五十；公司为股东或者其他人提供担保的，必须符合公司的章程规定或者经股东大会同意。该《条例》第 11 条规定，公司的合法权益受法律保护，任何单位和个人不得侵害公司财产所有权。为保护农民合作股的合法权益，第 31 条规定合作股应当根据户籍关系在村民或者村民小组之间进行分配，坚持男女平等，保护老人、儿童和丧失劳动能力的人、现役军人、在校学生合法权益的原则。为保护集体股的合法权益，该《条例》专门规定了“集体资产管理委员会”一章，对公司集体资产管理委员会的性质、组成人员、产生办法、议事规则等都作了细致的规定。

（2）通过对企业合法权益保护以保护投资者的权益的规定。如 2017 年 12 月 1 日修订实施的《广东省企业和企业经营者权益保护条

① 在“北大法宝”数据库中，作者输入“股份合作”一词进行标题检索，没有法律和法规对股份合作制企业做出规范，仅有 2 件部委规章即 1997 年 8 月 6 日国家体改委发布实施的《关于发展城市股份合作制的指导意见》、1997 年 12 月 25 日农业部发布实施的《农民股份合作企业暂行规定》（1997 年修改）。地方性法规中仅有省级地方性法规 5 件（贵州、江西、重庆、陕西、广东）、设区的市地方性法规 2 件（西安、成都）、经济特区法规 2 件（深圳和海南）。

例》第 15 条规定，尊重和维护企业和企业经营者依法享有的各项权利，支持企业和企业经营者依法自主经营；第 22 条规定禁止通过备案、年检、考核、培训、委托第三方评估以及指定由中介机构、行业协会、商会等社会组织审批等方式违法实施行政许可；第 23 条规定了行政机关不得有 5 种侵害企业和企业经营者合法权益的行为。

（3）对中小企业投资者权益保护的明确规定。2020 年 1 月 1 日实施的《广东省促进中小企业发展条例》（2019 年修订）第 57 条规定，依法保护中小企业及其投资者的财产权、经营自主权等合法权益。深圳市人民政府把促进中小企业发展作为该市经济发展的主导战略，制定了促进中小企业发展中长期规划，并针对小型企业和微型企业制定专项扶持政策。在 2019 年 11 月 13 日实施的《深圳经济特区中小企业发展促进条例》（2019 年修正）第 60 条对干扰中小企业正常生产经营活动或者侵害中小企业合法权益的行为，列举了 7 项禁止性规定。

2. 企业对劳动者的社会责任

广东省地方性法规有关企业对劳动者社会责任的规定，立法早、数量多，内容丰富。选取 10 部地方性法规，立法具体情况见表 4-10。

表 4-10　广东省有关企业对劳动者社会责任的主要地方性法规

序号	地方性法规	实施时间	企业社会责任内容
1	广东省工会劳动法律监督条例	2001 年 1 月 1 日	对用人单位遵守劳动法律、法规的 10 种情况进行监督
2	广东省实施《中华人民共和国就业促进法》办法	2009 年 11 月 26 日	为促进公平就业，详细规定了保护劳动者合法权益的具体措施
3	广东省实施《中华人民共和国工会法》办法	2004 年 11 月 1 日	扩大了《工会法》保护的劳动者的范围。在本省行政区域内的企业以工资收入为主要生活来源的劳动者，包括应聘在企业的香港、澳门、台湾地区的职工

续表

序号	地方性法规	实施时间	企业社会责任内容
4	广东省失业保险条例（2013年修订）	2014年7月1日	用人单位应当在用人单位注册登记地参加失业保险，依法按月缴纳失业保险费。用人单位应当自行申报，按时足额缴纳失业保险费；第三章规定了失业保险待遇；第四章规定了失业保险关系转移
5	广东省企业集体合同条例（2014年修正）	2015年1月1日	企业工会依法代表职工与企业进行集体协商，签订集体合同，维护职工合法权益。另外对集体协商的内容、代表、程序、集体合同、争议处理、法律责任作了详尽的规定
6	广东省工资支付条例（2016年修正）	2016年9月29日	建设工程领域用工实名管理和工资支付专户管理的具体办法由省人民政府在一年内另行制定。对建设资金来源不落实的政府投资工程项目不予批准等保障措施
7	广东省企业和企业经营者权益保护条例（2017年修订）	2017年12月1日	企业和企业经营者不得侵害职工和他人的合法权益。企业应当建立和完善管理制度，依法与职工签订劳动合同，参加社会保险并缴纳社会保险费，加强劳动保护，保障职工的合法权益
8	广东省劳动保障监察条例（2019年修正）	2019年5月21日	用人单位、劳务派遣用工单位应当遵守劳动保障法律、法规和规章，完善劳动用工管理，接受和配合劳动保障监察。用人单位14项劳动保障监察的具体内容
9	广东省工伤保险条例（2019年修正）	2019年7月1日	职工发生工伤时，用人单位应当采取措施及时救治工伤职工。工伤保险基金制度。工伤保险费由用人单位承担，职工个人不缴纳工伤保险费
10	广东省促进中小企业发展条例（2019年修订）	2020年1月1日	中小企业应当依法履行义务，不得损害劳动者的合法权益

通过文本解读，可以看出广东省对劳动者权益的保护有以下几个特点：

（1）广东省早于国家建立劳动监察制度，且监察主体、监察内容更为详细具体。《中华人民共和国劳动监察条例》于2004年12月1日起施行，广东省2001年1月1日起实施的《广东省工会劳动法律监督条例》早于国家行政法规，属先行立法。该《条例》第3条规定了工会依法维护劳动者的合法权益，对用人单位遵守劳动法律、法规的10

种情况进行监督。《广东省劳动保障监察条例》（2019 年修正）扩大了劳动监察对象，不仅包括企业，也包括从事经营、服务的所有具有雇佣劳动关系的个体经济组织、民办非企业单位、基金会、劳务派遣用工单位。

（2）重视促进就业和公平就业。除了制定《广东省实施〈中华人民共和国就业促进法〉办法》外，还制定了《广东省企业集体合同条例》（2014 年修正）。

（3）注重劳动者权益保障制度的完善。针对中小企业易发生侵害劳动者合法权益的事件，《广东省促进中小企业发展条例》（2019 年修订）第 4 条明确规定，中小企业应当依法履行义务，不得损害劳动者的合法权益。针对企业拖欠职工工资，欠缴劳动保险费、失业保险费等现象，广东省 2005 年制定实施了《广东省工资支付条例》（2016 年修正）、2002 年制定实施了《广东省失业保险条例》（2013 年修订）、2004 年制定实施了《广东省工伤保险条例》（2019 年修正）。

3. 企业对消费者的社会责任

企业对消费者的社会责任，选择广东省具有代表性的 7 件地方性法规展开研究，具体情况见表 4-11。

表 4-11 广东省有关企业对消费者社会责任的地方性法规

序号	地方法规名称	实施时间	企业社会责任内容
1	广东省盐业管理条例（2012 年修正）	2012 年 7 月 26 日	为加强盐业管理，保障食盐加碘消除碘缺乏危害工作的有效实施，保护人民的身体健康等制定本条例
2	广东省实施《中华人民共和国消费者权益保护法》办法（2012 年修改）	2012 年 7 月 26 日	从事有线电视、邮政、电信业、医疗卫生服务业的经营者，应当按照物价部门核定的标准收费，详列计价单位的明细项目并以清单的形式告知消费者。违反规定所收的费用，应当加倍退还消费者。从事保管、洗衣业、物流业的经营者，应当妥善保管消费者的财物，按照约定提供服务，造成消费者的财物损坏或者丢失的，应当赔偿消费者的实际损失

续表

序号	地方法规名称	实施时间	企业社会责任内容
3	广东省查处生产销售假冒伪劣商品违法行为条例（2012 年修订）	2012 年 11 月 1 日	细化了假冒伪劣商品的种类。细化了为生产、销售假冒伪劣商品提供服务的认定标准
4	广东省旅游条例	2017 年 11 月 1 日	旅游经营者在旅游经营活动中应当履行的 7 项义务。旅游经营者在旅游经营活动中，不得有 5 种行为。旅行社组织旅游活动，应当保障旅游服务质量，维护旅游者的合法权益
5	广东省食品安全条例（2019 年修正）	2019 年 9 月 25 日	第二章食品生产经营、第三章食品安全保障以及第四章食品安全监督管理对经营者食品安全保障义务作了详细的规定
6	广东省水产品质量安全条例（2019 年修正）	2019 年 9 月 25 日	禁止在水产品包装、贮存、运输过程中违法使用渔业投入品、添加有毒有害物质或者其他危害人体健康的物质。禁止销售危害人体健康、侵犯消费者合法权益的 10 类水产品
7	广东省气瓶安全条例（2019 年修正）	2019 年 9 月 25 日	特种设备行业协会、燃气行业协会等社会组织可以依托气瓶信息数据库建立行业诚信信息发布机制和消费者评价机制，为消费者了解企业信用信息和参与气瓶安全监督评价工作提供便利

与 2009 年和 2013 年修正的《中华人民共和国消费者权益保护法》以及国家其他保护消费者权益的法律相比，广东省关于企业对消费者的责任的地方性法规，从内容上更为全面、详细和具体。具体表现为：

（1）凸显重点行业对消费者合法权益的保护。如《广东省盐业管理条例》（2012 年修正）从消除碘缺乏危害保障消费者身体健康、《广东省旅游条例》禁止旅游经营者侵害消费者合法权益、《广东省食品安全条例》（2019 年修正）从食品安全、《广东省水产品质量安全条例》（2019 年修正）从水产品生产包装运输和销售、《广东省气瓶安全条例》（2019 年修正）从特种设备安全等方面保护消费者合法权益。

（2）企业对消费者合法权益的保护更为严格。如《广东省实施〈中华人民共和国消费者权益保护法〉办法》（2012 年修改）规定的双倍返还费用制度。

（3）对企业侵犯消费者合法权益行为的规定更为具体，便于行政执法。如《广东省查处生产销售假冒伪劣商品违法行为条例》（2012 年修订）细化了假冒伪劣商品的种类和为生产销售假冒伪劣商品提供服务的认定标准、《广东省水产品质量安全条例》（2019 年修正）禁止销售危害人体健康、侵犯消费者合法权益的 10 类水产品等。

（4）对消费者参与和监督机制的规定更为明确。如《广东省实施〈中华人民共和国消费者权益保护法〉办法》（2012 年修改）要求经营者明示经营范围、公布收费标准，《广东省气瓶安全条例》（2019 年修正）规定建立行业诚信信息发布机制和消费者评价机制，为消费者了解企业信用信息和参与气瓶安全监督评价工作提供便利。

4. 企业对自然资源和生态环境保护的责任

广东省贯彻科学发展观和绿色发展理念，地方性法规对自然资源保护和生态环境保护立法全而新。下面选取 20 件地方性法规进行研究，见表 4-12。

表 4-12　广东省有关企业对自然资源和生态环境保护社会责任的地方性法规

序号	地方性法规	实施时间	企业社会责任内容
1	广东省节约能源条例（2010 年修订）	2010 年 7 月 1 日	为了贯彻落实节约资源基本国策，节约能源，提高能源利用效率，保护和改善环境
2	广东省矿产资源管理条例（2012 年修正）	2012 年 7 月 26 日	除了对矿产资源勘查、开采作了专门性规定外，还规定了矿山地质环境保护
3	广东省实施《中华人民共和国循环经济促进法》办法	2013 年 3 月 1 日	强调发展循环经济应当坚持以企业为主体，政府推动、市场引导、公众参与相结合的原则；第三章对企业促进减量化、第四章对促进再利用和资源化等作了明确规定

续表

序号	地方性法规	实施时间	企业社会责任内容
4	广东省基本农田保护区管理条例（2014年修正）	2014年11月26日	禁止在基本农田保护区内采矿、堆放固体废弃物，禁止向基本农田保护区内排放不符合标准的废水、废物、废气
5	广东省实施《中华人民共和国水法》办法（2014年修订）	2015年1月1日	法人和其他组织依法履行保护水资源、水工程、水生态环境和节约用水的义务；严格控制向江河、湖泊、水库等水域排放的污染物总量；禁止在饮用水水源保护区内设置排污口
6	广东省实施《中华人民共和国海洋环境保护法》办法（2018年修正）	2018年11月29日	第三章海洋生态环境保护、第四章海洋环境污染防治、第五章海洋环境影响评价对企业海洋环境保护行为作了全面规定
7	广东省饮用水源水质保护条例（2018年修正）	2018年11月29日	在饮用水水源保护区内禁止16种污染水源行为
8	广东省实施《中华人民共和国环境噪声污染防治法》办法（2018年修正）	2018年11月29日	对产生环境噪声污染的单位和个体工商户施行申报登记、审批制度；禁止在噪声敏感建筑物集中区域设立产生噪声污染的工业生产项目；在城市市区范围内限制使用混凝土搅拌机
9	广东省湿地保护条例（2018年修正）	2018年11月29日	禁止在湿地范围内从事的4种活动；禁止非法在湿地范围内从事的7种活动
10	广东省林地保护管理条例（2019年修正）	2019年1月16日	不得将林地改为非林地；未经省人民政府批准，任何单位或个人不得改变国有林业企业事业单位林地的权属和用途；禁止乱批、滥占林地
11	广东省大气污染防治条例	2019年3月1日	第四章工业污染防治、第五章移动源污染防治、第六章扬尘污染和其他污染防治、第七章重污染天气应对和重点区域大气污染联合防治对企业大气污染行为作了非常细致的规定
12	广东省固体废物污染环境防治条例（2018年修订）	2019年3月1日	产生、收集、贮存、运输、利用、处置固体废物的企业和其他生产经营者，应当采取措施防止或者减少固体废物污染环境，并依法承担固体废物污染环境防治责任；第三章固体废物污染环境的防治、第四章对固体废物污染单位和危险废物经营单位防治环境污染行为作了细致的规定

续表

序号	地方性法规	实施时间	企业社会责任内容
13	广东省实施《中华人民共和国土壤污染防治法》办法	2019年3月1日	任何单位和个人都有保护土壤环境的义务和责任；企业和其他生产经营者应当采取有效措施保护和改善土壤环境，防止土壤污染
14	广东省河道采砂管理条例（2019年修订）	2019年7月1日	河道采砂人不得在禁采区、临时禁采区、禁采期从事采砂作业等8项禁止性行为
15	广东省渔业管理条例（2019年修正）	2019年9月25日	对非法捕捞行为作了具体规定；第37条规定水工建设、疏航、勘探、爆破、兴建锚地、排污、倾废等不得损害渔业资源
16	广东省环境保护条例（2019年修正）	2019年11月29日	本省实行环境质量领导责任制和环境保护目标责任制，逐步开展和推行自然资源资产离任审计和生态环境损害责任终身追究制，落实任期及年度环境保护目标和任务；第三章防治污染和其他公害；第四章保护和改善环境
17	广东省水利工程管理条例（2019年修正）	2019年11月29日	在水利工程保护范围内，不得从事危及水利工程安全及污染水质的爆破、打井、开矿、堆放或排放污染物等活动
18	广东省封山育林条例（2019年修正）	2019年11月29日	封山育林期间，禁止任何单位在封山育林区从事破坏森林资源的具体行为
19	广东省河道管理条例	2020年1月1日	第二章河道规划、第三章河道保护、第四章河道治理和利用，对企业依法运用河道的义务作了具体规定
20	广东省野生动物保护管理条例（2020年修订）	2020年5月1日	任何组织和个人都有保护野生动物及其栖息地的义务；第四章禁止非法猎捕、第五章禁止非法交易

通过对20件地方性法规进行文本解读，发现广东省关于企业对自然资源和生态环境保护方面的立法，具有以下几个特点。

（1）对自然资源的保护立法全而新。对自然资源的立法保护涉及能源、矿产、基本农田、水、海洋、湿地、土壤、河道、渔业、森林、野生动物资源等方方面面，且2018年后的相关立法占75%，2019年的相关立法占全部立法数量的50%。

（2）突出对自然资源和生态环境的保护。对企业社会责任相关的六个方面立法中，企业对自然资源和生态环境保护方面的立法数量最多，占立法总数将近一半。

（3）创新对自然资源保护方面的立法。以 2020 年 5 月 1 日修订实施的《广东省野生动物保护管理条例》（2020 年修订）为例，与《中华人民共和国野生动物保护法》相比有以下特色：第一，立法宗旨中增加了加强野生动物管理、防范重大公共卫生风险、保障人民群众生命健康安全；第二，保护范围在有重要生态、科学、社会价值的陆生野生动物以外，增加了其他陆生野生动物，明示了列入畜禽遗传资源目录的动物属于家畜家禽，按照《中华人民共和国畜牧法》的规定执行；第三，保护原则增加了普遍保护、限制利用，全面禁止非法野生动物交易，全面禁止食用陆生野生动物，全面禁止以食用为目的猎捕、交易、运输在野外环境自然生长繁殖的陆生野生动物，培育公民公共卫生安全和生态保护意识，从源头上防控重大公共卫生风险；第四，创新公众参与野生动物保护工作，规定任何组织和个人都有保护野生动物及其栖息地的义务，有权举报或者控告违反本条例的行为，确定每年 11 月为广东省保护野生动物宣传月、每年 3 月 20 日至 26 日为广东省爱鸟周；第五，野生动物及其栖息地保护方面，明确将国家野生动物重要栖息地、自然保护地（包括国家公园、自然保护区以及森林公园、地质公园、海洋公园、湿地公园、风景名胜区等各类自然公园）、饮用水水源保护区、郊野公园、植物园、城市公园以及其他野生动物重要栖息地或者生态廊道，列为禁猎区；合法捕获、人工繁育的野生动物及其制品推行专用标识管理制度；第六，增加了防控重大公共卫生风险的具体举措；第七，细化了野生动物人工繁育管理制度；第八，细化了禁止非法交易野生动物的具体行为。

5. 企业对客户、中小竞争者的社会责任

广东省地方性法规对企业对客户、中小竞争者社会责任的立法相对较少，主要有《广东省产品质量监督条例》（2014 年修正）、《广东省实施〈中华人民共和国反不正当竞争法〉办法》（2014 年修正）、《广东省商事登记条例》（2019 年修正）和 2020 年 3 月 1 日实施的《广东省种子条例》。《广东省实施〈中华人民共和国反不正当竞争法〉办法》对禁止不正当竞争行为作了更为严格、具体的规定。《广东省商事登记条例》（2019 年修正）中规定，省人民政府建立统一的商事主体信用信息公示系统，商事主体应当按照国家规定的期限及时通过商事主体信用信息公示系统向登记机关报送年度报告及其他相关信息，并向社会公示。

6. 企业对社会捐赠的社会责任

在“北大法宝”数据库中，在“标题”中输入“广东省”、在“全文”中输入“捐赠”，得到检索结果 42 条，与企业捐赠有关的地方性法规有 28 件，具体地方性法规见表 4-13。

表 4-13 广东省有关企业捐赠社会责任的地方性法规

序号	地方性法规	实施时间	企业社会责任内容
1	广东省档案管理规定	1998 年 7 月 1 日	企业向档案馆捐赠档案
2	广东省医疗器械管理条例	1999 年 3 月 1 日	未经注册的医疗器械产品，不得生产、销售、捐赠、试用，不得进行宣传及展销活动
3	广东省全民义务植树条例	2004 年 1 月 1 日	县级以上人民政府绿化委员会可以依法接受企业捐赠资金和物资，专项用于义务植树和造林绿化
4	广东省档案条例	2007 年 9 月 1 日	鼓励企业向综合档案馆、专门档案馆捐赠档案
5	广东省专业技术人员继续教育条例（2009 年修订）	2010 年 1 月 1 日	鼓励企业参与继续教育公共服务基础设施建设，资助或者捐赠公益性继续教育活动

续表

序号	地方性法规	实施时间	企业社会责任内容
6	广东省突发事件应对条例	2010年7月1日	鼓励企业为突发事件应对工作提供物资、资金、技术支持和捐赠
7	广东省公共文化服务促进条例	2012年1月1日	鼓励社会力量以捐赠方式建设公共文化设施或者开展文化活动
8	广东省农村扶贫开发条例	2012年1月1日	农村扶贫开发资金企业或者其他组织捐赠的扶贫资金
9	广东省见义勇为人员奖励和保障条例	2013年1月1日	鼓励企业向见义勇为基金会捐赠
10	广东省城乡规划条例	2013年5月1日	鼓励企业以捐赠等形式资助历史文化保护
11	广东省社会科学普及条例	2014年9月1日	社会科学普及作为公益事业，是全社会的共同责任；企业可以为发展社会科学普及事业提供资助、捐赠
12	广东省实施《中华人民共和国民办教育促进法》办法（2014年修正）	2014年9月25日	鼓励企业捐资助学。企业通过公益性社会团体或者县级以上人民政府及其部门自愿无偿向民办教育事业的捐赠支出，在计算应纳税所得额时可以依照国家规定扣除
13	广东省促进科学技术进步条例（2014年修正）	2014年11月26日	鼓励企业捐资设立各类型的科学技术基金，捐赠在年度应纳税所得额3%以内的部分，按国家规定不计征所得税
14	广东省社会养老保险条例（2014年修正）	2014年11月26日	企业可以向养老保险基金进行社会捐赠
15	广东省村务公开条例（2014年修订）	2015年1月1日	村务公开事项包括接受社会捐赠的救灾救助、补贴补助等资金、物资及其管理使用，以及该村的公共服务情况
16	广东省禁毒条例	2016年3月1日	鼓励和支持社会力量、社会资金通过捐赠、设立帮扶项目、创办服务机构、提供服务等方式参与禁毒工作，并依法给予税收减免等优惠
17	广东省社会救助条例	2017年9月1日	鼓励企业通过设立、主办、承办、协办、冠名帮扶项目，或者捐赠、创办服务机构，提供志愿服务等方式，参与社会救助

续表

序号	地方性法规	实施时间	企业社会责任内容
18	广东省企业和企业经营者权益保护条例（2017年修订）	2017年12月1日	任何单位和个人不得强迫企业提供赞助或者捐赠
19	广东省地方志工作条例	2018年7月1日	鼓励企业向方志馆捐赠文献、音像资料、实物等
20	广东省职业教育条例	2018年9月1日	鼓励社会力量捐资、出资兴办职业教育。对向职业学校进行捐赠企业，按照有关规定给予税收优惠
21	广东省红十字会条例（2019年修订）	2019年5月8日	对企业捐赠的来源、使用等进行了规范
22	广东省全民阅读促进条例	2019年6月1日	鼓励企业为图书捐赠、交换提供便利，推动建立图书循环利用的体系和网络，促进阅读资源共享
23	广东省全民健身条例	2019年7月1日	鼓励企业为全民健身活动提供产品和服务；利用社会捐赠建设的体育设施，受赠单位是管理和维护责任单位
24	广东省实施《中华人民共和国文物保护法》办法（2019年修正）	2019年11月29日	文物保护事业可以接受社会捐赠
25	广东省文化设施条例（2019年修正）	2019年11月29日	鼓励企业捐资兴建兴办公共文化设施。捐赠公共文化设施的，捐赠人可以按照有关规定享受优惠
26	广东省社会力量参与救灾促进条例（2019年修正）	2019年11月29日	鼓励和支持社会力量通过捐款捐物、设立具有救灾宗旨的基金会和开展义演、义展、义卖等捐赠活动的方式进行救灾捐赠；规定鼓励社会力量通过捐赠、设立帮扶项目、提供志愿服务等方式，为应急期、过渡期生活救助对象以及当年冬季、次年春季生活困难对象提供帮助
27	广东省非物质文化遗产条例（2019年修正）	2019年11月29日	鼓励企业将其所有的非物质文化遗产资料和实物捐赠给政府设立的文化机构收藏，或者委托政府设立的文化机构保管或者展出
28	广东省自主创新促进条例（2019年修订）	2019年12月1日	鼓励企业捐赠财产或者设立科学技术基金资助、奖励本省自主创新活动，并可以依法享受税收优惠政策

通过对地方性法规进行文本解读，发现广东省关于企业捐赠社会责任的规定有以下几个特点。

第一，对企业捐赠的鼓励政策涉及方方面面。包括扶贫开发、突发事件、档案、医疗器械、义务植树、继续教育、职业教育、公共文化设施、见义勇为、科学普及、历史文化保护、民办教育、救灾、禁毒教育、社会救济、全民健身、文物保护、非物质文化遗产保护、自主创新等。

第二，鼓励企业捐赠，严格执行国家税收优惠政策。规定在应纳税所得额3%以内的部分，享受税收优惠。

第三，突出弱势群体保护。鼓励企业对扶贫开发、救灾、社会救济等方面进行捐赠。

第四，突出对中华民族传统文化的保护。在企业捐赠物质和非物质档案资料、非物质文化遗产保护等均有鼓励性政策。

第五，重视企业支持社会力量办教育。鼓励企业捐赠举办职业教育、继续教育、民办教育，提高人口和劳动者基本素养。

第六，注重人民身心健康。鼓励企业举办公共卫生和文化设施建设、全民健身、全民阅读等方面的捐赠。

7. 企业对社会公共利益的责任

“北大法宝”数据库中，在“标题”中输入“广东省”、在“全文”中输入“社会公共利益”一词，得到检索结果29条，与企业承担社会公共利益有关的地方性法规有9件，具体情况见表4-14。

表4-14　广东省有关企业承担社会公共利益社会责任的地方性法规

序号	地方性法规名称	实施时间	企业社会责任的内容
1	广东省经济特区涉外公司条例	1987年1月1日	禁止涉外公司从事损害国家利益或社会公共利益的其他活动

续表

序号	地方性法规名称	实施时间	企业社会责任的内容
2	广东省保税区管理条例	2002 年 10 月 1 日	保税区内企业必须遵守国家法律、法规，不得损害国家和社会公共利益
3	广东省实施《中华人民共和国台湾同胞投资保护法》办法（2003 年修改）	2003 年 9 月 26 日	台湾同胞投资者必须遵守法律、法规，不得损害国家利益和社会公共利益
4	广东省计算机信息系统安全保护条例	2008 年 4 月 1 日	任何企业不得利用计算机信息系统制作、传播、复制损害社会公共利益的信息
5	广东省供用电条例	2017 年 7 月 1 日	供电行为应当保障供用电安全和社会公共利益
6	广东省旅游条例	2017 年 11 月 1 日	旅游经营者应当履行保护旅游资源和环境，维护社会公共利益的义务
7	广东省企业和企业经营者权益保护条例（2017 年修订）	2017 年 12 月 1 日	企业和企业经营者应当依法从事生产经营活动，不得损害国家利益、社会公共利益
8	广东省铁路安全管理条例	2018 年 12 月 1 日	任何单位和个人发现铁路运输企业危害社会公共利益的，有权依法投诉、举报
9	广东省促进中小企业发展条例（2019 年修订）	2020 年 1 月 1 日	中小企业应当依法履行义务，不得损害劳动者的合法权益和社会公共利益

通过对文本进行解读，发现广东省对企业履行维护社会公共利益的社会责任的地方性法规有以下几个特点：

第一，企业履行维护社会公共利益的社会责任，基本是一个兜底性条款，与企业依法经营、诚实守信、不得损害国家利益、劳动者利益、保护环境等紧密相连。

第二，履行维护社会公共利益社会责任的企业行业特征明显。包括计算机、供用电、旅游、铁路等与人民生活息息相关的行业。

第三，履行维护社会公共利益社会责任的企业主体特征明显。包括涉外公司、保税区内企业、台湾投资者、供电企业、旅游经营者、铁路运输企业、中小企业等。

本章小结

通过研究我国企业社会责任的地方立法，初步了解我国企业社会责任地方立法的现状和特点。总体来说，我国企业社会责任地方立法基本是依据国家法而制定，大多数属于实施性立法，缺少创新性、先行性立法。从地域上分析，发达地区的广东省、浙江省、江苏省企业社会责任地方立法数量较多、覆盖面广，西部落后地区企业社会责任地方立法数量少、覆盖面不全。北京、天津、重庆三个直辖市的企业社会责任地方立法，与其经济社会发展程度不相匹配。广东省企业社会责任地方立法经验值得学习和推广。

第五章
内蒙古自治区企业社会责任的地方法规制

草原丝绸之路经济带以内蒙古为中心，向东延伸到东北三省以贯通东北亚，向西延伸到宁夏、甘肃、青海、新疆以贯通中亚、东欧和欧洲中心地带，向南与京津冀地区相连，向北连接蒙古国、俄罗斯。草原丝绸之路经济带在中国境内覆盖的省份主要有内蒙古、宁夏、甘肃、青海、新疆五省（区）。通过“北大法宝”查询，上述省份中，现行有效的地方性法规最多的省份是内蒙古 516 件，其他依次是甘肃 430 件、青海 396 件、新疆 393 件、宁夏 345 件。自本章起按照地理位置从东向西的方向，对上述五省（区）企业社会责任地方立法现状进行描述和评析。本章按照企业社会责任省级地方性法规、设区的市地方性法规、自治条例和单行条例三部分，对内蒙古自治区企业社会责任地方性法规进行描述、统计和分析。

第一节 内蒙古自治区企业社会责任的省级地方法规制

一 立法概况

在“北大法宝”数据库中，选择“地方性法规”中输入“内蒙古自治区”关键词进行“法规标题”检索。截至 2020 年 5 月 1 日，内蒙古共制定 516 件省级地方性法规，其中现行有效的 259 件。按照法规公布时间和数量，1990～1996 年是内蒙古自治区省级地方性法规立法起步阶段，每年立法数量不超过 3 件；1997～2014 年是发展不稳定阶段，多的年份有 18 件，少的年份只有 3 件；2015 年以后是稳步发展阶段，其中 2018 年立法数量最多达到 28 件，其次是 2016 年达到 25 件。内蒙古省级地方性法规分年度立法数量见图 5-1。

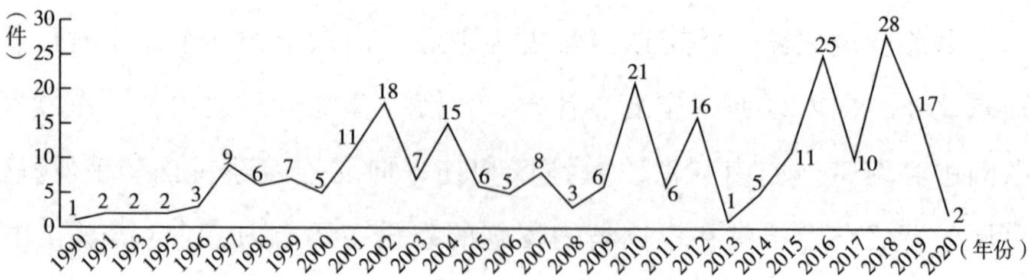

图 5-1　内蒙古省级地方性法规分年度立法数量

在“标题”中输入“社会责任”一词进行检索，没有检索结果。在“全文”中输入“社会责任”一词进行检索，只有 2018 年 6 月 1 日实施的《内蒙古自治区企业国有资产监督管理条例》第二十条规定，国有出资企业应当履行承担社会责任的义务。因此，只能通过对内蒙古自治区现行有效的 259 件省级地方性法规进行全文检索，按照企业社会责任 6 个方面的内容，即企业对投资者的责任、企业对劳动者的责任、企业对消费者的责任、企业对自然资源和生态环境保护的责任、企业对社会捐赠的责任、企业对社区等社会公共利益的责任进行分类研究。检索结果见表 5-1。

表 5-1 内蒙古自治区有关企业社会责任省级地方性法规

序号	企业社会责任内容	检索到的法规数量（件）	与社会责任有关的法规数量（件）
1	企业对投资者的责任	13	2
2	企业对劳动者（职工）的责任	50	10
3	企业对消费者的责任	14	11
4	企业对自然资源和环境保护的责任	40	23
5	企业对社会捐赠的责任	19	11
6	企业对社会公共利益的责任	23	5

二 企业社会责任省级地方立法内容及评析

（一）企业对投资者的社会责任

在内蒙古自治区地方性法规中，通过对“投资者”和“股东”进行全文检索，得到检索结果 13 条，其中与企业对投资者义务的规定有 2 件，下面分别予以阐述。

1. 对国家出资企业投资者合法权益的保护

2018 年 6 月 1 日起实施的《内蒙古自治区企业国有资产监督管理条例》，对投资者的权利和国有出资企业的义务作了如下规定。

（1）明确了国家出资企业的投资者是旗县级以上人民政府。该《条例》第四条规定，本条例所称国家出资企业，是指旗县级以上人民政府出资的国有独资企业、国有独资公司，以及国有资本控股公司、国有资本参股公司。（2）通过对国家出资企业义务的规定以保障投资者的权利。该《条例》第 19 条规定，投资者对其所出资的企业依法享有资产收益、参与重大决策和选择管理者等投资者权利。第 20 条规定，国家出资企业应当履行依法经营，接受有关部门、机构的监督管理；建立健全企业内部管理制度；承担社会责任；依法应当承担的其他义务。

（2）通过规范公司治理，保障投资者权利的行使。该《条例》第22条规定，由履行投资者职责的机构选派国有独资公司、国有资本控股公司的外部董事。第24条规定，国有独资企业、国有独资公司由履行投资者职责的机构委派监事和职工代表共同组成监事会。第25条规定，国有独资企业、国有独资公司、国有资本控股公司管理者由履行投资者职责的机构派出和考核；总会计师应当外派交流产生。第26条国有独资企业、国有独资公司出现重大投资损失、发生重大法律纠纷案件等影响企业正常经营的重大事件，应当及时向履行投资者职责的机构报告；第27条国家出资企业发生需要进行资产评估的事项时，应当按照国家和自治区有关规定将资产评估结果向投资者报告。

（3）通过明确关系国有资产投资者权益的重大事项和企业国有资产监督，保障投资者合法权益。

2. 对中小企业投资者合法权益的保护

2019年12月1日起实施的《内蒙古自治区中小企业促进条例》第四条明确规定，依法保护中小企业及其投资者的财产权、知识产权和其他合法权益。鉴于中型企业、小型企业和微型企业的劳动者也是投资者的情况，该《条例》第五条规定的中小企业应当依法经营，遵守法律、法规，规范内部管理，提高经营管理水平，不得损害劳动者合法权益，这一规定从一定程度上说也是对投资者权益的一种保护。第七章权益保护的各项措施，既是对中小企业权益的保护，也是对企业投资者合法权益的保护。

（二）企业对劳动者的社会责任

在内蒙古自治区地方性法规中，通过对“劳动者”进行全文检索，得到检索结果7条；通过对“职工”进行全文检索，得到检索结果43条。与劳动者权益保护有关的省级地方性法规有10件，下面分别予以阐述。

1. 保护农牧场职工合法权益

1996年7月27日实施的《内蒙古自治区国有农牧场条例》第12条规定，国有农牧场要做好劳动安全与劳动保护，改善劳动条件，保证安全生产和文明生产。第27条规定国有农牧场职工的合法权益受法律保护；国有农牧场职工有参与民主管理和民主监督的权利；有对本场的生产建设和经营管理及其他工作提出意见和建议的权利；有依法获取劳动报酬，享受劳动保护和劳动保险、休息和休假的权利；有向国家机关反映真实情况，对本场各级领导干部提出批评和控告的权利。女职工有依照国家规定享受特殊劳动保护和劳动保险的权利。

2. 通过劳动保障监察对劳动者合法权益的保护

2010年5月1日起实施的《内蒙古自治区劳动保障监察条例》，对劳动者合法权益的保护主要体现在以下几个方面：

（1）自治区行政区域内的企业、个体经济组织、民办非企业单位等组织均应接受劳动保障监察，拓宽了对劳动者权益保护的义务主体的监察范围。

（2）明确了劳动保障的监察事项，有利于监督监察企业履行保障劳动者合法权益的义务。这些事项包括用人单位制定直接涉及劳动者切身利益的规章制度及其执行的情况，用人单位与劳动者订立和解除劳动合同的情况；用人单位签订和履行集体合同的情况；用人单位遵守禁止使用童工规定的情况；用人单位遵守女职工和未成年工特殊劳动保护规定的情况；用人单位遵守工作时间和休息休假规定的情况；用人单位支付劳动报酬和执行最低工资标准的情况；用人单位参加各项社会保险和缴纳社会保险费的情况；劳务派遣单位和用工单位遵守劳务派遣有关规定的情况；职业介绍机构、职业技能培训机构和职业技能考核鉴定机构遵守国家有关职业介绍、职业技能培训和职业技能考核鉴定规定的情况；法律、法规规定的其他劳动保障监察事项。

（3）严格的劳动保障监察具体措施和严厉的处罚措施，监督企业切实履行保障劳动者合法权益的义务。该《条例》第 22 条规定，用人单位拒绝提供或者逾期不能提供有关支付凭证等证据的，劳动保障行政部门可以根据劳动者投诉时提供的材料及其他有关证据认定事实，责令用人单位限期支付；用人单位逾期不支付的，责令用人单位按照应付金额百分之五十以上一倍以下的标准计算，向劳动者加付赔偿金。第 23 条规定，总承包人、承包人克扣、无故拖欠劳动者工资的，劳动保障行政部门可以责令由建设单位或者总承包人先行垫付。建设工程项目的建设单位或者总承包人、承包人违法将工程发包、分包或者转包给不具备相应资质条件的单位或者个人，该单位或者个人克扣、无故拖欠劳动者工资时，劳动保障行政部门可以责令违法发包人或者违法承包人先予支付。

3. 规范企业集体合同保障劳动者合法权益

2000 年 10 月 15 日实施的《内蒙古自治区企业集体合同条例》，对集体合同的签订、变更、解除、终止和集体合同的内容、期限、争议解决与监督作了详细的规定，以此保障自治区内各类企业保障劳动者合法权益。

4. 规范企业职工民主管理行为，保障劳动者民主管理和监督的合法权益

2003 年 3 月 1 日实施的《内蒙古自治区职工民主管理条例》对保障职工参与民主管理的权利，维护职工合法权益起到了非常重要的作用。该《条例》对职工参与民主管理的具体形式、国有企业和非公有

企业职工参与民主管理的内容等作了细致的规定。

2007 年 1 月 1 日实施的《内蒙古自治区公司职工董事职工监事条例》第五条规定，国有独资公司、两个以上的国有企业或者两个以上的其他国有投资主体投资设立的有限责任公司，其董事会成员中应当有公司职工代表；其他有限责任公司和股份有限公司的董事会成员中可以有公司职工代表；设立监事会的有限责任公司和股份有限公司，监事会成员中职工监事的比例不得低于三分之一。同时，专门规定了职工董事和职工监事的产生办法和职权。

5. 保障劳动者平等就业权

2012 年 1 月 1 日起实施的《内蒙古自治区就业促进条例》，对劳动者平等就业权的保护主要体现在以下两个方面。

（1）用人单位有依法保障劳动者公平就业的义务。该《条例》第 24 条规定，用人单位不得以民族、种族、性别、宗教信仰、相貌、身高、户籍、婚姻状况、传染病原携带者等与劳动岗位无关的因素为由，对劳动者给予不平等待遇。

（2）对少数民族、进城务工人员、残疾人劳动者的照顾。该《条例》第 24 条明确规定，用人单位招用劳动者，应当依法对少数民族劳动者给予照顾。进城务工的农村牧区劳动者享有与城镇劳动者平等的劳动权利，用人单位不得设置歧视性就业限制。保障残疾人的劳动权利，用人单位不得歧视残疾人。

6. 建立企业集体工资协商制度，保障劳动者工资福利和劳动保险待遇

2012 年 10 月 1 日实施的《内蒙古自治区企业工资集体协商条例》第 5 条规定，企业和职工个人订立的劳动合同中约定的劳动报酬不得低于工资集体合同规定的标准；一线职工工资增长幅度应当高于企业

职工平均工资增长幅度。同时规定，工资集体合同约定的劳动报酬适用于所有与本企业形成劳动关系的职工以及本企业使用的劳务派遣职工。该《条例》还对工资集体合同的签订程序、内容、争议解决作了细致的规定，以保障企业职工（包括劳务派遣职工）的工资和劳动保险待遇。

7. 加强安全生产管理，保障劳动者生命健康权

2017 年 7 月 1 日起实施的《内蒙古自治区安全生产条例》（2017 年修订），通过加强安全生产工作，防止和减少生产安全事故，以保障劳动者生命健康权。具体表现在：

（1）明确安全生产的责任主体。该《条例》第四条规定，生产经营单位是安全生产的责任主体；生产经营单位的主要负责人是本单位安全生产第一责任人，对安全生产工作负全面领导责任；分管安全生产的负责人对安全生产工作负综合管理领导责任；其他负责人对分管范围内的安全生产工作负直接领导责任。

（2）细化了生产经营单位的安全生产保障制度和措施，如建立安全生产不良记录信用信息系统制度。

8. 通过促进中小企业发展，保障劳动者合法权益

据统计，2015 年末，内蒙古自治区中小企业总量达到 28. 8 万家，年均增长 14. 5%；每年吸纳就业人数 18. 8 万人，占城镇新增就业人数的 70%。到 2020 年，全区中小企业总数超过 46 万家，增长 10%，每年吸纳城镇新增就业人数平均达到 20 万人。① 因此，中小企业在自治区经济和社会发展中具有非常重要的战略地位。

2019 年 12 月 1 日起实施的《内蒙古自治区中小企业促进条例》

① 《内蒙古自治区促进中小企业发展“十三五”规划（2016—2020 年）》（内经信发〔2017〕30 号），见内蒙古自治区人民政府网，http：//www. nmg. gov. cn/art/2017/3/30/art_1564_172416. html。

立法目的之一是发挥中小企业在国民经济和社会发展中扩大就业、改善民生、促进创业创新的重要作用。该《条例》第五条明确规定，中小企业应当依法经营，遵守法律、法规，遵循诚信原则，规范内部管理，提高经营管理水平；不得损害劳动者合法权益，不得损害社会公共利益。

（三）企业对消费者的社会责任

在内蒙古自治区地方性法规中，通过对“消费者”进行全文检索，得到检索结果 14 条，与企业对消费者的义务有关联性的规定有 11 件，具体情况见表 5-2。

表 5-2 内蒙古自治区企业对消费者的义务地方性法规

序号	地方法规名称	实施时间	企业对消费者社会责任内容
1	内蒙古自治区保护消费者合法权益条例	1990 年 10 月 1 日	规定了消费者享有的 7 项权利；第三章规定生产、销售、服务者的义务
2	内蒙古自治区商品市场管理条例	1995 年 11 月 27 日	规定农牧民在市场内出售自产产品要持自产证
3	内蒙古自治区产品质量监督管理条例	1997 年 11 月 20 日	产品质量达不到规定标准影响人体健康和危及人身、财产安全的，不得出厂、销售；第二十条规定了销售者先行赔偿制度
4	内蒙古自治区旅游管理条例	1999 年 9 月 24 日	规定旅游者进行旅游活动，应当履行的义务，如尊重旅游地的民族风俗习惯
5	内蒙古自治区查处生产和销售假冒伪劣商品行为的规定（2001 年修正）	2001 年 8 月 1 日	规定使用假冒伪劣商品为经营者和消费者提供服务的，或者作为有奖销售活动奖品和促销活动赠品的，视为销售假冒伪劣商品的行为
6	内蒙古自治区实施《中华人民共和国消费者权益保护法》办法（2004 年修订）	2004 年 7 月 1 日	第二章消费者的权利和经营者的义务规定中，专节对一般规定、行业规范、售后责任作了更为细致的规定
7	内蒙古自治区计量管理条例（2004 年修正）	2004 年 11 月 26 日	规定在即时交易中，经营者应当向消费者明示计量单位、操作过程和量值。对方有异议的，应当重新操作并显示量值

续表

序号	地方法规名称	实施时间	企业对消费者社会责任内容
8	内蒙古自治区合同格式条款监督条例	2006年10月1日	对格式条款不得含有免除提供方责任、不得含有加重对方当事人责任、不得含有排除对方当事人主要权利的内容作了列举式规定
9	内蒙古自治区道路运输条例（2010年修正）	2010年12月3日	规定道路运输经营者应当公布服务内容、费目费率，执行国家、自治区规定的道路运输价格和收费标准
10	内蒙古自治区价格监督检查条例	2015年7月1日	立法目的是为了规范价格行为，维护市场价格秩序，保护消费者的合法权益
11	内蒙古自治区商品交易市场管理条例（2016年修正）	2016年5月30日	规定鼓励市场经营者建立先行承担赔偿责任制度；规定市场内经营者应当履行7项具体义务

通过对内蒙古有关企业对消费者义务的省级地方性法规的文本解读，与2009年《中华人民共和国消费者权益保护法》以及国家其他保护消费者权益的法律相比，内蒙古自治区关于企业对消费者的责任的地方性法规，立法时间上更早，内容上更为全面、详细和具体，更具有民族特色。具体表现为：

1. 先行性立法特色明显

地方性试验性和先行性立法，是指地方性法规通常都是在国家立法条件尚未成熟的情况下进行，由于社会关系尚未定型化，在全国进行统一立法难度过大，由地方立法“先行先试”，待条件成熟后再制定全国性法律。[①]

内蒙古自治区1990年10月1日实施的《内蒙古自治区保护消费者合法权益条例》早于《中华人民共和国消费者权益保护法》（1994年1月1日实施）4年，《内蒙古自治区旅游管理条例》（1999年9月24日）对消费者权益保护的地方性法规早于《中华人民共和国旅游

① 杨临宏：《立法学：原理、制度与技术》，中国社会科学出版社，2016，第182页。

法》（2013年10月1日实施）4年。

通过检索“合同格式条款”标题，全国目前只有7件地方性法规。2006年10月1日实施的《内蒙古自治区合同格式条款监督条例》，仅晚于2001年1月1日实施的《上海市合同格式条款监督条例》、2003年10月1日实施的《黑龙江省合同格式条款监督条例》（2016年修正）、2006年1月1日实施的《重庆市合同格式条款监督条例》，是全国第四个颁布合同格式条款监督条例的地方性法规的省份。该《条例》早于2010年8月1日实施的《新疆维吾尔自治区合同格式条款监督条例》、2012年10月1日实施的《深圳经济特区合同格式条款条例》（2019年修正）、2015年10月1日实施的《广西壮族自治区合同格式条款监督管理条例》。

2. 民族特色比较突出

《内蒙古自治区保护消费者合法权益条例》第10条规定，自治区内生产的商品，其包装或者说明书应当使用蒙汉两种文字；《内蒙古自治区旅游管理条例》第34条规定，旅游者进行旅游活动，应当尊重旅游地的民族风俗习惯。

3. 最早（1997）建立了销售者先行赔偿制度

关于先行赔偿制度，我国2013年6月1日实施的《国务院办公厅转发食品药品监管总局等部门关于进一步加强婴幼儿配方乳粉质量安全工作意见的通知》（国办发〔2013〕57号）、2014年4月21日实施的《国务院办公厅关于印发贯彻实施质量发展纲要2014年行动计划的通知》（国办发〔2014〕18号）、《广告法》（2015年修订）和2019年1月1日实施的《电子商务法》确立了经营者先行赔偿制度。

（四）企业对自然资源和生态环境保护的社会责任

通过检索，内蒙古现行有效的有关自然资源和环境保护的省级地方性法规 40 件，按照地方性法规类别，具体分布见图 5-2。

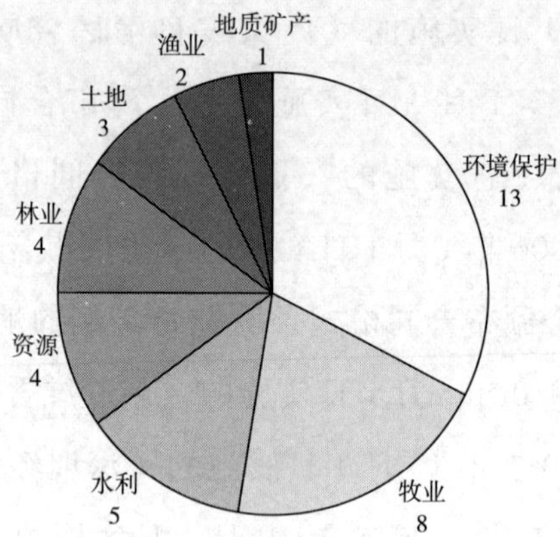

图 5-2　内蒙古有关自然资源和环境保护的省级地方性法规（件）

纳入研究范围的企业对自然资源和环境保护责任的主要地方性法规有 23 件，基本情况见表 5-3。

表 5-3　内蒙古有关企业承担自然资源和环境保护责任的地方性法规

序号	地方法规名称	实施时间	企业承担自然资源保护责任的内容
1	内蒙古自治区国有农牧场条例	1996 年 7 月 27 日	国有农牧场负有切实保护和合理开发利用自然资源、保护生态环境、防治污染、保证可持续发展的义务
2	内蒙古自治区矿产资源管理条例	1999 年 7 月 31 日	勘查、开采矿产资源，必须遵守有关矿山安全、环境保护、水土保持和土地复垦的法律、法规
3	内蒙古自治区实施《中华人民共和国渔业法》办法（2001 年修正）	2001 年 8 月 1 日	渔业养殖不得利用未经处理或者处理未达标的城镇生活污水、工业废水及其他有毒、有害水体从事养殖生产，不得使用含有有害物质的饵料、饲料、肥料和药品；自治区对江河、湖泊、水库实行捕捞限额制度
4	内蒙古自治区实施《中华人民共和国水法》办法（2004 年修订）	2004 年 8 月 1 日	除第四条规定单位和个人有保护水资源和节约用水的义务外，在第四章专门规定水资源、水域和水工程保护

续表

序号	地方法规名称	实施时间	企业承担自然资源保护责任的内容
5	内蒙古自治区实施《中华人民共和国防沙治沙法》办法	2004 年 9 月 1 日	使用土地的单位和个人有防止和治理该土地沙化的义务
6	内蒙古自治区草原管理条例（2014 年修改）	2005 年 1 月 1 日	自治区实行基本草原保护制度，对基本草原实施严格管理
7	内蒙古自治区地质环境保护条例（2012 年修正）	2012 年 3 月 1 日	禁止在地质灾害危险区内进行采矿、建筑、削坡和开采、抽取地下水等容易诱发地质灾害发生的活动；第四章矿山地质环境保护
8	内蒙古自治区大青山国家级自然保护区条例	2013 年 12 月 1 日	禁止在保护区内从事探矿、开矿、倾倒废弃物和排放污染物，储存、使用有毒化学、易燃易爆危险物品，进行经营性取水或者除抢险、救灾外拦截水源；在保护区的核心区和缓冲区内，不得新建、改建、扩建任何生产经营设施
9	内蒙古自治区基本草原保护条例（2016 年修正）	2016 年 3 月 30 日	禁止开垦基本草原、擅自改变基本草原用途、擅自钻井提取工业用水，违反法律、法规倾倒排放固体、液体、气体废物或者造成环境噪声污染、粉尘污染、放射性污染、电磁波辐射污染
10	内蒙古自治区饮用水水源保护条例	2018 年 1 月 1 日	在饮用水水源一级保护区内已建成的与供水设施和保护水源无关的建设项目，由旗县级以上人民政府责令拆除或者关闭
11	内蒙古自治区呼伦湖国家级自然保护区条例（2018 年修正）	2018 年 7 月 26 日	禁止在保护区内从事开矿，建设污染环境、破坏自然资源或者景观的项目，向保护区水体倾倒排放固体、液体废弃物
12	内蒙古自治区水土保持条例（2018 年修正）	2018 年 7 月 26 日	矿产资源开发、生产建设项目施工等生产活动占压的林草植被，能够移植、移栽的，生产建设单位应当进行移植、移栽。生产建设活动结束后，建设单位应当及时采取植树种草、恢复植被、复垦等治理措施
13	内蒙古自治区实施《中华人民共和国节约能源法》办法（2018 年修正）	2018 年 7 月 26 日	鼓励工业企业开发、生产、使用清洁能源和低耗能、低污染的节能环保型设备，推动企业节能技术改造。工业企业使用国家、自治区已经公布淘汰的机电产品，应当制定更新计划，按照规定期限停止使用
14	内蒙古自治区实施《中华人民共和国森林法》办法（2018 年修正）	2018 年 7 月 26 日	经依法批准征占用林地进行勘察、开采矿藏和各项工程建设，应当依法缴纳森林植被恢复费；以生态建设为主要目的的灌木经营管理以发挥生态效益为主，采伐利用为辅

续表

序号	地方法规名称	实施时间	企业承担自然资源保护责任的内容
15	内蒙古自治区环境保护条例（2018年修正）	2018年12月6日	禁止在自然保护区、风景名胜区、文物保护区和其他需要特别保护的区域建设污染环境的工业生产设施。第四章防治环境污染和其他公害
16	内蒙古自治区珍稀林木保护条例（2018年修正）	2018年12月6日	禁止任何单位和个人非法采集珍稀林木资源或者破坏其生长环境；禁止采伐古树；禁止出售、收购、加工、运输国家一级重点保护野生植物中的珍稀林木和古树
17	内蒙古自治区实施《中华人民共和国野生动物保护法》办法（2018年修正）	2018年12月6日	影响或者破坏野生动物生存环境的建设项目，生态环境主管部门在审批环境影响报告书时，要征求同级野生动物保护主管部门的意见
18	内蒙古自治区湿地保护条例（2018年修正）	2018年12月6日	禁止在天然湿地内擅自进行采砂、采石、采矿、砍伐林木和开垦活动
19	内蒙古大兴安岭汗马国家级自然保护区条例	2019年1月1日	保护区内禁止从事砍伐开垦、开矿、采石、挖沙、取土，建设生产设施和建设污染环境、破坏资源或者景观的生产设施
20	内蒙古自治区大气污染防治条例	2019年3月1日	对工业污染、燃煤污染、机动车污染、扬尘污染、供热污染、秸秆焚烧污染、沙尘污染防治等作了专章规定；实施绿色矿山建设制度
21	内蒙古自治区民用建筑节能和绿色建筑发展条例	2019年9月1日	鼓励利用建筑垃圾、煤矸石、粉煤灰、炉渣、尾矿等固体废物为原料生产新型墙体材料和其他建筑材料；建设单位在确定建筑物采暖、制冷、通风、照明和热水供应等方案时，应当对太阳能、地热能等可再生能源利用条件进行评估，具备条件的应当使用可再生能源
22	内蒙古自治区水污染防治条例	2020年1月1日	排放工业废水的企业应当采取有效措施，收集和处理产生的全部废水，应当达标排放。含有毒有害水污染物的工业废水应当分类收集和处理，禁止稀释排放
23	内蒙古自治区乌海市及周边地区大气污染防治条例	2020年1月1日	新建矿山应当执行绿色矿山建设标准，已建生产矿山应当限期达到绿色矿山建设标准；第三章对工业污染防治作了明确的规定

通过文本阅读，内蒙古自治区关于企业对自然资源和环境保护的社会责任的规定，有以下几个特点：

1. 企业社会责任内容全面

省级地方性法规几乎覆盖了自然资源和环境保护的全部，突出对环境保护的地方立法。内蒙古地处祖国北疆，是我国北方重要生态安全屏障，内蒙古的生态地位重要而特殊，内蒙古生态状况如何，不仅关系全区各族群众生存和发展，而且关系华北、东北、西北乃至全国生态安全。2014 年习近平总书记提出了内蒙古各族干部群众要“守望相助”的殷切希望。2017 年 8 月在自治区成立 70 周年庆祝活动期间，习近平总书记为内蒙古题词“建设亮丽内蒙古，共圆伟大中国梦”。内蒙古自然资源和环境保护的省级地方性法规立法数量占 32.5%。

2. 地方立法特色明显

地方性法规的特性之一是具有地方性，地方性法规的内容应适应地方的实际情况，解决本行政区域的实际问题。[①] 地方立法规范数量的增加，并不能简单地与规范实效的扩大画上等号；只有当地方立法相较于中央立法彰显出独特的地方关怀、相比于兄弟省份地方立法浸透着浓重的本地特色时，地方立法才有可能如《立法法》预期的那样，回应当地的“具体情形和实际需要”，发挥引领与规训的实效。[②] 内蒙古自治区有关自然资源和环境保护地方性法规不仅仅是数量上的优势，更重要的是立法内容上的创新。具体表现在：

(1) 内蒙古的草原、森林和人均耕地面积都居全国第一。[③] 立法上的表现是突出对草原、森林、野生动植物、珍稀林木、自然保护区的立法。

---

① 全国人大常委会法制工作委员会国家法室编著《中华人民共和国立法法释义》，法律出版社，2015，第 227 页。

② 丁祖年、郑春燕：《中国地方立法的现实与转型》，载《地方立法研究》2016 年第 1 期，第 47~58 页。

③ 2018 年内蒙古自治区第八次森林资源清查结果显示，全区森林面积 3.92 亿亩，居全国第一位，森林覆盖率 22.1%。

（2）内蒙古矿产资源丰富，是我国发现新矿物最多的省区，特别是全区煤炭保有资源量为4590.41亿吨，占全国的26.87%，居全国第一位。立法上的表现是突出对矿产资源的开采、植被修复等的规定。

（3）突出对自然保护区立法保护。截至2017年底，全国共建立各种类型、不同级别的自然保护区2750个，内蒙古确定的各级自然保护区182个，占全国6.6%。全国现行有效的关于自然保护区的地方性法规有37件，内蒙古自治区达到7件，占全国18.9%。

（4）突出对环境保护的立法。《内蒙古自治区矿产资源管理条例》《内蒙古自治区实施〈中华人民共和国防沙治沙法〉办法》《内蒙古自治区地质环境保护条例》《内蒙古自治区实施〈中华人民共和国节约能源法〉办法》《内蒙古自治区环境保护条例》《内蒙古自治区大气污染防治条例》《内蒙古自治区民用建筑节能和绿色建筑发展条例》《内蒙古自治区水污染防治条例》《内蒙古自治区乌海市及周边地区大气污染防治条例》9部地方性法规，占内蒙古自治区自然资源与环境保护省级地方性法规的39.1%。

3. 先行性立法数量较多

23件有关自然资源与环境保护的省级地方性法规中，实施性立法6件，占26.1%；先行性立法17件，占73.9%。特别是《内蒙古自治区民用建筑节能和绿色建筑发展条例》（全国关于民用建筑节能和绿色建筑发展相关联的立法仅有8件）、《内蒙古自治区乌海市及周边地区大气污染防治条例》（全国关于区域大气污染防治立法仅有此1件），从绿色建筑、跨区域治理环境方面加大对环境保护的力度。

（五）企业对社会捐赠的责任

通过全文检索“捐赠”一词，得到检索结果23条，与企业社会责任有关的11条。按照鼓励企业捐赠的用途划分，关于历史文化地方性法规6件、教育4件、扶贫开发1件。通过文本阅读，发现内蒙古自治区关于企业对社会捐赠的地方性法规有以下几个特点：

（1）突出捐赠用于历史文化的保护与传承。以全国最有特色的乌兰牧骑为例，乌兰牧骑是面向基层、面向群众，具备先进性、群众性、民族性、时代性，队伍短小精干、队员一专多能、节目小型多样的文艺工作队，属于公益一类事业，是公共文化服务体系的重要组成部分[①]，被习近平总书记称为草原上的"红色文艺轻骑兵"[②]。2019年11月1日实施的《内蒙古自治区乌兰牧骑条例》第7条规定，法人或者其他组织可以向乌兰牧骑捐赠财产，受赠财产应当用于发展乌兰牧骑公益事业。同时，鼓励企业设立业余乌兰牧骑，该《条例》第24条规定，企业设立的业余乌兰牧骑，应当弘扬乌兰牧骑精神，履行乌兰牧骑职能。另外，2016年7月1日实施的《内蒙古自治区元上都遗址保护条例》、2017年7月1日实施的《内蒙古自治区非物质文化遗产保护条例》均规定，鼓励企业捐赠用于物质遗址和非物质文化遗产的保护。

（2）企业捐赠用于扶贫开发，赋予了企业捐赠新的内涵。2015年11月29日《中共中央国务院关于打赢脱贫攻坚战的决定》（中发〔2015〕34号）中指出，引导中央企业、民营企业分别设立贫困地区产业投资基金，采取市场化运作方式，主要用于吸引企业到贫困地区从事资源开发、产业园区建设、新型城镇化发展等。2013年1月1日实施的《内蒙古自治区农村牧区扶贫开发条例》站在扶贫开发与生态建设、环境保护相结合的战略高度，鼓励国有企业对贫困嘎查村、贫困户实行定点帮扶，鼓励、支持民营企业到农村牧区贫困地区投资兴业，鼓励企业捐赠建立扶贫资金并依法享受税收

---

① 参见《内蒙古自治区乌兰牧骑条例》第3条、第4条。

② 《习近平总书记给内蒙古自治区苏尼特右旗乌兰牧骑队员们的回信》，载《人民日报》2017年11月22日第1版。

优惠政策。[①]

（六）企业对社会公共利益的责任

通过输入“社会公共利益”一词进行全文检索，得到检索结果 23 条，其中与企业社会责任有关的地方性法规有 5 件。进行文本阅读后发现，内蒙古自治区省级地方性法规关于企业对社会公共利益社会责任的具体内容的规定，与国家立法相同，均是作概括性和倡导性规定。如 2016 年 10 月 1 日实施的《内蒙古自治区合同格式条款监督条例》第八条规定，经营者不得利用格式条款损害社会公共利益；2010 年 3 月 25 日实施的《内蒙古自治区预防和查处窃电行为条例》（2010 年修正）第 13 条规定，供电企业制止窃电行为，不得影响社会公共利益；2011 年 7 月 1 日实施的《内蒙古自治区城镇供热条例》第三十条对供热单位严重影响公共利益的，供热行政主管部门应当对该供热单位的供热设施进行应急接管；2016 年 7 月 1 日实施的《内蒙古自治区元上都遗址保护条例》第 31 条规定，在元上都遗址保护范围和建设控制地带内开设服务项目，应当遵循公共利益优先原则；2019 年 12 月 1 日实施的《内蒙古自治区中小企业促进条例》第五条规定，中小企业不得损害社会公共利益。

第二节 内蒙古设区的市企业社会责任的地方法规制

一 立法概况

根据《中华人民共和国立法法》（2015 年修正）第 72 条和第 75

① 参见《内蒙古自治区农村牧区扶贫开发条例》第 7 条、第 30 条、第 39 条。

条、《中华人民共和国民族区域自治法》(2001 年修正)第 19 条、《内蒙古自治区人民代表大会及其常务委员会立法条例》(2016 年修正)第 2 条、第 3 条的规定,内蒙古自治区、呼和浩特市、包头市[①]、呼伦贝尔市、通辽市、赤峰市、乌兰察布市、鄂尔多斯市、巴彦淖尔市、乌海市的人民代表大会及其常务委员会有权制定地方性法规。[②]通过检索,内蒙古设区的市现行有效的地方性法规 207 件,其中包头市 85 件,呼和浩特市 83 件,鄂尔多斯市和乌兰察布市分别是 7 件,巴彦淖尔市 6 件,赤峰市、通辽市、呼伦贝尔市分别是 5 件,乌海市 4 件。立法的具体情况见图 5-3。

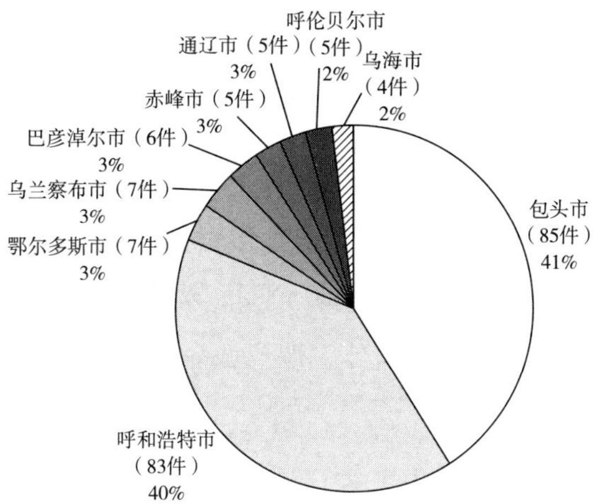

图 5-3 内蒙古设区的市地方性法规数量

---

① 1984 年 12 月 15 日,国务院批准包括包头市在内的 12 个较大的市享有地方立法权。

② 2015 年 11 月 25 日,内蒙古自治区十二届人大常委会第十九次会议通过了《关于确定呼伦贝尔市等七个设区的市开始制定地方性法规时间的决定》,决定从 2015 年 12 月 1 日起,呼伦贝尔市、通辽市、赤峰市、乌兰察布市、鄂尔多斯市、巴彦淖尔市和乌海市七个设区的市可以制定地方性法规。参见内蒙古人大官网,http://www.nmgrd.gov.cn/wj/sj4/201511/t20151126_126503.html。

由于包头市是国务院批准的首批有地方立法权的较大的市，其立法数量最多。自 1989 年 4 月 15 日颁布实施首部包头市地方性法规——《包头市老年人保护条例》以来，共制定地方性法规 154 件，现行有效的 85 件。去除 28 件地方性法规中关于废、改、立的决定外，包头市实际制定地方性法规 57 件。其中，2015 年《立法法》修正前制定 58 件，去除关于废改立等 12 件决定外，实际制定地方性法规 46 件；《立法法》修正后制定 27 件，去除关于废改立等 16 件决定外，实际制定地方性法规 11 件。11 件地方性法规中，城乡建设与管理 3 件、环境保护 6 件、历史文化保护 1 件、修正《包头市义务教育条例》1 件。

呼和浩特市自 1990 年 1 月 1 日制定实施首部地方性法规——《呼和浩特市城市人口机械增长管理办法》以来，共制定地方性法规 181 件，现行有效的 83 件。其中，2010 年 7 月 1 日《立法法》实施前制定、修改 27 件；《立法法》实施后至 2015 年 3 月 15 日《立法法》修正前制定 21 件；《立法法》修正后制定 35 件。35 件地方性法规中，除废止决定 5 件、修改 8 件以外，涉及城乡建设与管理 11 件、环境保护 9 件、历史文化保护 2 件。

2015 年 11 月 25 日，内蒙古自治区十二届人大常委会第十九次会议通过了《关于确定呼伦贝尔市等七个设区的市开始制定地方性法规时间的决定》，决定从 2015 年 12 月 1 日起，呼伦贝尔市、通辽市、赤峰市、乌兰察布市、鄂尔多斯市、巴彦淖尔市和乌海市七个设区的市可以制定地方性法规。

截至 2020 年 5 月 31 日，鄂尔多斯市共制定 7 部地方性法规，其中涉及城乡建设与管理 3 件、环境保护 3 件、立法条例 1 件。乌兰察布市 7 件地方性法规中，涉及城乡建设与管理 2 件、环境保护 4 件、立法条例1件。巴彦淖尔市6件地方性法规中，涉及城乡建设与管理1件、环境保护4件、立法条例1件。赤峰市5件地方性法规中，涉及环境保护2件、历史文化保护2件、立法条例1件。通辽市5件地方性法规中，涉及城乡建设与管理1件、环境保护2件、历史文化保护1件、立法条例1件。呼伦贝尔市5件地方性法规中，涉及城乡建设与管理1件、环境保护2件、历史文化保护1件、立法条例1件。乌海市4件地方性法规中，涉及城乡建设与管理2件、环境保护1件、立法条例1件。

内蒙古设区的市地方性法规中，均先制定有立法条例，体现了依法立法的原则。同时，为体现“五位一体”建设的总体布局，地方立法特别注重环境保护方面的立法。

二 内蒙古设区的市有关企业社会责任的地方立法

运用前述文本检索方法，按照企业社会责任的内容进行文本研究。

（一）企业对投资者的责任

通过对内蒙古设区的市地方性法规进行文本检索，没有关于企业对投资者义务的地方性法规，只有2009年12月25日实施的《呼和浩特市民办教育促进条例》（2016年修正）第26条规定，民办学校投资者可以依法取得合理回报。该规定不属于企业承担对投资者责任的范畴，说明内蒙古设区的市没有企业对投资者义务的相关立法。

（二）企业对劳动者的责任

通过对内蒙古设区的市地方性法规进行检索，关于企业对劳动者（职工）义务的地方性法规有8件，其中包头市6件、呼和浩特市2件。具体情况见表5-4。

表 5-4 内蒙古设区的市有关劳动者合法权益保护内容的地方性法规

序号	法规名称	实施时间	企业对劳动者义务的规定
1	包头市残疾人保护条例	1994 年 11 月 19 日	企业要按在职职工总数的 1.8%的比例安排有劳动能力的残疾人就业；对已就业的残疾人平等保护、优先保护政策
2	呼和浩特市实施《中华人民共和国工会法》办法（2002 年修改）	2002 年 12 月 3 日	公司制企业的董事会、监事会中职工代表的产生和履行职责，依照法律、法规的有关规定执行
3	包头市促进私营个体经济发展条例	2004 年 7 月 1 日	私营企业应当与员工签订劳动合同，保障劳动者合法权益；对私营企业工资支付、社会保险做出规定
4	包头市劳动者工资保障条例	2005 年 1 月 1 日	对工资预留账户制度、工资支付方式、工资最低标准、工资支付时间作了规定
5	包头市建筑市场管理条例（2005 年修订）	2006 年 3 月 1 日	发包方应当按照合同约定拨付工程款。承包方应当按照劳务合同支付务工人员的劳动报酬
6	呼和浩特市残疾人保障条例	2010 年 3 月 1 日	企业缴纳残疾人就业保障金；将按比例安排残疾人就业工作和残疾职工社会保险情况纳入劳动监察范围，保障残疾人劳动就业的合法权益
7	包头市妇女权益保障条例	2012 年 6 月 1 日	企业职工代表大会和工会中的女职工代表、委员比例应当与本企业女职工所占的比例相适应；第四章劳动和社会保障权益
8	包头市人力资源市场管理条例（2014 年修正）	2014 年 8 月 18 日	劳动者择业求职，不因民族、种族、性别、地域、户籍、宗教信仰不同而受歧视

通过文本阅读可以发现，内蒙古设区的市地方性法规对劳动者合法权益的保护，有以下几个特点：

（1）突出企业对弱势劳动者合法权益的保护。呼和浩特市、包头市均制定有残疾人保护条例，施行企业缴纳残疾人就业保障金制度。《包头市残疾人保护条例》还明确要求企业按在职职工总数的 1.8%比例安排有劳动能力的残疾人就业；达不到规定比例的，要按差额人数交纳残疾人就业基金；对已就业的残疾人，所在企业在转正、晋级、职称评定、劳动报酬、劳动保险等方面，应给予保障，与健全职工平等对待，在同等条件下优先安排住房；企业在实行股份制、租赁制、承包经营责任制时，应当妥善安置原有残疾职工的工作。《呼和浩特市残疾人保障条例》还将按比例安排残疾人就业工作和残疾职工社会保险情况纳入劳动监察范围。《包头市妇女权益保护条例》规定企业职工代表大会和工会中的女职工代表、委员比例，应当与本企业女职工所占的比例相适应；企业在制定规章制度或者研究涉及女职工的劳动保护、社会保险、生活福利等事项时，应当听取本单位工会女职工委员会或者工会女职工委员的意见。

（2）《包头市劳动者工资保障条例》在全国地方性立法中，属创新性、先行性立法。目前，全国关于工资支付现行有效的地方性法规和规范性文件仅有 8 件，其中《陕西省企业工资支付条例》《江苏省工资支付条例》《珠海市企业工资支付条例》《昆明市企业工资支付条例》的制定早于包头市，其他晚于包头市。且《包头市劳动者工资保障条例》是全国唯一一部劳动者工资保障地方性法规。

（三）企业对消费者的责任

在设区市的地方法规中，输入“消费者”进行标题检索，现行有效的关于企业对消费者的责任，仅有《西安市保护消费者合法权益条例》（2017 年修正）一部。输入“消费者”进行全文检索，内蒙古设区的市中有 3 件有关消费者权益保护的地方性法规。

1995 年 9 月 15 日实施的《呼和浩特市城镇集贸市场管理办法》第四条规定，从事经营活动者应遵循自愿、平等、公平、等价有偿、诚实信用的原则。文明经商，礼貌待客，服从管理，服务周到，整洁卫生，依法纳税、缴费，不得损害国家、集体和消费者的利益。

2004 年 7 月 1 日实施的《包头市促进私营个体经济发展条例》第五条规定，私营企业和个体工商户应当遵守诚实守信的商业道德，依法经营，照章纳税，公平竞争，保障员工合法权益，不得损害国家、社会公共利益、消费者和其他经营者的合法权益，自觉接受行政机关依法进行的监督管理。

2020年3月1日实施的《鄂尔多斯市文明行为促进条例》第19条第二项规定，从事经营活动，应当遵循平等、自愿、公平的原则，遵守相关法律法规、交易规则和商业道德，不得制假售假、以次充好，不欺骗误导消费者。

通过上述文本解读可以发现，内蒙古设区的市地方性法规中关于消费者权益保护，几乎都是倡导性条款，没有明确规定经营者应当履行哪些保护消费者合法权益具体的义务。特别是《鄂尔多斯市文明行为促进条例》将不欺骗误导消费者作为伦理责任写进法规中，更体现倡导性条款的性质。

另外，2012年7月1日实施的《包头市旅游条例》第四十一至四十七条旅游经营者应当履行对旅游者知悉真情权、公平交易权、自主选择权、保障安全权等作了明确细致的规定。2016年4月27日《呼和浩特市旅游管理条例》（2016年修正）第三十四条对旅游经营者应当履行的义务中明确规定，遵守法律、法规和职业道德，遵循自愿、平等、公平、诚实信用的原则；公开服务项目和收费标准，不以任何手段欺骗或者误导旅游者，不经营国家明令禁止的服务项目；保护旅游者生命财产安全。

（四）企业对自然资源和环境保护的责任

2015年修正后的《立法法》赋予了设区的市对环境保护有地方立法权，因此内蒙古设区的市地方性法规中，关于自然资源和环境保护方面的法规数量最大，仅现行有效的文本中含有“环境保护”一词的达到76件。与企业社会责任关于自然资源和环境保护内容相关的地方性法规38件，其中包头市11件，呼和浩特市9件，乌兰察布市、巴彦淖尔市各4件，鄂尔多斯市3件，通辽市、赤峰市、呼伦贝尔市各2件，乌海市1件。以环境保护为标题有1部，即《鄂尔多斯市环境保护条例》。具体情况见图5-4。

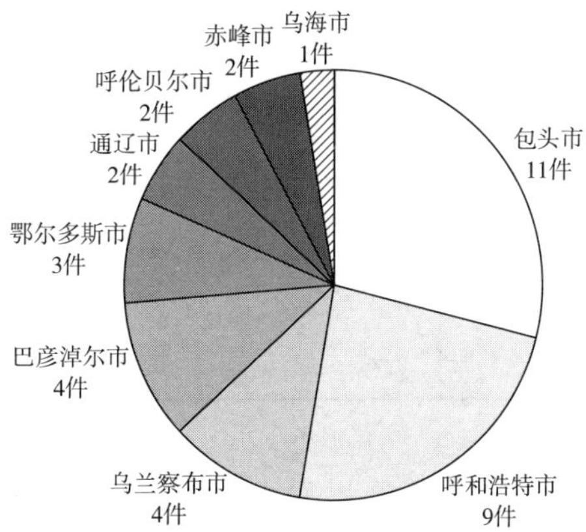

图5-4　内蒙古设区的市有关环境保护地方法规数量

通过文本阅读，发现内蒙古自治区设区的市均有环境保护方面的地方立法，其特点有：

1. 2015年取得地方立法权的7个设区的市重视环境保护立法

鄂尔多斯市首部地方性法规是《鄂尔多斯市环境保护条例》，乌海市首部地方性法规是《乌海市海勃湾生态涵养区保护条例》，乌兰察布市首部地方性法规是《乌兰察布市水资源保护条例》，巴彦淖尔市首部地方性法规是《巴彦淖尔市河套灌区水利工程保护条例》。另外，从自然资源和环境保护的立法数量来看，乌兰察布市、鄂尔多斯市、赤峰市、通辽市、呼伦贝尔市均超过全部立法数量的40%，最早享有地方立法权的包头市占比达到了58.3%。2015年3月15日《立法法》修正后，内蒙古设区的市有关自然资源和环境保护方面地方性法规具体立法情况，见表5-5。

表 5-5 内蒙古设区的市 2015 年后有关自然资源和环境保护的立法情况

城市名称	全部立法数量（件）	自然资源和环境保护立法数量（件）	在法规中占比（%）
巴彦淖尔市	6	4	66.7
包头市	12	7	58.3
乌兰察布市	7	4	57.1
鄂尔多斯市	7	4	57.1
赤峰市	5	2	40.0
通辽市	5	2	40.0
呼伦贝尔市	5	2	40.0
乌海市	3	1	33.3
呼和浩特市	25	6	24.0

2. 地方立法对内蒙古建设祖国北疆亮丽风景线提供了有效法律保障

与《内蒙古自治区乌海市及周边地区大气污染防治条例》《内蒙古自治区呼伦湖国家级自然保护区条例》《内蒙古大兴安岭汗马国家级自然保护区条例》等省级地方性法规一道，《乌海市海勃湾生态涵养区保护条例》《包头市南海子湿地自然保护区条例》《包头市赛汗塔拉城中草原保护条例》《巴彦淖尔市乌梁素海自治区级湿地水禽自然保护区条例》《乌兰察布市辉腾锡勒草原保护条例》《乌兰察布市岱海、黄旗海保护条例》《赤峰市扬尘污染防治条例》《通辽市罕山国家级自然保护区条例》等市级地方性法规，共同构筑了保护内蒙古祖国北疆亮丽风景线的地方法规体系。

（五）企业对社会捐赠的责任

在内蒙古设区的市地方性法规中，输入“捐赠”一词，进行全文检索，得到检索结果 7 件。其中，鼓励和支持企业向科技卫生捐赠 3 件、向教育捐赠 2 件、向自然保护区捐赠 2 件。

（六）企业对社会公共利益的责任

在内蒙古设区的市地方性法规中，输入“公共利益”一词，进行全文检索，得到检索结果14件。其中，涉及企业对社会公共利益的责任有4件。《包头市促进私营个体经济发展条例》第5条规定，私营企业不得损害国家、社会公共利益、消费者和其他经营者的合法权益。

第三节 自治条例和单行条例对企业社会责任的立法

目前，就自治区自治条例而言，全国5个自治区均处于空缺状态。[①]内蒙古自治区、鄂伦春自治旗、鄂温克族自治旗、莫力达瓦达斡尔族自治旗人民代表大会有权制定自治条例和单行条例。截至2020年5月30日，内蒙古自治区现行有效的自治条例和单行条例45件，其中自治条例3件、单行条例42件。按照立法主体划分，莫力达瓦达斡尔族自治旗人大制定16件、鄂伦春自治旗人大制定15件、鄂温克族自治旗人大制定14件。

一 莫力达瓦达斡尔族自治旗有关企业社会责任的立法

按照2019年3月28日实施的《莫力达瓦达斡尔族自治旗立法条例》（2019年修正）第3条和第5条的规定，自治旗人民代表大会有权依照自治旗经济、政治、文化、社会和生态文明的特点，制定明确、具体的具有针对性、可执行性、可操作性的自治条例和单行条例。

① 李淮：《自治立法权的行使现状及对策研究——以广西12个自治县自治条例为分析视角》，载《广西民族研究》2017年第5期，第32~39页。

（一）自治条例对企业社会责任的规定

1997 年 5 月 31 日实施的《莫力达瓦达斡尔族自治旗自治条例》，对企业社会责任的规定主要有以下内容：

（1）对自然资源保护的责任。该《条例》第 24 条规定，严禁毁林、毁草开荒，严禁乱占、滥用土地，严禁非法采矿。

（2）对少数民族就业的优先照顾政策。该《条例》第 39 条规定，在自治旗开发资源进行建设时，要照顾好当地少数民族群众的生产和生活。在招收人员的时候，要优先照顾达斡尔族和其他少数民族的人员。

（3）对环境保护的责任。该《条例》第 43 条规定，为保护和改善生活环境和生态环境，防治污染和其他公害，坚持谁开发谁保护、谁污染谁治理的原则。

（二）单行条例对企业社会责任的规定

莫力达瓦达斡尔族自治旗人大曾经制定《莫力达瓦达斡尔族自治旗环境保护条例》《莫力达瓦达斡尔族自治旗水资源管理条例》，现均已失效。单行条例中有关企业社会责任内容的规定主要有以下两项。

1. 企业对自然资源保护的责任

2006 年 1 月 1 日实施的《莫力达瓦达斡尔族自治旗土地管理条例》（2005 年修正）第 23 条规定，禁止占用耕地建窑、挖砂、采石、采矿、取土；第 24 条规定，禁止任何单位毁林毁草开垦土地。2013 年 11 月 1 日实施的《莫力达瓦达斡尔族自治旗尼尔基水利枢纽下游内蒙古灌区管理条例》第 10 条对在灌区水利工程管理和保护范围内禁止的活动进行了列举式规定，如禁止侵占、堵截灌区原有水源、私开水口放水，爆破、打井、采石、采砂、取土、挖塘、建窑、破坏植被等，堆放弃土、弃渣、杂物，违反环保法律法规向灌区水利工程渠道水域内排放工业废水和生产污水，兴建各类建筑物、构筑物等对水质和工程造成不良影响的活动。

2. 企业对旅游消费者的责任

2010 年 7 月 1 日实施的《莫力达瓦达斡尔族自治旗旅游条例》第 16 条规定，旅游经营者必须公开服务项目和收费标准，不得擅自扩大收费范围和提高收费标准。第 18 条规定，旅游景区景点经营者应当建立健全管理机构，制定规章制度，做好景区景点环境卫生、社会治安、商业和服务业的管理工作。第 22 条规定，旅游经营者对旅游设备设施和游览地可能存在的危险，应当向旅游者做出说明和明确警示，并采取措施防止危害的发生。

二 鄂伦春自治旗有关企业社会责任的立法

按照 2004 年 5 月 1 日实施的《鄂伦春自治旗立法条例》第 5 条、第 6 条规定，自治旗人民代表大会有权对自治条例和单行条例，制定具体实施性规定或者变通、补充规定。

（一）自治条例对企业社会责任的规定

1996 年 6 月 1 日实施的《鄂伦春自治旗自治条例》，对企业社会责任的规定主要有以下内容：

（1）对自然资源保护的责任。该《条例》第 23 条规定，严禁滥垦、滥采、滥伐、滥用和非法猎捕。

（2）对民族产业、民族企业保护的责任。该《条例》第 27 条规定，自治旗对少数民族，特别是鄂伦春族集体和个体经济，给予照顾。第 37 条规定自治旗境内的民族贸易企业和民族用品生产企业享受国家规定的民族贸易优惠政策。

（3）对少数民族就业有优先照顾政策。该《条例》第 33 条规定，自治旗内的企业在招收人员时，要优先在当地招收鄂伦春族和其他少数民族人员。

另外还有对环境保护的规定。与上位法完全相同，不再赘述。

（二）单行条例对企业社会责任的规定

鄂伦春自治旗位于呼伦贝尔市东北部，大兴安岭南麓，嫩江西岸。鄂伦春自治旗下辖 8 镇 2 乡中有 5 个猎区乡镇、7 个鄂伦春族猎民村。境内还驻有内蒙古大兴安岭林管局所属的 6 个林业局、大兴安岭农场局及所属 6 个国营农场。森林旅游资源丰富，森林覆盖率达到 82.5%。现已建成 3 个国家级森林公园、1 个自治区级森林公园、7 个自然保护区。因此，单行条例突出对自然资源和环境的保护。如 2001 年 4 月 6 日实施的《鄂伦春自治旗森林防火条例》、2001 年 6 月 3 日实施的《鄂伦春自治旗土地管理条例》、2002 年 7 月 1 日实施的《鄂伦春自治旗环境保护条例》、2012 年 11 月 1 日实施的《鄂伦春自治旗农药管理条例》、2019 年 6 月 1 日实施的《鄂伦春自治旗旅游条例》（2019 年修订）等。

三 鄂温克族自治旗有关企业社会责任的立法

依据 2018 年 3 月 31 日实施的《鄂温克族自治旗立法条例》（2018 年修正）第六条的规定，自治旗人民代表大会可以对法律、行政法规做出具体实施性规定或者变通、补充规定；属于自治旗内部事务，可以制定单行条例。

（一）自治条例对企业社会责任的规定

1997 年 5 月 31 日实施的《鄂温克族自治旗自治条例》，对企业社会责任的规定主要有以下内容。

（1）对自然资源保护的责任。该《条例》第 23 条规定，为保护和合理利用本行政区域内的土地、矿藏、草原、森林、芦苇、水域和野生动植物等自然资源，严禁滥垦、滥采、滥伐、滥用和非法猎捕。第24条规定，严禁乱占、滥用和荒芜土地；采矿、取土后，能够复垦的土地，用地单位必须负责复垦，恢复利用。第25条规定，禁止非法开垦和破坏草原。第28条规定，严禁滥砍盗伐、毁林搞副业，保护国家森林资源。

（2）对民族产业、民族企业保护的责任。该《条例》第39条规定了自治旗境内的民族贸易企业和民族用品生产企业享受国家的有关优惠政策。

（3）对环境保护的责任。该《条例》第41条规定，依法保护和改善生活环境和生态环境，防治污染和其他公害，坚持谁开发谁保护、谁污染谁治理的原则。

（二）单行条例对企业社会责任的规定

鄂温克族自治旗是全国三个少数民族自治旗之一，位于内蒙古自治区东部，大兴安岭西侧，呼伦贝尔大草原东南部。鄂温克族自治旗主要植被为草原和森林，草原面积11900平方公里，占全旗总面积的62.2%；林地面积6462平方公里，占土地面积的33.8%，有全国最大的樟子松母树林基地，闻名世界的沙地樟子松林带。流域长度20公里以上的河流有31条，较大的河流有伊敏河、辉河、锡尼河，各种湖泊600多个。地下资源以煤为主。因此，鄂温克族自治旗人大制定的单行条例重点以保护草原、森林、湿地等自然资源和环境为主。

2001年11月21日实施的《鄂温克族自治旗草原管理条例》，建立了基本草牧场保护制度，明确了基本草牧场的划定。该《条例》第18条规定，严禁任何单位违法开垦草原。第21条规定在草原上新建、扩建、改建的各类项目，必须对建设项目可能产生的污染和对草原生态环境的影响做出评价。第22条防止工业废水、废气、废渣和有毒物质污染草原。第23条规定，在草原上进行勘探、施工、打井、开矿、采石、取砂、架线、铺设管道、兴建临时性生产设施等作业和活动，必须采取措施，保护草原植被。

2001年11月21日实施的《鄂温克族自治旗土地管理条例》，坚持十分珍惜和合理利用土地的原则，坚持对土地资源的开发与保护相协调，把生态环境建设与保护放在首位。该《条例》第12条禁止毁坏森林、草原，禁止侵占河滩地。第13条规定，对已开垦的10°以上的坡地和破坏生态环境开垦的土地，以及严重沙化的耕地，有计划地退耕还林、还草。

2004年1月1日实施的《鄂温克族自治旗环境保护条例》对草原、水、土地、水污染防治、大气污染防治等作了全面的规定。

2014年8月1日实施的《鄂温克族自治旗河道管理条例》将湖泊、人工水道、水库、行洪区、蓄洪区、滞洪区纳入管理范围，禁止在河道管理范围内擅自开展生产经营活动，倾倒矿渣、煤灰、废弃土石料和其他废弃物，破坏原生植被等。禁止在易发生滑坡、崩岸、泥石流及水土流失严重的河段采石、采砂、取土、采矿、破坏植被等行为。

2015年7月1日实施的《鄂温克族自治旗森林草原防火条例》第15条规定，在林牧区依法开办工矿企业，其森林草原防火设施应当与该建设项目同步规划、设计、施工和验收。第16条规定，驻自治旗电力企业应当在变压器等容易引发森林草原火灾的危险地段开设防火隔离带，并对其进行巡护。

2017年10月1日实施的《鄂温克族自治旗湿地保护条例》第18条规定，在划定的各级湿地保护范围内禁止从事建造建筑物、构筑物，包括在湿地水资源河流及分支区域内以任何形式修建水库；禁止采砂

（石）、取土、开矿、围栏；禁止排放有毒、有害物质或者排放工业废水、生活污水。

鄂温克族自治旗人大除了对自然资源和环境保护制定相关单行条例外，还制定有《鄂温克族自治旗旅游条例》（2016 年修正），对旅游经营者应当履行保护旅游消费者的义务作了细致的规定。

四 三少民族自治旗自治条例和单行条例的立法特点

对比和综合内蒙古三个少数民族自治旗的自治条例和单行条例，可以发现其地方立法有以下几个特点：

（1）三个少数民族自治旗均制定了自治条例和立法条例，使地方自治立法有法可依。

（2）突出对自然资源和环境保护的立法。三个自治旗森林、草原、河流、湿地、矿产资源等自然资源十分丰富，在制定地方法规时，因地制宜，突出对自然资源和环境保护，有助于为少数民族赖以生存的家园提供法律保障。

（3）立法陈旧，与上位法重复现象比较明显。立法陈旧表现在 2015 年《立法法》修改后的立法数量偏少。至于与上位法重复是我国地方立法的通病，对此我国早有研究者对地方立法重复上位法的弊病问题进行了深入的研究，如王灿发（1989）、唐孝葵等（1992）、周旺生（1994）、李林（2003）、朱力宇（2011）、汤善鹏、严海良（2014），等等。甚至有研究者把这种现象定性为“立法抄袭。”① 与上位法的重复集中表现在对上位法法律原则的重复、对上位法法律规则中前提条件的重复。对上位法法律规则的重复损害了立法的权威尤其是中央立法的权威，破坏了地方立法权的应有功能，增加了法律运行

① 孙波：《试论地方立法“抄袭”》，载《法商研究》2007 年第 5 期，第 3 页。

的成本。[①] 另外，通过文本阅读，三个少数民族自治旗的自治条例和单行条例还存在着相互抄袭的现象，如自治条例颁布时间相差无几，内容几乎重复一致；单行条例中的法规名称、立法取向、立法内容也大多相同或相似。

本章小结

内蒙古自治区企业社会责任地方立法，在草原丝绸之路经济带覆盖的区域中立法数量最多、覆盖面最广，且自治区、设区的市、自治旗三级均有地方性法规规范企业履行社会责任。能够结合地区实际，重点突出对自然资源和环境的保护，体现了贯彻党中央生态文明建设的大政方针的决心和信心。自治旗人大能够运用好地方立法权和地方自治权，遵循科学立法、依法立法的原则，结合本地实际，制定符合民族特色、地区特色的自治条例和单行条例，规范企业履行社会责任，但应当抓紧修订单行条例，以与上位法衔接。呼和浩特市、包头市在企业社会责任地方立法方面，走在了前面，积累了许多丰富的立法经验。新享有地方立法权的其他设区的市，能够在短时间内制定环境保护方面的地方法规，体现了对企业社会责任的重视，体现了打好“蓝天保卫战”的实践精神。

① 汤善鹏、严海良：《地方立法不必要重复的认定与应对》，载《法制与社会发展》2014年第4期，第156~170页。

第六章
宁夏回族自治区企业社会责任的地方法规制

如第一章所述，宁夏回族自治区的部分地区银川、石嘴山、吴忠、中卫是草原丝绸之路经济带的覆盖区域。通过“北大法宝”查询，截至2020年5月31日，宁夏回族自治区共制定348件地方性法规，其中省级地方性法规228件、设区的市地方性法规120件，没有自治条例和单行条例。本章按照企业社会责任省级地方性法规、设区的市地方性法规两部分对宁夏回族自治区企业社会责任地方性法规进行描述、统计和分析。

第一节　宁夏回族自治区企业社会责任的省级地方法规制

一　宁夏回族自治区企业社会责任省级地方立法现状

在“北大法宝”数据库中，选择“地方性法规”输入“宁夏回族自治区”关键词进行“标题”检索。截至2020年5月31日，宁夏回族自治区共制定228件省级地方性法规，均现行有效。按照法规类别区分，立法数量排在前列的是法制工作25件、宪法24件、环境保护

13 件。按照法规公布时间和数量，1981～2003 年是宁夏回族自治区省级地方立法起步阶段，每年立法数量不超过 6 件；2004～2014 年是发展不稳定阶段，多的年份如 2004 年和 2011 年达到 10 件，少的年份只有 2 件；2015～2019 年是宁夏回族自治区立法高速发展阶段，占全部省级立法数量的 48.68%，2019 年达到最高峰 33 件。宁夏回族自治区省级地方性法规分年度立法数量见图 6-1。

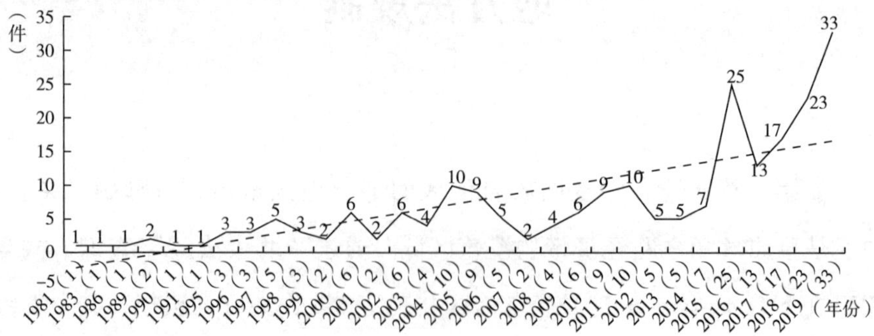

图 6-1　宁夏回族自治区省级地方性法规分年度立法数量

在“标题”中输入“社会责任”一词进行检索，没有得到检索结果。在“全文”中输入“社会责任”一词进行检索，得到检索结果 2 个。但通过文本阅读，《宁夏回族自治区社会科学普及条例》《宁夏回族自治区畜禽屠宰管理条例》含有的社会责任，均不是本研究所指的企业社会责任。因此，只能按照企业社会责任的内容进行全文检索，检索结果见表 6-1。

表 6-1　宁夏回族自治区有关企业社会责任省级地方性法规

序号	企业社会责任内容	检索到的法规数量（件）	与社会责任有关的法规数量（件）
1	企业对投资者的责任	1	0

续表

序号	企业社会责任内容	检索到的法规数量（件）	与社会责任有关的法规数量（件）
2	企业对劳动者（职工）的责任	38	12
3	企业对消费者的责任	11	5
4	企业对自然资源和环境保护的责任	48	22
5	企业对社会捐赠的责任	21	7
6	企业对社会公共利益的责任	12	0

二 宁夏回族自治区省级地方立法有关企业社会责任内容及评析

（一）宁夏省级地方立法没有关于企业对投资者社会责任的规定

在宁夏回族自治区地方性法规中，通过对“投资者”“股东”进行全文检索，得到检索结果1个，即《宁夏回族自治区测绘管理条例》（2014年修订）第18条规定，测绘项目完成后，测绘项目投资者或者承担国家、自治区投资的测绘项目的单位，应当向自治区测绘管理部门汇交测绘成果资料。该规定不是企业对投资者承担社会责任的规定，也就是说，宁夏回族自治区省级地方性法规中，没有企业对投资者社会责任的规定。

（二）企业对劳动者社会责任的规定比较全面系统

通过输入“劳动者”“职工”进行全文检索，宁夏回族自治区省级地方性法规38件，其中企业对劳动者社会责任的地方法规12件，具体情况见表6-2：

表6-2 宁夏回族自治区企业对劳动者社会责任的省级地方性法规

序号	地方法规名称	实施时间	企业对劳动者义务的主要内容
1	宁夏回族自治区实施《中华人民共和国矿山安全法》办法	1998年10月1日	矿山企业必须建立安全管理制度；矿山企业应当建立安全教育和培训制度

续表

序号	地方法规名称	实施时间	企业对劳动者义务的主要内容
2	宁夏回族自治区劳动合同条例	2005年5月1日	通过劳动合同约束企业行为，保障劳动者合法权益
3	宁夏回族自治区厂务公开条例	2006年9月1日	自治区行政区域内的企业建立和推行厂务公开制度
4	宁夏回族自治区企业民主管理条例	2011年2月1日	企业实行民主管理应当坚持依法保障职工合法权益的原则
5	宁夏回族自治区实施《中华人民共和国残疾人保障法》办法（2010年修改）	2011年2月1日	用人单位应当按照不低于本单位在职职工总数百分之一点五的比例安排残疾人就业
6	宁夏回族自治区捐赠事业促进条例	2011年11月1日	鼓励发展社会捐赠企业
7	宁夏回族自治区安全生产条例（2015年修订）	2016年1月1日	生产经营单位是安全生产的责任主体；生产经营单位应当推进安全生产标准化建设
8	宁夏回族自治区劳动保障监察条例（2016年修正）	2016年5月27日	本自治区行政区域内对与劳动者建立或者形成劳动关系的各类企业进行劳动保障监察，适用本条例
9	宁夏回族自治区实施《中华人民共和国工会法》办法（2018年修订）	2019年1月1日	规定了企业工会的性质、形式、职工代表比例、职权等
10	宁夏回族自治区老年人权益保障条例（2018年修订）	2019年1月1日	鼓励具备条件的用人单位为职工办理补充养老保险、医疗保险
11	宁夏回族自治区人口与计划生育条例（2019年修正）	2019年3月26日	产妇除享受国家规定的产假外，享受特殊待遇
12	宁夏回族自治区妇女权益保障条例（2019年修订）	2019年11月1日	专章规定了妇女政治权利和劳动以及社会保障权益

通过文本阅读，发现宁夏回族自治区关于企业对劳动者合法权益保护的省级地方性法规，有以下几个特点。

1. 重视矿山安全和安全生产以保护劳动者人身安全

（1）企业必须建立安全生产制度。如《宁夏回族自治区实施〈中华人民共和国矿山安全法〉办法》第3条规定，矿山企业必须加强安全管理，改善职工劳动条件，保证安全生产。《宁夏回族自治区安全生产条例》第 14 条规定了生产经营单位应当建立健全安全生产制度，包括安全生产责任制度和考核、奖惩制度；安全生产资金和设施、设备投入保障制度；安全生产教育、培训制度；安全生产职业卫生保障制度和劳动防护用品配备、使用、管理制度；岗位安全检查、日常安全检查和专业性安全检查制度；生产安全事故隐患排查治理制度和安全生产档案制度；具有较大危险因素的生产经营场所以及设施、设备的安全管理制度和危险作业管理制度；生产安全事故报告、应急救援和调查处理制度等。

（2）企业必须建立安全生产报告制度。《宁夏回族自治区实施〈中华人民共和国矿山安全法〉办法》第 27 条规定，矿长每年不少于两次向职工代表大会或职工大会报告本企业安全生产重大决策、安全措施计划和执行情况，职工安全教育和培训计划执行情况，职工提出的有关改善劳动条件建议和要求的处理情况，重大事故的处理情况等，接受民主监督。

（3）企业应当推进安全生产标准化技术。《宁夏回族自治区安全生产条例》第 13 条规定，生产经营单位应当推进安全生产标准化建设，执行保障安全生产的国家标准或者行业标准。

（4）明确提取矿山安全技术措施费用的比例。《宁夏回族自治区实施〈中华人民共和国矿山安全法〉办法》第 32 条规定，矿山企业应当从维简费或当年固定资产更新和技术改造资金中，提取不低于 20%的矿山安全技术措施费用，用于预防矿山事故、职业危害、职工安全培训和改善矿山安全生产条件。

（5）鼓励企业投保安全生产责任保险。《宁夏回族自治区安全生产条例》（2015 年修订）第 19 条规定，鼓励生产经营单位投保安全生产责任保险。矿山、建筑施工、道路运输、危险化学品、烟花爆竹等生产经营单位，未投保安全生产责任保险的，应当按照国家有关规定缴纳安全生产风险抵押金。

2. 规范企业劳动合同保障劳动者合法权益

在《中华人民共和国劳动合同法》尚未颁布的情况下，宁夏回族自治区根据《中华人民共和国劳动法》较早制定实施了《宁夏回族自治区劳动合同条例》，属于先行性地方立法。[①] 其主要内容如下：

（1）强制性书面劳动合同制度。该《条例》第 8 条规定，用人单位与劳动者建立或者形成劳动关系，必须订立劳动合同。用人单位与劳动者应当在形成劳动关系之日起十五日内，签订书面劳动合同。第十一条具体规定了劳动合同应当载明内容以及当事人可以在劳动合同中协商约定试用期、福利待遇、职业培训、保守商业秘密、竞业限制等事项。

（2）规定了企业必须建立劳动保障制度。该《条例》第 5 条规定，用人单位和劳动者应当依法参加社会保险，及时足额缴纳社会保险费。

（3）赋予了劳动者知情权。《条例》第 10 条规定，劳动者在签订劳动合同前，有权了解用人单位的工作内容、劳动时间、劳动报酬、劳动条件、规章制度、职业病危害和社会保险等有关情况，用人单位应当如实说明。对可能产生职业病危害的岗位，用人单位应当如实告知劳动者，并将职业病防护措施和待遇等内容在劳动合同中写明。

（4）明确企业订立劳动合同时的禁止行为。《条例》第 14 条规定，用人单位与劳动者订立劳动合同，不得扣押劳动者的居民身份证或者其他合法证件，不得强迫劳动者集资、入股，不得以任何理由和形式收取劳动者抵押金、抵押物、保证金等。

---

① 现行有效的 7 件省级劳动合同条例中，仅《上海市劳动合同条例》《安徽省劳动合同条例》早于《宁夏回族自治区劳动合同条例》。

3. 规范企业民主管理行为保障劳动者合法权益

《宁夏回族自治区企业民主管理条例》第 3 条规定，企业应当建立民主管理制度，通过职工（代表）大会、集体协商、厂务公开以及职工董事和职工监事等形式，开展民主管理活动。《宁夏回族自治区厂务公开条例》第 3 条规定，自治区行政区域内的企业按照本条例规定建立和推行厂务公开制度。第 7 条规定了国有、集体及其控股企业应当公开的事项；第 8 条规定了国有、集体及其控股企业以外的其他企业应当公开的事项。第 9 条规定，厂务公开的基本形式是职工大会或者职工代表大会。《宁夏回族自治区实施〈中华人民共和国工会法〉办法》（2018 年修订）第 4 条明确规定，企业应当依法及时建立工会组织。第 28 条规定，企业实行以职工代表大会制度为基本形式的民主管理制度。

4. 重视女职工合法权益保护

《宁夏回族自治区人口与计划生育条例》（2019 年修正）第 37 条规定，对符合法律、法规规定生育的产妇，除享受国家规定的产假外，增加产假 60 天，并给予其配偶 25 天护理假；产假和护理假视同出勤，工资、奖金照发。

《宁夏回族自治区妇女权益保障条例》（2019 年修订）专章规定了职工的政治权利，如第 17 条规定，企业事业单位职工代表大会中的女职工代表所占比例，应当与本单位女职工所占比例相适应。女职工比例较高的企业事业单位应当有适当数量的女性管理人员。同时，专章规定了妇女的劳动和社会保障权益，如第 26 条规定，用人单位在录用职工时，除法律、法规规定的不适合妇女的岗位或者工种外，不得以性别或者变相以性别为由拒绝录用妇女，对妇女提高录用标准。录用女职工应当依法签订劳动（聘用）合同，不得要求女职工提供与劳动（聘用）合同不直接相关的个人信息，不得在劳动（聘用）合同中有约定限制或者以其他方式变相限制女职工结婚、生育权利的内容。第27条规定了女职工享有平等的劳动保障权益。

5. 非常重视残疾人、老年人等弱势群体劳动者合法权益的保护

《宁夏回族自治区实施〈中华人民共和国残疾人保障法〉办法》（2010年修改）第22条规定，用人单位应当按照不低于本单位在职职工总数1.5%的比例安排残疾人就业，安置残疾人未达到比例的应当缴纳残疾人就业保障金。

《宁夏回族自治区捐赠事业促进条例》第31条规定，鼓励发展集中安置残疾人和特殊贫困人员达到职工总数一定比例、集中供养生活困难的老年人、残疾人的企业。

《宁夏回族自治区老年人权益保障条例》（2018年修订）第19条规定，鼓励具备条件的用人单位为职工办理补充养老保险、医疗保险。

（三）企业对消费者的社会责任

在宁夏回族自治区省级地方性法规中，通过对“消费者”进行标题和全文检索，得到现行有效的检索结果11件，与企业对消费者社会责任相关的地方性法规5件。通过文本解读，发现宁夏回族自治区关于保护消费者合法权益的立法有以下几个特点。

1. 突出了新兴行业企业保护消费者合法权益的义务

（1）规范家庭服务业经营者的行为保护消费者的合法权益

根据《国务院办公厅关于发展家庭服务业的指导意见》（国办发〔2010〕43号）文件精神，2012年3月1日实施的《宁夏回族自治区家庭服务业条例》是截至目前稀有的规范家庭服务业地方法规之一。①

① 另一部规范家庭服务业的地方性法规是2001年6月1日实施并于2019年修正的《深圳经济特区家庭服务业条例》。

该《条例》属于先行性、创新性地方立法。《条例》第15条规定，家庭服务经营者应当与家庭服务消费者订立家庭服务合同，家庭服务合同一般采用书面形式。家庭服务经营者提供一次性或者临时家庭服务的，也可以采用口头或者双方认可的其他形式订立合同。家庭服务经营者在订立家庭服务合同时应当向家庭服务消费者说明家庭服务人员基本情况、服务价格、服务标准等信息。第31条规定了家庭服务消费者有权解除家庭服务合同的具体情形。

（2）规范快递服务经营者行为保护消费者合法权益

《宁夏回族自治区邮政条例》（2015年修正）第5条规定，邮政企业、快递企业应当加强收寄、分拣、运输、投递、查询、投诉等环节的服务质量管理，为用户提供迅速、准确、安全、方便的服务。第29条规定，快递企业应当诚信经营，遵守承诺，符合快递服务标准和快递业务操作规范，维护消费者合法权益。

2. 规范商品交易市场经营者行为保护消费者合法权益

2019年3月26日实施的《宁夏回族自治区商品交易市场管理条例》（2019年修正），对保护消费者合法权益作了如下几个方面的规定。

（1）建立了消费者损害赔偿制度。《条例》第5条规定，消费者的合法权益受法律保护，因市场开办经营者、场内经营者的过错，给消费者造成损害的，依法承担赔偿责任。

（2）明确了市场开办经营者的义务。《条例》第16条规定，市场开办经营者应当为场内经营者、消费者提供下列服务：在市场显著位置设立公告公示栏或者电子显示屏，公布市场管理制度、管理服务项目及收费标准，市场内商品的价格和商品质量检测等情况；设置合格的复检计量器具，并进行日常维护和管理；根据需要，为设立邮政、通讯、金融、保险和运输等服务机构提供条件。农产品批发市场应当为农产品质量安全检测机构提供检测服务条件。

（3）建立了市场开办经营者先行赔付制度。《条例》第17条规定，市场开办经营者应当建立消费纠纷先行赔偿制度。向消费者先行赔偿，应当由市场开办经营者从场内经营者交纳的场地、设施租金和其他相关服务费用中先行垫付。

（4）建立了场内经营者信用记录公布制度。《条例》第18条规定，市场开办经营者应当建立场内经营者信用记录制度，每月定期在市场内公布。

3. 有关保护消费者合法权益的地方性法规应该抓紧修订

如《宁夏回族自治区保护消费者合法权益条例》（2000年修订）与《中华人民共和国消费者权益保护法》（2013年修正）、《宁夏回族自治区产品质量监督管理条例》（2005年修订）与《中华人民共和国产品质量法》（2018年修正）相比，显得陈旧过时，应该抓紧修订。

（四）企业对自然资源和环境保护的责任

通过检索，宁夏回族自治区现行有效的有关自然资源和环境保护的省级地方性法规48件，纳入研究范围的企业对自然资源和环境保护责任的主要地方性法规有22件。基本情况见表6-3：

表6-3 宁夏回族自治区关于企业对自然资源和环境保护责任省级立法情况

序号	地方性法规名称	实施时间	企业对自然资源和环境保护责任的内容
1	宁夏回族自治区基本农田保护条例	2001年1月1日	规定了基本农田保护区内禁止排放废水以及堆置固体废弃物
2	宁夏回族自治区水工程管理条例	2003年1月1日	规定水工程管理范围内，禁止开矿，倾倒废渣、尾矿，向水域排放超过国家标准的污水
3	宁夏回族自治区草原管理条例（2005年修订）	2006年1月1日	规定禁止单位擅自向草原排放废水、废气、固体废弃物等污染物

续表

序号	地方性法规名称	实施时间	企业对自然资源和环境保护责任的内容
4	宁夏回族自治区实施《中华人民共和国水法》办法（2008年修订）	2008年11月1日	采矿或者建设单位应当进行地下水监测，并采取措施保护水资源不受污染和破坏
5	宁夏回族自治区禁牧封育条例	2011年3月1日	禁牧区域内，国有企业管理的草原、林地，由国有企业负责管护
6	宁夏回族自治区贺兰山东麓葡萄酒产区保护条例	2013年2月1日	产区酿酒葡萄种植区及其周边五公里范围内禁止的污染环境行为
7	宁夏回族自治区泾河水源保护区条例	2014年6月1日	规定在泾河水源保护区内，禁止非法采矿、倾倒、填埋、贮存、弃置矿渣、石渣、煤灰等废弃物和其他污染物，擅自设置排污口；直接或者间接向水体排放未经处理或者处理未达标的工业废水
8	宁夏回族自治区实施《中华人民共和国渔业法》办法（2015年修正）	2015年5月20日	禁止向渔业水域排放污水和倾倒有害渔业资源的污物
9	宁夏回族自治区实施《中华人民共和国水土保持法》办法（2015年修订）	2015年9月1日	禁止在河流、湖泊、水库、渠道以及专门存放地以外的沟道倾倒固体废弃物。在生产建设过程中应当采取水土保持措施，对造成的水土流失负责治理
10	宁夏回族自治区煤炭资源勘查开发与保护条例（2016年修改）	2016年3月24日	对煤矿企业实行矿山地质环境治理保证金制度，用于矿山环境治理和生态恢复
11	宁夏回族自治区水资源管理条例	2017年1月1日	开采（勘查）煤、石油等矿产资源、修建地下工程的，应当对水环境进行科学评价，并采取相应措施，防止疏干排水、施工降水造成地下水水位下降、水体污染、水源枯竭或者地面塌陷
12	宁夏回族自治区六盘山、贺兰山、罗山国家级自然保护区条例（2017年修改）	2017年11月30日	自然保护区内不得擅自开矿、排放污水、废气、倾倒固体废弃物造成污染环境
13	宁夏回族自治区绿色建筑发展条例	2018年9月1日	绿色建筑是指在建筑的全寿命期内，最大限度地节约资源、保护环境和减少污染

续表

序号	地方性法规名称	实施时间	企业对自然资源和环境保护责任的内容
14	宁夏回族自治区生态保护红线管理条例	2019年1月1日	规定了应当划入生态保护红线的区域
15	宁夏回族自治区湿地保护条例（2018年修订）	2019年1月1日	在湿地内禁止从事永久性截断湿地水源、擅自排污、倾倒有毒有害物质、废弃物等
16	宁夏回族自治区防沙治沙条例（2019年修正）	2019年3月26日	在沙化土地范围内从事开发建设活动的，应当将防沙治沙工程设施建设和生态保护措施的实施纳入开发建设项目
17	宁夏回族自治区枸杞产业促进条例（2019年修正）	2019年3月26日	禁止在枸杞产地保护范围周边三公里内新建对土壤、水质、大气造成污染的项目
18	宁夏回族自治区污染物排放管理条例（2019年修正）	2019年3月26日	排污单位不得有将未经过防治污染设施处理的污染物直接排放等行为
19	宁夏回族自治区环境保护条例（2019年修正）	2019年3月26日	禁止超过国家和自治区污染物排放标准排放污染物；第三章生活环境保护；第四章生态环境保护
20	宁夏回族自治区大气污染防治条例（2019年修正）	2019年3月26日	生产经营者应当采取有效措施，控制和减少大气污染物排放；排放污染物的，应当承担污染物治理的主体责任
21	宁夏回族自治区河湖管理保护条例	2019年9月1日	严格治理工矿企业污染，改善水环境质量
22	宁夏回族自治区水污染防治条例	2020年3月1日	排放水污染物不得超过国家或者自治区规定的水污染物排放标准和重点水污染物排放总量控制指标

通过文本阅读和比较分析，宁夏回族自治区关于企业对自然资源和环境保护的社会责任的省级地方性法规，有以下几个特点。

1. 有些地方性法规已经与修订后的国家法无法衔接应抓紧修订

由于国家法重新进行了修订，地方性法规的立法依据发生了变化，这些地方性法规要么与国家法冲突，要么与国家法无法衔接，需要抓紧修订。如《宁夏回族自治区基本农田保护条例》与《中华人民共和国土地管理法》(2019 年修正)、《宁夏回族自治区水工程管理条例》和《宁夏回族自治区实施〈中华人民共和国水法〉办法》(2008 年修订)与《中华人民共和国水法》(2016 年修正)、《宁夏回族自治区草原管理条例》(2005 年修订)与《中华人民共和国草原法》(2013 年修正)、《宁夏回族自治区禁牧封育条例》与《中华人民共和国森林法》(2019 年修订)。

2. 结合地方产业特色,对葡萄产区、枸杞产地进行环境保护立法

《国务院关于进一步促进宁夏经济社会发展的若干意见》(国发〔2008〕29 号)指出,北部灌区在稳定粮食生产的基础上,重点抓好枸杞、牛羊肉、奶牛、设施蔬菜、酿酒葡萄等优势特色产业。①

贺兰山东麓葡萄酒是宁夏回族自治区 30 个乡镇、农场、林场、科研所区域的特产,凭借独特自然资源和悠久的酿酒传统及现代化经营方式、酿造技术,贺兰山东麓地区生产的葡萄酒备受好评,成为国内外知名的中国最佳酿酒葡萄和葡萄酒产区之一。2002 年,宁夏贺兰山东麓被确定为国家地理标志产品保护区,保护范围总面积达 20 万公顷。2011 年 1 月 30 日,原国家质检总局批准对"贺兰山东麓葡萄酒"实施地理标志产品保护。2018 年 10 月 18 日公布的《中国(宁夏)贺兰山东麓葡萄产业及文化长廊发展总体规划》(修订本),将规划范围以贺兰山东麓葡萄酒地理标志保护区为基础,涉及石嘴山市、银川市、青铜峡市、红寺堡开发区四个产业大市县及农垦系统,区域总面积 20 多万公顷。2019 年,宁夏葡萄产量 24.54 万吨,比上年增长 23.3%,是宁夏增长幅度最高的农林牧渔业产品。② 2013 年 2 月 1 日,《宁夏贺

---

① 《国务院关于进一步促进宁夏经济社会发展的若干意见》(国发〔2008〕29 号),参见中华人民共和国中央人民政府官网,http://www.gov.cn/zwgk/2008-09/12/content_1094001.htm。

② 资料来源于《宁夏回族自治区 2019 年国民经济和社会发展统计公报》,参见宁夏回族自治区统计局官网,http://tj.nx.gov.cn/tjsj_htr/tjgb_htr/202004/t20200430_2054423.html。

兰山东麓葡萄酒产区保护条例》施行，这是中国第一个以地方立法的形式对产区进行保护。《条例》第 10 条规定，产区酿酒葡萄种植区及其周边五公里范围内，禁止新建化工、建材、制药、采矿、规模养殖以及产生重金属排放等对土壤、水质、大气造成污染和对葡萄产业发展造成影响的项目。产区内已建成的项目，对土壤、水质、大气造成污染和对葡萄产业发展造成影响的，应当依法限期整改。产区内经批准建设的项目，施工时应当采取防护措施，控制扬尘、噪声、废气、废水、固体废物等污染和对自然环境造成的破坏。施工结束后，建设单位应当及时恢复施工场地的自然环境。

宁夏是枸杞原产地，栽培枸杞已有 500 多年的历史。2004 年 5 月 18 日，原国家质检总局批准对“宁夏枸杞”实施地理标志产品保护。2005 年宁夏枸杞总产量 5 万吨，2019 年枸杞产量达到 10.20 万吨。为了保护枸杞产地土壤环境，2016 年 1 月 1 日实施的《宁夏回族自治区枸杞产业促进条例》（2019 年修正）第 16 条规定，禁止向枸杞产地保护范围内排放、堆置或者处置废弃物；禁止在枸杞产地保护范围周边三公里内新建对土壤、水质、大气造成污染的项目；已经建成的污染项目，应当依法限期整改或者搬迁。

3. 落实生态文明建设，以生态保护红线制度为统领，制定了一系列地方性法规

《国务院关于进一步促进宁夏经济社会发展的若干意见》（国发〔2008〕29 号）指出，坚持资源开发与生态保护相结合，切实把加强生态建设和环境保护放在更加重要的位置，注重保护耕地和节约集约用地。① 《宁夏回族自治区国民经济和社会发展第十三个五年规划

① 《国务院关于进一步促进宁夏经济社会发展的若干意见》（国发〔2008〕29 号），参见中华人民共和国中央人民政府官网，http://www.gov.cn/zwgk/2008-09/12/content_1094001.htm。

纲要》提出规划目标之一是生态环境得到改善，成为全国唯一省级节水型社会示范区。2018 年 10 月 18 日公布的《宁夏生态保护与建设“十三五”规划》（修订本）提出，宁夏是我国生态环境最脆弱的省区之一，86%的地域年降水量在 300 毫米以下，西、北、东三面被腾格里沙漠、乌兰布和沙漠和毛乌素沙地包围，生态环境敏感复杂，水资源短缺，水土流失严重。[①] 因此，2019 年后的地方性立法，以生态红线保护为统领，修订和制定了一系列保护自然资源和生态环境的法规。

（1）以生态红线保护制度为统领。目前，全国仅有 2 件关于生态红线保护的地方性法规，即《海南省生态保护红线管理规定》和《宁夏回族自治区生态保护红线管理条例》。《宁夏回族自治区生态保护红线管理条例》第五条规定，生态保护红线内的自然保护区、风景名胜区、森林公园、湿地公园、饮用水水源保护区等各类保护区域，由法律、法规规定的部门实施具体管理。

（2）修订和制定了一系列保护自然资源和生态环境的法规。2019 年修订的地方性法规主要有《宁夏回族自治区污染物排放管理条例》《宁夏回族自治区环境保护条例》《宁夏回族自治区大气污染防治条例》《宁夏回族自治区防沙治沙条例》。2019 年制定的地方性法规主要有《宁夏回族自治区河湖管理保护条例》《宁夏回族自治区水污染防治条例》。

这些地方性法规，与 2019 年以前制定和修订的《宁夏回族自治区泾河水源保护区条例》、《宁夏回族自治区实施〈中华人民共和国渔业法〉办法》（2015 年修正）、《宁夏回族自治区实施〈中华人民共和国水土保持法〉办法》（2015 年修订）、《宁夏回族自治区煤炭资源勘查

① 《宁夏生态保护与建设“十三五”规划》（修订本），见宁夏回族自治区人民政府网，http://www.nx.gov.cn/zwgk/qzfwj/201811/t20181108_1158110.html。

开发与保护条例》(2016 年修改)、《宁夏回族自治区水资源管理条例》、《宁夏回族自治区六盘山、贺兰山、罗山国家级自然保护区条例》(2017 年修改)、《宁夏回族自治区绿色建筑发展条例》、《宁夏回族自治区湿地保护条例》(2018 年修订)等形成了保护自然资源和生态环境的法制系统，对企业生产经营过程中承担自然资源和环境保护的社会责任划定了一条红线。

4. 重视水资源及其环境保护

宁夏南部水土流失、中部土地沙化和草地退化、沿黄湿地水体污染、引黄灌区土壤污染和次生盐渍化等生态问题，是制约全区经济社会可持续发展的重要因素。① 因此，上述 22 件地方性法规研究样本中，有 10 件涉及水资源及其环境保护，占 45.45%。立法内容涉及基本农田、水工程管理、草原管理、泾河水源保护、水土保持、水资源保护、湿地保护、防沙治沙、河湖管理、水污染防治等方方面面。

（五）企业对捐赠的社会责任

通过输入关键词“捐赠”进行全文检索，宁夏回族自治区级地方性法规中有 33 件地方立法，其中现行有效的 21 件，涉及企业捐赠的立法有 8 件。通过文本阅读，发现宁夏回族自治区有关企业捐赠的省级地方立法除了鼓励企业向社会公益事业捐赠以外，还有以下几个特点：

1. 鼓励企业发展成为捐赠企业

《宁夏回族自治区捐赠事业促进条例》第 31 条规定，鼓励发展下列捐赠企业：不分配利润，并将利润用于捐赠事业的企业；持续开展捐赠公益救助活动的企业；向社会持续捐赠每年所得利润达到一定比

① 《宁夏生态保护与建设“十三五”规划》(修订本)，见宁夏回族自治区人民政府网，http：//www. nx. gov. cn/zwgk/qzfwj/201811/t20181108_1158110. html。

例的企业；集中安置残疾人和特殊贫困人员达到职工总数一定比例的企业；集中供养生活困难的老年人、残疾人的企业。同时该《条例》第41条规定，允许企业法人以商业化捐赠方式开展捐赠活动向农民专业合作社、扶贫开发进行捐赠。

2. 鼓励企业为突发事件应对提供捐赠

宁夏回族自治区地方性法规对企业捐赠行为均为鼓励倡导性规定，捐赠对象除了教育、文化、卫生、体育、自然资源保护等以外，还增加了鼓励企业对突发事件应对、禁毒工作的捐赠。如《宁夏回族自治区突发事件应对条例》第7条规定，鼓励公民、法人和其他组织为突发事件处置工作提供物资、资金、技术支持和捐赠。《宁夏回族自治区禁毒条例》（2017年修订）第6条规定，鼓励建立禁毒协会和禁毒基金会，引导企事业单位、社会组织参与禁毒工作；鼓励对禁毒工作的社会捐赠，并依法给予税收优惠。

（六）企业对社会公共利益的责任

通过输入关键词“社会公共利益”进行全文检索，宁夏回族自治区现行有效的12件地方性法规中，没有与企业承担社会公共利益社会责任相关的省级地方性法规。

第二节　设区的市的企业社会责任地方法规制

宁夏回族自治区有权制定地方性法规的有银川、石嘴山、吴忠、中卫、固原5个设区的市，共制定地方性法规181件，其中现行有效的119件。银川市作为自治区人民政府所在地较早具有地方立法权，立法数量最多，达到161件，其中现行有效的99件。另外，其他设区的市立法和现行有效情况如下：石嘴山市7件、固原市6件、吴忠市4

件、中卫市3件。由于固原市不在草原丝绸之路经济带覆盖区域内，不作为研究对象，因此本节重点研究银川市企业社会责任地方立法和其他设区的市的环境保护方面的立法。

一 银川市企业社会责任的地方法规制

（一）银川市企业社会责任地方立法概况

银川市自1988年8月18日制定实施《银川市城市房屋拆迁管理暂行办法》首部地方性法规以来，截至2020年6月底共制定161件地方性法规，其中现行有效的99件、已经失效的44件、已被修改的22件。按照时间跨度统计，没有规律可循，分布差异也不大，少的年份1件，多的年份14件。与企业社会责任有关的地方性法规仅有10件，具体情况见表6-4。

表6-4 银川市现行有效的企业社会责任地方立法情况

序号	企业社会责任内容	检索到的法规数量（件）	与社会责任有关的法规数量（件）
1	企业对投资者的责任	1	0
2	企业对劳动者（职工）的责任	8	2
3	企业对消费者的责任	2	0
4	企业对自然资源和环境保护的责任	27	5
5	企业对社会捐赠的责任	8	2
6	企业对社会公共利益的责任	8	1

由此可以看出，银川市没有关于企业对投资者、消费者的地方立法，仅对劳动者、自然资源和环境保护责任作了较少的规定。

（二）银川市企业社会责任的立法内容及评析

1. 有关企业对劳动者社会责任的规定

（1）企业对劳动者身心健康的义务。2019年9月1日实施的《银川市全民健身条例》第14条规定，企业应当组织本单位人员进行工前或者工间操等体育锻炼，开展经常性的体育健身活动。有条件的单位，可以为本单位人员提供健身场地，配置必要的健身设施、器材，定期举办单项体育比赛、职工运动会，开展体育锻炼测验、体质监测等活动。第四十条规定，用人单位应当重视劳动者的心理健康以促进工作，结合本单位的工作特点，定期开展心理健康教育与测试，组织心理健康促进活动。

（2）通过劳动监察监督企业承担对劳动者的社会责任。2011年12月12日实施的《银川市劳动保障监察条例》（2011年修改）通过县级以上人力资源和社会保障主管部门对用人单位和劳动中介与服务机构遵守劳动和社会保障法律、法规的情况进行监督检查，并对违反劳动保障法律、法规的行为予以制止、纠正或者处罚的行政执法行为，规范企业履行保障对劳动者合法权益的义务，监督企业承担对劳动者的社会责任。

2. 企业对自然资源和环境保护的社会责任的规定

（1）许多地方性法规需要抓紧修订和完善。如2010年12月8日实施的《银川市环境噪声污染防治条例》（2010年修订）所依据的《中华人民共和国环境保护法》（2014年修订）已经于2015年5月1日施行；所依据的《中华人民共和国环境噪声污染防治条例》已经失效（被《中华人民共和国环境噪声污染防治法》所取代）。再如，2001年11月1日实施的《银川市矿产资源管理办法》（2001年修订）所依据的《中华人民共和国矿产资源法》（2009年修正）已经于2009年8月27日修正实施。

（2）餐饮服务经营者环境保护义务。《银川市餐饮服务业环境污染防治条例》（2018年修订）第17条规定，餐饮服务经营者不得将在生产经营活动中产生的污水排入城镇公共雨水管道。

（3）突出对水资源保护。《银川市水资源管理条例》（2018 年修改）第 13 条规定，在饮用水水源保护区内禁止设置排污口；将含有汞、镉、砷、铬、铅、氰化物、黄磷等的可溶性剧毒废渣直接埋入地下；利用渗井、渗坑、裂隙排放、倾倒含有毒污染物的废水、含病原体的污水或者其他废弃物；利用无防渗漏措施的沟渠、坑塘等输送或者存贮含有毒污染物的废水、含病原体的污水或者其他废弃物。

（4）重视农村环境保护。2018 年 8 月 11 日实施的《银川市农村环境保护条例》第 20 条规定，禁止向沟、渠、池塘、湖泊、湿地等农用水体倾倒垃圾、废渣和排放油类、有毒废液、含病原体的污水；禁止向农田、草原、林地、渔业水域及灌溉渠道排放工业废水。第 27 条规定，产生废气、废水、废渣、粉尘、恶臭气体、放射性物质以及噪声振动、电磁波辐射等对农村环境造成污染和危害的企业，应当按照相关规定建设和使用污染物处理设施，防止对农村环境造成污染。

3. 企业捐赠的社会责任

银川市是 1986 年 12 月 8 日国务院公布的第二批国家历史文化名城之一。为保护国家历史文化名城，《银川市历史文化名城保护条例》第八条规定，鼓励企业以捐赠、资助、提供技术服务等方式参与名城保护与开发利用工作。

贺兰山岩画属全国重点文物保护单位。为保护贺兰山岩画，《银川市贺兰山岩画保护条例》（2012 年修改）第四条规定，鼓励企业为贺兰山岩画保护提供捐赠、赞助。

4. 房地产开发企业对社会公共利益的责任

《银川市城市房地产开发经营管理条例》（2011 年修正）第五条

规定，房地产开发经营应当遵循诚实信用的原则，不得损害国家利益、社会公共利益和他人的合法权益。

综述分析，银川市企业社会责任地方性法规呈现以下几个特点：

（1）与呼和浩特市、兰州市、西宁市、乌鲁木齐市4个省级人民政府所在地的市相比，银川市的企业社会责任地方立法不全面，没有关于对投资者、消费者合法权益保护的规定，对企业捐赠和社会公共利益的责任也仅限于鼓励性倡导条款，且范围狭窄。

（2）对劳动者身心健康、餐饮业环境保护的地方立法是其一大特色。

（3）银川市企业社会责任地方立法基础好，尚有很大的立法发展空间，可先行先试制定银川市企业社会责任条例。

银川市人民政府及其部门依据《宁夏社会组织履行社会责任评价暂行办法》及《宁夏社会组织履行社会责任评价体系（试行）》两个规范性文件，先后发布实施了《银川市社会组织履行社会责任评价试点工作方案》（银民发〔2012〕151号）《2015年银川市社会组织履行社会责任评价工作方案》《银川市商务局关于2015年开展商贸企业履行社会责任评价试点工作的通知》《银川市住房和城乡建设局关于做好2016年度房地产行业信用等级评定和履行社会责任评价工作的通知》《银川市住房和城乡建设局关于做好2017年度房地产行业信用等级评定和履行社会责任评价工作的通知》《银川市民政局关于开展2017年社会组织履行社会责任评价工作的通知》《银川市社会组织履行社会责任实施精准扶贫方案》（银民发〔2018〕105号）等地方规范性文件和地方工作文件。

根据上述规范性文件，银川市对辖区企业进行了企业社会责任评价，公布了评估分数和排名，对企业履行社会责任起到了极大的推动作用。为了规范企业社会责任评价，需要制定银川市企业社会责任条例。

二　石嘴山、吴忠、中卫市企业社会责任的地方法规制

1. 石嘴山市企业环境保护责任的地方法规制

石嘴山市是国家“一五”时期布局建设的十大煤炭工业基地之一和“三线”建设的重要布局点，是宁夏工业的“摇篮”，工业增加值占 GDP 比重达 50.5%。石嘴山地处宁东、蒙西两个国家千亿吨级煤田之间，是呼包银兰经济带、宁夏沿黄经济区、宁蒙陕乌金三角经济区的重要节点城市。水资源保护和防治环境污染是石嘴山市最急迫解决的两大难题。因此，根据《宁夏回族自治区人民代表大会常务委员会关于确定石嘴山市人民代表大会及其常委会开始制定地方性法规的时间的决定》，石嘴山市自 2015 年 11 月 26 日开始享有地方立法权。截至 2020 年 5 月 31 日，石嘴山市共制定地方性法规 7 件，其中环境保护方面的地方性法规 3 件，即 2017 年 1 月 1 日实施的《石嘴山市饮用水水源保护条例》、2018 年 1 月 1 日实施的《石嘴山市工业固体废物污染环境防治条例》、2019 年 11 月 1 日实施的《石嘴山市工业企业大气污染防治条例》，形成了重点突出、相对较完整的环境保护地方法规体系的雏形。

《石嘴山市饮用水水源保护条例》除了规定企业在饮用水水源准保护区、二级保护区、一级保护区内禁止从事的行为以外，对在多层含水结构的饮用水水源保护区内取水，要求取水单位应当分层开采，禁止混合开采，防止造成越流污染。

《石嘴山市工业固体废物污染环境防治条例》第 15 条规定，粉煤灰、脱硫石膏、煤矸石、炉渣、化工废渣等工业固体废物产生单位，

应当采取综合利用措施消化利用。未能消化利用的，应当允许其他资源综合利用生产经营者使用。

《石嘴山市工业企业大气污染防治条例》本着防治结合、损害担责的原则，规定工业企业应当采取措施防止、减少大气环境污染和生态破坏；造成大气污染的，应当实施治理并对所造成的损害依法承担责任。对工业企业大气污染防治措施作了非常细致的规定，如限制新建、扩建钢铁、水泥、有色金属冶炼等工业项目，禁止新建不符合国家规定的燃煤发电机组、燃油发电机组和燃煤热电机组；火电、钢铁、水泥、电石化工、新材料、精细化工等行业应当依法实施清洁生产，优先使用清洁能源，采用清洁生产工艺、设备与技术，减少大气污染物的产生；重点排污工业企业应当编制重污染天气应急响应操作方案等。

2. 吴忠市对企业保护红色文化遗址义务的地方法规制

吴忠自古就是丝绸之路的重要通道，被誉为“水旱码头·天下大集”。吴忠市现在是新丝绸之路经济带重要的节点城市，也是新亚欧大陆桥沿线的区域性商贸城市。黄河文化、西夏文化、红色文化交相辉映，古长城、秦汉古渠、一百零八塔等遗迹丰富。吴忠市自 2016 年 3 月 24 日具有地方立法权以来，共制定地方性法规 4 件。[①] 其中涉及企业社会责任的地方性法规 1 件，即《吴忠市红色文化遗址保护条例》。该《条例》规定，任何单位和个人都有依法保护红色文化遗址的义务；鼓励单位和个人以投资、捐助、捐赠等方式参与红色文化遗址的保护利用。特别是《条例》第十五条规定，在红色文化遗址保护范围和建设控制地带内实施建设项目的，不得危及红色文化遗址安

---

① 《宁夏回族自治区人民代表大会常务委员会关于确定吴忠、固原、中卫市人民代表大会及其常务委员会开始制定地方性法规的时间的决定》，参见中国人大网，http：//www.npc.gov.cn/zgrdw/npc/xinwen/dfrd/hyhd/2016-03/29/content_1986309.htm。

全，影响红色文化遗址环境。建设项目选址，应当避开红色文化遗址；确因特殊情况不能避开红色文化遗址的，对红色文化遗址实施原址保护。

3. 中卫市企业对水资源和环境保护义务的地方法规制

中卫市水资源条件优越，地下水蕴藏丰富。黄河自西向东穿境而过，全长约 182 千米，占黄河在宁夏流程 397 千米的 45.8%。中卫市自 2016 年 3 月 24 日具有地方立法权以来，共制定地方性法规 3 件，其中企业环境保护社会责任的立法 1 件。

《中卫市城乡居民饮用水安全保护条例》对饮用水水源地、供水设施、水质保护等作了规范。其中企业在饮用水安全方面的义务主要有四项。

（1）在饮用水水源保护区内，禁止企业从事的行为，如在饮用水水源准保护区内，禁止企业新建、扩建对水体污染严重的建设项目；改建的建设项目中新增水污染物和排污量；开矿；利用渗井、渗坑、裂隙、暗管排放、灌注、倾倒废水、含病原体的污水或者其他放射性固体废物；利用或者开挖无防渗漏措施的沟渠、坑塘输送或者储存含有毒污染物的废水。

（2）企业在饮用水水源周边及上游水区域开发建设其他项目，应当在立项时进行对水源地影响的环评建设项目。

（3）供水单位供水设施巡查制度。《条例》第 19 条规定，城乡供水单位应当建立供水设施巡查制度。对专用水库、引水渠道、取水口、泵站、井群、输（配）水管网、阀门、消防栓、进户计量水表、净（配）水厂、公共用水站、水源保护区界桩、标志碑、警示标志、围网等设施应当定期检查维护，确保安全供水。

（4）供水单位的义务。《条例》第三十条规定，供水单位应当承担下列义务：供水应当符合国家规定的压力和水质标准；除不可抗力因素外应当保持正常供水；设立供水事故抢修电话，并向社会公布；定期检查、维护供水设施；发生故障后及时组织抢修，保障居民正常用水；建立健全用户投诉受理制度；对于用户的投诉应当当日答复、及时处理。

第三节 制定《宁夏回族自治区企业社会责任条例》可行性分析

立法要可行，就要注意从实际出发，原则性和灵活性相结合，稳定性和适时废、改、立相结合，充分考虑主客观条件，把立法的协调性摆到应有的地位，合理地处理立法超前、滞后和同步的关系，采取科学、严肃、慎重的立法态度，避免和消除立法混乱的弊病。[①] 在草原丝绸之路经济带覆盖的省份中，宁夏回族自治区制定企业社会责任地方性法规的条件最为成熟，可以先行制定《宁夏回族自治区企业社会责任条例》。

一 制定《企业社会责任条例》的立法基础

截至 2020 年 6 月 30 日，全国以“社会责任”为标题的地方政府规章 2 件、地方规范性文件 49 件、地方工作文件 74 件。按照规范数量排序，浙江省 36 件、江苏省 16 件、福建省 15 件、宁夏回族自治区 14 件，宁夏回族自治区排名靠前。宁夏回族自治区 14 件企业社会责任规范性文件和工作文件，时间跨度从 2012 年 2 月 2 日至 2018 年 6 月

① 周旺生：《立法学》（第二版），法律出版社，2009，第 405 页。

1日。[①]

宁夏回族自治区人民政府各部门非常重视企业履行社会责任工作，通过对企业进行社会责任评价，督促企业履行社会责任。早在2012年2月17日制定实施了《宁夏商务厅关于在银川市典当行业开展“履行社会责任诚信经营”活动的实施方案》，该《方案》首先对典当行业履行社会责任评价内容及标准作了规定，评价内容包括遵纪守法、综合素质、诚实守信、诚恳规范服务、接受社会监督五个方面。其次，规定了开展行业履行社会责任信用评价工作的程序，包括申请、评价、公示、评价结果备案、制作和发放行业信用评价的标牌证书5个阶段。最后，规定了信用评价的管理，不搞终身制，被评为3A以上的由自治区商务厅授予相应的等级称号，并颁发证书和牌匾。紧接着宁夏商务厅将企业社会责任评价推广到整个商贸领域。

2013年6月14日，宁夏回族自治区经济和信息化委员会印发了《宁夏工业企业社会责任评估暂行办法》《宁夏工业企业社会责任评价体系（试行）》。《办法》指出，制定者的初衷是“鼓励宁夏企业回馈社会”，适用于自治区工业领域各企业社会责任的评估。《办法》规定了评估主体、内容、对象、方式、程序等主要问题。《体系》规定了评价指标数据的获取方式和评价标准。

这些规范文件和工作文件，既为企业社会责任评估工作依法进行提供了保障，又积累了企业社会责任地方立法经验。

二 评估工作为企业社会责任地方立法积累了实践经验

2013年8月5日《宁夏回族自治区经济和信息化委员会关于在规

---

① 早在2011年，宁夏回族自治区人民政府评选“全区100强企业”时就有企业社会责任评价内容，并建立了初步的评估体系。

模以上工业企业中开展履行社会责任评估工作的通知》中明确了200家企业进入评价名单。2013年自治区经信委、综治办、人力资源和社会保障厅、环保厅、质监局、工商局、安监局、国税局联合宁夏企业和企业家联合会，对列入自治区级评估的规模以上企业进行评估。各市工信部门联合各市综治、人社、环保、质监、工商、安监、国税部门，与组建的企业组织代表机构共同对列入本市评估的规模以上工业企业进行评估。按照相关要求全区规模以上企业分别对履行企业社会责任工作进行自我评估，然后由职能单位核定，公示后再行认定，最后经牵头部门审核后发布。

2014年，宁夏工业企业社会责任评估工作继2013年开展规模以上工业企业履行社会责任评估工作之后，评估范围扩大到规模以下工业企业，计划完成4278家，实际完成评估工作的有3364家，其中银川市1295家、石嘴山市584家、吴忠市641家、固原市406家、中卫市438家。其中规模以上工业企业有970家。评估指标主要包括产品质量及服务、环境保护、安全生产、依法纳税、工资待遇、缴纳社保情况、社会综合治理、社会公益事业、企业信誉、节能降耗十项指标。每项指标对应一个赋分值。评估分为企业自评和部门综合评估两种方式，通过加权处理自评和部门综合评分，赋分标准总分为100分，其中自评占20%，部门综合评分占80%。通过企业自评与部门综合评估加权评分，全区工业企业履行社会责任中，25.3%的企业表现优秀，68.2%的企业表现良好，5.6%的企业表现合格，有0.9%的企业表现不合格。通过计算加权平均分与可比性分析，企业在产品质量及服务、工资待遇、环境保护三项内容上表现优秀，得分都在89分以上，缴纳社会保险情况得分最低，为66.8分。

根据宁夏回族自治区经济和信息化委员会宁经信法规发〔2015〕

283号文件要求，2015年计划对自治区3364家工业企业、信息传输、软件和信息技术服务企业（其中规模以上工业企业970家左右，规模以下工业企业2394家左右）进行2015年度企业履行社会责任评价活动，实际完成1955家企业。评估结果显示，表现为优秀的企业共有384家，占被评价企业总数的19.6%；表现良好的企业有1380家，占被评价企业总数的70.6%；表现为合格的企业有135家，占被评价企业总数的6.9%；表现为不合格的企业有56家，占被评价企业总数的2.9%。通过计算加权平均分与可比性分析，企业在产品质量及服务、工资待遇两项内容上表现优秀，得分在85分及以上，企业信誉和缴纳社会保险情况得分较低，分别为69.5分和72分。

宁夏回族自治区积极响应企业社会责任运动，从政府到企业对企业社会责任充分重视，并且较早地开始了企业履行社会责任评估的探索，在这个过程中积累了很多经验，值得其他地区借鉴、学习，也为企业社会责任地方立法积累了立法实践经验。[①] 但很可惜的是宁夏回族自治区企业社会责任评价工作自2016年后没有延续进行，但恢复评价工作随时可以展开。

本章小结

宁夏回族自治区企业社会责任地方立法数量虽不及内蒙古自治区，但其立法质量高，立法特色明显。较早制定的企业社会责任评价的规范文件和工作文件，以及连续开展三年的企业社会责任评价工作，为较早制定《宁夏回族自治区企业社会责任条例》准备了充分的

① 企业社会责任评价数据来源于作者指导的内蒙古科技大学研究生孔令辉的硕士学位论文《宁夏工业企业履行社会责任的研究报告》。

条件。制定的《宁夏回族自治区家庭服务业条例》是截至目前少有的规范家庭服务业地方法规之一；制定的《宁夏回族自治区贺兰山东麓葡萄酒产区保护条例》《宁夏回族自治区枸杞产业促进条例》（2019年修正）具有明显的地方特色。因此，结合银川市企业社会责任规范性文件，宁夏回族自治区制定企业社会责任条例地方性法规的条件已经成熟，可以通过委托第三方立法的形式，尽早列入地方立法计划，制定我国第一部企业社会责任地方法规。

第七章
甘肃省企业社会责任的地方法规制

甘肃省既是沙漠丝绸之路的必经之地，其部分地区（兰州、武威、金昌、张掖、酒泉、嘉峪关六市和天祝藏族、肃南裕固族、阿克塞哈萨克族三个自治县）也是草原丝绸之路经济带的覆盖区域。通过“北大法宝”查询，截至 2020 年 5 月 31 日，甘肃省共制定 821 件地方性法规，其中省级地方性法规 613 件、设区的市地方性法规 106 件、自治条例和单行条例 102 件。按照时效性划分，现行有效的地方性法规 430 件、失效的 240 件、已被修改的 146 件、部分失效的 4 件、尚未失效的 1 件。现行有效的 430 件地方性法规中，省级地方性法规 278 件、设区的市地方性法规 71 件、自治条例和单行条例 81 件。本章按照企业社会责任省级地方性法规、设区的市地方性法规、自治条例和单行条例三部分对甘肃省企业社会责任地方性法规进行描述、统计和分析。

第一节　甘肃省企业社会责任的省级地方法规制

一　甘肃省企业社会责任省级地方性法规立法状况

在“北大法宝”数据库中，选择“地方性法规”输入“甘肃省”

关键词进行“标题”检索。截至 2020 年 5 月 20 日，甘肃省共制定 613 件省级地方性法规，其中现行有效的 278 件。按照法规公布时间和数量，1985~1996 年是甘肃省省级地方性法规立法起步阶段，每年立法数量不超过 3 件；1997~2020 年是稳步发展阶段，多的年份 34 件。[①] 甘肃省省级地方性法规分年度立法数量见图 7-1。

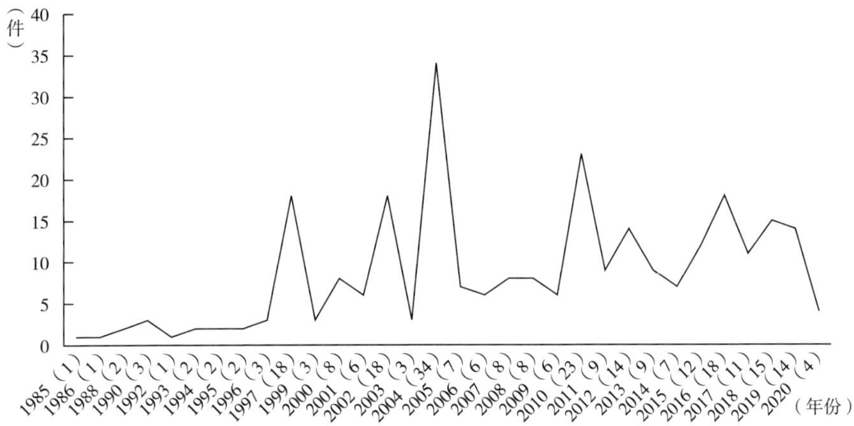

图 7-1　甘肃省省级地方性法规分年度立法数量

在“标题”中输入“社会责任”一词进行检索，没有得到检索结果。在“全文”中输入“社会责任”一词进行检索，得到检索结果 5 个。但通过文本阅读，《甘肃省科学技术普及条例》《甘肃省社会治安综合治理条例》（2010 年修订）《甘肃省实施〈中华人民共和国突发事件应对法〉办法》《甘肃省法制宣传教育条例》（2012 年修订）《甘肃省广告条例》中含有的社会责任，均不是本文研究所指的企业社会

① 有研究者将甘肃省地方立法分为四个阶段，即起步摸索阶段（1978~1985）、初步探索阶段（1986~2000）、规范提高阶段（2001~2012）、巩固提升发展阶段（2013~2018）。参见卢维理《甘肃地方立法 40 年改革历程回顾（1978~2018 年）》，载《人大研究》2018 年第 10 期，第 13~19 页。

责任。因此，只能按照企业社会责任的内容进行关键词检索，检索结果见表 7-1。

表 7-1 甘肃省有关企业社会责任省级地方性法规

序号	企业社会责任内容	检索到的法规数量（件）	与社会责任有关的法规数量（件）
1	企业对投资者的责任	3	0
2	企业对劳动者的责任	53	12
3	企业对消费者的责任	16	5
4	企业对自然资源和环境保护的责任	26	21
5	企业对社会捐赠的责任	27	18
6	企业对社会公共利益的责任	13	2

二 甘肃省省级地方立法有关企业社会责任内容及评析

（一）没有关于企业对投资者社会责任的规定

在甘肃省地方性法规中，通过对“投资者”“股东”进行全文检索，得到检索结果 3 个。其中，《甘肃省安全生产条例》（2016 年修订）第 61 条规定的是国有资产管理部门对生产经营单位国有资产依法履行投资者职责；《甘肃省职工代表大会条例》第 33 条规定的是公司制企业的职权；《甘肃省专利条例》第 17 条是鼓励股东以专利权等非货币出资的规定。上述规定均不是企业对投资者承担责任的规定。也就是说，甘肃省省级地方性法规中，没有对企业对投资者社会责任的规定。

（二）企业对劳动者的社会责任

通过全文检索甘肃省级地方性法规，检索结果为：“劳动者”一词检索结果 3 个、“职工”一词检索结果 44 个、“员工”检索结果 6

个。其中与企业对劳动者社会责任的地方法规 12 件，具体情况见表 7-2。

表 7-2　甘肃省企业对劳动者社会责任的省级地方性法规

序号	地方法规名称	实施时间	企业对劳动者义务的主要内容
1	甘肃省实施《中华人民共和国残疾人保障法》办法	1993 年 11 月 27 日	规定了用人单位保障残疾人的平等就业权和劳动保障权；在劳保福利、住房等给予优先照顾
2	甘肃省实施妇女权益保障法办法	1994 年 8 月 3 日	女职工进入管理机构；女职工在 100 人以上的企业，应当建立女职工淋浴室、卫生室等具体措施
3	甘肃省外商投资企业工会条例（1997 年修正）	1997 年 5 月 28 日	外商投资企业应当支持职工依法建立工会组织，最迟在开业一年内成立工会，开展活动
4	甘肃省发展私营个体经济条例	2001 年 1 月 7 日	对私营企业应当履行对劳动者合法权益保护的义务作了非常详细的规定
5	甘肃省促进个体私营经济发展条例（2002 年修订）	2002 年 6 月 1 日	私营企业应当依法与职工签订劳动合同，保障职工合法权利
6	甘肃省实施《中华人民共和国矿山安全法》办法（2004 年修正）	2004 年 6 月 4 日	规定的立法目的之一是为了保障矿山生产安全，保护矿山职工的人身安全
7	甘肃省实施《中华人民共和国妇女权益保障法》办法（2007 年修订）	2008 年 1 月 1 日	对女性代表在企业职工代表大会中所占比例、企业应当有女性管理人员；第十六条对企业不得有侵害女职工合法权益的行为作了列举式规定
8	甘肃省促进中小企业发展条例	2009 年 8 月 1 日	中小企业不得损害职工的合法权益
9	甘肃省集体合同条例	2011 年 10 月 1 日	集体合同约定的标准不得低于当地人民政府规定的最低标准。用人单位与职工（包括劳务派遣人员）个人订立的劳动合同标准，不得低于集体合同约定的标准
10	甘肃省残疾人保障条例	2012 年 5 月 1 日	通过强制企业安排残疾人就业比例，保障平等就业权

续表

序号	地方法规名称	实施时间	企业对劳动者义务的主要内容
11	甘肃省职工代表大会条例	2013年1月1日	企业职工代表中应当包括生产一线职工、中层以上管理人员、技术人员、女职工代表、少数民族职工代表、农民工、劳务派遣工代表
12	甘肃省安全生产条例（2016年修订）	2016年7月1日	生产经营单位是安全生产的责任主体，确保安全生产

通过文本阅读，发现甘肃省对企业对劳动者合法权益保护的省级地方性法规，有以下几个特点。

（1）非常重视弱势劳动者合法权益的保护。不仅从立法数量上（占研究样本的30%）予以体现，最重要的是立法内容充分体现了对残疾人和妇女劳动者合法权益的保护。如《甘肃省实施〈中华人民共和国残疾人保障法〉办法》中，规定残疾职工所在单位，要为残疾职工提供适应其特点的劳动条件和劳动保护；残疾职工在转正、定级、晋升、职称评定、劳动报酬等方面，享有与本单位其他职工同等的待遇；劳保福利、住房等给予优先照顾。《甘肃省残疾人保障条例》第29条规定企业应当按在职职工总数1.5%的比例安排残疾人就业，达不到规定比例的，应当缴纳残疾人就业保障金。《甘肃省实施妇女权益保障法办法》第13条规定女职工较多的企业，其管理机构中应当有女职工；第20条规定各单位在录用职工时，不得以性别为由拒绝录用妇女或者随意提高录用妇女的标准；第22条规定企业在实行劳动、人事制度等改革时，不得歧视和排斥女职工；第25条规定女职工在100人以上的企业，应当建立女职工淋浴室、卫生室等。《甘肃省实施〈中华人民共和国妇女权益保障法〉办法》（2007年修订）第10条规定企业职工代表大会代表中的女性代表所占比例应当与该单位女职工人数比例相适应，企业应当有女性管理人员；第16条对企业不得有侵害女职工合法权益的行为作了列举式规定。这些规定，为切实规范企业对残疾人和妇女劳动者的义务，起到了强制性规范的作用。

（2）通过劳动安全方面的立法，保障劳动者生命健康权。在《甘肃省实施〈中华人民共和国矿山安全法〉办法》（2004 年修正）的基础上，又专门制定《甘肃省安全生产条例》（2016 年修订）。该《条例》除了规定生产经营单位是安全生产的责任主体之外，还专门规定了安全生产直接责任人和第一责任人的责任。另外，专门对煤矿、非煤矿山、危险化学品等易出现安全事故的行业的安全生产作了细致的规定。

（3）对职工民主管理权的规定全面、细致，特别是少数民族职工、农民工、劳务派遣工代表应占职工代表大会代表的一定比例。《甘肃省职工代表大会条例》第 18 条规定企业职工代表中生产一线职工不得低于职工代表总数的 60%，中层以上管理人员不得高于职工代表总数的 20%，技术人员应当占一定比例。跨地区、跨行业大型企业集团职工代表中，中层以上管理人员所占比例可以适当提高。女职工代表、少数民族职工代表在职工代表中的比例应当与本单位女职工、少数民族职工人数在全体职工人数中所占比例相适应。农民工、劳务派遣工比较集中的单位应当有相应比例的农民工、劳务派遣工代表。

（4）注重劳动合同管理以保障劳动者合法权益。《甘肃省集体合同条例》第 5 条规定，集体合同约定的劳动报酬、劳动条件等标准不得低于当地人民政府规定的最低标准；用人单位与职工（包括劳务派遣人员）个人订立的劳动合同，其劳动报酬、劳动条件等标准，不得低于集体合同约定的标准，同时规定了专项集体合同制定。该《条例》第 40 条规定职工一方与用人单位可以根据需要，就劳动工资、劳动安全卫生、女职工权益保护以及保险福利等内容订立专项集体合同。

（5）促进私营个体经济发展的同时，注重劳动者合法权益保护。如《甘肃省促进中小企业发展条例》第5条规定，中小企业应当依法经营、诚实守信，不得损害国家利益、社会公共利益和职工的合法权益。该条规定将中小企业职工合法权益与依法经营、不得损害国家利益和社会公共利益并列提出，突出了劳动者合法权益保护的地位。《甘肃省促进个体私营经济发展条例》（2002年修订）第31条规定，私营企业应当依法与职工签订劳动合同，保障职工法定的休息、休假权利，保障女工、未成年工受特殊保护的法定权利，禁止雇佣童工。私营企业应当加强劳动保护，保障生产安全。对从事特种作业的职工，必须按照国家规定进行培训，合格后方能上岗作业。

（三）企业对消费者的社会责任

在甘肃省级地方性法规中，通过对“消费者”进行标题和全文检索，得到检索结果16个。其中，在立法目的中明确规定为了保护消费者合法权益的有9件，规定政府为消费者提供服务、倡导正确消费理念2件，实际规范经营者保护消费者合法权益义务的具体规范5件。通过文本阅读，可以发现甘肃省规范企业对消费者义务的省级地方立法有以下几个特点。

（1）通过产品质量立法规范经营者产品质量义务，以保护消费者合法权益。自甘肃省发布《甘肃省产品质量监督条例（试行）》（1990年4月28日）以来，经过1995年1月21日、1997年7月30日、2002年3月30日、2004年6月4日、2010年9月29日修改和修正，到2019年1月1日实施的《甘肃省查处生产销售假冒伪劣商品行为条例》、2019年5月1日实施的《甘肃省农产品质量安全条例》（2019年修订），甘肃省产品质量立法越加完善，对消费者权益保护也越充分。如《甘肃省产品质量监督管理条例》（2002年修改）规定的产前质量保证能力审查认可制度，是国内唯一且非常超前领先的立法。该《条例》第15条规定，生产关系人体健康、人身财产安全和对工农业生产及消费者利益有重大影响的产品，必须经过产前质量保证能力审查认可。质量保证能力审查认可办法以及具体产品目录，由省产品质量监督部门制定并公布。在“北大法宝”数据库中，通过搜索“产前质量保证”进行全文检索，在中央法规和地方性法规中只有已经失效的国家计委办公厅关于印发《药品单独定价论证会试行办法》和《化学药品单独定价申报评审指标体系（试行）》的通知（计办价格〔2001〕809号）规定了生产化学药品企业生产前质量保证措施，其他均没有相关规定。《甘肃省农产品质量安全条例》规定的产地管理和追溯管理制度，对保障消费者人身安全均做了大胆有益的探索。

（2）通过规范食品“三小”、文化娱乐业等与消费者最贴近的消费领域经营者行为，维护消费者合法权益。如《甘肃省娱乐场所管理条例》（2005年修正）第14条规定，对经营者超标价收费或未按规定内容提供服务，消费者有权拒付、要求补偿或向有关部门投诉。《甘肃省价格管理条例》（2015年修正）第41条规定，经营者依据越权文件制定价格，增加收费项目和调整收费标准，或者因价格违法行为致使消费者、其他经营者或者服务对象多付价款的，责令限期退还；拒不退还或者期限届满没有退还的，由价格主管部门予以没收，消费者或者其他经营者要求退还的，由经营者依法承担民事责任。同时，对经营者进行价格活动应当履行的义务和禁止的不正当价格行为进行了规范。[①] 2016年12

① 参见《甘肃省价格管理条例》（2015年修正）第10条规定，禁止下列不正当价格行为：（一）采取以次充好、短斤少两、降低质量、虚假标价等手段，进行价格欺诈和变相涨价的；（二）进行价格垄断或者强行服务收费的；（三）经营者蓄意串通，抬高价格或者压低价格，损害他人权益的；（四）提前或者推迟执行国家调价政策的；（五）违反公平、自愿原则，强迫交易对方接受高价商品或者服务的；（六）法律、法规禁止的其他不正当价格行为。

月1日实施的《甘肃省食品小作坊小经营店小摊点监督管理条例》，是全国唯一对“三小”进行规范的省级地方性法规，可以说是先行性立法的典范。

（四）企业对自然资源和环境保护的责任

通过检索，甘肃省现行有效的有关自然资源和环境保护的省级地方性法规26件，按照地方性法规类别，环境保护7件、水利6件、土地5件、森林和野生动物保护3件、地质矿产2件、农田与水土保持1件、牧业1件、渔业1件。立法具体情况见图7-2。

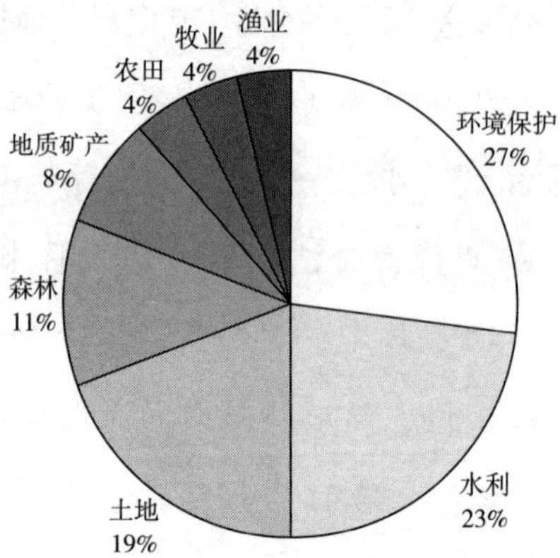

图7-2 甘肃省有关自然资源和环境保护的省级地方性法规分布情况

纳入研究范围的企业对自然资源和环境保护责任的主要地方性法规有21件，基本情况见表7-3。

表7-3 甘肃省企业对自然资源和环境保护责任的省级法规简况

序号	地方性法规名称	实施时间	企业承担自然资源和环境保护责任的内容
1	甘肃省实施《中华人民共和国土地管理法》办法（2002年修正）	2002年3月30日	非农业建设经批准占用耕地的，应当按相应的耕地开垦费标准缴纳耕地开垦保证金；在土地利用总体规划确定的土地开垦区内，要防止水土流失和土地荒漠化

续表

序号	地方性法规名称	实施时间	企业承担自然资源和环境保护责任的内容
2	甘肃省基本农田保护条例（2002 年修正）	2002 年 3 月 30 日	在基本农田保护区内不得设立非农业开发区和工业小区，并规定了禁止破坏基本农田的行为
3	甘肃省实施《中华人民共和国森林法》办法（2002 年修正）	2002 年 3 月 30 日	全面停止国有天然林采伐，加强森林资源保护；在林区和天然林接壤的林缘区一律不准设立木材市场
4	甘肃省实施《中华人民共和国煤炭法》办法（2004 年修正）	2004 年 6 月 4 日	开发利用煤炭资源，必须遵守国家和省有关环境保护的法律法规；禁止无有效降硫降灰措施的矿井开采高硫高灰煤炭；禁止开采含有放射性等有毒有害物质的煤炭
5	甘肃省矿产资源管理条例（2004 年修正）	2004 年 6 月 4 日	采矿权人应当采取合理的开采顺序、采矿方法和选矿工艺开采矿产资源；开采回采率、采矿贫化率和选矿回收率应达到国家规定要求；禁止乱采滥挖，采富弃贫，破坏矿产资源
6	甘肃省实施《中华人民共和国水土保持法》办法（2004 年修正）	2004 年 6 月 4 日	凡从事采矿、挖砂、取土、炸石、淘金等易造成地貌和植被破坏的工副业生产，必须采取水土保持措施，防止水土流失；列举了不得从事开荒、挖砂、采石的区域
7	甘肃省草原条例	2007 年 3 月 1 日	规定了交纳草原植被恢复费制度；矿藏开采和工程建设项目环境影响评价书中应当包括草原生态环境保护方案
8	甘肃省石羊河流域水资源管理条例	2007 年 9 月 1 日	流域内禁止建设高耗水项目；流域水源涵养林区域内严格限制探矿采矿
9	甘肃省循环经济促进条例	2012 年 6 月 1 日	资源型企业应当按政策足额提取矿山环境治理恢复保证金
10	甘肃省水土保持条例	2012 年 8 月 10 日	详细规定了不得开荒、挖砂、采石、取土的区域
11	甘肃省实施《中华人民共和国水法》办法（2013 年修正）	2013 年 11 月 29 日	在水源涵养林区域内禁止的行为；依法划定的水工程保护范围内禁止从事的行为；规定了水资源论证和节约用水制度
12	甘肃省湿地保护条例（2013 年修正）	2013 年 11 月 29 日	规定了禁止在湿地保护区范围内进行的活动；规定了禁止向湿地保护区或外围保护地带排放污染物；规定了禁止在天然湿地边缘 100 米范围以内投放任何危害水体及水生生物的化学制品

续表

序号	地方性法规名称	实施时间	企业承担自然资源和环境保护责任的内容
13	甘肃省实施《中华人民共和国煤炭法》办法（2013年修正）	2013年11月29日	规定了开发利用煤炭资源，必须遵守国家和省有关环境保护的法律法规；禁止无有效降硫降灰措施的矿井开采高硫高灰煤炭；禁止开采含有放射性等有毒有害物质的煤炭
14	甘肃省河道管理条例	2014年12月1日	禁止任何单位在禁采期、禁采区进行河道采砂活动；从事河道采砂活动的单位应当缴纳河道采砂管理费
15	甘肃省地质环境保护条例（2016年修订）	2016年10月1日	规定了矿山地质环境保护与恢复治理工程的设计和施工，应当与矿产资源开采活动同步进行；矿山地质环境恢复治理保证金制度
16	甘肃省实施《中华人民共和国防沙治沙法》办法（2018年修订）	2018年9月1日	事先提交的环境影响报告包括有关防沙治沙的内容和防沙治沙方案；详细规定了在国家沙化土地封禁保护区范围内所禁止的行为
17	甘肃省自然保护区条例（2018年修订）	2019年1月1日	在自然保护区的核心区和缓冲区内，不得建设任何生产设施；禁止向自然保护区倾倒固体废弃物，排放有害、有毒的污水和废气
18	甘肃省实施《中华人民共和国野生动物保护法》办法（2018年修订）	2019年1月1日	禁止网络交易平台、商品交易市场等交易场所，为违法出售、购买、利用野生动物及其制品或者禁止使用的猎捕工具提供交易服务
19	甘肃省大气污染防治条例	2019年1月1日	燃煤和其他能源污染防治；工业污染防治；扬尘污染防治
20	甘肃省环境保护条例（2019年修订）	2020年1月1日	划定生态保护红线、环境质量底线、资源利用上线，制定实施环境准入负面清单，构建环境分区管控体系
21	甘肃省石油勘探开发生态环境保护条例（2019年修订）	2020年1月1日	石油勘探开发单位应当建立健全生态环境保护责任制；石油勘探开发单位应当采取措施防止土壤污染；禁止在“三区”进行石油勘探开发

通过文本阅读和比较分析，甘肃省关于企业对自然资源和环境保护的社会责任的省级地方性法规，有以下几个特点。

1. 自主性立法数量占大多数

在21个研究样本中，属于自主性立法13件，占61.9%；属于实施性立法8件，占38.1%。

2. 同等重视自然资源和环境保护立法，但对自然资源保护立法先于对环境保护立法

甘肃省较早的立法集中在土地、基本农田、森林、煤炭、矿产资源、水、草原、湿地、河道等自然资源保护方面的立法。

3. 重视水土资源的保护

（1）建立了耕地开垦保证金制度。《甘肃省实施〈中华人民共和国土地管理法〉办法》（2002年修正）第16条规定，非农业建设经批准占用耕地的，应当负责开垦与所占耕地的数量和质量相当的耕地，并按相应的耕地开垦费标准缴纳耕地开垦保证金。

（2）重视基本农田水土保持。《甘肃省基本农田保护条例》（2002年修正）第14条规定，在基本农田保护区内不得设立非农业开发区和工业小区。在基本农田内，不准建窑烧砖、建房；不准擅自采石、采矿、挖沙、取土；不准向基本农田内倾倒垃圾、渣土和排放工业废水、废气等有害物质。另外，甘肃省还制定了《甘肃省实施〈中华人民共和国水土保持法〉办法》（2004年修正），与上位法的基本内容完全相同。

（3）重视水资源保护。如《甘肃省石羊河流域水资源管理条例》第28条规定，流域内禁止建设高耗水、高污染工业项目，已建的应当限期进行改造，采用新技术、新工艺，实施废水净化处理，建立循环用水系统，提高水的重复利用率。对排放废水不达标的企业，由所在地县级人民政府责令其停产、转产或者关闭。第31条规定，流域内各级人民政府应当严格执行《甘肃省祁连山国家级自然保护区管理条

例》，加大退耕还林还草、围栏封育、封山育林的力度，提高林草覆盖率，减轻水土流失，增强山区水源涵养能力。流域水源涵养林区域内禁止乱砍、滥伐林木，严格限制探矿采矿。

4. 重视草原保护

《甘肃省草原条例》第31条规定，禁止开垦草原。第34条规定，任何单位不得向草原排放工业废水、废气、废渣及其他有害污染物。第37条规定，在草原上从事地质勘察、修路、探矿、架设（铺设）管线、建设旅游点等活动，应当制定保护草原植被的措施，并向草原监督管理机构交纳草原植被恢复费。第38条规定，矿藏开采和工程建设等征用或者使用草原的，应当依法办理建设项目环境影响评价和其他有关审批手续。建设项目环境影响评价书中应当包括草原生态环境保护方案。

5. 重视湿地保护

《甘肃省湿地保护条例》（2013年修正）第9条规定，禁止在湿地保护区范围内进行开垦、采挖、猎捕、烧荒、采矿、爆破等可能造成湿地破坏的人为活动。禁止在湿地保护区及其外围保护地带内修建任何非保护性截水、取水或排水设施。第10条规定，禁止向湿地保护区或外围保护地带排放废水、倾倒废弃物。禁止在湿地保护区内新建生产设施，对于已有的生产设施，其污染物的排放必须达到国家规定的标准，达不到标准的，限期搬迁。第11条规定，禁止在天然湿地边缘100米范围以内投放任何危害水体及水生生物的化学制品。

6. 重视环境保护立法

（1）通过规定保证金制度，加强矿山环境治理。如《甘肃省循环经济促进条例》规定了矿山环境治理保证金制度，该《条例》第28

条规定，资源型企业应当按政策足额提取矿山环境治理恢复保证金，用于矿山生态环境的恢复治理，支持资源循环利用产业。《甘肃省地质环境保护条例》（2016 年修订）第 22 条规定，采矿权人应当履行矿山地质环境保护和恢复治理义务，严格按照经批准的矿山地质环境保护与恢复治理方案进行恢复治理。该《条例》第 24 条规定，矿山地质环境恢复治理实行保证金制度。

（2）建立了“三线”制度。如《甘肃省环境保护条例》第 33 条规定，划定生态保护红线、环境质量底线、资源利用上线，制定实施环境准入负面清单，构建环境分区管控体系。

（3）规范了石油勘探开发企业保护生态环境的义务。如《甘肃省石油勘探开发生态环境保护条例》（2019 年修订）第 5 条规定，石油勘探开发单位应当防止环境污染和生态破坏，建立健全生态环境保护责任制，明确单位负责人和相关人员的责任，对造成的生态环境损害依法承担治理、修复和赔偿责任；第 22 条规定了石油勘探开发单位应当加强采取措施防止土壤污染；第 29 条规定，禁止在划定的饮用水水源保护区、自然保护区、风景名胜区等法律法规禁止勘探开发的区域内进行石油勘探开发。

（五）企业对捐赠的社会责任

通过输入关键词“捐赠”进行全文检索，甘肃省级地方性法规中有 41 件地方立法，其中现行有效的 27 件。27 件省级地方性法规涉及企业捐赠的立法有 18 件。通过文本阅读，发现甘肃省有关企业捐赠的省级地方立法有以下几个特点：

（1）鼓励企业捐赠均为倡导性条款。法规中均用鼓励企业捐赠可以享受税收优惠的表述。

（2）企业捐赠的对象集中在自然资源保护、教育、历史文化、体育、档案、扶贫开发等社会公益事业。其中自然资源和环境保护方面的立法数量最多，如《甘肃省湿地保护条例》（2013 年修正）第 16 条规定，湿地及湿地保护区的建设、保护和管理经费来源中包括企业的捐赠。《甘肃省实施〈中华人民共和国防沙治沙法〉办法》（2018 年修订）第 22 条规定，凡用于防沙治沙工程建设的企业捐赠资金，必须专款专用，任何单位和个人不得截留、挪用。《甘肃省实施〈中华人民共和国野生动物保护法〉办法》（2018 年修订）第 9 条规定，鼓励法人和其他组织依法通过捐赠、资助、志愿服务等方式参与野生动物保护活动，支持野生动物保护公益事业。

（六）企业对社会公共利益的责任

通过输入关键词“社会公共利益”进行全文检索，甘肃省级地方性法规中有 23 件地方立法，其中现行有效的 13 件。与企业承担社会公共利益社会责任相关的省级地方性法规有 2 件。

2009 年 8 月 1 日实施的《甘肃省促进中小企业发展条例》第 5 条规定，中小企业应当依法经营、诚实守信，不得损害国家利益、社会公共利益和职工的合法权益。

2010 年 9 月 29 日实施的《甘肃省合同监督管理条例》（2010 年修正）第 18 条对危害国家利益、社会公共利益和他人合法权益的合同行为进行了列举式规定。[①]

---

① 《甘肃省合同监督管理条例》（2010 年修正）第 15 条规定，当事人不得采用下列手段危害国家利益、社会公共利益和他人合法权益：（一）通过贿赂订立、履行合同骗取资产的；（二）通过合资、合作或者联营合同，无偿或者未经评估低价占有国有资产的；（三）利用合同倒卖国家禁止或者限制自由买卖的商品的；（四）擅自变更或者解除国家任务和国家订货合同的；（五）利用合同非法转让、转包、转租资产，牟取非法收入的；（六）通过合同非法改变资产所有权的；（七）其他利用合同危害国家利益、社会公共利益和他人合法权益的。

第二节 甘肃省设区的市企业社会责任地方法规制

一 甘肃省设区的市企业社会责任地方立法概况

甘肃省设区的市制定地方性法规106件，其中现行有效的71件。兰州市作为省级人民政府所在地的市较早具有地方立法权，立法数量最多，达到77件，其中现行有效的40件。其他设区的市如酒泉、武威、张掖、金昌、平凉、庆阳、天水、白银、定西、陇南、嘉峪关等11个市人民代表大会及其常务委员会自2015年11月27日开始具有地方立法权①，立法数量均很少，均为2~4件。本节主要研究草原丝绸之路经济带范围内的兰州市、武威市、金昌市、张掖市、酒泉市、嘉峪关市的企业社会责任地方立法。除了兰州市外，其他设区的市主要研究环境保护方面的地方性法规。上述设区的市地方立法情况见表7-4。

表7-4 甘肃省草原丝绸之路经济带设区的市地方立法情况

设区的市名称	现行有效的地方性法规数量（件）	涉及企业社会责任的立法数量（件）
兰州市	40	13
武威市	2	1
金昌市	3	0
张掖市	2	0
酒泉市	2	1
嘉峪关市	2	0

① 2015年11月27日省十二届人大常委会第二十次会议通过的《甘肃省人民代表大会常务委员会关于酒泉等十三个市、自治州人民代表大会及其常务委员会开始制定地方性法规的决定》，酒泉、武威、张掖、金昌、平凉、庆阳、天水、白银、定西、陇南、嘉峪关等11个市和临夏回族自治州、甘南藏族自治州人民代表大会及其常务委员会自该决定公布之日起，开始制定地方性法规。

二 甘肃省设区的市企业社会责任立法内容及评析

（一）兰州市企业社会责任立法内容及评析

兰州市与企业社会责任内容相关立法13件，其中涉及消费者合法权益保护的有3件、自然资源和环境保护的有6件、捐赠的有2件、社会公共利益的有2件，没有关于对投资者、劳动者权益保护方面的地方立法。具体内容如下。

1. 关于企业对消费者社会责任的规定

（1）通过立法保护少数民族消费者合法权益。1998年9月28日实施的《兰州市清真食品管理办法》第4条对生产、经营清真食品的企业管理措施做出明确的规定，以保证所生产、经营的清真食品符合食用清真食品的少数民族的饮食习俗。

（2）通过价格监督立法保护消费者合法权益。2008年1月1日实施的《兰州市价格监督检查条例》，从保护消费者合法权益的立法目的出发，列举出14种经营者价格违法行为，以保障消费者合法权益。

（3）通过监督粮食流通经营者行为，保护消费者合法权益。2009年1月1日实施的《兰州市粮食流通监督管理条例》，从保护消费者合法权益的立法目的出发，规定粮食经营活动不得损害社会公共利益。详细规定了粮食经营者从事经营活动，应当遵守的具体规定。

2. 关于经营者对自然资源和环境保护责任的规定

（1）通过规范企业煤炭经营使用行为以保护环境。2013年11月1日实施的《兰州市煤炭经营使用监督管理条例》第9条规定，煤炭经营企业应当入驻煤炭交易市场。第10条规定，煤炭经营企业应当保证煤炭质量。第 12 条规定，煤炭经营企业加工和经营的民用型煤应当符合本市煤炭环保标准，做到质价相符。第 13 条规定，大型耗煤企业应当购买和使用符合相应环保标准的煤炭。

（2）通过地方立法保护森林资源。连城国家级自然保护区于 2005 年 7 月经批准成立国家级自然保护区，总面积 47930 公顷，主要保护对象是天然青杆及其森林生态系统、天然祁连圆柏及其森林生态系统。为了规范自然保护区保护行为，兰州市 2011 年 1 月 11 日制定实施《连城国家级自然保护区条例》，经 2018 年 3 月 30 日修正。该《条例》第 12 条规定，保护区内禁止开垦、开矿、采石、挖沙、取土、排放污水、废气、倾倒固体废弃物。第 18 条规定，在保护区的核心区和缓冲区内，不得建设任何生产设施。在保护区的实验区内，不得建设污染环境、破坏资源或者景观的生产设施。

（4）通过治理地方大气污染以保护环境。2018 年 10 月 1 日实施的《兰州市机动车排气污染防治条例》和 2020 年 4 月 1 日实施的《兰州市大气污染防治条例》，对机动车排气污染防治和大气污染防治作了严格规定，明确企业是大气污染防治的主体责任。

另外，1991 年 5 月 3 日实施的《兰州市环境噪声污染防治办法》，对工业噪声污染防治、建筑施工噪声污染防治、交通噪声污染防治等作了规范。1997 年 7 月 30 日实施的《兰州市城市生活饮用水源保护和污染防治办法》，对饮用水水源保护和污染防治作了规范。鉴于立法时间较早，基于与上位法的衔接协调需要，两部地方性法规应该进入修订程序。

3. 关于企业捐赠社会责任的规定

兰州市有两部地方性法规对企业捐赠的社会责任做出规范。

（1）规范药品生产经营企业的捐赠行为。2013 年 3 月 1 日实施的

《兰州市药品和医疗器械流通监督管理条例》第17条规定了严格的捐赠程序，要求药品生产、经营企业捐赠药品时，应当向受赠方提供药品生产或者经营许可证、药品批准证明文件的复印件、药品生产厂家或者法定机构出具的捐赠时的药品检验报告书复印件及国家规定的相关资料。不具备药品生产经营资格的其他捐赠者，应当向受赠方提供合法的药品采购凭证。受赠方应当按照相关规定进行检查验收，并建立验收记录。

（2）鼓励企业向社会公益事业捐赠。如2018年3月30日实施的《兰州市南北两山绿化管理条例》（2018年修正）第6条规定，南北两山绿化是社会公益事业，南北两山绿化资金以政府投入为主，社会筹措为辅，以此鼓励企业向南北两山绿化提供捐赠。

4. 关于企业对社会公共利益责任的规定

兰州市地方性法规中，关于企业对社会公共利益的责任有2件，均为倡导性条款。如2000年3月31日实施的《兰州市促进和保障非公有制经济发展办法》第5条规定，非公有制企业和经营者应当守法经营、公平竞争、依法纳税，接受有关行政管理部门的监督和管理，不得损害国家利益、社会公共利益和他人的合法权益。2009年1月1日实施的《兰州市粮食流通监督管理条例》第5条规定，粮食经营活动应当以遵循自愿、公平、诚信的原则，不得损害粮食生产者、消费者的合法权益，不得损害社会公共利益。

（二）武威市、酒泉市关于环境保护的地方立法及评析

由于金昌、张掖、嘉峪关三个设区的市没有关于环境保护的地方立法，因此本部分只研究武威市、酒泉市关于环境保护的地方立法。

1. 武威市关于企业防沙治沙义务的地方立法

武威市地处甘肃省中部、河西走廊东端，是丝绸之路自东而西进

入河西走廊和新疆的东大门。武威市属温带大陆性干旱气候，降水较少，蒸发量大，气候干燥；主要气象灾害有干旱、大风、沙尘暴等。针对当地地貌和气候条件，武威市于2019年3月1日制定实施了《武威市防沙治沙条例》。该《条例》有以下几个特点：

（1）该《条例》是武威市有立法权后，根据《中华人民共和国防沙治沙法》《甘肃省实施〈中华人民共和国防沙治沙法〉办法》，依据《武威市人民代表大会及其常务委员会立法程序规则》制定的唯一一部地方性法规，体现了遵循依法立法的基本原则。

（2）明确了企业防沙治沙的义务。该《条例》第6条规定，使用土地的单位有防止该土地沙化的义务；使用已经沙化土地的单位有治理该沙化土地的义务。第13条规定，除法律法规另有规定外，在沙化土地封禁保护区范围内禁止勘探、开垦、采石、挖沙、开矿和滥用水资源等一切破坏植被的活动。

（3）明确了治理沙化的主体责任。该《条例》第25条规定，对厂矿、农牧渔场经营区等的沙化土地，实行单位治理责任制，分别由责任单位负责，按照市、县（区）人民政府下达的治理责任目标进行治理。

（4）鼓励企业参与治沙。该《条例》第34条规定，在已经沙化的国有土地上从事防沙治沙活动的，使用方式和使用年限应当由市、县（区）人民政府依法确定。流动半流动沙地可以无偿划拨，使用年限不超过七十年。

2. 酒泉市关于饮用水水源地保护的立法

截至2020年5月31日，全国设区的市现行有效的关于饮用水水源保护的地方性法规72件，其中对“饮用水水源保护”的地方立法有47件，对“饮用水水源地”保护的地方立法有15件，对“集中式饮用水水源保护”的地方立法有10件。

酒泉作为丝绸之路的重镇，属大陆性干旱气候，降水奇缺，蒸发强烈，日照长。为此，酒泉市根据缺水地方的实际，于2019年1月1日颁布实施了《酒泉市饮用水水源地保护条例》。该《条例》最大的特点是将集中式饮用水水源和分散式饮用水水源均纳入保护范围。

第三节　甘肃省自治条例和单行条例的企业社会责任地方法规制

一　甘肃省自治条例和单行条例企业社会责任地方立法状况

截至2020年5月31日，甘肃省共制定自治条例和单行条例89件，现行有效的71件。列入研究范围的天祝藏族自治县共制定10件，现行有效7件；肃南裕固族自治县共制定11件，现行有效9件；阿克塞哈萨克族自治县共制定9件，现行有效6件。上述三个少数民族自治县有关企业社会责任的自治条例和单行条例见表7-5。

表7-5　三个少数民族自治县关于企业社会责任的立法情况

自治县名称	地方性法规名称	实施时间
天祝藏族自治县	天祝藏族自治县矿产资源管理条例（1999年修正）	1999年3月26日
	天祝藏族自治县自治条例（2007年修订）	2007年8月10日
	天祝藏族自治县草原条例（2013年修订）	2013年7月24日
肃南裕固族自治县	肃南裕固族自治县草原管理条例（1999年修正）	1999年9月2日
	肃南裕固族自治县自治条例（2010年修正）	2010年8月10日
阿克塞哈萨克族自治县	阿克塞哈萨克族自治县矿产资源管理办法	2000年5月26日
	阿克塞哈萨克族自治县自治条例（2011年修订）	2011年7月1日
	阿克塞哈萨克族自治县草原条例（2013年修正）	2013年7月1日

二 甘肃省自治条例和单行条例企业社会责任地方立法内容及评析

通过文本阅读发现，列入研究范围的甘肃省三个少数民族自治县的自治条例和单行条例企业社会责任地方立法，集中体现了以下几个特点。

（一）均制定有自治条例，体现地方特色和民族特色

《甘肃省天祝藏族自治县自治条例》（2007 年修订）对企业保障藏族和其他少数民族平等就业权有明确的规定。该《条例》第 14 条规定，自治县行政区域内的上级国家机关所属的企业依照国家规定招收人员时，优先招收藏族和其他少数民族人员。另外，对企业保护自然资源和环境也作了规定，该《条例》第 34 条规定，保护本行政区域内的草原、森林、耕地、矿藏、水流、野生动植物等自然资源，禁止任何组织和个人侵占、破坏、非法猎捕；加强环境保护，注重生态平衡，防止污染和其他公害。

《甘肃省肃南裕固族自治县自治条例》（2010 年修正）对企业保障少数民族平等就业权和技术职称评审有照顾政策。该《条例》第 15 条规定，自治县辖区内的企业在录用、聘用工作人员时，对少数民族公民应当在年龄、学历等方面予以照顾，并在同等条件下优先录用少数民族公民。第 17 条规定，在自治县专业技术职称评聘中，适当放宽职称评聘的外语、计算机应用能力考试条件。副高级和中级专业技术职务的结构比例由自治县自行核定。中专毕业在自治县从事本专业工作 25 年以上的人员，可以申报副高级职称。申报高中级职称的人员，免于外语考试。《条例》中同样有企业对自然资源和环境保护的规定，如《条例》第 19 条规定了严格的水源涵养林保护制度和生态效益补偿机制，规定境内的森林植被恢复费，用于森林植被恢复、异地造林、

生态环境的保护和建设。《条例》还特别规定了资源性开发企业应向当地履行依法缴纳税费的义务。

《甘肃省阿克塞哈萨克族自治县自治条例》（2011 年修订）的规定，基本与前两者相同或相似。如第 17 条规定，自治县内的企业在录用、聘用工作人员时，应当优先录用、聘用当地人员。第 29 条规定，在自治县境内进行基础设施建设和资源性开发的企业应向当地依法缴纳税费，接受自治机关的监督。第 32 条规定，自治县境内的矿山企业应当合法生产经营，保护矿区及周边的生态环境，占用或者污染土地、草原、林地的给予所有者或者承包经营者合理补偿。

（二）关注自然资源保护立法

三个自治县均制定了草原管理条例，有两个县制定了矿产资源管理条例，以保护草原和矿产资源。

1. 关于企业对草原保护的责任

（1）明确草原使用单位保护草原的义务。如《甘肃省阿克塞哈萨克族自治县草原条例》（2013 年修正）第 13 条规定，拥有草原使用权的单位，有管理、保护、利用和建设草原的权利和义务。

（2）建立了缴纳草原补偿费和草原植被恢复费制度。如《甘肃省阿克塞哈萨克族自治县草原条例》（2013 年修正）第 18 条规定，单位开矿或其他工程建设项目需征用、占用草原时，依照相关规定向草原监督管理机构缴纳草原植被恢复费；在草原上从事地质勘察、修路、探矿、矿藏开采、工程建设、架设（铺设）管线等活动的，应当依法办理建设项目环境影响评价和其他有关审批手续，制定保护草原植被的措施，并缴纳草原补偿费和草原植被恢复费。

2. 关于企业对矿产资源保护的责任

《甘肃省阿克塞哈萨克族自治县矿产资源管理办法》规定了以下

几项规章制度：

（1）有偿开采制度。《条例》第 17 条规定，矿产资源实行有偿开采。在自治县境内的矿山企业必须按照国家和省、地、自治县的有关规定按时缴纳各项税费，并接受自治县矿山、财税部门的监督检查。

（2）安全生产责任制度。《条例》第 18 条规定，矿山企业和个体采矿者必须严格执行国家和省、地、自治县有关安全生产的法律、法规，建立、健全和认真执行各项安全生产责任制度、安全生产规程，严防伤亡事故的发生。

（3）生态环境保护制度。《条例》第 19 条规定，勘查和开采矿产资源，必须严格遵守国家和省、自治县有关环境保护、草原管理、野生动物保护、水土保持等法律法规，凡在可利用草场采矿者必须回填采坑，防止污染和破坏生态环境。

《甘肃省天祝藏族自治县矿产资源管理条例》（1999 年修正）还建立了矿产资源综合利用制度。该《条例》第 16 条规定，矿产品加工企业在选、冶主要矿种的同时，对具有工业价值的共生伴生矿产要综合回收，对暂时不能综合回收利用的，必须采取有效的保护措施。

本章小结

通过上述研究发现，甘肃省结合地方实际进行的企业社会责任地方立法，突出了企业对自然资源和环境保护、劳动者合法权益社会责任的立法。兰州市作为最早具有地方立法权的城市，企业社会责任立法数量相对较多，但立法内容不全面，没有关于对投资者、劳动者社会责任的规范。其他设区的市立法数量极少，均处于立法的起步阶段，相对于内蒙古自治区、宁夏回族自治区的地方立法显得有些滞后。三个自治县的地方立法在时间上均较早，但 2013 年后没有新制定和修订的单行条例，反映出立法相当滞后的缺陷。

第八章
青海省企业社会责任的地方法规制

如第一章所述，青海省的部分地区西宁市、海东市、海北藏族自治州和民和回族土族、互助土族、化隆回族、循化撒拉族、门源回族5个自治县也是草原丝绸之路经济带的覆盖区域。通过“北大法宝”查询，截至2020年5月31日，青海省共制定705件地方性法规，其中省级地方性法规341件、设区的市地方性法规96件、自治条例和单行条例268件。按照时效性划分，现行有效的地方性法规397件、失效的102件、已被修改的203件、部分失效的3件。现行有效的397件地方性法规中，省级地方性法规177件、设区的市地方性法规60件、自治条例和单行条例160件。本章按照企业社会责任省级地方性法规、设区的市地方性法规、自治条例和单行条例三部分对青海省企业社会责任地方性法规进行描述、统计和分析。

第一节　青海省企业社会责任的省级地方法规制

一　青海省企业社会责任省级地方性法规立法状况

在“北大法宝”数据库中，选择“地方性法规”输入“青海省”

关键词进行“标题”检索。截至 2020 年 5 月 31 日，青海省共制定 341 件省级地方性法规，其中现行有效的 177 件。按照法规类别区分，立法数量排在前列的依次是宪法 47 件、机关工作 29 件、环境保护 19 件、法制工作 18 件、交通运输 16 件，其他均在 10 件以下。按照法规公布时间和数量，1980~1991 年是青海省省级地方性法规立法起步阶段，每年立法数量不超过 5 件；1992~2015 年是发展不稳定阶段，多的年份 29 件，少的年份只有 3 件；2016 年后是青海省立法稳步发展阶段。青海省省级地方性法规分年份立法数量见图 8-1。

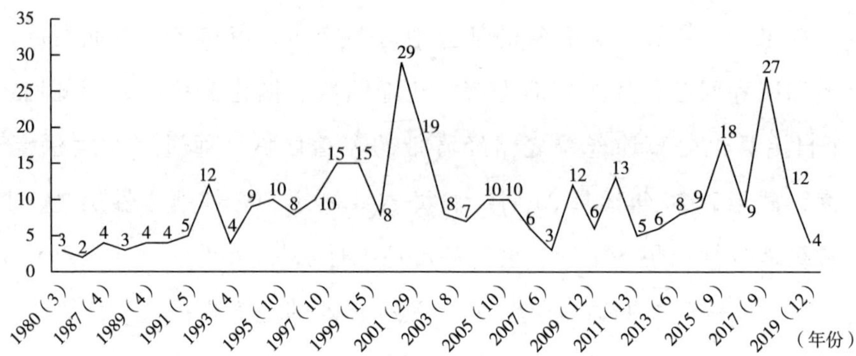

图 8-1　青海省省级地方性法规分年份立法数量（件）

在“标题”中输入“社会责任”一词进行检索，没有得到检索结果。在“全文”中输入“社会责任”一词进行检索，得到检索结果 4 个。但通过文本阅读，《青海省科学技术普及条例》《青海省社会治安综合治理条例》《青海省未成年人保护条例》《青海省社会科学普及条例》中含有的社会责任，均不是本研究所指的企业社会责任。因此，只能按照企业社会责任的内容进行全文检索，检索结果见表 8-1。

表 8-1 青海省有关企业社会责任省级地方性法规

序号	企业社会责任内容	检索到的法规数量（件）	与社会责任有关的法规数量（件）
1	企业对投资者的责任	4	0
2	企业对劳动者（职工）的责任	39	9
3	企业对消费者的责任	3	0
4	企业对自然资源和环境保护的责任	34	14
5	企业对社会捐赠的责任	12	5
6	企业对社会公共利益的责任	13	3

二 青海省省级地方立法有关企业社会责任内容及评析

（一）青海省省级地方立法没有关于企业对投资者社会责任的规定

在青海省省级地方性法规中，通过对“投资者”“股东”进行全文检索，得到检索结果 4 个。其中，《青海省实施〈中华人民共和国中小企业促进法〉办法》第 43 条通过笼统的规定以保护中小企业投资者的合法权益，没有关于企业对投资者义务的规定。① 该《办法》第九条规定，支持、鼓励中小企业通过股东出资、引进外资、职工持股等多种形式，建立多元和开放的产权结构。上述规定均不是企业对投资者承担责任的规定。也就是说，青海省省级地方性法规中，没有关于企业对投资者社会责任的规定。

（二）企业对劳动者的社会责任

通过全文检索青海省省级地方性法规，检索结果为：“劳动者”一词检索结果 5 件、“职工”一词检索结果 31 件、“员工”检索结果 3 件。其中企业对劳动者社会责任的地方法规 9 件，具体情况见表 8-2。

① 《青海省实施〈中华人民共和国中小企业促进法〉办法》第 43 条规定，中小企业合法权益及其出资人的合法投资、合法收益受法律保护，任何组织和个人不得侵犯。

表 8-2 青海省企业对劳动者社会责任的省级地方性法规

序号	地方法规名称	实施时间	企业对劳动者义务的主要内容
1	青海省实施《中华人民共和国工会法》办法	2003 年 12 月 1 日	规定工会设立女职工委员会；用人单位不得歧视职工协商代表，不得违法解除或者变更其劳动合同
2	青海省实施《中华人民共和国中小企业促进法》办法	2006 年 12 月 1 日	中小企业不得侵害职工合法权益；企业应当定期对职工进行培训；中小企业应当依法与劳动者签订劳动合同
3	青海省劳动保障监察条例	2008 年 8 月 1 日	劳动保障行政部门应当依法查处的具体的劳动保障违法行为
4	青海省实施《中华人民共和国妇女权益保障法》办法（2009 年修订）	2009 年 12 月 1 日	女职工代表比例应与本单位女职工占职工总人数的比例相适应；录用职工时不得有歧视性条款；在工作中不得歧视女职工
5	青海省残疾人保障条例	2011 年 12 月 1 日	企业应当按照在职职工总数的一定比例安排残疾人就业；合同期满时应当优先与残疾职工续签合同
6	青海省科学技术进步条例	2012 年 8 月 1 日	企业应当建立健全职工培训制度，提高职工技能和科学文化素质
7	青海省企业工资集体协商条例		企业应当依法建立工资集体协商机制
8	青海省实施《中华人民共和国水土保持法》办法（2016 年修订）	2016 年 6 月 1 日	生产建设单位应当做好水土保持科学知识教育，增强职工的水土保持意识
9	青海省实施《中华人民共和国母婴保健法》办法（2019 年修正）	2019 年 7 月 31 日	用人单位不得损害女职工在孕期、产期和哺乳期的合法权益

通过文本阅读，发现青海省关于企业对劳动者合法权益保护的省级地方性法规，有以下几个特点。

1. 非常重视女职工合法权益的保护

（1）保障女职工民主管理权，规定企业工会应该设立女职工委员会，保障女职工代表人数比例。《青海省实施〈中华人民共和国工会法〉办法》第 6 条规定，各级工会设立女职工委员会。女职工不足十人的基层工会可以设女职工小组或者女职工委员。女职工委员会主任由同级工会中的女主席或者女副主席兼任，也可以从女职工中选任。《青海省实施〈中华人民共和国妇女权益保障法〉办法》（2009 年修订）第 11 条规定，企业的职工代表大会中，女职工代表比例应与本单位女职工占职工总人数的比例相适应。

（2）规定女职工特别保护制度。《青海省实施〈中华人民共和国中小企业促进法〉办法》第 53 条规定，中小企业应当保障女职工特殊保护等合法权益。《青海省实施〈中华人民共和国妇女权益保障法〉办法》（2009 年修订）第 18 条规定，用人单位在录用职工时，除国家规定的不适合妇女的工种和岗位外，不得以性别为由拒绝录用妇女或者提高对妇女的录用标准，不得规定有限制女职工结婚、生育的内容；在职工晋职、晋级、评聘专业技术职务时，应当坚持男女平等的原则，不得歧视妇女。第 20 条规定，妇女在经期、孕期、产期、哺乳期受特殊保护，并依照相关规定享受相应的假期和待遇。用人单位不得以结婚、怀孕、产假、计划生育假、哺乳等为由，降低、取消女职工的工资、福利待遇，辞退女职工，单方解除劳动合同，或者限制女职工晋级、晋职、评聘专业技术职务。用人单位不得安排女职工从事不适合妇女的工作和劳动。《青海省实施〈中华人民共和国母婴保健法〉办法》（2019 年修正）第 23 条规定，用人单位应当遵守国家有关女职工劳动保护的规定，不得损害女职工在孕期、产期和哺乳期的合法权益。

2. 注重劳动合同管理和劳动监察以保障劳动者合法权益

（1）加强中小企业劳动合同管理。《青海省实施〈中华人民共和国中小企业促进法〉办法》第 53 条规定，中小企业应当依法与劳动者签订劳动合同，保障职工享有休息、休假、女工特殊保护等合法权益，按时足额支付工资，并为其办理养老、失业、医疗、工伤、生育等社会保险。

（2）通过劳动监察保障劳动合同的履行。《青海省劳动保障监察条例》第十条对违法用工作了列举式规定：用人单位在招用劳动者时收取保证金、押金等费用或者扣押劳动者居民身份证及毕业证、学位证、技能等级证等证件的；用人单位不依法签订劳动合同或者不将劳动合同文本交付劳动者的；用人单位违反试用期规定，延长试用期限的；用人单位违反女职工、未成年工、残疾人特殊劳动保护规定的；用人单位克扣或者无故拖欠劳动者工资、低于当地最低工资标准支付工资、拒不支付或者不按标准支付加班工资的；用人单位强迫劳动者延长劳动时间的；用人单位不依法参加社会保险或者不缴纳社会保险费的；用人单位违法解除或者终止劳动合同的。

（3）企业应当建立工资集体协商机制，保障劳动者薪酬权益。《青海省企业工资集体协商条例》第 4 条规定，工资集体协商应当遵循合法、公开、平等、协商一致、诚实守信、兼顾职工和企业双方利益的原则，保障职工实际工资水平与企业劳动生产率、经济效益和当地经济社会发展水平相适应。第 7 条规定，职工方和企业方协商代表人数应当对等，每方由三至九人组成，并各自确定一名首席代表；双方协商代表不得相互兼任。第 21 条规定，职工方和企业方协商确定的劳动定额标准，应当是本企业 90%以上的职工在法定工作时间或者劳动合同约定的时间内能够完成的工作量。

3. 建立职工培训制度，提高劳动者劳动技能

《青海省科学技术进步条例》第 24 条规定，企业应当建立健全职工培训制度，提高职工技能和科学文化素质，重视发挥企业科学技术协会、职工技术协会作用，鼓励职工发明创造、技术攻关、技术创新以及开展合理化建议活动。《青海省实施〈中华人民共和国水土保持法〉办法》（2016 年修订）第 7 条规定，生产建设单位应当做好水土

保持科学知识教育，增强职工的水土保持意识。

4. 重视残疾人劳动者合法权益的保护

《青海省残疾人保障条例》第 24 条规定，企业应当按照单位在职职工总数 1.5%的比例安排残疾人就业。安排一名盲人就业的，按安排两名残疾人计算。第 26 条规定，合同期满时，应当优先与残疾职工续签合同。第 27 条规定，用人单位应当为残疾职工提供适合其身体状况的劳动条件和劳动保护，不得在晋职、晋级、职称评定、劳动报酬、社会保险、生活福利等方面歧视残疾职工。

（三）企业对消费者的社会责任

在青海省省级地方性法规中，通过对“消费者”进行标题和全文检索，得到检索结果 3 个。其中，《青海省生态文明建设促进条例》（2015 年修正）第 24 条“各级人民政府应当提倡环保消费，鼓励、引导消费者购买和使用节能、节水、再生产品，加快形成简约适度、绿色低碳、文明健康的消费行为”的规定，与企业对消费者的社会责任无关。《青海省实施〈中华人民共和国消费者权益保护法〉办法》（2004 年修订）与《中华人民共和国消费者权益保护法》（2013 年修正）相比，立法滞后，应该及时加以修订，不作为研究对象。2017 年 1 月 1 日实施的《青海省食品生产加工小作坊和食品摊贩管理条例》虽有对消费者权益保护的规定，但规范的对象是个体工商户和个人，不是企业等经济组织，故青海省没有关于企业对消费者责任的省级地方立法。

（四）企业对自然资源和环境保护的责任

通过检索，青海省现行有效的有关自然资源和环境保护的省级地方性法规 18 件，按照地方性法规类别，环境保护 6 件，资源 5 件，水利 2 件，林业、水土保持、野生动物保护、草原、牧业各 1 件。具体分布见图 8-2。

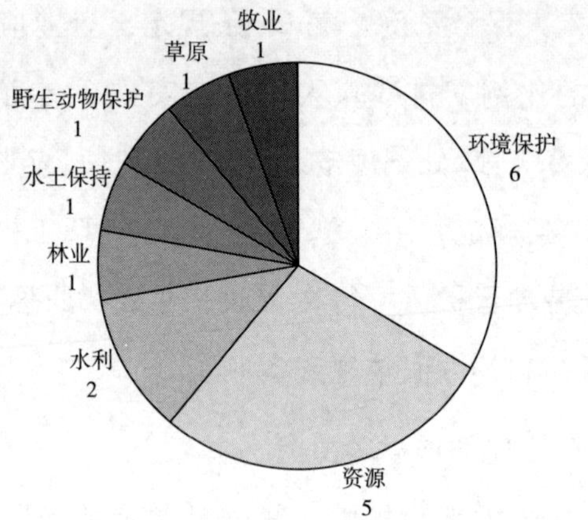

图 8-2　青海省有关自然资源和环境保护的省级地方性法规分布情况（件）

纳入研究范围的企业对自然资源和环境保护责任的主要地方性法规有 14 件，基本情况见表 8-3。

表 8-3　青海省关于企业对自然资源和环境保护责任的省级立法

序号	地方性法规名称	实施时间	企业承担自然资源和环境保护责任的内容
1	青海省水利工程管理和保护条例	2008 年 1 月 1 日	在水利工程管理范围内禁止的行为；不得从事危害水利工程安全和运行的活动
2	青海省盐湖资源开发与保护条例（2010 年修正）	2010 年 5 月 27 日	规定了开发盐湖资源应当遵循谁开发、谁保护，谁破坏、谁赔偿，谁污染、谁治理的原则
3	青海省生态文明建设促进条例（2015 年修正）	2015 年 3 月 1 日	规定了坚持用严格的制度保护生态环境，强化生产者环境保护的法律责任
4	青海省实施《中华人民共和国水土保持法》办法（2016 年修订）	2016 年 6 月 1 日	规定了生产单位水土保持的具体义务及治理责任
5	青海省可可西里自然遗产地保护条例	2016 年 10 月 1 日	规定了在可可西里自然遗产地内，禁止开山、采石、取土、采矿等破坏自然景观、植被和地形地貌的活动

续表

序号	地方性法规名称	实施时间	企业承担自然资源和环境保护责任的内容
6	青海省实施《中华人民共和国水法》办法（2018年修正）	2018年3月30日	规定了保护地下水制度；规定了禁止在河道管理范围内妨碍河道行洪的活动
7	青海省饮用水水源保护条例（2018年修正）	2018年3月30日	规定在饮用水水源准保护区、二级保护区、一级保护区内禁止的行为
8	青海省实施《中华人民共和国森林法》办法（2018年修正）	2018年3月30日	禁止采矿、采石、采砂、取土及其他毁林行为
9	青海省湟水流域水污染防治条例（2018年修正）	2018年3月30日	规定了为防止污染地下水禁止从事的活动；规定了环境污染责任保险制度；规定了禁止向湟水流域水体倾倒或者堆放污染物
10	青海省湿地保护条例（2018年修正）	2018年9月18日	规定了湿地内禁止的行为；规定了湿地生态效益补偿制度
11	青海省实施《中华人民共和国草原法》办法（2018年修正）	2018年9月18日	规定禁止开垦草原；规定了在草原上从事采土、采砂、采石等作业活动补偿和恢复植被制度
12	青海省矿产资源管理条例（2018年修正）	2018年9月18日	规定了勘查、开采矿产资源应当遵循的基本原则
13	青海省大气污染防治条例	2019年1月1日	具体规定了各种大气污染防治措施
14	青海省人民代表大会常务委员会关于禁止非法猎捕、交易和食用野生动物的决定	2020年3月25日	禁止商品交易市场、网络交易平台、餐饮场所以及运输、仓储、快递等经营者，为非法出售、购买、运输、利用野生动物及其制品提供场所、平台或者其他交易服务

通过文本阅读和比较分析，青海省关于企业对自然资源和环境保护的社会责任的省级地方性法规，有以下几个特点。

1. 地方立法步伐加快

2015年后地方立法步伐加快，占研究样本的85.7%；在14个研究样本中，属于自主性立法10件，占71.4%；属于实施性立法4件，占28.6%。特别是及时制定了《青海省人民代表大会常务委员会关于禁止非法猎捕、交易和食用野生动物的决定》。

2. 结合地方实际，重视水资源保护的立法

青海省地跨黄河、长江、澜沧江、黑河、大通河5大水系，集水面积在500平方公里以上的河流达380条；面积在1平方公里以上的湖泊有242个，省内湖水总面积13098.04平方公里，居全国第二。在14件省级地方性法规中，涉及保护水资源的法规达到6件。其主要内容如下：

（1）较早建立了水利工程保护制度。如2008年实施的《青海省水利工程管理和保护条例》第18条规定，在水利工程管理范围内禁止破坏、损毁水利工程的建筑物及附属设施、设备，堆放、倾倒、排放污染物及废弃物。

（2）制定了实施有关水资源保护国家法的具体办法。如《青海省实施〈中华人民共和国水土保持法〉办法》（2016年修订）第21条规定，生产建设单位进行开挖、填筑、转运、堆存等土石方施工的，应当采取拦、挡、排、蓄、覆盖等措施，减少施工范围地表径流，增加地表抗蚀性。生产建设活动结束后，应当及时在取土场、开挖面和存放地的裸露土地上植树种草、恢复植被，对闭库的尾矿库进行复垦。第23条规定，开办生产建设项目或者从事其他生产建设活动造成水土流失的，应当进行治理。《青海省实施〈中华人民共和国水法〉办法》（2018年修正）第15条规定，开发利用水资源，应当统筹安排地表水和地下水，优先开发利用地表水，合理开采地下水。第17条规定，禁止在河道管理范围内建设妨碍行洪的建筑物、构筑物以及从事影响河势稳定、危害河岸堤防安全和其他妨碍河道行洪的活动。

（3）建立了饮用水水源保护制度。如《青海省饮用水水源保护条

例》（2018 年修正）第 18 条规定，在饮用水水源准保护区内，禁止设置排污口；新建、扩建严重污染水体的建设项目，改建增加排污量的建设项目；设置存放可溶性剧毒废渣等污染物的场所；进行可能严重影响饮用水水源水质的矿产勘查、开采等活动；向水体排放含低放射性物质的废水、含热废水、含病原体污水。

（4）对重要河流水污染防治进行专门立法。湟水谷地农业资源优越，流域面积 1.6 万平方公里，仅占青海全省面积的 2.2%，耕地面积却相当于全省的 56%，并养育了全省人口的 61%。为此，青海省专门制定了《青海省湟水流域水污染防治条例》（2018 年修正），该《条例》第 19 条规定，禁止利用渗井、渗坑、裂隙或者漫流等方式排放、倾倒含有毒污染物的废水、含病原体的污水和其他废弃物；禁止利用无防渗漏措施的沟渠、坑塘等输送或者存贮含有毒污染物的废水、含病原体的污水和其他废弃物；勘探、采矿、开采地下水和兴建地下工程，必须采取防护性措施，防止污染地下水。第 26 条规定，湟水流域内工业企业应当加强环境风险防范管理。高环境风险企业推行环境污染责任保险制度，及时赔偿污染受害者损失，保护污染受害者权益。第 32 条规定，禁止向湟水流域水体及岸坡、滩地倾倒或者堆放生活垃圾、建筑垃圾、工业固体废弃物以及其他污染物。

3. 建立湿地生态效益补偿制度

《青海省湿地保护条例》（2018 年修正）第 26 条规定，逐步建立健全湿地生态效益补偿制度；对依法占用湿地和利用湿地资源的，按照谁利用谁保护、谁受益谁补偿的原则，建立补偿机制。

4. 重视矿产资源保护

如《青海省盐湖资源开发与保护条例》（2010 年修正）第 6 条规定，开发盐湖资源应当遵循有关环境保护的法律、法规，坚持谁开发、谁保护，谁破坏、谁赔偿，谁污染、谁治理的原则，保护盐湖资源和矿区生态环境。《青海省矿产资源管理条例》（2018 年修正）第 10 条规定了与上述原则相同的原则，防止环境污染、植被破坏和水土流失。

5. 重视环境保护方面的地方立法

（1）将环境保护政策写进法律条文中。《青海省生态文明建设促进条例》（2015 年修正）第 5 条规定，坚持用严格的制度保护生态环境，强化生产者环境保护的法律责任，大幅度提高违法成本，依法制裁破坏生态、污染环境的违法犯罪行为。

（2）加大大气污染防治力度。《青海省大气污染防治条例》第 8 条规定，企业和其他生产经营者应当遵守大气污染防治法律法规的规定，执行国家和本省规定的大气污染物排放标准和重点大气污染物排放总量控制指标，采取有效措施，防止、减少对大气环境的污染。该《条例》第三章还具体规定了各种防治措施。

（五）企业对捐赠的社会责任

通过输入关键词“捐赠”进行全文检索，青海省省级地方性法规中有 23 件地方立法，其中现行有效的 12 件。12 件省级地方性法规涉及企业捐赠的立法有 5 件。通过文本阅读，发现青海省省级有关企业捐赠的地方立法有以下几个特点。

（1）鼓励企业捐赠均为倡导性条款。法规中均用鼓励企业捐赠的字样，由此可以享受税收优惠。

（2）企业捐赠的对象集中在社会公益、社会福利、扶贫开发、社科普及、自然资源保护等社会公益事业。如 2006 年 7 月 1 日实施的《青海省社会治安综合治理条例》第 43 条规定，鼓励公民和组织为见义勇为人员和奖励基金提供捐赠。2012 年 4 月 1 日实施的《青海省老年人权益保障条例》第 32 条鼓励企业等社会力量捐赠支持老年福利事业。2015 年 9 月 1 日实施的《青海省农村牧区扶贫开发条例》第 39 条规定，鼓励社会捐赠资金用于包括基础设施、公共服务、产业发展、生态环境改善、能力建设等扶贫开发项目。2016 年 12 月 1 日《青海省社会科学普及条例》第 28 条规定，鼓励社会组织依法捐赠款物用于社会科学普及事业。《青海省湿地保护条例》（2018 年修正）第 8 条规定，鼓励、支持单位以捐赠等形式参与湿地保护活动。

（六）企业对社会公共利益的责任

通过输入关键词“社会公共利益”进行全文检索，青海省省级地方性法规中有 19 件地方立法，其中现行有效的 13 件，与企业承担社会公共利益社会责任相关的省级地方性法规有 2 件，且均是对私营企业和中小企业的规范。其中 2001 年 5 月 1 日实施的《青海省个体工商户和私营企业保护条例》第 5 条规定，中小企业应当依法经营、诚实守信，不得损害国家利益、社会公共利益和职工的合法权益。2006 年 12 月 1 日实施的《青海省实施〈中华人民共和国中小企业促进法〉办法》第 6 条规定，中小企业应当诚实守信、合法经营、依法纳税，不得侵害职工合法权益，不得损害社会公共利益。

第二节 西宁市的企业社会责任地方法规制

青海省有权制定地方性法规的市有西宁市、海东市，两市共制定地方性法规 94 件，其中现行有效的 60 件。西宁市作为省级人民政府所在地的市较早具有地方立法权，立法数量最多达到 90 件，其中现行有效的 56 件。海东市制定 4 件，现行有效的 4 件。[①] 由于海东市的 4

① 根据《青海省人民代表大会常务委员会关于确定海东市、各自治州人民代表大会及其常务委员会开始制定地方性法规的时间的决定》，海东市自 2016 年 7 月 1 日起可以开始制定地方性法规。参见青海人大官网：http：//www.qhrd.gov.cn/html/3393/20652.html。

件地方性法规，没有环境保护方面且均是城市管理方面的地方性法规，故无法作为研究对象。因此，本节主要研究草原丝绸之路经济带范围内的西宁市的企业社会责任地方立法。

一 西宁市企业社会责任地方立法概况

西宁市自1988年开始有地方立法权，截至2020年5月31日，共制定90件地方性法规，其中现行有效54件、失效13件、已被修改23件。按照时间跨度统计，1988年制定3件，2013年制定7件，2018年制定数量达到16件。有关企业社会责任方面的地方性法规立法情况，见表8-4。

表8-4 西宁市企业社会责任地方立法情况

序号	企业社会责任内容	检索到的法规数量（件）	与社会责任有关的法规数量（件）
1	企业对投资者的责任	0	0
2	企业对劳动者的责任	6	0
3	企业对消费者的责任	0	0
4	企业对自然资源和环境保护的责任	26	7
5	企业对社会捐赠的责任	2	0
6	企业对社会公共利益的责任	1	0

二 西宁市企业自然资源和环境保护社会责任的立法内容及评析

西宁市自1992年3月1日实施《西宁市耕地保护条例》以来，先后制定自然资源和环境保护方面地方性法规26件，现行有效7件，立法的具体情况见表8-5。

表 8-5 西宁市关于自然资源和环境保护的地方性法规基本情况

序号	地方性法规名称	实施时间	有关企业社会责任的内容
1	西宁市服务行业环境保护管理条例	2007 年 4 月 1 日	第三条规定服务行业是指在经营、加工或其他服务活动中，直接或间接向周围环境排放污染物对环境造成污染和危害的行业
2	西宁市南北山绿化管理条例	2014 年 12 月 1 日	第一条规定，为了巩固西宁南北山绿化成果，促进南北山绿化可持续发展，改善生态环境，制定本条例
3	西宁市大气污染防治条例（2018 年修正）	2018 年 6 月 22 日	第七条规定企业应当遵守大气污染防治法律、法规，履行保护大气环境的义务，参与大气环境保护工作
4	西宁市水资源管理条例（2018 年修正）	2018 年 6 月 22 日	第七条规定任何单位和个人，都有保护水资源和节约用水的义务
5	西宁市环境保护条例（2018 年修正）	2018 年 10 月 16 日	第八条规定，任何单位和个人都有享受良好环境的权利和履行保护环境的义务
6	西宁市林业管理条例（2018 年修正）	2018 年 10 月 16 日	第二十五条规定任何单位不得向林地内弃置、堆放固体废弃物，不得倾倒、排放工业废水和生活污水
7	西宁市建设绿色发展样板城市促进条例	2019 年 1 月 1 日	第三条，建设绿色发展样板城市应当遵循生态保护优先、绿色发展的原则

通过文本解读，发现西宁市有关企业对自然资源和环境保护责任的地方性法规有以下特点。

（一）先行性立法特色明显

“实现发展目标，破解发展难题，厚植发展优势，必须牢固树立和贯彻落实创新、协调、绿色、开放、共享的新发展理念。”[①] 自党中央提出绿色发展理念以后，地方政府出台了许多关于绿色发展的规范性文件，但《西宁市建设绿色发展样板城市促进条例》是目前我国唯一一部关于绿色发展的地方性法规。另外，《西宁市服务行业环境保护管理条例》也是我国唯一一部服务行业环境保护的地方性法规，该

① 徐绍史主编《中华人民共和国国民经济和社会发展第十三个五年规划纲要辅导读本》，人民出版社，2016，第 20 页。

《条例》与现行有效的《杭州市服务行业环境保护管理办法》（2016年修改）、《武汉市饮食娱乐服务行业环境保护管理办法》两件政府规章相比，无论从效力级别上还是从立法时间上，都体现了先行立法的特色。

（二）紧跟时代发展步伐

2018年后大量修改地方性法规，与上位法衔接，为地方政府行政执法提供法律依据。但相比其他有地方立法权的省级政府所在地的市的立法，数量偏少，立法类别单一。

第三节　自治条例和单行条例的企业社会责任地方法规制

一　自治条例和单行条例企业社会责任的地方立法状况

截至2020年5月31日，青海省共制定自治条例和单行条例267件，现行有效的160件，与企业社会责任相关的立法数量43件。具体情况见表8-6。

表8-6　青海省现行有效的自治条例和单行条例统计

单位：件

人大（含常委会）	立法数量	现行有效数量	与企业社会责任相关立法数量
海北藏族自治州	49	29	5
玉树藏族自治州	26	21	3
海西蒙古族藏族自治州	33	20	7
果洛藏族自治州	27	15	2
海南藏族自治州	18	13	2
黄南藏族自治州	16	11	3
互助土族自治县	23	10	3

续表

人大（含常委会）	立法数量	现行有效数量	与企业社会责任相关立法数量
民和回族土族自治县	17	10	3
循化撒拉族自治县	16	8	4
大通回族土族自治县	15	8	4
门源回族自治县	11	6	3
化隆回族自治县	9	5	2
河南蒙古族自治县	7	4	2
合计	267	160	43

二　海北藏族自治州企业社会责任的地方法规制

青海省6个自治州中，海北藏族自治州系草原丝绸之路经济带覆盖的区域，故对其企业社会责任的地方立法进行研究。

（一）海北藏族自治州的企业社会责任立法概况

1981年海北藏族自治州人大及其常委会设立，是青海省最早具有地方立法权的自治州之一，是青海省立法数量最多、现行有效数量最多的自治州。该自治州自1983年7月16日批准实施《海北藏族自治州关于施行〈中华人民共和国婚姻法〉的补充规定》以来，已经制定49件自治条例和单行条例，基本形成了以自治条例为主干，单行条例为支干的自治州民族地方法规框架体系。[①]

在现行有效的29件自治条例和单行条例中，全文中含有“社会责任”一词的仅有《海北藏族自治州义务教育条例》（2019年修订）关于培养学生社会责任感的规定，不是本研究所指的企业社会责任的原意。通过文本阅读，海北藏族自治州有关企业社会责任的地方立法5

① 《海北藏族自治州民族立法工作情况》，见海北藏族自治州人民代表大会常务委员会官网，http：//www.qhhbrd.gov.cn/html/4550/276165.html。

件，基本情况见表 8-7。

表 8-7 海北藏族自治州有关企业社会责任地方立法情况

序号	地方性法规名称	实施时间	有关企业社会责任的内容
1	海北藏族自治州自治条例（2004 年修正）	2004 年 9 月 25 日	企业对劳动者、自然资源和环境保护、捐赠的责任
2	海北藏族自治州森林管护条例（2018 年修订）	2018 年 4 月 18 日	企业对森林资源保护的责任
3	海北藏族自治州水利工程管护条例（2018 年修正）	2018 年 8 月 1 日	企业对水资源保护的责任
4	海北藏族自治州水资源管理条例（2018 年修正）	2018 年 8 月 1 日	企业对水资源保护的责任
5	海北藏族自治州人民代表大会常务委员会关于进一步依法加强野生动物保护工作的决定	2020 年 2 月 18 日	企业对野生动物保护的责任

（二）海北藏族自治州企业社会责任立法内容及评析

通过文本阅读，海北藏族自治州有关企业社会责任的地方立法，有以下几个特点。

1. 自治条例对企业承担社会责任进行了总括性规定

（1）对劳动者合法权益保护的规定。如《海北藏族自治州自治条例》（2004 年修正）第 26 条规定，自治州的自治机关重视安全生产，保障劳动者的生命安全。建立健全社会保障制度，完善就业服务体系，鼓励劳动力合理流动。该条规定对建立企业对劳动者合法权益保护制度作了指引性规定。第 51 条规定，自治州的企业按照国家规定招录人员时，在同等条件下应当优先录用藏族和其他少数民族公民。

（2）对自然资源和环境保护的规定。该《条例》第 30 条规定，加强对自然资源和生态环境的保护。保护和改善生态环境，防治污染和其他公害，实现人口、资源和环境的协调发展。第 31 条规定，自治州的自治机关依法保护和管理自治州的耕地、草原、森林、矿藏、水流、湖泊、珍稀野生动物、植物等自然资源。

（3）对企业捐赠的鼓励性规定。《条例》第 42 条规定，自治州的自治机关重视义务教育，积极鼓励企业、社会团体和公民个人捐资助学。鼓励企业事业单位和其他社会力量办学或捐资助学，多渠道培养各类专业技术人才。

2. 非常重视企业对自然资源和环境保护责任的立法

其他 5 件地方立法中，均是 2018 年国家提出生态文明建设后对自然资源和环境保护的规定，另外，被废止的《海北藏族自治州草原管理条例》《海北藏族自治州矿产资源管理条例》《海北藏族自治州土地管理条例》均是对自然资源和环境保护的地方性法规，由此足见海北藏族自治州非常重视自然资源和环境保护。

（1）《海北藏族自治州森林管护条例》是专门对森林资源保护的立法。该《条例》第 8 条规定，各项生产建设应尽量不占或者少占林地，确需征收、征用或占用的，须由用地单位向县林业行政主管部门提出申请，逐级上报审批，按有关规定缴纳林地、林木补偿费，安置补助费和森林植被恢复费。第九条规定，未经批准，不得进入林区从事生产经营活动。

（2）《海北藏族自治州水利工程管护条例》（2018 年修正）和《海北藏族自治州水资源管理条例》（2018 年修正）是两件专门保护水资源和环境的单行条例。如《海北藏族自治州水利工程管护条例》第 14 条规定，在水利工程管理和保护范围内禁止爆破、打井、采石、采砂、采矿、取土以及在输水渠道上决口、阻水、挖洞等危害工程设施安全；倾倒土、石、矿渣、垃圾等固体废弃物和有毒有害液体。《海北藏族自治州水资源管理条例》第 9 条规定，任何单位和个人都有节约用水和保护水资源的义务。第28条规定，禁止在河流、湖泊、水库、泉眼、水井口、水渠等管理范围内堆放、倾倒固体废物和倾倒、排放有毒有害液体。

特别值得一提的是，海北藏族自治州实行用水效率控制制度属先行性立法。[①] 除该《条例》以外，目前全国仅有《云南省墨江哈尼族自治县水资源保护管理条例》《宁夏回族自治区水资源管理条例》规定了实行用水效率控制制度。

(3) 对野生动物保护做了专门决定。《海北藏族自治州人民代表大会常务委员会关于进一步依法加强野生动物保护工作的决定》第三项规定，依法严厉打击农（集）贸市场、物流、超市、餐饮、电子商务平台等经营场所以及运输、仓储、快递等经营者为禁止猎捕食用的野生动物及其制品交易、消费提供条件、场所或者服务的行为。加强管理、积极引导，杜绝餐饮场所以重点保护的野生动物及其制品的名称、图案等制作招牌、菜谱招揽、诱导顾客，严厉打击餐饮经营者收购、加工、出售禁止猎捕食用的野生动物及其制品的行为。

三 自治县对企业社会责任的地方法规制

青海省有7个自治县，属于草原丝绸之路经济带覆盖的自治县有互助土族、民和回族土族、循化撒拉族、门源回族、化隆回族5个自治县。

（一）5个自治县企业社会责任地方立法概况

5个自治县有关企业社会责任的地方立法情况，见表8-8。

① 《海北藏族自治州水资源管理条例》第22条规定，自治州实行用水效率控制制度。州、县人民政府水行政主管部门应当根据上级人民政府水行政主管部门下达的用水效率控制指标，制定辖区内用水效率控制指标，并严格监督执行。

表 8-8 5个自治县有关企业社会责任地方立法情况

自治县名称	地方性法规名称	实施时间
互助土族	互助土族自治县自治条例（2005 年修改）	2005 年 5 月 28 日
	互助土族自治县森林管护条例（2014 年修订）	2014 年 7 月 1 日
民和回族土族	民和回族土族自治县自治条例（2006 年修正）	2006 年 6 月 1 日
	民和回族土族自治县造林绿化管护条例（2010 年修正）	2010 年 7 月 29 日
循化撒拉族	循化撒拉族自治县林木管护条例	2002 年 7 月 1 日
	循化撒拉族自治县自治条例（2004 年修正）	2004 年 11 月 26 日
	循化撒拉族自治县水利工程设施管护条例	2007 年 7 月 1 日
	循化撒拉族自治县草山管护条例（2019 年修订）	2019 年 7 月 1 日
门源回族	门源回族自治县自治条例（2014 年修正）	2014 年 5 月 29 日
	门源回族自治县森林保护管理条例	2018 年 11 月 1 日
	门源回族自治县饮用水水源保护管理条例	2019 年 9 月 1 日
化隆回族	化隆回族自治县自治条例（2006 年修改）	2006 年 4 月 4 日
	化隆回族自治县森林管护条例（2018 年修订）	2018 年 5 月 31 日

（二）5个自治县企业社会责任地方立法内容及评析

通过文本阅读发现，列入研究范围的青海省5个少数民族自治县的自治条例和单行条例企业社会责任地方立法，集中体现了以下几个特点。

1. 均制定有自治条例，体现地方政治、经济和文化的特点

自治条例作为自治县基本法，规定了适合本地实际、具有地方特色和民族特色的基本制度。其基本框架结构由总则、自治机关、人民法院和人民检察院、经济建设和财政管理、自治县的各项社会事业、民族关系、附则等7个部分构成。在经济建设和财政管理一章中，规定了矿藏、水流、森林、草原、土地和珍稀野生动植物等自然资源的

管理和环境保护制度。互助土族自治县针对林业用地 158.4 万亩，占总面积的 30.8%的实际情况，《互助土族自治县自治条例》第 26 条规定，确定以生态建设为主的林业发展道路，建立以森林植被为主体、林草结合的生态安全体系，按照严格保护、积极发展、科学经营、持续利用的原则，实施各项林业重点工程。通过封山禁牧、植树种草等综合措施，保护和增加林草植被。加大林业行政执法力度，严格森林和野生动植物资源保护管理，强化森林防火、森林病虫害防治的体系建设、防止偷砍滥伐，确保森林资源的安全。

2. 对保障少数民族优先就业权作出规定

如《循化撒拉族自治县自治条例》第 33 条规定，凡在自治县的各类用人单位依照国家规定招收人员时，在同等条件下，优先招收撒拉族和其他少数民族公民。《互助土族自治县自治条例》第 17 条规定，凡在自治县的各类用人单位依照国家规定招收人员时，优先招收土族和其他少数民族公民。《化隆回族自治县自治条例》第 16 条规定，企业单位依照国家规定，在录用、聘用、招收工作人员时，优先录用回族和其他少数民族人员。《民和回族土族自治县自治条例》第 53 条规定，自治县境内的企业在招收人员时，应当优先招收少数民族人员。对偏僻乡村的少数民族人员，其文化程度和年龄等条件可以适当放宽。

3. 明确了森林资源保护制度

5 个自治县均制定了保护森林资源的相关条例，规定了森林保护制度。

（1）规定了森林植被恢复费制度。《互助土族自治县森林管护条例》第 11 条规定，工程建设中，应当不占或者少占林地，必须占用、征收、征用林地的，用地单位应当缴纳森林植被恢复费。

（2）规定了林地范围内禁止的行为。《互助土族自治县森林管护条例》第 12 条规定，任何单位和个人不得擅自改变林地用途和公益林性质；不得擅自进行开垦林地或者在林地内采石、采砂、采矿、取土等活动；不得擅自将有林地、疏林地、灌木林地、未成林造林地等地类改变为苗圃用地。《化隆回族自治县森林管护条例》第 13 条规定，全县天然林区划定为永久性禁牧区，禁止采伐、开垦、采石、采矿、采砂、取土等毁坏林地、林木的行为。

另外，《门源回族自治县饮用水水源保护管理条例》《循化撒拉族自治县水利工程设施管护条例》对水资源，《循化撒拉族自治县草山管护条例》对草山等资源也进行了专门立法，以保护水、草山等自然资源。

通过文本阅读发现，5 个自治县自治条例立法较早，除了对自然资源保护有相关立法外，没有对企业其他方面的社会责任进行立法。

本章小结

青海省企业社会责任地方法规制，与前述内蒙古自治区、宁夏回族自治区、甘肃省三省区相比，无论从立法数量还是立法内容上，青海省地方立法都显得相对落后，有许多领域可以说是立法空白。青海省关于企业对劳动者义务的地方立法中，没有关于安全生产、社会保障等方面的专门性规定。西宁市没有关于企业对投资者、劳动者、消费者、捐赠、社会公共利益社会责任的地方立法，仅对企业自然资源和环境保护责任作了较多的规定。5 个自治县的立法体现地方政治、经济和文化的特点，偏于对自然资源和环境保护的立法。由此也折射出青海省省级地方性法规、设区的市地方性法规、自治条例和单行条例有一个共同的特点，即偏重于企业对自然资源和环境保护社会责任的立法。

第九章
新疆维吾尔自治区企业社会责任的地方法规制

如第一章所述，新疆维吾尔自治区的部分地区乌鲁木齐、哈密、吐鲁番、克拉玛依4个城市、昌吉回族自治州以及大通回族土族、巴里坤哈萨克、木垒哈萨克、和布克赛尔蒙古4个自治县是草原丝绸之路经济带的覆盖区域。通过“北大法宝”查询，截至2020年5月31日，新疆维吾尔自治区共制定630件地方性法规，其中省级地方性法规412件、设区的市地方性法规150件、自治条例和单行条例68件。按照时效性划分，现行有效的地方性法规398件、失效的100件、已被修改的129件、部分失效的3件。现行有效的398件地方性法规中，省级地方性法规234件、设区的市地方性法规115件、自治条例和单行条例49件。本章按照企业社会责任省级地方性法规、设区的市地方性法规、自治条例和单行条例三部分对新疆维吾尔自治区企业社会责任地方性法规进行描述、统计和分析。

第一节　新疆维吾尔自治区企业社会责任的省级地方法规制

一　新疆维吾尔自治区企业社会责任省级地方性法规立法现状

在“北大法宝”数据库中，选择“地方性法规”输入“新疆维吾尔自治区”关键词进行“标题”检索。截至 2020 年 5 月 20 日，新疆维吾尔自治区共制定 412 件省级地方性法规，其中现行有效的 230 件。按照法规类别区分，立法数量排在前列的依次是宪法 26 件、法制工作 19 件、公安 12 件、环境保护 12 件、农业 10 件、民法 9 件、劳动工会 8 件，其他均在 7 件以下。按照法规公布时间和数量，1980～1993 年是新疆维吾尔自治区省级地方性法规立法起步阶段，每年立法数量不超过 9 件；1994～2020 年是发展不稳定阶段，多的年份如 1997 年达到 42 件，少的年份只有 2 件；2018 年是新疆维吾尔自治区立法比较特殊的年份，立法数量达到 26 件。新疆维吾尔自治区省级地方性法规分年度立法数量见图 9-1。

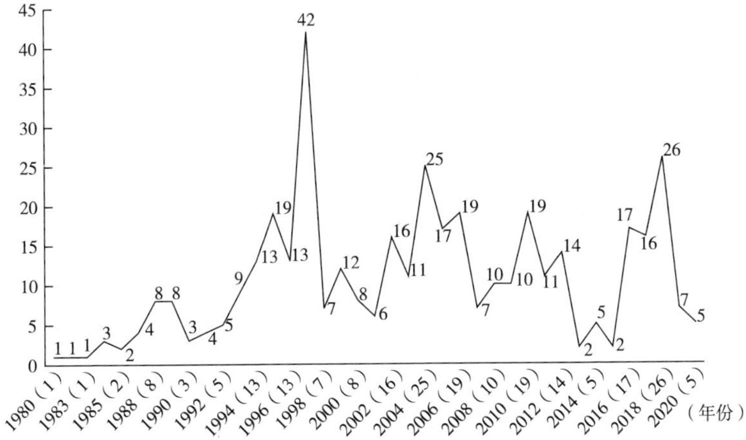

图 9-1　新疆维吾尔自治区省级地方性法规分年度立法数量（件）

在“标题”中输入“社会责任”一词进行检索，没有得到检索结果。在“全文”中输入“社会责任”一词进行检索，得到检索结果5个。但通过文本阅读，《新疆维吾尔自治区社会治安综合治理条例》（2009年修订）、《新疆维吾尔自治区科学技术普及条例》（2010年修订）、《新疆维吾尔自治区实施〈中华人民共和国突发事件应对法〉办法》、《新疆维吾尔自治区民族团结进步工作条例》中含有的社会责任，均不是本文研究所指的企业社会责任。只有《新疆维吾尔自治区网络安全管理条例》第十二条规定，网络运营者应当遵守法律法规的规定，享有法定权利，承担社会责任，履行网络安全保护义务。因此，只能进一步按照企业社会责任的内容进行全文检索，检索结果见表9-1。

表 9-1　新疆维吾尔自治区有关企业社会责任省级地方性法规

序号	企业社会责任内容	检索到的法规数量（件）	与社会责任有关的法规数量（件）
1	企业对投资者的责任	4	0
2	企业对劳动者的责任	36	13
3	企业对消费者的责任	13	4
4	企业对自然资源和环境保护的责任	54	17
5	企业对社会捐赠的责任	26	8
6	企业对社会公共利益的责任	14	1

二　新疆维吾尔自治区省级地方立法有关企业社会责任内容及评析

（一）新疆维吾尔自治区省级地方立法没有关于企业对投资者社会责任的规定

在新疆维吾尔自治区地方性法规中，通过对“投资者”“股东”进行全文检索，得到检索结果4个。其中，《新疆维吾尔自治区矿产资源管理条例》（1997 年修改）第十四条规定的是探矿权的申请由矿产资源勘查投资者提出。《新疆维吾尔自治区安全生产条例》第 10 条规定的是生产经营单位的主要负责人向股东报告安全生产情况。《新疆维吾尔自治区专利促进与保护条例》（2012 年修订）第 43 条规定由履行投资者职责的机构或者有关部门对国有资产占有单位对其拥有的专利资产未进行资产评估的责令限期改正。《新疆维吾尔自治区农村扶贫开发条例》第 26 条规定农民变股东问题。上述规定均不是企业对投资者承担责任的规定。也就是说，新疆维吾尔自治区省级地方性法规中，没有关于企业对投资者社会责任的规定。

（二）关于企业对劳动者社会责任的规定比较全面系统

通过全文检索新疆维吾尔自治区级地方性法规，检索结果为："劳动者"一词 5 件、"职工"一词 31 件。其中与企业对劳动者社会责任的地方性法规 13 件，具体情况见表 9-2。

表 9-2 新疆维吾尔自治区企业对劳动者社会责任的省级地方性法规

序号	地方性法规名称	实施时间	企业对劳动者义务的主要内容
1	新疆维吾尔自治区非公有制企业工会条例	2001 年 5 月 1 日	规定了组建工会组织的具体要求和女工委员会制度
2	新疆维吾尔自治区实施《中华人民共和国工会法》办法（2003 年修订）	2003 年 10 月 1 日	工会有对企业违反职工代表大会制度的纠正权；规定了工会维护职工权益的义务
3	新疆维吾尔自治区集体合同条例	2004 年 3 月 1 日	对企业劳动规章制度的禁止性规定
4	新疆维吾尔自治区职工代表大会条例	2005 年 12 月 1 日	规定了职工代表的比例
5	新疆维吾尔自治区实施《中华人民共和国妇女权益保障法》办法（2006 年修订）	2006 年 7 月 1 日	规定了统一招聘录用标准；规定了女职工特殊保护制度
6	新疆维吾尔自治区安全生产条例	2008 年 1 月 1 日	规定了生产经营单位的安全生产责任和义务

续表

序号	地方性法规名称	实施时间	企业对劳动者义务的主要内容
7	新疆维吾尔自治区厂务公开条例	2008年10月1日	规定了公有制企业应当公开的具体事项；规定了非公有制企业应当公开的事项
8	新疆维吾尔自治区企业工资集体协商条例	2011年12月1日	规定了企业应当依法建立工资集体协商制度
9	新疆维吾尔自治区实施《中华人民共和国就业促进法》办法	2012年2月1日	规定用人单位应当向劳动者提供平等、公平的就业机会；规定企业职业教育培训制度
10	新疆维吾尔自治区实施《中华人民共和国残疾人保障法》办法（2012年修订）	2012年5月1日	规定了残疾人平等就业权
11	新疆维吾尔自治区职工劳动权益保障条例	2014年8月1日	规定了劳动者权益保护事项公开制度
12	新疆维吾尔自治区实施《中华人民共和国煤炭法》办法（2016年修订）	2016年5月1日	规定了企业保障安全生产的义务
13	新疆维吾尔自治区人口与计划生育条例（2017年修正）	2017年7月28日	规定了企业对女职工婚育权的特殊保护制度

通过文本阅读，发现新疆维吾尔自治区关于企业对劳动者合法权益保护的省级地方性法规，有以下几个特点。

1. 非常重视少数群体和弱势群体劳动者合法权益的保护

（1）保障劳动模范的劳动权益。《新疆维吾尔自治区职工劳动权益保障条例》第9条规定，用人单位应当依法保障劳动模范的劳动权益，协助有关单位和组织做好劳动模范尤其是困难企业劳动模范的荣誉津贴发放工作，落实离退休劳动模范养老保险政策等事项，切实保障其合法权益。

（2）保护少数民族劳动者的劳动权益。《新疆维吾尔自治区职工代表大会条例》第19条规定，少数民族职工代表比例应当不低于其在本单位职工中所占的比例。《新疆维吾尔自治区职工劳动权益保障条例》第3条规定，职工不分性别、民族、宗教信仰依法享有平等就业和自主择业、取得劳动报酬、休息休假、劳动安全卫生的权利。《新疆维吾尔自治区实施〈中华人民共和国就业促进法〉办法》第 18 条规定，各类企业应当吸纳当地劳动者就业，并优先招用少数民族劳动者。

（3）保护残疾人平等就业权。《新疆维吾尔自治区实施〈中华人民共和国残疾人保障法〉办法》（2012 年修订）第 20 条规定，企业和其他经济组织公开招录工作人员不得歧视残疾人。用人单位应当按照不低于本单位在职职工总数 2%的比例安排残疾人就业。未达到规定比例的，用人单位应当按照有关规定缴纳残疾人就业保障金。

另外，《新疆维吾尔自治区实施〈中华人民共和国就业促进法〉办法》明确规定了少数民族和妇女享有平等就业和自主择业权。该《办法》第 9 条规定，劳动者依法享有平等就业和自主择业的权利；劳动者就业，不因民族、种族、性别、宗教信仰等不同或者残疾而受到歧视。

2. 非常重视女职工合法权益的保护

（1）规定了企业保障女职工参与企业民主管理的权利。《新疆维吾尔自治区职工代表大会条例》第 19 条规定，职工代表中女职工代表应占适当比例。《新疆维吾尔自治区实施〈中华人民共和国妇女权益保障法〉办法》（2006 年修订）第 8 条规定，企业职工代表大会的女职工代表比例，应当与该企业女职工所占的比例相适应。

（2）规定了女职工的平等就业权。《新疆维吾尔自治区实施〈中华人民共和国妇女权益保障法〉办法》（2006 年修订）第 15 条规定，用人单位在招聘、录用职工时，除国家明确规定不适合妇女的工种或者岗位外，不得以性别为由拒绝招聘、录用妇女，不得以任何理由提高对妇女的招聘、录用标准。用人单位在招用女职工时，应当与其签订劳动合同，劳动合同中不得规定限制女职工结婚、生育的内容。

（3）规定了企业对女职工的特殊保护政策。《新疆维吾尔自治区实施〈中华人民共和国妇女权益保障法〉办法》（2006 年修订）第 19 条规定，女职工在孕期、产期、哺乳期内，所在单位应当按国家有关规定给予特殊保护，不得降低其工资或者取消其福利待遇，调资、晋职、晋级、评定专业技术职务均不受影响。任何单位不得因结婚、怀孕、产假、哺乳等情形辞退女职工，单方解除劳动（聘用）合同，女职工要求终止劳动（聘用）合同的除外。第 20 条规定，企业转换经营机制，实行劳动制度改革，不得歧视女职工；对富余的女职工，应当为其再就业创造条件和提供帮助。

（4）对女职工婚育权的特殊保护。《新疆维吾尔自治区人口与计划生育条例》（2017 年修正）第 26 条规定，企业单位职工依法办理结婚登记后，除国家规定的婚假外，增加婚假 20 天。女职工符合规定生育子女的，除国家规定的产假外，增加产假 60 天，给予男方护理假 15 天。婚假、产假、护理假期间，工资、奖金照发。

3. 建立劳动者权益保障事项公开制度

《新疆维吾尔自治区职工劳动权益保障条例》第 7 条规定，用人单位应当将职工劳动权益保障事项公开，依法订立劳动合同、集体合同和开展工资集体协商，在制定、修改或者决定涉及职工切身利益的规章制度或者重大事项时，应当经职工代表大会或者全体职工讨论通过。

4. 建立企业集体合同制度

（1）对集体合同的内容做出规定。《新疆维吾尔自治区集体合同条例》第 3 条规定企业应当依法建立平等协商和集体合同制度；第 5 条规定企业制定的劳动规章制度不得与集体合同的规定相抵触。企业与职工签订的劳动合同所规定的劳动条件和劳动报酬等标准不得低于集体合同的规定。

（2）集体合同公示制度。该《条例》第 17 条规定集体合同生效后，企业应当在 10 日内向全体职工公布。

（3）非公有制企业集体合同决定制度。《新疆维吾尔自治区非公有制企业工会条例》第 13 条规定，企业工会代表本企业劳动者与企业主建立平等协商谈判制度依法签订集体合同。集体合同草案应当提交劳动者代表大会或全体劳动者大会讨论决定。

（4）工资集体协商制度。《新疆维吾尔自治区企业工资集体协商条例》第 5 条规定，企业应当依法建立工资集体协商制度。企业工会代表职工与企业开展工资集体协商；企业尚未建立工会的，由上一级工会指导职工推举代表与企业开展工资集体协商；区域性、行业性工会联合会代表职工与区域、行业的企业或者企业代表组织开展工资集体协商。

5. 重视煤矿等矿山安全生产，保护劳动者合法权益

如《新疆维吾尔自治区安全生产条例》第 19 条规定，生产经营单位进行爆破、吊装、拆除建设工程等危险作业，或者在临近高压输电线路、地下输油输气管道和密闭空间内作业，应当采取安全保障措施，并安排专门人员负责现场安全管理。第 20 条规定生产经营单位应当对作业场所的生产性毒物、粉尘、噪声、振动、高温、低温、辐射以及其他职业危害采取防护措施，定期进行检测，实行分类管理。经检测不符合职业卫生标准和卫生要求的，应当及时采取治理措施。第 21 条规定生产经营单位应当为从业人员无偿提供符合国家标准或者行业标准的劳动防护用品，并监督从业人员按照规定佩戴、使用，不得以货币或者其他物品替代。《新疆维吾尔自治区实施〈中华人民共和

国煤炭法〉办法》（2016年修订）第20条规定，煤矿企业应当按照国家煤矿安全培训的相关规定，对职工进行安全生产培训，提高职工安全生产技能。第22条规定，禁止违章指挥、违章作业。对违章指挥、强令职工冒险作业的指令，职工有权拒绝执行。

6. 强化非公有制企业对劳动者合法权益的保护

（1）对非公有制企业组织工会的基本要求。《新疆维吾尔自治区非公有制企业工会条例》是全国唯一一部对非公有制企业工会进行规范的省级地方性法规，属于创新性立法。[①]《条例》第7条要求企业应当支持劳动者在其开业或投产后6个月内依法组建工会组织。

（2）非公有制企业女工委员会的组建。该《条例》第10条规定，企业女劳动者人数在25人以上的，设立工会女工委员会，女工委员会主任由工会女性负责人兼任，不足25人的设女工委员1人，依法维护女工利益。

（3）规定了非公有制企业厂务公开的事项。《新疆维吾尔自治区厂务公开条例》第9条规定，非公有制企业应当公开下列事项：发展规划；制定、修改涉及职工切身利益的规章制度；劳动合同、集体合同和工资集体协议的订立、履行、变更、解除或者终止情况；职工养老、失业、医疗、工伤、生育等社会保险费及住房公积金缴纳和福利费用情况；职工培训、劳动安全卫生、劳动保护、劳动定额、环境保护、职业病防治情况；工会经费的拨缴情况；工会与企业经营者经过协商同意公开的事项等。

（三）企业对消费者的社会责任

在新疆维吾尔自治区省级地方性法规中，通过对“消费者”进行

① 全国只有两件规范非公有制企业工会的地方性法规，另一件是《云南省红河哈尼族彝族自治州非公有制企业工会条例》。

标题和全文检索，得到检索结果27个，其中现行有效的13件，与企业对消费者社会责任相关的地方性法规4件。通过文本解读，发现新疆维吾尔自治区关于保护消费者合法权益的立法有以下几个特点。

1. 规定了具体行业经营者维护消费者合法权益的义务

《新疆维吾尔自治区实施〈中华人民共和国消费者权益保护法〉办法》（2003年修订）除规定了经营者的基本义务之外，还规定了具体行业经营者如客运、旅游、食品餐饮、惊险娱乐业、修理加工业、家具经营者、供水供电等公用企业、房地产、住宅装修、物业服务企业对消费者的义务。

2. 通过对经营者格式合同行为的规制，保护消费者合法权益

全国省级地方立法共出台包括新疆在内的6件关于合同格式条款监督管理的地方性法规。2010年8月1日实施的《新疆维吾尔自治区合同格式条款监督条例》有以下几个特点：

（1）规定了不得利用格式合同实施的具体行为。该《条例》第10条规定，合同提供方不得利用合同格式条款实施下列行为：虚构标的、销售渠道或者假称包销、回收产品，诱使他人签订合同；虚构主体资格或者盗用、冒用他人名义签订合同；编造或者利用虚假信息，诱人签订合同，获取中介费、立项费、培训费、质量保证金等财物；设置事实上不能履行的条款，造成对方当事人无法履行合同，获取财物；损害社会公共利益和他人合法权益的其他行为。

（2）对合同提供方不得利用合同格式条款实施的行为作了延伸规定。该《条例》第12条规定，合同格式条款不得含有下列免除或者减轻合同提供方责任的内容，包括因故意或者重大过失造成对方当事人财产损失的责任；对提供的商品或者服务依法应当承担的保证责任；依法应当承担的违约责任。

（3）对合同格式条款排除对方当事人权利作了更为严格细致的规定。该《条例》第14条规定，合同格式条款不得含有下列排除对方当事人权利的内容：依法变更或者解除合同；请求支付违约金或者请求损害赔偿；选择解决合同争议的方式、方法；行使合同解释权；依法享有的其他权利。

（4）规定了事关消费者切实利益的格式合同备案制度。该《条例》第15条规定需要备案的格式合同包括：房屋买卖、租赁及与其相关的居间、委托合同；机动车买卖、租赁合同；物业管理合同；供电、供水、供热、供气合同；医疗服务合同；宾馆、酒店、旅游等服务合同；有线电视、邮政、电信合同；贷款合同；运输合同；商业保险合同；住宅装修、装饰合同；商业性培训合同；农业生产资料和农副产品购销合同等。

3. 对旅游经营者对旅游消费者的义务作了专门立法

2012年3月1日实施的《新疆维吾尔自治区旅游条例》对旅游经营者对消费者的义务作了详尽的规定。

（1）经营者向旅游消费者提供真实信息的义务。如《条例》第31条规定，旅游经营者应当公开服务项目、内容和收费标准，提供真实、准确的旅游服务信息，按照合同约定或者行业标准提供服务。经营旅游商品应当明码标价，注明商品品名、产地、规格、等级及计价单位。

（2）规范了旅游合同的内容。《条例》第32条规定，旅行社组织旅游活动，应当与旅游者订立书面合同，明确服务项目、费用标准、人身安全、人身保险和违约责任等事项。采用格式条款合同的，应当向旅游者告知合同有关格式条款的具体含义。资费自理项目应当在旅游合同中注明，由旅游者自愿选择。旅游者有特殊需求的，可以与旅行社特别约定，不得强迫旅游者参加合同约定以外的项目。

（3）旅游经营者不得侵犯消费者的自主选择权。《条例》第 37 条规定，旅行社不得强迫或者变相强迫旅游者到指定地点购买商品或者购买指定商品。旅游者在旅行社安排的购物场所购买假冒伪劣或者失效变质的商品要求退货的，旅行社应当先行赔偿；旅行社赔偿后，可以向旅游购物场所的经营者或者销售者追偿。

（4）规定了旅游安全责任制度。《条例》第 38 条规定，旅游经营者应当建立健全旅游安全责任制度，保障旅游者人身、财产安全。对可能影响旅游者人身、财产安全的场所和旅游项目应当事先向旅游者告知和明确警示。发生旅游安全事故时，应当及时采取救助措施，并向所在地县（市）人民政府旅游行政管理部门报告。提供住宿、餐饮等服务的经营者，应当为旅游者提供安全、卫生和质价相符的服务，旅游者发生疾病、失窃、意外伤害等突发情况时，有义务协助处理。

（5）规范了特殊旅游项目经营行为，保障消费者安全权。《条例》第 39 条规定，旅游经营者开展漂流、攀岩、狩猎、探险、蹦极等特殊旅游项目，应当依照有关法律、法规规定办理审批手续。第 40 条规定，涉及人身安全的索道、缆车、游船、汽艇等旅游设备、设施，应当经法定的检验机构检验合格后方可营运。旅游经营者应当对前款规定的设备、设施加强日常维护和保养，保证安全运转；对存在的安全事故隐患，应当及时消除。

4. 通过对生产者、销售者产品质量责任和义务的规定，保障消费者合法权益

2020 年 5 月 14 日实施的《新疆维吾尔自治区产品质量监督条例》（2020 年修正）规定，生产、销售企业应贯彻“质量第一”的方针，加强质量管理，严格产品质量检查制度，保证生产、销售产品的质量。

《条例》第 16 条明确规定，生产者、销售者禁止生产、销售下列产品：不符合保障人体健康和人身、财产安全的国家标准、行业标准、地方标准的产品；掺杂、掺假，以假充真、以次充好或者以不合格产品冒充合格产品；变质、失效的产品；伪造产品产地、生产日期或者失效日期，伪造或者冒用他人厂名、厂址，伪造或者冒用认证标志等质量标志，伪造或者冒用生产许可证编号和商品条码、防伪标志，伪造或者冒用产品质量合格证明的产品；国家明令淘汰的产品。

（四）企业对自然资源和环境保护的责任

通过检索，新疆维吾尔自治区现行有效的有关自然资源和环境保护的省级地方性法规 54 件，纳入研究范围的企业对自然资源和环境保护责任的主要地方性法规有 17 件，基本情况见表 9-3。

表 9-3　新疆维吾尔自治区关于企业对自然资源和环境保护责任省级立法

序号	地方性法规名称	实施时间	企业对自然资源和环境保护责任的内容
1	新疆维吾尔自治区实施《中华人民共和国野生动物保护法》办法（1997 年修正）	1997 年 1 月 22 日	在野生动物主要分布区从事开发和建设，必须提交环境影响报告书
2	新疆维吾尔自治区矿产资源管理条例（1997 年修正）	1997 年 10 月 11 日	开采矿产资源必须遵守土地、草原、森林、环保、水法等制度；造成生态环境破坏的，应当治理恢复
3	新疆维吾尔自治区实施《中华人民共和国水法》办法（2003 年修订）	2004 年 3 月 1 日	利用河流、湖泊等水域从事经营活动，应当采取措施防止水污染
4	新疆维吾尔自治区地质环境保护条例（2004 年修正）	2004 年 11 月 26 日	采矿权申请人必须提交地质环境保护方案。采矿权人采矿时，应当采取保护和治理措施
5	新疆维吾尔自治区坎儿井保护条例	2006 年 12 月 1 日	规定了保护坎儿井的具体措施
6	新疆维吾尔自治区平原天然林保护条例	2009 年 2 月 1 日	禁止在平原天然林地内从事毁林行为

续表

序号	地方性法规名称	实施时间	企业对自然资源和环境保护责任的内容
7	新疆维吾尔自治区天山自然遗产地保护条例	2011年5月25日	在天山自然遗产地内禁止实施的行为
8	新疆维吾尔自治区实施《中华人民共和国草原法》办法	2011年11月1日	禁止向草原排放污水，或者倾倒废料、残土、废渣等固体废物
9	新疆维吾尔自治区湿地保护条例	2012年10月1日	禁止在湿地内倾倒固体废弃物、超标排放污水
10	新疆维吾尔自治区实施《中华人民共和国水土保持法》办法（2013年修订）	2013年10月1日	规定了缴纳水土保持补偿费制度，专项用于水土保持工作。任何单位和个人不得擅自减免水土保持补偿费
11	新疆维吾尔自治区塔里木河流域水资源管理条例（2014年修订）	2014年11月1日	从事生产、建设和其他经济活动的，应当符合批准的水功能区保护要求
12	新疆维吾尔自治区实施《中华人民共和国煤炭法》办法（2016年修订）	2016年5月1日	开发利用煤炭资源，应当防治污染和其他公害，保护生态环境。禁止乱采、滥挖煤炭资源的行为
13	新疆维吾尔自治区地下水资源管理条例（2017年修订）	2017年7月1日	禁止向地表及水体排放未达标的工业废水、放射性固体废物或者含有放射性物质的废水、工业废渣等
14	新疆维吾尔自治区自然保护区管理条例（2018年修正）	2018年9月21日	任何单位和个人都有保护自然保护区内自然环境和自然资源、协助和支持自然保护区管理工作的义务
15	新疆维吾尔自治区煤炭石油天然气开发环境保护条例（2018年修正）	2018年9月21日	禁止在风景名胜区、森林公园、重要湿地等生态敏感区域内进行煤炭、石油、天然气开发
16	新疆维吾尔自治区环境保护条例（2018年修正）	2018年9月21日	鼓励从事高风险环境的企业投保环境污染责任保险
17	新疆维吾尔自治区卡拉麦里山有蹄类野生动物自然保护区管理条例（2018年修正）	2018年12月29日	卡拉麦里山自然保护区内禁止探矿、采矿，采集、抽取地表水、地下水或者截流自然水系，倾倒废弃物或者排放有毒、有害物质

通过文本阅读和比较分析，新疆维吾尔自治区关于企业对自然资源和环境保护的社会责任的省级地方性法规，有以下几个特点。

1. 结合地方实际，重视水资源保护立法，强化企业对水资源保护的责任

新疆维吾尔自治区是我国陆地面积第一大的省级行政区，总面积占中国陆地面积六分之一。新疆的水资源极为丰富，人均占有量居全国前列，但沙漠占全国沙漠面积的三分之二，其中塔克拉玛干沙漠的面积为33.67万平方公里，是中国最大的沙漠。在这种水旱不均的地理环境下，重视水资源保护是必然的选择。其主要特点如下：

（1）较早制定了水资源保护地方性法规。1992年5月8日颁布的《新疆维吾尔自治区实施〈中华人民共和国水法〉办法》，是全国第八个颁布实施《水法》办法的省级地方性法规。[①]

（2）水资源保护的地方性法规数量较多。在自然资源和环境保护的17件省级地方性法规中，涉及保护水资源的法规达到8件，占47.1%。除了上述《办法》经过2003年修订后，先后又制定了《新疆维吾尔自治区坎儿井保护条例》《新疆维吾尔自治区实施〈中华人民共和国水土保持法〉办法》《新疆维吾尔自治区塔里木河流域水资源管理条例》《新疆维吾尔自治区地下水资源管理条例》《新疆维吾尔自治区环境保护条例》（2018年修正）《新疆维吾尔自治区卡拉麦里山有蹄类野生动物自然保护区管理条例》等7部地方性法规。

（3）覆盖了全部水资源的保护。除了有对《中华人民共和国水法》《中华人民共和国水土保持法》等上位法制定了实施办法外，还专门制定了对地下水资源、塔里木河流域水资源、坎儿井、卡拉麦里山有蹄类野生动物自然保护区水资源保护的地方性法规。《新疆维吾尔自治区环境保护条例》第30条规定，任何单位和个人不得在水源涵

① 在此之前，贵州、浙江、内蒙古、广东、黑龙江、四川、湖北7省区颁布了《实施〈中华人民共和国水法〉办法》。

养区、饮用水水源保护区内和河流、湖泊、水库周围建设重化工、涉重金属等工业污染项目。

（4）加强地下水资源的保护。《新疆维吾尔自治区地下水资源管理条例》第八条规定，任何单位和个人都有节约、保护地下水资源的义务。第30条规定禁止向地表及水体排放、倾倒油类、酸液、碱液或者剧毒废液及未达标的工业及生活废水，放射性固体废物或者含有高放射性和中放射性物质的废水，工业废渣、城镇垃圾和其他废弃物。第32条规定工矿企业应当优先利用基坑水、矿坑水和疏干水；无法全部利用的，应当处理达标后排放。

（5）为保护水环境，建立了环境污染责任保险制度。《新疆维吾尔自治区环境保护条例》第55条规定，鼓励保险企业开展环境污染责任保险；鼓励从事涉重金属、石油化工、危险化学品运输等高风险环境的企业和其他生产经营者投保环境污染责任保险。

2. 重视石油天然气、煤炭等资源的保护

新疆石油资源量208.6亿吨，占全国陆上石油资源量的30%；天然气资源量为10.3万亿立方米，占全国陆上天然气资源量的34%；全疆煤炭预测资源量2.19万亿吨，占全国的40%。因此，新疆维吾尔自治区地方立法中重视石油、天然气、煤炭等资源和环境保护。

（1）建立生态保护补偿制度。《新疆维吾尔自治区煤炭石油天然气开发环境保护条例》第五条规定，自治区建立生态保护补偿制度。已缴纳生态保护补偿金的开发单位，不免除污染防治和恢复生态的责任。第八条规定，禁止在水源涵养区、地下水源、饮用水源、自然保护区、风景名胜区、森林公园、重要湿地及人群密集区等生态敏感区域内进行煤炭、石油、天然气开发。

（2）开采矿产资源注重环境保护。如《新疆维吾尔自治区矿产资源管理条例》第35条规定，开采矿产资源，必须遵守国家、自治区土地、草原、森林、环保、文物保护、水法等法律、法规。开采矿产资源造成矿山地质环境、生态环境破坏的，应当治理恢复；给他人生产、生活造成损害的，依法予以补偿，并采取必要的补救措施。《新疆维吾尔自治区地质环境保护条例》第14条规定，申请采矿权，申请人必须提交地质环境保护方案。采矿权人采矿时，应当按照批准的地质环境保护方案建设必要的地质环境保护设施，对因采矿活动破坏的地质环境及时进行治理恢复，终止采矿活动时必须完成地质环境的治理恢复。

（3）开发利用煤炭资源注重生态环境保护。如《新疆维吾尔自治区实施〈中华人民共和国煤炭法〉办法》第5条规定，开发利用煤炭资源，应当遵守环境和资源保护的法律、法规，防治污染和其他公害，保护生态环境。禁止乱采、滥挖煤炭资源的行为。第12条规定，煤矿建设应当坚持煤炭开发与环境治理同步进行。

3. 对新疆特有资源的保护

（1）对坎儿井的保护。坎儿井作为新疆特有的地下灌溉系统，带来了吐鲁番和哈密的绿洲经济，养育了当地十几代人。占新疆坎儿井数量70%的吐鲁番盆地，坎儿井数量从1957年的1237条锐减为2014年的214条，减少了1023条，减少了80.7%。可以说，坎儿井保护刻不容缓。《新疆维吾尔自治区坎儿井保护条例》第21条规定，禁止向坎儿井水源、明渠、蓄水池倾倒废污水、垃圾等废弃物；第22条规定，新建、改建、扩建公路、铁路、输油输气管道以及石油、天然气开采等各类工程，需要穿越、跨越坎儿井的，应当对工程建设期间、运行过程中可能给坎儿井造成的危害进行论证，并制定坎儿井保护方案。

（2）对天山自然遗产地的保护。全国对自然遗产地保护的地方性法规仅有4件，《新疆维吾尔自治区天山自然遗产地保护条例》是其中一件。[①] 该《条例》第十八条规定，在天山自然遗产地内，禁止开山、采石、开矿等破坏景观、植被和地形地貌，改变、影响山川水系等自然状态；破坏自然遗产资源的完整性、真实性，或者影响野生动物迁徙、栖息进行工程建设、旅游开发、生产经营；第21条规定，在天山自然遗产地缓冲区内进行开发、建设、生产、经营等活动的，应当确保自然遗产价值不因人为活动受到不良影响。

（3）对平原天然林的保护。新疆森林主要由平原天然林、山区森林和绿洲人工林三大部分组成。在全疆1.6亿亩林地中，平原天然林占总量的三分之二，主要分布在伊犁河、额尔齐斯河河谷地带和准噶尔盆地、塔里木盆地的沙漠、荒漠戈壁地带。因此，新疆制定了全国唯一的《新疆维吾尔自治区平原天然林保护条例》，以保护天然平原林。《新疆维吾尔自治区平原天然林保护条例》第22条规定，禁止在平原天然林地内进行毁林开垦和毁林开矿、采石、采砂、采土以及其他毁林行为。

（五）企业对捐赠的社会责任

通过输入关键词“捐赠”进行全文检索，新疆维吾尔自治区省级地方性法规中有36件地方立法，其中现行有效的26件，涉及企业捐赠的立法有8件。通过文本阅读，发现新疆维吾尔自治区省级有关企业捐赠的地方立法除了鼓励企业向社会公益事业捐赠以外，还有以下几个特点。

1. 鼓励企业向扶贫开发、农民专业合作社捐赠

2018年8月1日起实施的《新疆维吾尔自治区农村扶贫开发条

① 另外3件分别是《云南省三江并流世界自然遗产地保护条例》《云南省石林彝族自治县石林喀斯特世界自然遗产地保护条例》《青海省可可西里自然遗产地保护条例》。

例》第34条规定，倡导扶贫开发志愿者行动，支持依法举办扶贫开发捐赠活动；第35条规定，国家机关、企业事业单位、有关社会组织应当按照国家和自治区有关规定，进行定点帮扶。2020年1月1日实施的《新疆维吾尔自治区实施〈中华人民共和国农民专业合作社法〉办法》，鼓励企业向农民专业合作社捐赠。

2. 鼓励企业向自然保护区捐赠

《新疆维吾尔自治区卡拉麦里山有蹄类野生动物自然保护区管理条例》（2018年修正）第10条规定，鼓励自然人、法人或者其他组织以志愿者服务、捐赠等形式参与卡拉麦里山自然保护区的保护工作。

3. 鼓励企业为反恐怖主义、突发事件应对提供捐赠

《新疆维吾尔自治区实施〈中华人民共和国反恐怖主义法〉办法》（2018年修正）第51条规定，鼓励单位和个人为反恐怖主义、反极端主义工作提供捐赠、捐助和服务，包括智力、技术支持。2012年8月1日实施的《新疆维吾尔自治区实施〈中华人民共和国突发事件应对法〉办法》第24条规定，鼓励公民、法人和其他组织为突发事件应对工作捐赠物资和资金，提供技术支持。

（六）企业对社会公共利益的责任

通过输入关键词“社会公共利益”进行全文检索，新疆维吾尔自治区省级地方性法规中有21件地方立法，其中现行有效的14件，与企业承担社会公共利益社会责任相关的省级地方性法规有1件。《新疆维吾尔自治区合同格式条款监督条例》第10条规定，合同提供方不得利用合同格式条款实施损害社会公共利益和他人合法权益的行为。

第二节　新疆维吾尔自治区设区的市企业社会责任地方法规制

新疆维吾尔自治区有权制定地方性法规的市有乌鲁木齐、哈密、吐鲁番、克拉玛依四个设区的市，共制定地方性法规 132 件，其中现行有效的 98 件。乌鲁木齐市作为自治区人民政府所在地的市较早具有地方立法权，立法数量最多，达到 120 件，其中现行有效的 86 件。克拉玛依市自 2016 年 3 月 31 日开始享有地方立法权①，现制定地方性法规 6 件，没有环境保护方面的地方立法。吐鲁番市 2017 年 1 月 13 日开始享有地方立法权②，现制定地方性法规 2 件，没有环境保护方面的地方立法。哈密市自 2018 年 5 月 20 日开始享有地方立法权③，现制定地方性法规 4 件，其中涉及环境保护地方法规 1 件。因此，本节主要研究乌鲁木齐市、哈密市有关企业社会责任的地方法规制。

一　乌鲁木齐市企业社会责任的地方法规制

（一）乌鲁木齐市企业社会责任地方立法概况

乌鲁木齐市自 1987 年 1 月 14 日制定实施《乌鲁木齐市水源保护区管理条例》首部地方性法规以来，截至 2019 年年底共制定 123 件地方性法规，其中现行有效的 89 件、失效和部分失效的 14 件、已被修

① 《新疆维吾尔自治区人民代表大会常务委员会关于确定克拉玛依市、昌吉回族自治州人民代表大会及其常务委员会开始制定地方性法规的时间的决定》，见新疆维吾尔自治区人大常委会官网，http：//www. xjpcsc. gov. cn。

② 《新疆维吾尔自治区人民代表大会常务委员会关于确定吐鲁番市人民代表大会及其常务委员会开始制定地方性法规的时间的决定》，见新疆维吾尔自治区人大常委会官网，http：//www. xjpcsc. gov. cn。

③ 新疆维吾尔自治区人民代表大会常务委员会《关于批准哈密市制定地方性法规条例的决定》，见新疆维吾尔自治区人大常委会官网，http：//www. xjpcsc. gov. cn。

改的20件。按照时间跨度统计，没有太明显的差异，分布比较均匀，少的年份1件，多的年份9件。现行有效的有关企业社会责任方面的地方性法规立法情况，见表9-4。

表9-4 乌鲁木齐市关于企业社会责任地方立法情况

序号	企业社会责任内容	检索到的法规数量（件）	与社会责任有关的法规数量（件）
1	企业对投资者的责任	1	0
2	企业对劳动者的责任	8	2
3	企业对消费者的责任	5	0
4	企业对自然资源和环境保护的责任	23	5
5	企业对社会捐赠的责任	5	0
6	企业对社会公共利益的责任	3	0

由此可以看出，乌鲁木齐市没有关于企业对投资者、消费者、捐赠、社会公共利益社会责任的地方立法，仅对劳动者、自然资源和环境保护责任作了较少的规定。

（二）乌鲁木齐市企业社会责任的立法内容及评析

1. 有关企业对劳动者社会责任的规定

（1）规范外商投资企业工会组织以保障劳动者合法权益。1996年12月24日实施的《乌鲁木齐市外商投资企业工会条例》关于外商投资企业对劳动者义务的规定，主要包括以下内容：

第一，外商投资企业必须设立工会组织，以保障劳动者合法权益。《条例》第九条规定，在外商投资企业中，应建立工会；中外合资经营企业、中外合作经营企业设立前中方企业建有工会组织的，应重新组建工会。

第二，规定了工会维护职工合法权益的权利。《条例》第14条明确规定了外商投资企业工会享有的9项权利，包括维护职工的民主权利和物质利益，保障职工的合法权益不受侵犯；参加企业争议的调解和谈判；监督企业执行国家规定的工时制度、休假制度，以及保护女职工特殊利益的法律、法规；参与调查企业职工因工伤亡及职业中毒、职业伤害事故，并向有关部门提出处理意见；外商投资企业解雇、辞退、处分职工，应当提前7日（含当日）征求工会意见，工会认为不适当的，应提出异议，并派代表同企业协商解决；协商不成，工会应当支持或者接受职工的委托按照法定程序参加仲裁、诉讼；外商投资企业侵犯职工劳动权益的，工会有权提出意见，调解处理；被侵害人向人民法院起诉，工会应当给予支持。

第三，规定了工会行使权利的保障条件。《条例》第16条规定，外商投资企业工会与企业应当建立协商谈判制度；第20条规定，外商投资企业不得干预本企业工会干部依法履行职责。另外规定企业应当为工会提供必需的场所和设施，并根据企业的实际情况，积极为职工集体福利和举办文化体育活动提供条件。

（2）规范企业职工工资集体协商制度，保障企业职工合法权益。2012年1月1日实施的《乌鲁木齐市企业职工工资集体协商条例》对企业职工工资集体协商制度做了如下规定。

第一，企业应当建立职工工资集体协商制度。《条例》第2条规定，本市行政区域内的各类企业，依法开展职工工资集体协商，签订职工工资集体合同。

第二，规定了职工工资集体协商应该遵循的基本原则。《条例》第4条规定，职工工资集体协商应遵循合法、公开、平等、合理、诚信、协商一致、兼顾企业和职工双方利益的原则。

第三，规定了“两个不低于”的工资制度。《条例》第5条规定，职工工资集体合同中约定的劳动报酬，不得低于本市最低工资标准；企业和职工个人订立的劳动合同中约定的劳动报酬，不得低于职工工资集体合同规定的标准。

第四，规定的职工工资集体协商的内容和程序，与《新疆维吾尔自治区企业工资集体协商条例》内容完全一致，不再赘述。

2. 有关企业对自然资源和环境保护责任的规定

乌鲁木齐市现行有效的23件有关自然资源和环境保护的地方性法规中，与企业环境保护社会责任相关的立法有5件，其中1987年2月发布实施的《乌鲁木齐市水源保护区管理条例》《乌鲁木齐市饮用水水源保护区管理条例》（2002年修订）、2006年12月1日实施的《乌鲁木齐市水资源管理条例》3件地方性法规，与《中华人民共和国环境保护法》《中华人民共和国水污染防治法》不能有效衔接，应该抓紧修订和完善。因此，重点介绍2019年1月1日实施的《乌鲁木齐市大气污染防治条例》（2018年修正）对企业环境保护的社会责任。

（1）用专章规定了高污染燃料产生的大气污染防治。《条例》第25条规定，在本市行政区域内，禁止新建、扩建、改建高污染燃料设施。使用燃煤供热锅炉的单位应当在规定期限内改用清洁能源设施，清洁能源设施应当达到规定的排放标准。第26条规定，餐饮服务业的主要能源及茶浴炉的使用单位和个人应当使用清洁能源。第27条规定，燃煤单位排放烟尘、二氧化硫、氮氧化物等超过排放标准或者总量控制指标的，应当配套建设除尘、脱硫、脱硝或者低氮燃烧等污染防治设施。第28条规定，石油炼制、合成氨生产、有色金属冶炼、钢铁冶炼、碳素生产、建材、煤化工等行业生产过程中排放含有硫化物或氮氧化物气体的，应当配备脱硫、脱硝、低氮燃烧装置或者采取其他降低硫化物和氮氧化物排放的措施。

(2) 用专章规定了扬尘污染防治。《条例》第38条规定了建设施工应当采取有效措施，防治扬尘污染。第40条规定石油炼制、合成氨生产、有色金属冶炼、钢铁冶炼、碳素生产、建材、煤化工等行业生产过程中的物料储存，应当采取封闭储存方式，防止扬尘污染。

另外，2019年1月1日实施的《乌鲁木齐市湿地保护条例》(2018年修正)第16条规定了禁止在湿地内实施采矿、投放有毒有害物质、倾倒固体废弃物、超标排放污水、投放可能危害水体及水生生物的化学物品。

二 哈密市的环境保护立法

哈密市是新疆通向中国内地的要道，自古就是丝绸之路的咽喉，有"西域襟喉，中华拱卫"和"新疆门户"之称。哈密水资源主要以天山冰雪和地下水为主。因此，哈密市结合地方实际，2020年1月1日制定实施的《哈密市水资源保护条例》对水资源保护主要规定了以下内容：

(1) 对冰山的特别保护。《条例》第14条规定，冰川保护范围内禁止实施开矿、采石、挖砂、爆破等影响冰川的行为。

(2) 规定了禁止实施破坏水资源的行为。《条例》第18条规定，禁止在河流、湖泊、水库设置排污口；向水体或者岸坡倾倒、抛撒、堆放、排放、掩埋工业废物、危险化学品、有毒有害废弃物、建筑垃圾、渣土等。

(3) 规范水资源利用。《条例》第36条规定，新建、改建、扩建工业企业应当坚持低耗水项目优先，用水定额、用水工艺应当达到国内行业先进水平。

第三节　自治条例和单行条例的企业社会责任地方法规制

一　自治条例和单行条例企业社会责任的地方立法状况

截至2020年5月31日，新疆维吾尔自治区共制定自治条例和单行条例69件，现行有效的49件，与企业社会责任相关的立法数量11件。具体情况见表9-5。

表9-5　自治条例和单行条例有关企业社会责任地方立法统计

人大（含常委会）	立法数量（件）	现行有效数量（件）	现行有效与企业社会责任相关立法数量（件）
伊犁哈萨克自治州	19	13	2
昌吉回族自治州	14	13	2
巴音郭楞蒙古自治州	19	12	3
克孜勒苏柯尔克孜自治州	5	3	0
博尔塔拉蒙古自治州	4	2	1
和布克赛尔蒙古自治县	1	1	1
木垒哈萨克自治县	4	3	1
巴里坤哈萨克自治县	2	1	1
焉耆回族自治县	1	1	0
合计	69	49	11

二　巴音郭楞蒙古自治州、昌吉回族自治州的企业社会责任的地方法规制

新疆维吾尔自治区5个自治州中，巴音郭楞蒙古自治州、昌吉回族自治州系属草原丝绸之路经济带覆盖的区域，故对其企业社会责任的地方立法进行研究。巴音郭楞蒙古自治州有3件企业社会责任立法，分别是《巴音郭楞蒙古自治州促进中小企业发展条例》《巴音郭楞蒙

古自治州塔里木胡杨国家级自然保护区管理条例》《巴音布鲁克草原生态保护条例》。昌吉回族自治州的企业社会责任立法有 2 件，分别是《昌吉回族自治州饮用水水源保护条例》《昌吉回族自治州旅游条例》。通过文本阅读，巴音郭楞蒙古自治州、昌吉回族自治州有关企业社会责任的地方立法，有以下几个特点：

1. 对中小企业社会责任作了概括性规定

2012 年 7 月 1 日实施的《巴音郭楞蒙古自治州促进中小企业发展条例》第 12 条规定，中小企业应当遵守国家法律、法规，合法经营、照章纳税、诚实守信、公平竞争，不得侵害企业职工合法权益，不得损害国家利益、公共利益和集体利益。

2. 突出对饮用水水资源的保护

2011 年 1 月 1 日实施的《昌吉回族自治州饮用水水源保护条例》强调了饮用水水源安全。《条例》第 6 条规定，任何单位和个人都有保护饮用水水源安全的义务，有权制止、检举和控告破坏和污染饮用水水源的违法行为。同时规定了在饮用水水源保护区禁止实施的行为，如《条例》第 12 条规定集中式饮用水水源准保护区内禁止新建、扩建对水体污染严重的建设项目；设置危险废物堆放场所和处置场所。

3. 突出对旅游消费者的保护

2012 年 5 月 1 日实施的《昌吉回族自治州旅游条例》，对旅游经营和服务、旅游安全作了专章规定，以保护消费者合法权益。

（1）保障消费者知悉真情权。《条例》第 22 条规定，旅游经营者应当在经营场所的醒目位置公开服务项目、内容和收费标准，实行明码标价。第 23 条规定，取得质量等级称谓的景区、饭店、旅行社、滑雪场等旅游经营者，应当如实使用质量等级标志和称谓，并按照相应的等级标准提供服务。

（2）保障消费者自主选择权。《条例》第 26 条规定，旅游景区（点）可以设置单一门票、联票，供旅游者自主选择，禁止强行出售联票。

（3）保障消费者安全权。《条例》第 33 条规定，旅游景区（点）应当按照国家有关安全规定和标准配备相应设备、设施，加强设备、设施的日常维护和保养。对可能危及旅游者人身和财产安全的情况，应当事先向旅游者做出真实说明和明确警示，并采取相应措施防止危害的发生。第 34 条规定，旅行社需要租用客运车辆的，应当选择具有相应资质的运输企业和已投保法定强制保险的车辆。

4. 重视自然保护区生态环境建设

塔里木胡杨保护区是世界上原始胡杨林分布最集中、保存最完整、最具代表性的地区，2006 年晋升为国家级自然保护区。2019 年 7 月 15 日实施的《巴音郭楞蒙古自治州塔里木胡杨国家级自然保护区管理条例》（2019 年修正）第九条规定，禁止在自然保护区内进行开矿、采石、挖砂等活动；禁止向保护区内及对保护区有影响的外围违法排放废水、倾倒废弃物。

5. 突出对草原生态环境保护

巴音布鲁克草原是典型的禾草草甸草原，也是新疆最重要的畜牧业基地之一。2019 年 7 月 15 日《巴音布鲁克草原生态保护条例》（2019 年修正）第 15 条规定，巴音布鲁克国家级自然保护区内禁止开矿、采石、挖砂等活动。第 21 条规定，采矿、勘探或者修路、铺设管线等工程建设，应当不占或者少占草原。第 26 条规定，禁止向草原排放污水，或者倾倒废料、残土、废渣等固体废物。

三　自治县对企业社会责任的地方法规制

新疆维吾尔自治区有 4 个自治县，均属于草原丝绸之路经济带覆盖区域。和布克赛尔蒙古、木垒哈萨克、巴里坤哈萨克3个自治县各有1件与企业社会责任相关的单行条例，焉耆回族自治县没有与企业社会责任相关的立法。

（一）对草原生态的保护

和布克赛尔蒙古自治县辖区总面积3.06万平方公里，草场面积2152万亩。为了保护草原生态，2007年9月1日实施的《和布克赛尔蒙古自治县草原生态保护条例》第13条规定，禁止开垦草原；第21条规定，任何单位和个人不得违反国家法律和法规的规定在草原上排放废水、废气、废渣和其他废弃物，污染草原。

（二）对湿地的保护

巴里坤哈萨克自治县总面积3.84万平方公里，其中山地、戈壁占2.55万平方公里，占全县总面积的66%。全县湿地134万亩。为了保护湿地，2019年5月31日实施的《巴里坤哈萨克自治县湿地保护条例》（2019年修正）第6条规定，任何单位和个人都有保护湿地资源的义务。第14条规定，禁止向湿地排放未达标工业废水，禁止在湿地倾倒固体废弃物；限期治理超标排污的企业。第17条规定，禁止在湿地内、湿地周边及可能对湿地生态功能有影响的区域排放有毒有害气体，向湿地及周边水域投放可能危害水质、水生生物的化学物品。

（三）对生态环境的保护

2020年6月1日实施的《木垒哈萨克自治县生态环境保护条例》（2020年修正）第9条规定，县域内禁止高耗能、高排放、高污染企业入驻。第13条规定，禁止在水源涵养区内采矿、采砂以及其他污染和破坏水源地的活动；符合地下开采地质条件的应当地下开采，减少对植被的破坏；在地下进行勘探、采矿活动时，应当采取防护性措施，防止地下水污染；采矿破坏的地质环境和植被应当及时治理恢复。

本章小结

新疆维吾尔自治区企业社会责任地方法规制，从规范数量上呈现省级地方立法多，设区的市、自治州、自治县地方立法数量少的特点。但其地方立法结合地方实际，紧紧围绕促进地方经济和社会发展，很有地方特色和民族特色，具有创新性。如《新疆维吾尔自治区非公有制企业工会条例》是全国唯一一部对非公有制企业工会进行规范的省级地方性法规，属于创新性立法。《新疆维吾尔自治区坎儿井保护条例》《新疆维吾尔自治区平原天然林保护条例》《新疆维吾尔自治区天山自然遗产地保护条例》《巴音郭楞蒙古自治州塔里木胡杨国家级自然保护区管理条例》《巴音布鲁克草原生态保护条例》《和布克赛尔蒙古自治县草原生态保护条例》《巴里坤哈萨克自治县湿地保护条例》（2019 年修正）等，都体现了对地方自然资源保护的重视，具有民族特色和地方特色。相比而言，乌鲁木齐市和哈密市的企业社会责任地方立法，缺少地方特色和民族特色。但总体来说，新疆维吾尔自治区企业社会责任立法在保护生态环境和节约能源方面的立法得到进一步巩固。保障改善劳动者、消费者合法权益立法不断深入，做到立足本地实际，坚持问题导向，遵循改革发展客观规律和法治建设内在规律，突出本地特色、满足本地需求、解决实际问题。重视突出科学立法的针对性和适用性、民主立法的社会性和全民性、依法立法的统一性和有效性。①

① 刘锦森：《新疆地方立法工作成就、经验和思考——改革开放四十年自治区地方立法回眸》，载《人大研究》2019 年第 1 期，第 4~22 页。

第十章
草原丝绸之路经济带企业履行社会责任状况
——以区域上市公司发布的《企业社会责任报告》为对象

立法的目的是以维护道德秩序和以特有的形式增进这种秩序。[①]立法的目的在于实施，企业履行社会责任的状况决定着企业社会责任立法的实施状况。研究草原丝绸之路经济带企业社会责任立法，必须研究该区域企业履行社会责任状况。本章以草原丝绸之路经济带区域上市公司公布的企业社会责任报告为研究对象，研究草原丝绸之路经济带企业履行社会责任状况，为研究企业社会责任地方立法找寻立法实践依据。

第一节　文献综述及研究设计

一　文献综述

对企业社会责任履行状况的文献综述，分为有关企业社会责任报告制度的规制状况和企业履行社会责任研究现状两部分。通过文献梳

---

① 〔法〕巴扎尔等:《圣西门学说释义》，王永江等译，商务印书馆，1986，第216页。

理发现，目前还没有研究者对企业社会责任报告制度的规制进行文献爬梳；学者们研究企业履行社会责任状况，通过数据挖掘，有的以某个企业为研究对象作个案研究，有的以区域性企业、行业企业、不同所有制企业、排名居前的企业为研究对象作调查统计分析，有的以上市公司为研究对象研究上市公司履行企业社会责任状况，等等。

（一）企业社会责任报告制度法律规制现状

通过“北大法宝”在中央法规中进行标题检索“社会责任报告”，有3件部门规章、7件行业规定；在全文检索“社会责任报告”，有10件国务院规范性文件、3件部门规章、39件部门规范性文件、59件部门工作文件。在中央法规中进行标题检索“企业社会责任报告”，没有得到检索结果；在全文检索“企业社会责任报告”，有3件国务院规范文件、2件部门规章、8件部门规范性文件、13件部门工作文件。

1. 企业社会责任信息披露制度的国家法规制

我国法律法规并没有对企业社会责任信息披露的直接规定。《公司法》作为规范公司行为的基本法，并没有直接对上市公司信息披露时公布企业履行社会责任内容做出明确规定，但第一百四十五条规定的上市公司必须依照法律、行政法规的规定公开经营情况及重大诉讼。这里的经营情况及重大诉讼应该包括有关企业社会责任的内容，如企业经营过程中重大安全事故、重大违法违约案件以及因违反劳动法、产品质量法、消费者权益法、环境保护法等法律接受的行政处罚，等等。

规范上市公司行为的基本法《证券法》，从保护投资者合法权益的立法宗旨出发，不仅规定了上市公司信息披露的基本要求，而且规定了信息披露包括企业社会责任主要是对投资者义务的内容。如《证券法》第78条规定了上市公司必须履行及时披露信息的义务，而且披露的信息应当真实、准确、完整，简明清晰，通俗易懂，不得有虚假记载、误导性陈述或者重大遗漏。第 80、81 条规定的重大事项披露是上市公司履行对投资者特别是中小股东义务的规定。第六章是对上市公司履行投资者保护义务的规定。[①] 另外，《中华人民共和国证券投资基金法》第七章公开募集基金的投资与信息披露也做了与证券法相似的规定。

《企业信息公示暂行条例》（国务院令第 654 号）第 6 条规定的工商行政管理部门（现改为市场监督管理局）应当通过企业信用信息公示系统，公示其在履行职责过程中产生的动产抵押登记信息、股权出质登记信息、行政处罚信息等，是对投资者特别是中小投资者和劳动者、消费者、债权人、供应商、环境保护等的行政保护措施，同时披露上述信息，有助于企业承担社会责任对象合法权益的保护，有助于监督企业履行社会责任。

2. 国务院规范性文件关于企业社会责任报告制度的规定

国务院关于企业社会责任报告规范性文件的具体情况，见表 10-1。

表 10-1　国务院关于企业社会责任报告规范性文件情况

规范性文件名称	实施时间	对企业社会责任报告的规定
质量发展纲要（2011—2020 年）	2012 年 2 月 6 日	鼓励企业发布社会责任报告，强化诚信自律，践行质量承诺，在经济、环境和社会方面创造综合价值，树立对社会负责的良好形象

① 冯果教授认为，企业社会责任的信息披露在我国法律和行政法规中没有直接规定，仅于部门规章中有个别体现。《证券法》中的信息披露制度，就上市公司等证券发行者将自身财务、经营等信息进行报告和公示做出了法定要求，并未要求公示包括环境、劳保等在内的社会责任信息。参见冯果《企业社会责任信息披露制度法律化路径探析》，载《社会科学研究》2020 年第 1 期，第 11 页。

续表

规范性文件名称	实施时间	对企业社会责任报告的规定
支持农业产业化龙头企业发展的意见（国发〔2012〕10号）	2012年3月6日	强化社会责任意识，逐步建立龙头企业社会责任报告制度
加快发展现代职业教育的决定	2014年5月2日	企业开展职业教育的情况纳入企业社会责任报告
贯彻实施质量发展纲要2015年行动计划的通知	2015年2月29日	督促银行业监管机构和银行业金融机构深入落实消费者保护考核评价工作，定期发布服务改进情况报告和社会责任报告
中国制造2025	2015年5月28日	强化绿色监管，健全节能环保法规、标准体系，加强节能环保监察，推行企业社会责任报告制度，开展绿色评价
关于推进农村一二三产业融合发展的指导意见	2015年12月30日	完善龙头企业认定监测制度，实行动态管理，逐步建立社会责任报告制度
关于完善集体林权制度的意见	2016年11月16日	引导涉林企业发布服务农户社会责任报告
全面深化中国（上海）自由贸易试验区改革开放方案	2017年3月30日	落实市场主体首负责任制，在安全生产、产品质量、环境保护等领域建立市场主体社会责任报告制度和责任追溯制度
进一步深化中国（天津）自由贸易试验区改革开放方案	2018年5月4日	落实市场主体首负责任制，在安全生产、产品质量、环境保护等领域建立市场主体社会责任报告制度和责任追溯制度
中国（江苏）自由贸易试验区总体方案	2019年8月2日	落实市场主体首负责任制，在安全生产、资源节约、环境保护等领域建立市场主体社会责任报告制度和责任追溯制度

通过文本阅读，国务院规范性文件关于企业社会责任报告主要有以下内容和特点。

（1）规范企业社会责任报告是个逐渐发展的过程。由最初鼓励、引导企业发布社会责任报告，到建立企业社会责任报告制度，再到落实企业社会责任报告制度。

（2）披露企业社会责任报告由单一行业、单一领域向一定区域扩展。从最初的鼓励质量安全、农业龙头企业、职业教育、银行业、林业企业到自由贸易试验区内的企业。

（3）企业社会责任报告内容愈加清晰。从最初笼统的企业社会责任意识到对消费者、绿色评价，再到安全生产、产品质量、环境保护等报告内容愈加清晰。

（4）同步建立的企业社会责任报告制度和责任追溯制度，真正落实了市场主体首负责任制，企业社会责任报告制度有了新的开端。

3. 部门规章关于企业社会化责任报告制度的规定

关于企业社会责任报告的部门规章有 3 件。2013 年 2 月 1 日实施的《企业文件材料归档范围和档案保管期限规定》，本企业社会责任报告为永久保管档案。2016 年 6 月 30 日实施的《工业节能管理办法》第 35 条规定，重点用能工业企业应当积极履行社会责任，鼓励重点用能工业企业定期发布包含能源利用、节能管理、员工关怀等内容的企业社会责任报告。2018 年 1 月 1 日实施的《认证机构管理办法》（2017）第 24 条规定，社会责任报告主要包括机构概况、机构核心价值观与发展理念、机构最高管理者的社会责任承诺、机构社会责任战略、机构社会责任绩效等内容。

4. 部门规章和规范性文件关于企业社会责任报告制度的规定

国务院各部门关于企业社会责任报告的部门规范性文件，数量最多，具体情况见表 10-2。

表 10-2 关于企业社会责任报告的部门规范性文件简况

发布机构	规范性文件名称	实施时间	对企业社会责任报告的规定
中国银监会	关于加强银行业金融机构社会责任的意见	2007 年 12 月 5 日	主要银行业金融机构应定期发布社会责任年度报告
国资委	关于中央企业履行社会责任的指导意见	2007 年 12 月 29 日	有条件的企业要定期发布社会责任报告

续表

发布机构	规范性文件名称	实施时间	对企业社会责任报告的规定
中国证监会	关于切实做好2011年年报编制、审计和披露工作等有关事项的公告	2011年12月30日	鼓励上市公司披露社会责任报告
国资委	中央企业做强做优、培育具有国际竞争力的世界一流企业要素指引	2013年1月31日	定期发布履行社会责任报告，有条件的要通过第三方审验
中国银监会	商业银行公司治理指引	2013年7月19日	商业银行应当定期向公众披露社会责任报告
质监总局 工信部	关于加强建筑防水行业质量建设促进建筑防水卷材产品质量提升的指导意见	2013年12月6日	引导行业龙头企业主动发布社会责任报告
民政部 全国工商联	关于鼓励支持民营企业积极投身公益捐赠事业的意见	2014年1月9日	指导民营企业披露包括公益捐赠活动内容的企业社会责任报告
工信部	关于加快我国彩电行业品牌建设的指导意见	2014年2月14日	鼓励企业发布社会责任报告
工信部	关于加快我国手机行业品牌建设的指导意见	2014年2月26日	鼓励企业发布社会责任报告
交通运输部	关于促进道路运输行业集约发展的指导意见	2014年3月6日	探索建立龙头骨干企业社会责任报告制度
中国银监会	关于信托公司风险监管的指导意见	2014年4月8日	信托业协会要按年度发布行业社会责任报告
国家工商局	网络交易平台经营者履行社会责任指引	2014年5月28日	网络交易平台经营者应定期发布社会责任报告
工信部	平板玻璃行业规范条件	2014年12月31日	建立职业安全与健康管理体系，定期发布社会责任报告
工信部	水泥行业规范条件	2015年3月1日	鼓励企业定期发布社会责任报告
民政部 国资委	关于支持中央企业积极投身公益捐赠事业的意见	2015年5月19日	鼓励中央企业主动公布包括开展捐赠活动的企业社会责任报告或年度捐赠报告
工信部	钢铁行业规范条件	2015年7月1日	社会责任报告包括上缴税收情况、职工工资及社会保险、公益支持等
国家旅游局 教育部	加快发展现代旅游职业教育的指导意见	2015年10月26日	要将开展职业教育的情况纳入企业社会责任报告

续表

发布机构	规范性文件名称	实施时间	对企业社会责任报告的规定
中国保监会	关于保险业履行社会责任的指导意见	2015 年 12 月 24 日	企业社会责任年度报告包括企业在经济、社会、环境等方面的履责理念、措施和绩效
质检总局	关于打造出口食品“三同”示范企业工作的实施意见	2016 年 7 月 26 日	社会责任报告包括：近 3 年向社会捐助情况；排放污染物的种类；排污持续达标
中国证监会	关于发挥资本市场作用服务国家脱贫攻坚战略的意见	2016 年 9 月 8 日	各行业协会统一发布行业精准扶贫的社会责任报告
质检总局等 11 部门	关于推动物流服务质量提升工作的指导意见	2017 年 3 月 2 日	鼓励引导物流企业发布社会责任报告，践行服务质量承诺
工信部等三部门	关于加快烧结砖瓦行业转型发展的若干意见	2017 年 11 月 11 日	支持企业编制发布企业社会责任报告
国家林业局	关于加强林业品牌建设的指导意见	2017 年 12 月 29 日	鼓励林业企业主动发布社会责任报告
教育部等六部门	职业学校校企合作促进办法	2018 年 3 月 1 日	企业开展校企合作的情况应当纳入企业社会责任报告
中国证监会	上市公司治理准则	2018 年 9 月 30 日	上市公司应当依照法律法规和有关部门的要求，披露环境信息以及履行扶贫等社会责任相关情况
工信部等三部门	关于持续加强稀土行业秩序整顿的通知	2018 年 12 月 10 日	建立稀土企业社会责任报告等制度
工信部	锂离子电池行业规范条件	2019 年 2 月 15 日	鼓励企业按照《社会责任指南》等要求，推行社会责任报告制度
工信部等四部门	推动原料药产业绿色发展的指导意见	2019 年 12 月 20 日	强化企业绿色发展的主体责任，定期发布社会责任报告

上述国务院各部门规范企业社会责任报告的规范性文件，有以下几个特点。

（1）行业特色明显。工信部的规范性文件最多，建立了规范建筑防水、彩电、手机、平板玻璃、水泥、钢铁、烧结砖瓦、稀土、锂离子电池、原料药等 10 个行业的企业社会责任报告制度。金融领域次之，建立了规范银行业、保险业、证券业、信托业的企业社会责任报告制度。

（2）倡导企业发布企业社会责任报告的规范性文件居多，强制要求企业发布企业社会责任报告的少。工信部、林业部、民政部、交通运输部、教育部、质监总局等发布的规范性文件，是以鼓励、督促、引导的方式倡导企业发布社会责任报告。国资委、中国银监会、中国保监会发布的规范性文件，以“应当”等术语强制企业发布社会责任报告。另外，中国证监会《上市公司治理准则》规定，上市公司应当依照法律法规和有关部门的要求，披露环境信息以及履行扶贫等社会责任相关情况。

（3）大多数规范性文件只规定了披露企业社会责任报告，少数规范性文件对企业社会责任报告的内容作了明确要求。如中国银监会《关于加强银行业金融机构社会责任的意见》，要求主要银行业金融机构应定期发布社会责任年度报告，对报告的内容做了明确的要求。工信部《钢铁行业规范条件》规定社会责任报告包括上缴税收情况、职工工资及社会保险、公益支持等。

（4）对企业社会责任报告公布的程序、时间做了更为细致的规定。如中国证监会《关于切实做好2011年年报编制、审计和披露工作等有关事项的公告》规定，上市公司披露社会责任报告，应经公司董事会审议通过，并以单独报告的形式在披露年度报告的同时在指定网站对外披露。中国银监会《商业银行公司治理指引》第80条规定，商业银行应当定期向公众披露社会责任报告。中国保监会《关于保险业履行社会责任的指导意见》要求，参照国内外主流的社会责任报告编写标准，每年4月30日之前编制和发布上一年度企业社会责任年度报告。

（5）引入第三方审验是监督企业提高社会责任报告披露质量的重要举措。如国资委《中央企业做强做优、培育具有国际竞争力的世界一流企业要素指引》，要求中央企业定期发布履行社会责任报告，有条件的要通过第三方审验。

（6）国务院各部门关于企业社会责任报告制度的规范早于国务院规范性文件5年。

5. 深圳证券交易所和上海证券交易所关于上市公司企业社会责任报告信息披露的规定

深圳证券交易所最早建立了企业社会责任报告自愿披露和强制披露相结合的制度。鼓励非深证100指数、中小企业板、创业板上市公司自愿披露社会责任报告，纳入深证100指数的上市公司应当按照规定披露社会责任报告。《深圳证券交易所上市公司社会责任指引》（〔2006〕115号）规定，公司应积极履行社会责任，定期评估公司社会责任的履行情况，自愿披露公司社会责任报告。《关于做好中小企业板上市公司2008年年度报告工作的通知》规定，鼓励公司根据《深圳证券交易所上市公司社会责任指引》的有关规定编制社会责任报告。2009年10月发布的《深圳证券交易所创业板上市公司规范运作指引》，要求上市公司应积极履行社会责任，定期评估公司社会责任的履行情况，自愿披露公司社会责任报告。纳入深证100指数的上市公司施行强制披露制度。

上海证券交易所较早建立了企业社会责任报告自愿披露和强制披露相结合的制度，但强制披露的范围有所扩大，包括“上证公司治理板块”样本公司、科创板块公司、发行境外上市外资股的公司及金融类公司。2008年5月14日上海证券交易所发布的《关于加强上市公司社会责任承担工作暨发布〈上市公司环境信息披露指引〉的通知》中规定，上市公司可以根据自身需要，在公司年度社会责任报告中披露或单独披露环境信息。上海证券交易所以2009年6月30日为基日，根据《上证社会责任指数编制方案》开始发布上证社会责任指数，指数代码为000048，指数简称为“责任指数”。该指数从已披露社会责任报告的上证公司治理板块样本股中挑选100只每股社会贡献值最高的公司股票组成样本股。2009年6月30日基日开始为1000点。统计显示，2008年度上证社会责任指数平均每股社会贡献值2.42元，平均每股收益为0.69元，均远高于沪市平均水平，较好地体现了社会责任的主题特征。[①] 责任指数2018年1月31日达到最高点1646.19点，截至2020年7月20日达到1589.88点，涨幅为59%。这从一个侧面反映了样本公司履行社会责任的能力。《上海证券交易所科创板股票上市规则》（上证发〔2019〕22号）对科创板上市公司社会责任报告做了专门规定，《规则》第四章第四节第一条规定，上市公司应当在年度报告中披露履行社会责任的情况，并视情况编制和披露社会责任报告、可持续发展报告、环境责任报告等文件。

综上可知，我国已经基本建立起企业社会责任报告及其信息披露制度。

（二）企业履行社会责任状况研究综述

自从《公司法》规定公司承担社会责任以及规范性文件倡导、要求企业编制企业社会责任报告以来，国内出现了一些学者和研究机构开始关注企业社会责任履行状况，形成了一批可以研究借鉴的成果。

最早研究企业履行社会责任状况的是上海证券交易所研究中心。该中心以公司社会责任与利益相关者作为研究主题，运用规范研究法和案例分析法，发布了《中国公司治理报告（2007）：利益相关者与公司社会责任》。报告从外部投资者、企业员工关系、债权人、客户

① 参见中国网《上证社会责任指数正式发布》（2009-08-05），http：//www.china.com.cn/economic/txt/2009-08/05/content_18270279.htm。

与商业伙伴、环境、社区与捐赠、企业社会责任与公司价值等 7 个方面，比较系统探讨了我国上市公司履行社会责任的状况。[①]

中国社会科学院经济学部企业社会责任研究中心是国内研究企业社会责任的权威机构，研究成果也最多。该机构负责人陈佳贵等（2009）以中国企业家联合会、中国企业家协会发布的“2008 中国企业 500 强”中位于前 100 位的企业为研究对象，根据“三重底线”和“利益相关者理论”等经典理论，运用规范研究法和定量分析法，在构建责任管理、经济责任、社会责任、环境责任“四位一体”理论模型的基础上，通过对标分析国际社会责任指数、国内社会责任倡议和世界 500 强企业社会责任报告，构建出分行业的社会责任评价指标体系；从企业社会责任报告、企业年报、企业官方网站搜集的社会责任信息，并对企业的社会责任信息内容进行分析和定量评价，得到企业社会责任发展指数最终得分与 100 强评级结果及排名。[②] 其后，每年出版一本《中国企业社会责任报告》。截至目前，已连续出版 11 部。同时，2011 年至 2016 年，又连续出版了《中国企业社会责任报告白皮书》。另外，该研究中心还出版了《中国企业社会责任报告编写指南 3. 0》等 11 个行业指南以及《中国企业社会责任报告指南之基础框架（CASS-CSR4. 0）》《上海上市公司社会责任研究报告（2015）》《中国企业社会责任年鉴（2016）》《中国企业扶贫研究报告（2017）》等众多成果。还研究了汽车行业、家用电器制造企业、企业公益、企业扶贫等企业社会责任，出版了研究报告或蓝皮书。[③]

有研究机构和研究者以企业公民报告的形式，研究了企业履行社

① 上海证券交易所研究中心：《中国公司治理报告（2007）：利益相关者与公司社会责任》，复旦大学出版社，2007，序言第 2 页。

② 陈佳贵等：《中国企业社会责任报告（2009）》，社会科学文献出版社，2009，第 2 页。

③ 李扬等：《中国企业社会责任报告》（2018），社会科学文献出版社，2018，第 2~3 页。

会责任的状况。如中央财经大学中国发展和改革研究院与北京东方君合管理顾问有限责任公司共同组编的《中国企业公民报告 No. 2》和《中国企业公民报告 No. 3》，在《中国企业公民报告》（2009）的研究方法和技术的基础上，突出事实梳理和数据挖掘，对 2009~2012 年中国企业公民实践所发生的种种现象进行了深入分析，形成了总报告、分报告、专题报告和调研报告。其中分报告涵盖了企业履行社会责任的主要内容，包括企业履行投资者责任、劳工保护责任、消费者权益保护责任、捐赠社会责任、反腐败反商业贿赂责任、保护环境社会责任、社区服务责任、产品质量安全责任等。[①]

有研究者按照报告研究和实践研究研究了企业履行社会责任的状况。如殷格非等《金蜜蜂中国企业社会责任报告研究（2017）》《金蜜蜂中国企业社会责任报告研究（2018）》《金蜜蜂中国企业社会责任报告研究（2019）》，该蓝皮书分为报告研究和实践研究两大系列，报告研究的范围涵盖中国企业公开发布的全部社会责任报告，实践研究分析了中国企业的社会责任战略、履责行动、信息披露和典型实践，与报告研究相辅相成，形成对中国企业社会责任的系统研究体系。

有研究者专门研究了上市公司履行企业社会责任的能力成熟度情况。如肖红军等（2014）《企业社会责任评价研究：反思、重构与实证》《中国上市公司社会责任能力成熟度报告（2015）》《中国上市公司社会责任能力成熟度报告（2016）》《中国上市公司社会责任能力成熟度报告（2017~2018）》系列社会责任管理蓝皮书，创造性地构建了上市公司社会责任能力成熟度评价的“钻石模型”和指标体系，将企业社会责任能力成熟度划分为无能级、弱能级、本能级、强能级和超能级 5 个基本级别，以沪深 300 上市公司和 15 个重点行业（能

① 邹东涛：《中国企业公民报告 No. 3》，社会科学文献出版社，2013。

源、金融、汽车、化工、房地产、纺织服装、电子信息等）上市公司为研究对象，分别选取行业内市值排名前50名的上市公司，从社会责任理念与战略、社会责任推进管理、经济价值创造能力、社会价值创造能力、环境价值创造能力、合规透明运营能力6个维度进行评价，最终得出行业上市公司50强的社会责任能力成熟度评价结果。同时进一步开展中国企业社会沟通创新能力、中国企业社会创新能力、负责任的实业投资能力三个专题研究，获得了许多富有创新性、前瞻性和启发性的研究结论。

有研究者研究了不同区域的企业社会责任，产生了诸多研究成果。如鄢维民、冯玉（2010）《深圳资本圈企业社会责任报告（2010）》，侯水平、盛毅（2014）《四川企业社会责任报告（2013—2014）》，侯水平、盛毅（2015）《四川企业社会责任报告（2014—2015）》，钟宏武等（2015）《陕西省企业社会责任研究报告》，马书臣等（2015）《河南省企业社会责任研究报告（2015）》，侯水平等（2016）《四川企业社会责任研究报告（2015—2016）》，钟宏武等（2016）《中国保险企业社会责任蓝皮书（2016）》《汽车企业社会责任蓝皮书（2016）》，钟宏武等（2017）《中资企业海外社会责任研究报告（2016—2017）》，郭丽等（2019）《贵州国有企业社会责任发展报告（2018—2019）》，等等。

有研究者研究了中国民营企业履行社会责任状况。如刘藏岩（2010）采用企业公共关系理论对企业履行社会责任的原因、动力、措施、技巧进行分析，基于调查问卷对民营企业承担社会责任进行了实证研究。[①] 苏琦（2013）运用个案研究法、文献研究法和调查法，对中国民营企业履行企业社会责任的目的、企业社会责任信息披露影响因素、企业社会责任与民营企业可持续成长等论题作了拓展性

① 刘藏岩：《民营企业社会责任研究》，浙江大学出版社，2010，前言第9页。

研究，为中国民营企业实践企业社会责任提供了有益的参考依据。[①]另有中华全国工商联合会和金哲洙（2014）《中国民营企业社会责任研究报告》，中华全国工商联合会（2015）《中国民营企业社会责任报告（2015）》，宋贵伦等（2017）《北京非公有制企业社会责任报告》，高云龙、徐乐江（2018）《中国民营企业社会责任报告（2018）》，高云龙等（2019）《中国民营企业社会责任报告（2019）》等研究成果。

有研究者研究了上市公司履行企业社会责任状况。蔡刚（2015）基于组织社会学中合法性理论、利益相关者理论，对我国上市公司2008年和2009年发布的近500份CSR报告进行内容分析，采用多元逐步回归分析法、多样本均值检验等实证分析方法，考察CSR报告的各个维度——披露与否、披露多少、披露的内容结构、披露的行业特征等，了解了我国上市公司企业社会责任的发展状况，对制定出适合我国国情的企业社会责任信息披露政策有很好的参考价值。[②]另外，还有钟宏武等（2016）《上海上市公司社会责任研究报告（2016）》，等等。

有研究者以跨区域企业为研究对象，研究了企业履行社会责任的状况。如李智、崔校宁（2011）以广东、浙江、河北"三省千企"为研究对象，发放5套问卷、调查1000家企业、600位社会公众参与调查，研究了"2S+2C"即贸易可持续（Sustainability）、员工满意度（Satisfaction）、企业竞争力（Competitiveness）、消费者意愿（Customer），提交了中国企业CSR履行状况调查报告，分析了中国企

① 苏琦：《企业社会责任研究——以中国民营企业为例》，中国书籍出版社，2013。

② 蔡刚：《我国上市公司社会责任信息披露实证研究》，经济管理出版社，2015，第1~6页。

业履行 CSR 影响因素，提出了中国企业履行 CSR 的对策与建议。[①]

有研究者研究了民族地区企业社会责任，如刘玲（2017）[②]。有研究者研究了企业履行某一方面的社会责任状况，如张兰霞和王咏梅（2013）[③]、刘立伟（2013）[④]、石娟（2014）[⑤] 对企业履行劳动者社会责任状况的研究，陈华（2013）[⑥] 对环境信息披露质量的研究，等等。

二 样本选择和研究设计

通过上海证券交易所官网检索，截至 2020 年 7 月 23 日，上海证券交易所主板上市交易 A 股股票 1529 只。其中，草原丝绸之路经济带覆盖的 5 省区上市公司：内蒙古有 16 家、宁夏有 6 家、甘肃省有 18 家、青海省有 8 家、新疆有 29 家。通过深圳证券交易所官网检索，截至 2020 年 7 月 23 日，深圳证券交易所主板上市交易 A 股股票 469 只。草原丝绸之路经济带覆盖的 5 省区上市公司：内蒙古有 5 家、宁夏有 7 家、甘肃有 8 家、青海有 3 家、新疆有 8 家。因此，本研究以上海证券交易所和深圳证券交易所主板 A 股 2017 年 1 月 1 日前上市工业企业为研究对象，通过研究上市公司企业社会责任报告，研究该地区企业履行社会责任的状况。

---

① 李智、崔校宁：《中国企业社会责任——基于“三省千企”调查和“2S+2C”框架的 CSR 影响机制与推进方略研究》，中国经济出版社，2011，第 2~4 页。

② 刘玲：《企业发展与民族团结：民族地区 企业社会责任的理论与实践》，社会科学文献出版社，2017。

③ 张兰霞、王咏梅：《我国劳动关系层面的企业社会责任》，经济科学出版社，2013。

④ 刘力纬：《企业社会责任研究——不同所有制劳动密集型企业的调查》，中国言实出版社，2013。

⑤ 石娟：《企业社会责任与劳动者权益保护研究》，中国法制出版社，2014。

⑥ 陈华：《基于企业社会责任报告的上市公司环境信息披露质量研究》，经济科学出版社，2013。

（一）样本选择

上述众多的上市公司中，需要设定选择样本条件，以剔除没有研究价值的样本公司。

1. 样本选择条件

（1）将五省（区）在上海证券交易所和深圳证券研究所主板 A 股挂牌交易的上市公司中，剔除单纯 B 股（如鄂煤 B 股）、创业板块、科创板块上市公司。

（2）选择工业类上市公司，剔除商业、公用事业、综合类上市公司。由于上海证券交易所和深圳证券交易所对上市公司行业分类不同，加之有的省份商业、公用事业、综合类上市公司较少，且因工业企业承担社会责任的内容比较全面，故选取各省区市工业企业上市公司为研究对象。

（3）剔除已经退市和＊ST 上市公司。由于已经退市的公司不再进行上市交易，＊ST 经营连续三年亏损，被证券交易所退市预警，故研究样本中予以剔除。

（4）剔除 2018 年 1 月 1 日后上市的公司。由于上市时间短，即使公布企业社会责任报告，也因数量少，没有可比性。

2. 选择样本结果

按照样本选择条件，最终确定的研究样本 57 个，其中内蒙古有 16 个、宁夏有 7 个、甘肃省有 11 个、青海省有 7 个、新疆有 16 个。按照行业划分，制造业最多，达到 36 家，占研究样本的 63.16%；加工业 9 家，占研究样本的 15.79%；采矿、采选业 9 家，占研究样本的 15.79%；其他 3 家，占研究样本的 5.26%。样本公司具体情况见表 10-3。

表 10-3 草原丝绸之路经济带上市公司企业社会责任状况研究样本

省份	序号	公司简称	股票代码	上市时间	行业大类
内蒙古自治区	1	兴业矿业	000426	1996-08-28	采矿业
	2	远兴能源	000683	1997-03-01	制造业
	3	银泰黄金	000975	2000-06-08	采矿业
	4	露天煤业	002128	2007-04-18	采矿业
	5	包钢股份	600010	2001-03-09	黑色金属冶炼及压延加工业
	6	北方稀土	600111	1997-09-24	有色金属冶炼及压延加工业
	7	华资实业	600191	1998-12-10	农副食品加工业
	8	生物股份	600201	1999-01-15	医药制造业
	9	君正集体	600216	2011-02-22	化学原料及化学制品制造业
	10	北方股份	600262	2000-06-30	专用设备制造业
	11	亿利洁能	600277	2000-07-25	化学原料及化学制品制造业
	12	鄂尔多斯	600291	1995-10-20	黑色金属冶炼及压延加工业
	13	中盐化工	600328	2000-12-22	化学原料及化学制品制造业
	14	伊利股份	600887	1996-03-12	食品制造业
	15	内蒙一机	600967	2004-05-18	铁路、航空运输设备制造业
	16	赤峰黄金	600988	2004-04-14	运输仓储业
宁夏回族自治区	1	西部创业	000557	1994-06-17	制造业
	2	英力特	000636	1996-11-20	制造业
	3	美利云	000815	1998-06-09	制造业
	4	东方钽业	000962	2000-01-20	化学原料及化学制品制造业
	5	新日恒力	600165	1998-05-29	非金属矿物制品制造业
	6	宁夏建材	600449	2003-08-29	电力、热力生产和供应业
甘肃省	1	靖远煤电	000552	1994-01-06	采矿业
	2	上峰水泥	000672	1996-12-18	制造业
	3	兰州黄河	00092	1999-06-23	制造业
	4	长城电工	600192	1998-12-24	电气机械及器材制造业
	5	酒钢宏兴	600307	2000-12-20	黑色金属冶炼及压延加工业
	6	方大炭素	600516	2002-08-30	非金属矿物制品业
	7	莫高股份	600543	2004-03-24	酒、饮料和精制茶制造业
	8	祁连山	600720	1996-07-16	非金属矿物制品制造业
	9	蓝科高新	601798	2011-06-22	专用设备制造业
	10	兰石重装	603169	2014-10-09	专用设备制造业
	11	金徽酒	603919	2016-03-10	酒、饮料和精制茶制造业

续表

省份	序号	公司简称	股票代码	上市时间	行业大类
青海省	1	西宁特钢	600117	1997-10-15	黑色金属冶炼及压延加工业
	2	青海春天	600381	2001-05-08	食品制造业
	3	金瑞矿业	600714	1996-06-06	化学原料及化学制品制造业
	4	广誉远	600771	1996-11-05	医药制造业
	5	智慧能源	600869	1995-02-06	电气机械及器材制造业
	6	西部矿业	601168	2007-07-12	有色金属矿采选业
新疆维吾尔自治区	1	合金投资	000633	1996-11-12	制造业
	2	德展健康	000813	1998-05-19	制造业
	3	天山股份	000877	1999-01-07	制造业
	4	新疆天业	600075	1997-06-17	化学原料及化学制品制造业
	5	特变电工	600089	1997-06-18	电气机械及器材制造业
	6	伊力特	600197	1999-09-16	酒、饮料和精制茶制造业
	7	广汇能源	600256	2000-05-26	石油和天然气开采业
	8	中油工程	600339	2000-12-25	开采辅助活动业
	9	天润乳业	600419	2001-06-28	食品制造业
	10	青松化建	600425	2003-07-24	非金属矿物制品业
	11	卓郎智能	600545	2003-12-03	专用设备制造业
	12	八一钢铁	600581	2002-08-16	黑色金属冶炼及压延加工业
	13	中粮糖业	600737	1996-07-31	农副食品加工业
	14	新疆众和	600888	1996-02-15	计算机、通信和其他电子制造业
	15	西部黄金	601069	2015-01-22	有色金属矿采选业
	16	雪峰科技	603227	2015-05-15	化学原料和化学制品制造业

资料来源：上海证券交易所和深圳证券交易所。

（二）研究设计

第一步，按照省份对样本公司自上市以来公布的社会责任报告（包括社会责任报告，可持续发展报告，环境、社会及管治报告及环境专项报告等）数量进行统计，掌握第一手数据资料。

第二步，按照省份对公布的社会责任报告的数量赋以星级并求和，每公布一次社会责任报告赋一个星级。

第三步，按照区域和行业对5省（区）社会责任报告进行星级对比排序，进行比较分析。

第二节　草原丝绸之路经济带上市公司履行企业社会责任状况

一　上市公司企业社会责任报告披露情况

企业社会责任报告是企业依据法律、法规和企业章程的规定，对其经营过程中发生的，对投资者、债权人、供应商、劳动者、消费者、自然资源与环境、社区、慈善捐赠等社会公共利益所承担社会责任的信息，向社会予以公开披露的非财务报告。[①] 理解该定义注意以下几个方面问题：一是企业社会责任报告披露主体，不是所有的企业，只有部分上市公司依据证券交易所规则属强制性披露义务主体。二是企业社会责任报告不是所有企业的强制性义务，大多数属于自愿行为。三是企业社会责任报告披露的内容属于自主选择，并没有统一的标准。四是企业社会责任报告的形式可以灵活多样，既可以采用专门的社会责任报告形式，也可以采用可持续发展报告，环境、社会及管治报告，企业公民报告，生物多样性保护报告等形式予以发布。五是企业社会责任报告的目的多样。它既是企业履行社会责任情况的综合反

① 本概念参考了诸多文献如：殷格非、李伟阳《如何编制企业社会责任报告》，企业管理出版社，2008，第71～72页；田虹《企业社会责任教程》，机械工业出版社，2012，第254页；易开刚《企业社会责任教程》，浙江工商大学出版社，2014，第176页；刘玲《企业发展与民族团结：民族地区企业社会责任的理论与实践》，社会科学文献出版社，2017，第271页。

映，也是与利益相关者进行沟通的渠道和过程，更是企业充分阐释其社会责任基本理念、管理流程和具体举措的重要文本，同时也是提升企业声誉、反映管理者企业社会责任理念、认证的一种机制。

据金蜜蜂企业社会责任中国网发布的信息，2020 年 1 月 1 日至 6 月 30 日，中国共发布 1470 份社会责任报告（包括社会责任报告，可持续发展报告，环境、社会及管治报告以及环境专项报告等），比上年同期增长了 9.70%。从报告类型来看，名称为社会责任报告的报告 1048 份，占 71.29%；可持续发展报告 64 份，占 4.35%；环境、社会及管治报告 348 份，占 23.67%；环境专项报告 18 份，占 1.22%；其他相关报告 6 份，占 0.41%。从发布企业所在区域来看，东部 929 份，占 63.37%，其中，北京、上海、广东发布报告 552 份，占总报告比例 37.65%；中部和西部发布的报告分别为 162、141 份，分别占 11.05%、9.62%。从发布企业行业来看，制造业发布数量最多，共计 644 份，占 43.78%。[①] 下面，依据上述社会责任报告名称，按照草原丝绸之路经济带覆盖省份介绍上市公司企业社会责任报告分布情况。时间截至 2020 年 6 月 30 日。

（一）内蒙古上市公司企业社会责任报告发布情况

通过金蜜蜂企业社会责任中国网，按照“社会责任报告”“可持续发展报告”“企业公民报告”“环境报告”进行搜索，发现内蒙古自治区总共发布社会责任报告 86 份，可持续发展报告 1 份，企业公民报告 2 份，环境报告 2 份，其他报告 1 份。发布的 86 份社会责任报告中，按照行业划分，采掘业 36 份，制造业 19 份，非企业组织 16 份，电力、热力生产和供应业 8 份，金融保险业 7 份。发布的 2 份企业公

① 资料来源于金蜜蜂企业社会责任中国网，https://www.csr-china.net/a/guandian/yuanchuang/2020/0722/4835.html。

民报告和2份环境报告均属于制造业。上市公司社会责任报告具体检索结果见表10-4。

表10-4 内蒙古上市公司发布企业社会责任报告情况

序号	公司简称	股票代码	上市时间	发布报告名称	发布次数
1	兴业矿业	000426	1996-08-28		0
2	远兴能源	000683	1997-03-01		0
3	银泰黄金	000975	2000-06-08		0
4	露天煤业	002218	2007-04-18	企业社会责任报告	6
5	包钢股份	600010	2001-03-09		0
6	北方稀土	600111	1997-09-24	企业社会责任报告	12
7	华资实业	600191	1998-12-10		0
8	生物股份	600201	1999-01-15		0
9	君正集体	600216	2011-02-22		0
10	北方股份	600262	2000-06-30	企业社会责任报告	9
11	亿利洁能	600277	2000-07-25		0
12	鄂尔多斯	600291	1995-10-20		0
13	中盐化工	600328	2000-12-22		0
14	伊利股份	600887	1996-03-12	8次社会责任 2次企业公民 1次其他	11
15	内蒙一机	600967	2004-05-18	企业社会责任报告	2
16	赤峰黄金	600988	2004-04-14		0

通过表10-4可知，内蒙古样本上市公司共发布企业社会责任报告40次，其中北方稀土12次、伊利股份11次、北方股份9次、露天煤业6次、内蒙一机2次。发布报告的上市公司数只占全部样本公司的31.3%。

（二）宁夏回族自治区上市公司企业社会责任报告发布情况

通过金蜜蜂企业社会责任中国网，按照“社会责任报告”“可持续发展报告”“企业公民报告”“环境报告”进行搜索，发现宁夏地区总共发布社会责任报告45份，没有可持续发展报告、企业公民报告、环境报告。发布的45份社会责任报告中，按照行业划分，制造业35份，非企业组织8份，电力、煤气及水的生产和销售2份。上市公司社会责任报告具体检索结果见表10-5。

表10-5　宁夏回族自治区上市公司发布企业社会责任报告情况

序号	公司简称	股票代码	上市时间	发布企业社会责任报告次数
1	西部创业	000557	1994-06-17	0
2	英力特	000636	1996-11-20	13
3	美利云	000815	1998-06-09	4
4	东方钽业	000962	2000-01-20	13
5	新日恒力	600165	1998-05-29	0
6	宁夏建材	600449	2003-08-29	0

通过表10-5可知，宁夏回族自治区样本上市公司共发布企业社会责任报告30次，其中英力特和东方钽业各13次、美利云4次。发布报告的上市公司数占全部样本公司的50%。

（三）甘肃省上市公司企业社会责任报告发布情况

通过金蜜蜂企业社会责任中国网，按照“社会责任报告”“可持续发展报告”“企业公民报告”“环境报告”进行搜索，发现甘肃省总共发布社会责任报告43份，没有可持续发展报告、企业公民报告、环境报告。发布的43份社会责任报告中，企业社会责任报告38份。按照行业划分，制造业18份，非企业组织15份，农林牧渔业7份，采掘业2份，电力、煤气及水的生产和销售1份。上市公司社会责任报告具体检索结果见表10-6。

表 10-6 甘肃省上市公司发布企业社会责任报告情况

序号	公司简称	股票代码	上市时间	发布企业社会责任报告次数
1	靖远煤电	000552	1994-01-06	0
2	上峰水泥	000672	1996-12-18	6
3	兰州黄河	00092	1999-06-23	0
4	长城电工	600192	1998-12-24	0
5	酒钢宏兴	600307	2000-12-20	8
6	方大炭素	600516	2002-08-30	0
7	莫高股份	600543	2004-03-24	7
8	祁连山	600720	1996-07-16	0
9	蓝科高新	601798	2011-06-22	0
10	兰石重装	603169	2014-10-09	0
11	金徽酒	603919	2016-03-10	4

通过表 10-6 可知，甘肃样本上市公司共发布企业社会责任报告 25 次，其中酒钢宏兴 8 次、莫高股份 7 次、上峰水泥 6 次、金徽酒 4 次。发布报告的上市公司数占全部样本公司的 36.36%。

（四）青海省上市公司企业社会责任报告发布情况

通过金蜜蜂企业社会责任中国网，按照“社会责任报告”“可持续发展报告”“企业公民报告”“环境报告”进行搜索，发现青海省总共发布社会责任报告 54 份，没有可持续发展报告、企业公民报告、环境报告。发布的 54 份社会责任报告中，其中企业社会责任报告 38 份。按照行业划分，制造业 32 份，采掘业 14 份，非企业组织 6 份，电力、煤气及水的生产和供应 2 份。上市公司社会责任报告具体检索结果见表 10-7。

表 10-7 青海省上市公司发布企业社会责任报告情况

序号	公司简称	股票代码	上市时间	发布企业社会责任报告次数
1	西宁特钢	600117	1997-10-15	10
2	青海春天	600381	2001-05-08	6
3	金瑞矿业	600714	1996-06-06	0
4	广誉远	600771	1996-11-05	0
5	西部矿业	601168	2007-07-12	11

通过表 10-7 可知，青海样本上市公司共发布企业社会责任报告 27 次，其中西部矿业 11 次、西宁特钢 10 次、青海春天 6 次。发布报告的上市公司数占全部样本公司的 50%。

（五）新疆维吾尔自治区上市公司企业社会责任报告发布情况

通过金蜜蜂企业社会责任中国网，按照“社会责任报告”“可持续发展报告”“企业公民报告”“环境报告”进行搜索，发现新疆总共发布社会责任报告 134 份，没有可持续发展报告、企业公民报告、环境报告。按照行业划分，制造业 68 份，金融保险业 32 份、农林牧渔业和电力、煤气及水的生产和供应各 16 份，非企业组织 12 份，交通运输、仓储业 3 份，社会服务业 2 份，房地产业 1 份。上市公司社会责任报告具体检索结果见表 10-8。

表 10-8 新疆上市公司发布企业社会责任报告情况

序号	公司简称	股票代码	上市时间	发布企业社会责任报告次数
1	合金投资	000633	1996-11-12	0
2	德展健康	000813	1998-05-19	0
3	天山股份	000877	1999-01-07	4
4	新疆天业	600075	1997-06-17	8

续表

序号	公司简称	股票代码	上市时间	发布企业社会责任报告次数
5	特变电工	600089	1997-06-18	12
6	伊力特	600197	1999-09-16	9
7	广汇能源	600256	2000-05-26	8
8	中油工程	600339	2000-12-25	0
9	天润乳业	600419	2001-06-28	0
10	青松化建	600425	2003-07-24	0
11	卓郎智能	600545	2003-12-03	0
12	八一钢铁	600581	2002-08-16	0
13	中粮糖业	600737	1996-07-31	8
14	新疆众和	600888	1996-02-15	9
15	西部黄金	601069	2015-01-22	0
16	雪峰科技	603227	2015-05-15	5

通过表 10-8 可知，新疆样本上市公司共发布企业社会责任报告 63 次，其中特变电工最多 12 次，伊力特和新疆众和各 9 次，新疆天业、广汇能源、中粮糖业各 8 次，雪峰科技 5 次，天山股份 4 次。发布报告的上市公司数占全部样本公司的 50%。

把上述公布的企业社会责任报告数据进行合并整理，见表 10-9。

表 10-9 草原丝绸之路经济带样本上市公司企业社会责任报告统计

省份	公司简称	上市时间	行业大类	公布数量（次）	合计（次）
内蒙古自治区	露天煤业	2007-04-18	黑色金属冶炼及压延加工业	6	40
	北方稀土	1997-09-24	农副食品加工业	12	
	北方股份	2000-06-30	化学原料及化学制品制造业	9	
	伊利股份	1996-03-12	食品制造业	11	
	内蒙一机	2004-05-18	有色金属矿采选业	2	

续表

省份	公司简称	上市时间	行业大类	公布数量（次）	合计（次）
宁夏回族自治区	英力特	1996-11-20	制造业	13	30
	美利云	1998-06-09	制造业	4	
	东方钽业	2000-01-20	化学原料及化学制品制造业	13	
甘肃省	上峰水泥	1996-12-18	制造业	6	25
	酒钢宏兴	2000-12-20	黑色金属冶炼及压延加工业	8	
	莫高股份	2004-03-24	酒、饮料和精制茶制造业	7	
	金徽酒	2016-03-10	酒、饮料和精制茶制造业	4	
青海省	青海春天	2001-05-08	食品制造业	6	27
	西宁特钢	1995-02-06	黑色金属冶炼及压延加工业	10	
	西部矿业	2007-07-12	有色金属矿采选业	11	
新疆维吾尔自治区	天山股份	1999-01-07	制造业	4	63
	新疆天业	1997-06-17	化学原料及化学制品制造业	8	
	特变电工	1997-06-18	电气机械及器材制造业	12	
	伊力特	1999-09-16	酒、饮料和精制茶制造业	9	
	广汇能源	2000-05-26	石油和天然气开采业	8	
	中粮糖业	1996-07-31	农副食品加工业	8	
	新疆众和	1996-02-15	计算机、通信和其他电子制造业	9	
	雪峰科技	2015-05-15	化学原料和化学制品制造业	5	
合计	23			185	

二　草原丝绸之路经济带企业社会责任报告评价

（一）区域企业社会责任报告发布时间评价

规定上市公司承担企业社会责任的具体内容，最早见于 2002 年 1 月 7 日中国证监会与原国家经贸委联合制定并颁布的《上市公司治理准则》(证监发〔2002〕1号)。[①]《准则》要求持续信息披露是上市公司的责任。2006年9月25日深圳证券交易所发布了《上市公司社会责任指引》。自2006年开始,上市公司开始发布企业社会责任报告,以后基本呈逐年递增趋势,2015年达到峰值。新疆在五省(区)中企业社会责任报告数量最多,其次是内蒙古,青海、甘肃、宁夏公布数量少,甘肃自2011年开始才公布企业社会责任报告,起步比较晚。具体发布时间见图10-1。

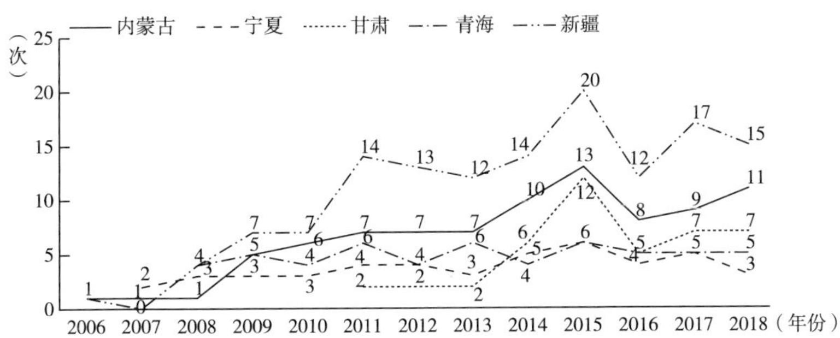

图10-1 企业社会责任报告发布时间及数量

(二)区域企业社会责任报告发布数量评价

企业社会责任报告发布数量,从一个侧面反映了企业重视履行社会责任的情况。根据金蜜蜂企业社会责任中国网的数据,全国31个省自治区直辖市中,上海、北京、广东公布的企业社会责任报告排在前列,且均超过了1000家。排在后面的依次是新疆、黑龙江、海南、内

① 《上市公司治理准则》(证监发〔2002〕1号)第81条规定:"上市公司应尊重银行及其他债权人、职工、消费者、供应商、社区等利益相关者的合法权利。"第八十六条规定:"上市公司在保持公司持续发展、实现股东利益最大化的同时,应关注所在社区的福利、环境保护、公益事业等问题,重视公司的社会责任。"

蒙古、青海、宁夏、甘肃、西藏。① 具体排序见图 10-2。

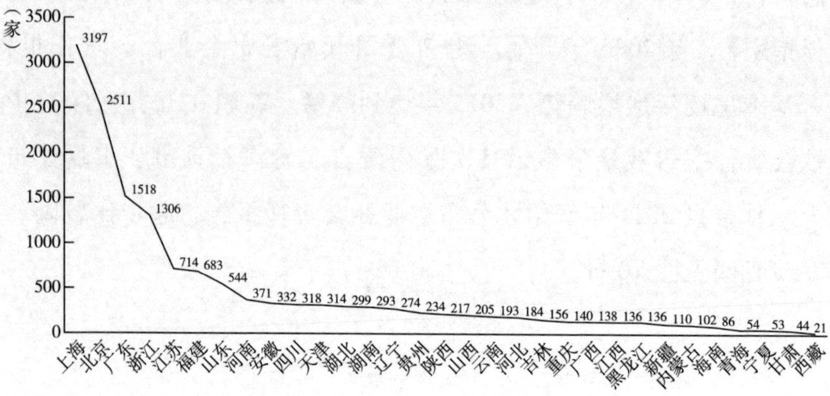

图 10-2 全国分省份发布企业社会责任报告排序

草原丝绸之路经济带五省区企业社会责任报告发布数量情况，见图 10-3。

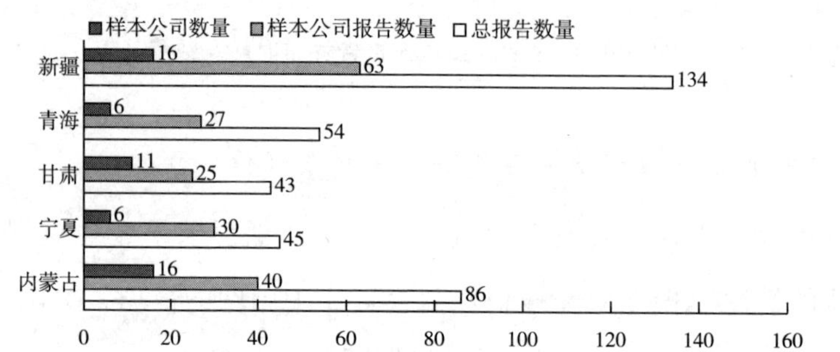

图 10-3 草原丝绸之路经济带五省区企业社会责任报告发布数量（件数）

由图 10-3 可以发现，新疆企业社会责任报告数量和样本公司报告数量最多，内蒙古紧随其后。宁夏虽然样本公司较少，但报告数量

① 资料来源：金蜜蜂企业社会责任中国网，https：//goldenbee. applysquare. com/analysis/statistics

较多，样本上市公司发布报告的数量占全部社会责任报告的66.67%。甘肃省和青海省社会责任报告数量、占比明显落后于新疆。

（三）报告行业评价

上述已经叙述全国企业社会责任报告数量中，制造业排名第一。在公布企业社会责任报告的23家样本公司中，制造业有15家，占样本公司的65.22%；15家制造业上市公司共发布报告120次，占64.87%。其次是加工业和采选业，均为4家，各占样本公司的17.4%，发布报告65次，占35.13%。

（四）报告星级评价

按照上市公司公布的企业社会责任报告数量，公布10次以上定为5星，8~10次定为4星，5~7次定为3星，2~4次定为2星。23家样本公司中，评为5星的有6家上市公司，评为4星的有8家上市公司，评为3星的有5家上市公司，评为2星的有4家上市公司。星级评价情况见表10-10。

表10-10 草原丝绸之路经济带上市公司企业社会责任报告星级排序

公司简称	首次社会责任报告发布年份	公布数量（次）	星级排序	所属省份
英力特	2007	13	*****	宁夏
东方钽业	2009	13	*****	宁夏
北方稀土	2008	12	*****	内蒙古
特变电工	2009	12	*****	新疆
伊利股份	2006	11	*****	内蒙古
西部矿业	2009	11	*****	青海
西宁特钢	2008	10	****	青海
北方股份	2009	9	****	内蒙古
伊力特	2010	9	****	新疆
新疆众和	2010	9	****	新疆

续表

公司简称	首次社会责任报告发布年份	公布数量（次）	星级排序	所属省份
酒钢宏兴	2012	8	＊＊＊＊	甘肃
新疆天业	2011	8	＊＊＊＊	新疆
广汇能源	2012	8	＊＊＊＊	新疆
中粮糖业	2011	8	＊＊＊＊	新疆
莫高股份	2013	7	＊＊＊	甘肃
露天煤业	2009	6	＊＊＊	内蒙古
上峰水泥	2014	6	＊＊＊	甘肃
青海春天	2008	6	＊＊＊	青海
雪峰科技	2015	5	＊＊＊	新疆
美利云	2016	4	＊＊	宁夏
金徽酒	2016	4	＊＊	青海
天山股份	2011	4	＊＊	新疆
内蒙一机	2018	2	＊＊	内蒙古

由表 10-10 可以看出，四星级以上的上市公司中，新疆有 6 家星级排名在前，其次是内蒙古有 3 家。宁夏和青海各 2 家居中，甘肃排名靠后，与企业社会责任报告数量正相关。

有研究者将上市公司社会责任能力成熟度分为超能级、强能级、本能级、弱能级、无能级。2017 年中国上市公司社会责任能力成熟度平均得分为 34.25 分，整体处于弱能级。在 2805 家上市公司中，高达 98.2%的公司得分低于 60 分；处于本能级，超过 60 分的公司仅有 51 家，只占 1.8%，而且没有超能级、强能级上市公司。[①] 本章研究的 23 家样本公司中无一上榜本能级，全处于弱能级和无能级水平。处于弱能级的上市公司有 20 家，其中，综合得分最高的是伊利股份 53.87 分

① 肖红军等著《中国上市公司社会责任能力成熟度报告（2017~2018）》，社会科学文献出版社，2018，第 1~2 页。

排名第106，与排在第1的京东方A的77.01分，相差23.14分。特变电工综合得分52分排名第120，上峰水泥综合得分50.38分排名第148，广汇能源综合得分50.38分排名第149，美利云综合得分49.29分排名第173，东方钽业综合得分42.38分排名第435，雪峰科技综合得分41.35分排名第507，酒钢宏兴综合得分40.54分排名第561，北方稀土综合得分40.25分排名第579，新疆众和综合得分39.39分排名第655，西部矿业综合得分38.32分排名第749，新疆天业综合得分37.89分排名第796，内蒙古一机综合得分37.3分排名第867，西宁特钢综合得分37.29分排名第871，祁连山综合得分37.07分排名第899，鄂尔多斯综合得分35.88分排名第1007，包钢股份综合得分35.48分排名第1069，中粮糖业综合得分35.14分排名第1111，八一钢铁综合得分34.23分排名第1223，北方股份综合得分33.89分排名第1263。处于无能级的上市公司有莫高股份、露天煤业、青海春天，综合得分均在30分以下。[①] 由此可见，草原丝绸之路经济带上市公司企业社会责任报告数量排在全国省份最后面，企业社会责任能力成熟度处于弱能级上市公司较多，还有3家无能级上市公司，企业履行社会责任的状况令人担忧。

本章小结

草原丝绸之路经济带样本上市公司公布的185份企业社会责任报告，除了伊利股份发布2次企业公民报告、1次生物多样性保护报告以外，其他均为社会责任报告，没有发布可持续发展报告和环境报告。

① 肖红军等著《中国上市公司社会责任能力成熟度报告（2017~2018）》，社会科学文献出版社，2018，第220~301页。

通过比较分析方法，新疆企业社会责任报告数量最多，内蒙古次之，青海、宁夏、甘肃排名仅仅在西藏前面。全国区域排名中，上述五省（区）排名明显偏后。说明该区域上市公司在今后的经营过程中，需要特别注意履行企业社会责任，及时发布企业社会责任报告、环境报告、企业公民报告等。在促进企业履行社会责任机制方面，除了政府的外部推动以外，企业自身需要增强社会责任意识，特别是公司董事会、经理层应当制定企业社会责任战略并付诸实施。地方政府需要通过企业社会责任评价机制，促进企业履行社会责任。当然，目前最迫切的是加强企业社会责任地方立法。

第十一章
企业社会责任地方立法的法的构造

国家的民商事立法模式的选择，决定着企业社会责任国家立法模式的选择。企业社会责任国家立法模式的选择，决定着企业社会责任地方立法的法的构造。由于我国尚未形成完整的企业社会责任国家法体系，《立法法》对设区的市和自治州的地方立法权限有明确的规定，不能制定涉及企业社会责任全部内容的地方性法规。因此，本章主要研究企业社会责任国家立法模式的选择及企业社会责任省级地方立法的法的构造。

第一节　企业社会责任国家立法模式的选择

一　企业社会责任国家立法模式

对于模式一词，《说文》解释："模，法也。"清段玉裁注"以木曰模，以金曰镕，以土曰型，以竹曰范，皆法也"[①]。模式在现代汉语

① 《辞源》（第二卷），商务印书馆，1984，第1622页。

里是指某种事物的标准形式或使人可以照着做的标准样式。[①] 立法模式是“指一个国家制定、修改、废止法律的惯常套路、基本的思维定式和具体的行动序列以及由诸因素决定的法律确认的立法制度、立法规则”[②]，是一个国家创制法律的惯常套路、基本体制和运作程式等要素所构成的有机整体。[③]

民商事立法模式的选择，决定着企业社会责任国家的立法模式选择。如果采取民商合一的立法模式，则在现有《民法典》的立法现状下，非常有必要单独制定一部商事法律营利法人企业社会责任法。如果采取民商分立的立法模式，或者先行制定商法通则，将会打开企业社会责任立法空间，企业社会责任国家立法指日可待。无论选择哪种立法模式，中央“加强企业社会责任立法”的决策都能得到落实。在企业社会责任国家法没有出台之前，探讨企业社会责任地方立法显得尤为必要。

（一）关于我国民商事立法模式的论争

1. 关于民商事立法模式类型的论争

对于国家民商事立法模式类型，主要有“二类说”“四类说”和“七类说”三种。

“二类说”是最为传统的分类体例，即民商合一体例与民商分立体例。所谓民商合一体例，是指将民事商事统一立法，不设民商之区别，关于商事的规定，或编入民法典之中，或以单行法规颁行之体例，此以瑞士、俄罗斯、意大利、匈牙利、泰国为代表。民商分立为旧制，

① 中国社会科学院语言研究所词典编辑室：《现代汉语词典》（2002 年增补本），商务印书馆，2003，第 894 页。

② 关保英、张淑芳：《市场经济与立法模式的转换研究》，载《法商研究》1997 年第 4 期，第 20~25 页。

③ 江国华：《立法模式及其类型化研究》，载《公法评论》（第四卷），北京大学出版社，2007，第 93 页。

所谓民商分立体例是指将民事与商事分别立法，于民法典之外，另制定商法法典，使民法法典与商法法典各自独立存在之体例，此体例以德国、法国、日本、西班牙、葡萄牙、荷兰、比利时为代表。[①]

从法典语义上考察的“四类说”，即民商分立、民商合一、单行的商事法律、英美法系商法，没有独立的民法典，却有独立的商法典。[②]

“七类说”是我国民商法学界在商法立法模式问题上形成的7种主要观点，即民商分立论、民商合一论、商经合一论、商法特别法论、折中论、民商法典模式、民商法律总纲模式。[③]

西方国家在不同阶段的“民商分立”与“民商合一”的立法实践及理论争议，影响了我国近代对民商立法模式的认识与选择。有关我国应如何选择民商立法模式的论争肇始于清末，展开于民初，终结于南京国民政府时期。[④] 虽然民商合一论最终被国会所采纳，但国民政府始终未制定出民商合一的民法。[⑤]

现在我国法学界民法研究者们基本赞同“民商合一”说，即《民法通则》《民法典》通过后，再没有必要制定商法典，但承认需要保留商事单行法。商法学界研究者们依然坚守“民商分立”说，但看到《民法典》通过后制定单独的商法典已无希望或可能，遂积极呼吁制定商法通则以其为商法学科留有独立的发展空间。事实上，貌似两种

---

① 张国键：《商事法论》，台湾三民书局，1980，第50页；梁慧星：《民法总论》（第五版），法律出版社，2017，第10页。

② 石笑侠：《我国应实行实质商法主义的民商分立》，载《法制与社会发展》2003年第5期，第81~85页。

③ 苗延波：《论中国商法的立法模式——兼论〈商法通则〉的立法问题》（下），载《法学评论》2008年第2期，第79~89页。

④ 季立刚：《我国近代关于民商立法模式的三次论争》，载《法学》2006年第6期，第155~160页。

⑤ 赵旭东：《〈商法通则〉立法的法理基础与现实根据》，载《吉林大学社会科学学报》2008年第2期，第78~84页。

学说体例针锋相对，实质上在构建中国特色社会主义私法体系的本质上是相同的，只不过是出发点不同而已。

2. 关于民商合一立法模式的主要观点

主张民商合一立法模式一直占据着法学界的主流，民商合一模式成为当前的立法实践主流，因为有没有形式意义上的商法丝毫不会影响商法学科的发展，而有没有实质意义上的商法才是商法存在与否的关键。[①] 当今立法趋势是民商合一，而不是民商分立。[②] 民商合一所反映的正好是现代化市场经济条件下的所谓“民法的商法化”，因此中国制定民法典应坚持民商合一主义。[③]

也有研究者大胆构想，由于民法并非市民法，民商本为一体，真正的民商合一和中国的民商立法应当是制定一部统一完备的民商法典。[④]《民法典》通过后，在商法典没有列为立法计划的情况下，制定一部统一的民商法典实际是一种奢望和畅想。

早有研究者对主张民商合一的主要理由概括如下：其一，商法之于民法以外成为特别法典者，是由于商人阶级的独立存在，现在社会实则商人本无特殊阶级，商事活动现在已经变成了一般民事活动，区分民法与商法实无必要。其二，反对民商法典合一者之言曰：商法所订，重在进步，民法所订，多属固定。不知凡法典应修改者皆应采取进步主义，与民商合一无关。其三，反对民商法典合一者之言曰：商法具有国际性，民法则否。对于商事法规应趋于大同与否，立法者尽可酌量，并不因合一而失立法之运用。其四，昔时各国之商法，以人

① 王玫黎：《通则上的民商合一与各商事单行法独立并行——中国商事立法模式的选择》，载《政治与法律》2006 年第 3 期，第 119~125 页。
② 魏振瀛：《中国的民事立法与民法法典化》，载《中外法学》1995 年第 3 期，第 1~10 页。
③ 梁慧星：《民法总论》（第五版），法律出版社，2017，第 12~13 页。
④ 王明锁：《论中国民商立法及其模式选择》，载《法律科学》1999 年第 5 期，第 78~86 页。

为标准，即凡商人所为者，即入于商法，然何种行为系商行为，在事实上有时颇不易分，我国如亦编订商法法典，则标准亦殊难定。其五，各国商法之内容，极不一致，可知商法应规定之事项，原无一定范围，而划为独立之法典，亦止自取其扰。其六，在有商法法典之国，其商法仅系民法之特别法，而最重要之买卖契约，仍多归于民法，而民法上之营利社团法人，仍需准用商法。且民商划分，如一方为商人，一方非商人，适用上亦感困惑。[①]

近期有研究者认为我国现行法采取民商合一的立法模式的道理在于，在所有经济发达的国家和地区，民事商法化已经达到了不再对商事债与民事债区别对待程度。[②] 在民商合一体例下制定民法典总则，主要原因在于：（1）民法典总则是私法的基本法，应当普遍适用于所有平等主体之间的关系；（2）民法典总则可以有效地指导商事特别法；（3）商事特别法缺乏独特的原则、价值、方法和规则体系，难以真正实现与民法的分立；（4）商事活动的特殊性不能否定民法总则对商事特别法的指导意义；（5）传统商法所可能具有的独立价值，因其影响而逐渐被民法所借鉴和吸收。[③]

也有研究者提出，由于中国大陆并不存在形式意义上的商法典或者商法总则类的法律，中国的民商事立法模式更谈不上民商分立。民商合一立法模式的实质是形合神不合，《民法总则》未完成民商法体系化任务，民商合一模式必须考虑商法规则的特殊性。[④]

总之，民商合一立法模式下无须再制定单独的商法典，但也承认

---

① 胡长清：《中国民法总论》，中国政法大学出版社，1997，第27~28页。

② 崔建远：《编纂民法典必须摆正几对关系》，载《清华法学》2014年第6期，第43~53页。

③ 王利明：《民商合一体例下我国民法典总则的制定》，载《法商研究》2015年第4期，第3~9页。

④ 赵磊：《民法典编纂中的立法模式悖论》，载《北方法学》2017年第3期，第38~45页。

在民法典下可以出台单行的商事法。

3. 关于民商分立立法模式的观点

有研究者提出民商分立是我国市场经济立法模式的最佳选择。[①]至少民商分立模式仍然是我国私法体系的可能选择，商事行为概念仍然具有立法上独立存在的可能性。[②]

主张民商分立的理由主要有：其一，就立法规范而言，我国尽管已有了主要单行商事法规，但没有商事基本法；其二，就法律体系而言，市场经济对应的私法体系应由民法和商法共同组成，民法应制定民法典，商法应制定商法典；其三，就法律意识而言，制定商法典有利于提高人们对商法性质、地位、意义、作用的理解，有利于培养与市场经济相适应的商法观念、商法文化，促进市场交易的发展和市场秩序的创建。[③] 另外，民法与商法实际已经在一定程度上发挥着其各自不同的法律调整作用，因而将民法与商法分别立法，将使得民法和商法彰显其各自所追求的价值目标。[④]

总之，持民商分立模式观点的主要目的是为独立商法典的制定寻找到一个立法必要性的理由。在商法典出台无望的情势下，转而变通地寻找一个制定商法通则的可行路径。

（二）殊途同归：制定“商法通则”的主流观点

进入 21 世纪以后，我们很难再继续依照德国商法典的立法经验制定中国的形式商法，也很难完全依照美国的经验制定一部统一形式商法。加之商事交易方式日趋复杂和多变，制定统一商法典的呼声在中

① 徐学鹿、吕来明：《民商分立是我国市场经济立法模式的最佳选择》，载《现代法学》1993 年第 2 期，第 18~23 页。

② 刘凯湘：《商事行为理论在商法中的意义与规则建构》，载《法治研究》2020 年第 3 期，第 81~96 页。

③ 刘凯湘：《论商法的性质、依据与特征》，载《现代法学》1997 年第 5 期，第 26~34 页。

④ 王璟：《中国商法的立法模式再研究》，载《法律适用》2003 年第 1-2 期，第 65~68 页。

国法学界一直处于极弱状态。因此，我国商法学界已经就制定商法通则达成共识。[①] 在编纂民法典之外，更多交由与市场交易关系最密切的商事立法具体完成。《民法总则》对商法规范的加入存在“加入不足”和“过度加入”的问题，为完善商事立法留下了较大空间，因此，需要制定商法通则。[②]

目前法学界大都称商法通则，早有称商事总则和商事通则者，含义与其相同。从《民法通则》的立法经验分析，称“商法通则”更为妥当。如江平教授早在1998年就提出，在民法典之外另立一部商事总则，依照当初《民法通则》的模式，将有关商事总则的内容加以规定，如把它们放在民法典中会显得过分累赘，不能突出商法的特征。[③] 王保树教授在2005年提出了商事通则的概念并就其定位进行了系统论述。他认为，商事通则是指调整商事关系的一般性规则，它指导其他单行商事法律，如公司法、合伙企业法、个人独资企业法、证券法、票据法、保险法、商业银行法、破产法等的适用，同时又区别于这些单行法律，可以单独适用。商事通则是商法中具有一般法意义的商事法律，非民商分立，也非民商合一，不取代民法在私法领域中的一般法地位，商事通则应当包括总则、商人、商行为三部分内容。[④]

其后，有研究者抛开民商合一、民商分立立法模式的争论，主张应结合中国国情和立法实践，实行以商法通则为统率的实质商法主义的立法建议。[⑤] 认为随着法律调控的社会领域不断扩展，制定完全意

---

① 范健、王建文：《商法总论》（第二版），法律出版社，2019，第52~53页。

② 周林彬：《〈民法总则〉制定后完善我国商事立法的必要性与可行性》，载《地方立法研究》2018年第2期，第1~9页。

③ 江平：《关于制定民法典的几点意见》，载《法律科学》1998年第3期，第3~5页。

④ 王保树：《商事通则：超越民商合一与民商分立》，载《法学研究》2005年第1期，第32~41页。

⑤ 石笑侠：《我国应实行实质商法主义的民商分立》，载《法制与社会发展》2003年第5期，第81~85页。

义上具有总则性质的商法通则加商事单行法是非常必要且可行的。[①]在国家颁布实施《民法通则》《民法典》后，采用“民法典+单行商事法”的范式难称最优，循“民法典+商法通则+单行商事法”范式构建统一私法体系，由此实现商事立法的体系化，是符合中国民商事立法现实的理性立法选择。[②]

与此同时，全国人大代表相继提出制定商法通则的议案。[③]商法学界还专门研究提出了商法通则（建议稿），其中王保树教授组织起草的中华人民共和国商事通则（建议稿），包括 10 章共 92 条；樊涛起草的中华人民共和国商法通则（建议稿）包括 11 章共 103 条；苗延波起草的中华人民共和国商法通则（建议稿）设计为 7 章共 146 条；王明锁教授则以民商法典通则的形式提出了 7 章 226 条的建议；范健教授主张商法通则应包括五编；蒋大兴教授主张商法通则应是七编。[④]有研究者系统地论述了商法通则的立法理念、基本原则、商法渊源的法律确认以及“商法通则”体系构建的宏观思路。[⑤]

目前，我国在立法说明中已经明确民商合一的立法模式。如 2017 年《民法总则》颁布前的草案说明中宣称：“我国民事立法秉持民商合一的传统，通过编纂民法典，完善我国民商事领域的基本规则，为

① 苗延波：《论中国商法的立法模式——兼论〈商法通则〉的立法问题》（上），载《法学评论》2008 年第 1 期，第 90~97 页。

② 李建伟：《民法总则设置商法规范的限度及其理论解释》，载《中国法学》2016 年第 4 期，第 73~91 页。

③ 2003 年 3 月，王填等 33 名人大代表提出“关于制定商法通则的议案”；2018 年第十三届全国人民代表大会第一次会议朱列玉等 35 名代表提出“关于制定商法通则的议案”（第 38 号）。

④ 蒋大兴：《〈商法通则〉/〈商法典〉总则的可能体系——为什么我们认为“七编制”是合适的》，载《学术论坛》2019 年第 1 期，第 38~54 页。

⑤ 王建文：《中国商法立法体系：批判与构建》，法律出版社，2008，第 119~295 页。

民商事活动提供基本遵循”。[①] 2020 年《民法典》颁布前的草案说明中进一步明确，“我国民事法律制度建设一直秉持‘民商合一’的传统，把许多商事法律规范纳入民法之中。编纂民法典，进一步完善我国民商领域基本法律制度和行为规则，为各类民商事活动提供基本遵循。”[②]

尽快制定我国商事通则的目的在于解决商事单行法律群龙无首、互不协调的窘境，尽可能地在民法与商法之间建立通畅的互补关系，进而科学地、理性地区分民法与商法，提高商法的适用效率与效益，完善我国的私法法治体系。[③] 因此，在维持现行民商法的立法模式之下，商法仍然有必要制定商事通则来统合商法中的各个部门法，同时对民事法律关系中的主体、行为、客体等内容做出更为符合商法特征的规定，从而不仅可以极大地完善我国的商法体系，而且使商法更有效地去应对不断发展的商事活动中所产生的问题。[④]

因此，制定商法通则已具备了坚实的立法基础，包括社会经济条件、法律意识、立法和司法实践、理论准备等。[⑤] 在编纂《民法典》后创制商法通则是现实与历史的必然。[⑥] 其路径是：制定总括商法原则

---

① 李建国：《关于〈中华人民共和国民法总则（草案）〉的说明——2017 年 3 月 8 日在第十二届全国人民代表大会第五次会议上》，参见中国人大网，http：//www.npc.gov.cn/zgrdw/npc/xinwen/2017-03/09/content_2013899.htm。

② 王晨：《关于〈中华人民共和国民法典（草案）〉的说明——2020 年 5 月 22 日在第十三届全国人民代表大会第三次会议上》，载《中华人民共和国民法典》，法律出版社，2020，第 355 页。

③ 刘凯湘：《剪不断，理还乱：民法典制定中民法与商法关系的再思考》，载《环球法律评论》2016 年第 6 期，第 107~125 页。

④ 朱大明：《从公司法的历史沿革探索我国民商法立法模式的选择》，载《南京大学学报》（哲学·人文科学·社会科学）2017 年第 3 期，第 52~59 页。

⑤ 赵旭东：《〈商法通则〉立法的法理基础与现实根据》，载《吉林大学社会科学学报》2008 年第 2 期，第 78~84 页。

⑥ 范健、丁凤玲：《将〈商法通则〉列入全国人大立法规划的建议》，载《上海政法学院学报》（法治论丛）2019 年第 5 期，第 23~28 页。

及一般规则的商事通则，然后全面展开现有商事法律制度的整理汇编，即完成商事法律汇编；在条件成熟时编纂一部与《民法典》相呼应的中国商法典。关于商法通则的体系结构及规范内容，学界基本达成了如下5个方面的共识：一般规定、商主体制度、商行为制度、商事责任制度、商事争端解决制度。建议将商法通则列入立法规划。[①] 由于我国制定商法通则无先例可循，建议形成总则、商主体、商行为、商事责任、商事诉讼5编。[②]

二 “商法通则”视域下的企业社会责任国家立法

按照一般的法学理论，立法可以采取集中型立法和分散性立法。我国现有的企业社会责任立法散见于以《民法总则》《民法典》《公司法》为统领的民商法，以《劳动法》为统领的社会法，以《消费者权益保护法》为统领的经济法，以《环境保护法》为统领的自然资源和环境保护法，以及《网络安全法》等行政法。因此，我国企业社会责任国家立法陷于一种分散混乱状态。如何消除这种分散混乱状态，使企业社会责任法治化，本研究沿循以商法通则为统领的立法逻辑，建议通过商法通则营利法人社会责任法的方式，加强企业社会责任国家立法。

（一）《民法典》对社会责任立法预留了立法空间

《民法典》对社会责任的规定，扩大了承担社会责任的义务主体范围。我国现有规定社会责任的《公司法》等法律，对承担社会责任的主体规定为公司、国家出资企业、合伙企业、网络运营商、旅游经

① 范健：《编纂〈中国商法典〉前瞻性思考》，载《广东社会科学》2018年第3期，第219~227页。

② 范健：《民法典编纂背景下商事立法体系与商法通则立法研究》，载《中国法律评论》2017年第1期，第71~91页。

营者等。《民法典》规定承担社会责任义务的主体为所有营利法人，没有区分何种所有制企业、何种行业企业、何类经营者，这为制定统一的企业社会责任法准备了立法前提和基础。

从增减内容可以看出，《民法典》为营利法人承担社会责任预留了立法空间。我国《公司法》第 5 条规定公司须“承担社会责任”，这只是一个分析的起点，它只具备了法律的外壳，具体内容还有待充实。[①]《民法典》第 86 条的规定，删除了《公司法》第五条“必须遵守法律、行政法规，遵守社会公德，诚实守信”的规定，增加了营利法人“维护交易安全”的规定。这一减一增意在使本条仅限于营利法人社会责任，是个总领全款的规定，打通了与商法联系的渠道。[②] 特别是把社会公德、诚实守信等道德层面的语句删除，体现出立法者的企业社会责任强行性立法的理念和立法思路。

（二）企业社会责任国家立法的路径

《公司法》修订后，公司应当承担社会责任，已获得强行法上的依据。[③]“在《民法总则》《民法典》明确规定营利法人承担社会责任时，这种责任再不能解释为道德义务（责任），而应解释为一种法律义务（责任）。”[④] 因此，企业社会责任法律化是《民法典》的立法原意。问题是采取何种企业社会责任国家法立法路径，又成了摆在法学研究者面前的严肃命题。

---

① 雷驰：《“一体两面”的企业社会责任与公司法的进化》，载《中外法学》2008 年第 1 期，第 50~57 页。

② 楼建波认为《公司法》第五条是个总领全款的规定。参见楼建波《中国公司法第五条第一款的文义解释及实施路径：兼论道德层面的企业社会责任的意义》，载《中外法学》2008 年第 1 期，第 42 页。

③ 罗培新：《我国公司社会责任的司法裁判困境及若干解决思路》，载《法学》2007 年第 12 期，第 66~73 页。

④ 谢鸿飞：《营利法人社会责任的法律定性及其实现机制——兼论〈民法总则〉第 86 条对公司社会责任的发展》，载《法治现代化研究》2017 年第 2 期，第 37~48 页。

1. 专门制定营利法人社会责任法是未来的理想

《公司法》将社会责任入法后，学者们开始讨论社会责任立法问题。

有研究者认为："由于《公司法》通过宣示性的条款很难让追求利润最大化的公司去主动承担社会责任。因此，立法模式应由授权型立法转变为强制型立法。"[①] 为此，有研究者专门起草了"中华人民共和国企业社会责任法"（草案建议稿）。该建议稿有 7 章 26 条，分别是总则、职工权益保护、债权人权益保护、消费者权益保护、环境保护与可持续发展、社会公益与捐赠发展、附则。[②]

有研究者认为，现阶段甚至是在可预见的很长一段时期内，我国并无专门制定公司社会责任法之必要，应在"公司法条款+其他"型多元立法模式之基础上，创新性采取"公司社会责任基本法条群+其他"式立法。这些条文能够对公司社会责任立法内容进行整体式概括，提炼出最一般的原则和规则，构成相互支撑、相互印证的"基本法条群"。这套"公司社会责任基本法条群"应当独立成章，并涵盖公司社会责任的范畴、基本原则和利益相关者范围等基本问题，以及违反社会责任行为的不利后果及利益相关者的救济途径。[③]

还有研究者提出，金融机构社会责任国内立法应当根据我国金融机构现阶段的能力水平，宜采取从低标准开始，逐步过渡到高标准的社会责任立法方案。因此，对属于"硬法责任"的金融机构社会责任，在立法技术上可以运用禁止性规范、义务性规范等强制性规范加

---

① 张珣书：《公司社会责任的立法缺陷及其矫正》，载《重庆社会科学》2008 年第 3 期，第 115~117 页。

② 雷兴虎、刘斌：《〈企业社会责任法〉：企业践行社会责任的法制保障》，载《法治研究》2010 年第 4 期，第 45~51 页。

③ 冯帅：《形式维度下的公司社会责任立法：域外模式与中国选择》，载《重庆社会科学》2016 年第 8 期，第 58~62 页。

以规定，并课以相应的法律责任。[①]

学界有人主张为了公司社会责任的顺利、有效落实，应该制定一部专门的企业社会责任法[②]，将与之关联的法律法规纳入一部法律中来。但是现阶段我国对公司社会责任的规定是通过各部法律相互配合、共同落实的，将诸多法律中的相关内容融入一部法律实属牵强，立法成本也很大，这是欠考虑的。同时，公司社会责任法治化并不是将公司道德责任法律化，而是将应由法律调整的，以及公司的道德责任上升到法律调整的公司社会责任在立法中系统化、规范化，将社会本位的理念与公司利润最大化的价值目标合理地融合在法律规范中，使其在司法、执法、法律监督等各个环节中具体实行。[③] 我国《民法典》对营利法人承担社会责任的规定还只是个总括性、统领性条款，而且商法典的制定还没有列入全国人大的立法计划，对营利法人承担社会责任的性质、内容还在进行激烈的争论，现在急于制定“企业社会化责任法”显然是不切实际的幻想。

2. 商法通则中规定商人的社会责任是最佳路径

2009 年中国法学会商法学研究会年会的学术主题是“商法视野中的社会责任”，提交学术论文 160 余篇，出版了《中国商法年刊——商法视野中的社会责任》一书。可以说：“自改革开放以来，中国商法独创性地构建了许多中国特色的商事制度，其中包括兼顾自身与公共利益的企业社会责任制度。”[④] 现代的商事立法，应当以维护交易安

---

① 刘志云：《新发展理念与中国金融机构社会责任立法的互动》，载《现代法学》2019 年第 2 期，第 3~21 页。

② 冯果、袁康：《浅谈企业社会责任法律化》，载《湖北社会科学》2009 年第 8 期，第 145~148 页。

③ 颜运秋、彭敏：《公司社会责任法治化研究》，载《经济法论丛》2010 年第 1 期，第 305~332 页。

④ 范健：《中国商法四十年（1978-2018）回顾与思考——中国特色市场经济主体与行为制度的形成与发展历程》，载《学术论坛》2018 年第 2 期，第 26~35 页。

全为宗旨，以规范商事行为为核心，明确平等保障商事主体的合法权益，规范商事主体的社会责任行为。因此，“商事通则是当下中国商法回望过去、镜鉴当下、连接未来的有效选择”。[①]

我国制定商法通则时，应当从立法目的、基本原则、商人、商行为、法律责任5个方面，将商人的社会责任纳入其中，为此建议如下。

（1）在立法目的中，可以写为“为了保护商事活动中当事人的合法权益，维护交易安全，规范商事行为，保障商事法律正确适用，维护社会主义市场经济秩序，根据宪法，制定本法”。立法目的中虽然没有明确写明商人社会责任，但维护交易安全、规范商事行为写入“商事通则”之后，与《民法典》第86条协调一致，商人承担社会责任是应有之义。《民法总则》第86条删除了《公司法》第5条“必须遵守法律、行政法规”的规定，意在使本条仅限于公司的社会责任。[②]

（2）在设计商法通则的基本原则时，除了规定“商事主体严格法定原则、意思自治原则、商人维持原则、维护交易公平原则、公平竞争原则、保护交易安全原则和保障交易自由、效率、便捷原则等以外”[③]，应该加入“商人社会责任原则”。表述为“商人从事商事活动，应当遵守商业道德，承担社会责任”。许多学者“认为社会责任不是商法的内容，法律如果规定商人的社会责任会损害商人的营利性，而且法律事实上也不能在制度层面上规定商人的社会责任。这种观点把社会责任虚化了，是对现代商法的误读。社会责任不仅是商法的重要

① 范健：《编纂〈中国商法典〉前瞻性思考》，载《广东社会科学》2018年第3期，第219~227页。

② 陈甦：《民法总则评注》（上册），法律出版社，2017，第617页。

③ 范健：《民法典编纂背景下商事立法体系与商法通则立法研究》，载《中国法律评论》2017年第1期，第71~91页；商事通则调研组：《中华人民共和国商事通则》建议稿，载《商事法论集》第20卷，第1~11页；王明锁：《中国民商法典编纂的重大疑难问题——附〈中华人民共和国民商法典〉“通则编”草案建议稿》，载《晋阳学刊》2016年第3期，第118~145页。

内容，而且应该是现代商法的重要原则”[①]。有研究者起草的商事通则（建议稿）也把社会责任作为商法的基本原则，如中华人民共和国商事通则（建议稿）第7条规定：“商人从事商事活动应当遵守商业道德，承担社会责任，不得损害公共利益，不得侵害其他商人和消费者的合法权益。”[②] 鉴于营利法人的社会责任已被上升为法律规范，它不仅仅是一种宣示性规范，而应是可以被执行的规范。“它虽然不是民法的基本原则，但却是营利法人组织法的基本原则”。[③]

（3）在对商人的规定中，鼓励承担社会责任的投资者设立商人。

（4）在对商行为的规定中，明确商人应当承担社会责任的义务及其内容。包括商人对投资者、债权人、商业伙伴、劳动者、消费者、自然资源和环境保护、慈善、社区等公共利益的义务及其内容。

（5）在设计法律责任时，应当规定不承担社会责任的商人承担法律责任的方式和制裁、处罚手段。当然，法律责任部分可采取法律援引的方法进行规制。

3. 营利法人社会责任促进法是当前亟须出台的法律

由于我国商事基本法律制度不发达，民商区分理念至今未能在全社会获得普遍认同。[④] 制定“商法通则”还需要充分的研究论证，还需要列为人大立法计划。这两项立法工作需要很长的时间才能完成，甚至可能会遥遥无期。因此，在出台“商法通则”之前，可以先行制定营利法人社会责任促进法。这样既可以使社会责任法律化，与《公

---

① 赵莉：《论企业社会责任原则对商法的扩展》，载《法学杂志》2013年第9期，第52～60页。

② “商事通则”调研组：《〈中华人民共和国商事通则〉建议稿》，载《商事法论集》（第20卷），法律出版社，2011，第1～11页。

③ 谢鸿飞：《营利法人社会责任的法律定性及其实现机制——兼论〈民法总则〉第86条对公司社会责任的发展》，载《法治现代化研究》2017年第2期，第37～48页。

④ 范健：《公司法改革中的泛民法化风险——兼谈〈民法总则〉颁布后的〈公司法〉修订》，载《环球法律评论》2019年第4期，第21～36页。

司法》《民法总则》《民法典》等法律进行衔接，也可以规范营利法人的社会责任行为，为社会责任执法和司法寻求一种解决问题的路径。

已有研究者建议："出台企业社会责任促进法，发挥企业社会责任促进法对于遵守法律规则的企业社会责任的强制性作用、对于遵守法律原则的企业社会责任的促进性作用、对于超越法律的企业社会责任的鼓励性作用。其具体路径是：整合现行法律法规对于企业社会责任的相关规定，发挥法律对行为的指引作用，降低监管部门的执法成本；在人权保障、环境保护、劳动者权益、产品质量等社会、环境、经济责任方面设立可量化的最低标准，将标准化体系引致到企业社会责任立法中。"①

"促进"一词，现代汉语解释为"促使前进；推动使发展。"采用促进法和促进条例的形式立法，是我国立法工作中的一大特色。我国现行有效的含有"促进"一词的有 9 部法律、1 部行政法规。其立法内容涉及清洁生产、就业、科技成果转化、民办教育、电影产业、中小企业、农业机械化、循环经济、基本医疗卫生与健康等国家需要保障、鼓励发展、推动进步的公益性领域。其共同特点是需要促进的行业、产业均与国计民生有着紧密联系，同时又是新兴弱势的国家必须重点引导、扶持、鼓励发展的领域。营利法人履行社会责任，既是促使其前进发展的需要，也是国家需要鼓励、保障、引导甚至强制履行社会责任的需要。采取促进法的形式立法，既是对《民法典》《公司法》等的实施回应，也是对社会责任现状的现实表达。

事实上，我国学者已对企业社会责任法的立法架构与实现机制进行了研究。有研究者认为："一部完善的企业社会责任法的设计应当

① 华亿昕：《企业社会责任的责任性质与立法选择》，载《南京师大学报》（社会科学版）2018 年第 6 期，第 109~117 页。

如下：总则、职工权益保护、债权人权益保护、消费者权益保护、环境保护与可持续发展、社区与公共利益发展、附则七章。”[①] 其后，该研究者起草了中华人民共和国企业社会责任法，计 7 章 26 条。[②] 有研究者另行设计出了中华人民共和国企业履行社会责任促进法（立法建议稿），该建议稿分为五部分 58 条。[③] 有研究者结合我国相关立法梳理出一个中华人民共和国企业社会责任促进法（草案），希望能为我国未来的企业社会责任立法有所助益。该草案分为 11 章 61 条，11 章内容分别为总则、债权人权益、股东权益、劳动者权益、消费者权益、信息披露、公平运营、环境保护、捐赠事业、财政贡献、法律责任。[④] 该草案建议稿突出了“硬法”的规制，缺少了“软法”的指引、鼓励、引导，更像一部实实在在的中华人民共和国企业社会责任法（草案），其立法的许多内容值得学习、借鉴和参考。

本研究建议制定的营利法人社会责任促进法，必须重视以下问题。

一是整合《民法总则》《民法典》《公司法》等现行法律法规对于企业社会责任的相关规定，发挥法律对社会责任的强制、指引、规范作用，为执法和司法提供法律依据。

二是把营利法人承担社会责任的内容明确清晰地写进法律条文中，便于营利法人在经营过程中履行社会责任。

三是设计一套完整的社会责任促进制度和鼓励保障措施，建立社会责任评价机制、奖励机制。

四是规定法律责任，明确政府、行业协会、营利法人违反法律的

---

① 雷兴虎、刘斌：《企业社会责任：立法架构与实现机制》，载《中国商法年刊（2009）》，知识产权出版社，2010，第 39 页。

② 雷兴虎、刘斌：《〈企业社会责任法〉：企业践行社会责任的法制保障》，载《法治研究》2010 年第 4 期，第 45~51 页。

③ 易凌、罗俊杰：《企业社会责任及其立法研究》，科学出版社，2015，第 317~323 页。

④ 张宪丽：《企业社会责任的硬法与软法之治》，中央编译出版社，2018，第 67~78 页。

民事责任、行政责任和刑事责任。

第二节　企业社会责任地方立法内容

一　企业社会责任地方立法的性质、指导思想和基本原则

由于《民法总则》第86条现有内容不具有适用意义，不能作为判决的依据，且该条规定没有法律后果（也难以定出法律后果）。“《科学技术普及法》中的社会责任，以及网络运营者、旅游经营者、食品生产经营者等特定行为意义上的社会责任，和企业法上的社会责任显然也非同一法律概念。”[①] 在企业社会责任国家专门法没有出台的情况下，加强企业社会责任地方立法是唯一路径。《立法法》第73条规定，省、自治区、直辖市根据本地方的具体情况和实际需要，可以先制定地方性法规，问题是地方如何制定社会责任地方性法规。

（一）企业社会责任地方立法的性质

企业社会责任地方立法的设计，首先必须明确企业社会责任地方立法的性质。

1. 企业社会责任地方立法属于一般地方立法

地方立法是相对于中央立法或国家立法而言的立法，它是构成国家整个立法体系的一个重要组成部分。一般地方立法是相对于特殊地方立法而言的地方立法。

一般地方立法相对于特殊地方立法的特色在于：（1）一般地方立法更具有普遍性，可以广泛适用于其管辖的地区；（2）一般地方立法具有从属性，制定的地方性法规不得与宪法、法律、行政法规相抵触；

① 李宇：《民法总则要义：规范释论与判解集注》，法律出版社，2017，第260~261页。

（3）一般地方立法具有自主性，可以根据本地方的具体情况和实际需要，制定地方性法规；（4）一般地方立法具有先行性，可以在国家没有出台相关法律法规的情况下，根据本地的具体情况和实际需要，先行制定地方性法规。

根据《立法法》的规定，设区的市、自治州可以依据城乡建设与管理、环境保护、历史文化保护等方面的事项制定地方性法规。民族自治地方的人民代表大会有权依照当地民族的政治、经济和文化的特点，制定自治条例和单行条例。由于立法不必要重复是地方立法中普遍存在的问题，它不仅徒增法律运行的成本，而且损害了中央立法的权威，贬抑了地方立法权的应有功能。[①] 因此，企业社会责任地方立法的权限应当是省级人大及其常委会，设区的市和自治州进行企业社会责任地方立法，既无必要也浪费立法资源。草原丝绸之路经济带区域的五省（区）制定的企业社会责任地方立法，均属于一般地方立法。

2. 企业社会责任地方立法不属于民族自治立法

少数民族地方立法，从立法类型上划分，既有一般地方立法，也有民族自治立法。

企业社会责任地方立法之所以不属于民族自治立法，原因有三：（1）企业社会责任属于全球性的问题，属于各个国家的普遍性问题，不是少数民族经济和社会发展中的特殊问题；（2）企业社会责任的内容虽有民族性，如少数民族平等就业权、少数民族就业优先权等，但其不能涵盖企业社会责任的全部内容；（3）民族区域自治制度有其内在的价值蕴涵，《民族区域自治法》有其固有的立法目的。自治立法

① 汤善鹏、严海良：《地方立法不必要重复的认定与应对——以七个地方固废法规文本为例》，载《法治与社会发展》2014 年第 4 期，第 156~170 页。

必须“依照当地民族的政治、经济和文化的特点”制定自治条例和单行条例。[①] 因此，企业社会责任地方立法不属于民族自治立法，属于一般地方立法。

3. 企业社会责任地方立法属于先行性立法

先行性地方立法，是依据《立法法》第 73 条第二款之规定，就国家尚未制定法律或行政法规的非法律保留之事项所先行制定的地方性法规。先行性地方立法因其开拓性的制度实验，可以为中央立法积累经验，因而又称试验性地方立法。[②] 先行性地方立法，通常都是在国家立法条件尚未成熟的情况下进行的，由于社会关系尚未定型化，在全国进行统一立法难度过大，由地方立法“先行先试”，待条件成熟后再制定全国性法律。[③]

如前所述，国家出台“营利法人社会责任法”还没有列入立法计划，“商法通则”正在争论和讨论过程中，“营利法人社会责任促进法”正在学者们研究的书斋里。因此，企业社会责任地方立法属于先行性立法。

4. 企业社会责任地方立法的法律规则属于强行性规范

强行性规范是指要求行为主体必须作为或不作为、强制性程度较高的规制。绝大多数义务性规则属于强行性规则。[④] 社会责任是营利法人必须为或不为一定行为的义务，地方制定的社会责任法律规则自属强行性规范。

（二）企业社会责任地方立法的指导思想

立法指导思想是立法主体据以进行立法活动的重要理论依据，是

① 潘红祥：《论民族自治地方自治立法权和地方立法权的科学界分》，载《法学评论》2019 年第 3 期，第 119~129 页。

② 谢勇：《地方立法学》，法律出版社，2019，第 13 页。

③ 杨临宏：《立法学：原理、制度与技术》，中国社会科学出版社，2016，第 182 页。

④ 张文显：《法理学》（第五版），高等教育出版社、北京大学出版社，2018，第 119 页。

为立法活动指明方向的理性认识。[①] 我国《立法法》第 3 条规定的立法指导思想是：立法应当遵循宪法的基本原则，以经济建设为中心，坚持社会主义道路、坚持人民民主专政、坚持中国共产党的领导、坚持马克思列宁主义毛泽东思想邓小平理论，坚持改革开放。

作为国家立法的组成部分，地方立法理应遵循该规定，作为地方立法的指导思想。本研究认为，企业社会责任地方立法还应该坚持以习近平新时代中国特色社会主义思想为指导，坚持科学发展观，坚持社会主义核心价值体系。[②]

明确上述指导思想内容是因为：(1) 统筹推进“五位一体”总体布局，坚持以人民为中心，坚持全面依法治国，均是习近平新时代中国特色社会主义思想的重要内容，用习近平新时代中国特色社会主义思想足以概括上述具体列举的内容；(2) 科学发展观是企业社会责任的理论依据之一，应当作为立法的指导思想；(3) 2018 年发布的《社会主义核心价值观融入法治建设立法修法规划》强调，要“坚持全面依法治国，坚持社会主义核心价值体系，着力把社会主义核心价值观融入法律法规的立改废释全过程，确保各项立法导向更加鲜明、要求更加明确、措施更加有力”[③]。此规定意味着把社会主义核心价值观融入法律法规的立、改、废、释全过程，将是我国立法工作的指导思想。[④]

因此，企业社会责任地方立法的指导思想表述为：企业社会责任

---

① 周旺生：《立法学》(第二版)，法律出版社，2009，第 61 页。

② 有研究认为，地方立法的指导思想还应该包括：地方立法应统筹推进“五位一体”总体布局，坚持四项基本原则，坚持以人民为中心，坚持改革开放的创新精神，体现社会主义核心价值观的要求。谢勇：《地方立法学》，法律出版社，2019，第 40~46 页。

③ 《中共中央印发〈社会主义核心价值观融入法治建设立法修法规划〉》，《人民日报》2018 年 5 月 8 日，第 1 版。

④ 王怡：《社会主义核心价值观如何入法——一个立法学的分析框架》，载《法学》2019 年第 9 期，第 57~66 页。

地方立法应当遵循宪法的基本原则，以经济建设为中心，坚持四项基本原则，坚持以马克思列宁主义毛泽东思想邓小平理论科学发展观、习近平新时代中国特色社会主义思想为指导，坚持社会主义核心价值体系。

（三）企业社会责任地方立法的基本原则

“原则表达了详细的法律规制和具体的法律制度的基本目的，因为，人们把原则看作使这些基本目的始终如一、紧密一致、深入人心，从而使其完全理性化的东西。因此，法律原则正是规则与价值的交汇点。”① 该论断科学地阐述了法律原则对法律规制的重要意义。“立法的原则是指导立法的总的精神，它所表明的一般是立法的性质、宗旨、根本任务和价值追求；它同国体、政体和国家活动、国家职能紧密相连，是整个国家在一定历史时期的重大理论、路线、方针和政策的体现。”② “立法基本原则实质是立法所遵循和追求的目的、价值、理念、精神，它们是法的灵魂，是立法的指南。”③

企业社会责任地方立法的原则，遵循的是地方立法的基本原则。对于地方立法的原则，学者们观点各异，但都没有太大的差异，甚至有的只是表述不同而已。④

---

① 〔英〕麦考密克、魏因贝格：《制度法论》，周叶谦译，中国政法大学出版社，1994，第129页。

② 李步云：《法理学》，经济科学出版社，2001，第525~526页。

③ 李步云、汪永清：《中国立法的基本原理和制度》，中国法制出版社，1998，第38页。

④ 有研究者认为地方立法原则应该包括地方特色原则、不相抵触的原则，参见张显伟《地方立法科学化实践的思考》，法律出版社，2017，第30~34页；胡戎恩：《中国地方立法研究》，法律出版社，2018，第13~17页。有研究者认为地方立法原则包括不抵触原则、有特色的原则、可操作性原则，参见石佑启《地方立法学》（第二版），高等教育出版社，2019，第54~66页。有研究者认为地方立法的特有原则即地方特色原则、地方自主原则，参见谢勇《地方立法学》，法律出版社，2019，第46~56页。有研究者认为地方立法应当遵循根据本行政区域的具体情况和实际需要的原则以及不同宪法、法律、行政法规相抵触原则，参见杨临宏《立法学：原理、制度与技术》，中国社会科学出版社，2016，第186~188页。

我国《立法法》第 4 条至第 6 条确立了立法基本原则是法制统一原则、民主立法原则、科学立法原则、针对性和可执行性原则，党的十九大报告进一步明确了立法应当坚持依法立法原则、科学立法原则、民主立法原则。此外，“在经济全球化和全球治理体系深刻变革的背景下，比较立法也是较为重要的一项立法原则”。[①]

本研究认为，不相抵触原则与法制统一原则含义相同，不能重复使用，不能作为地方立法的特有原则。可操作性原则是《立法法》确立的立法基本原则，也是法律本身的基本属性，是针对性和可执行性原则的另外一种表述，故也不应列为地方立法的特有原则。地方立法特有的原则应坚持结合地方实际原则、创新性原则。

之所以将结合地方实际、创新性两个原则作为地方立法的特有原则，是基于以下几个方面的原因。

第一，地方立法之所以称地方立法，必须结合地方政治、经济、历史、文化、习惯、风俗、民情等地方实际及实际需要，否则不能称其为地方立法。

马克思辩证唯物主义原理通说认为，坚持实事求是，必需一切从实际出发。地方立法必需根据本行政区域的具体实际情况和实际需要制定地方性法规，这是马克思辩证唯物主义的基本要求，也是当地的政治、经济、历史、文化的特点决定的。《立法法》也非常明确地规定这一基本原则。结合地方具体情况和实际需要，就是要求地方立法能充分反映本地经济、政治、法制、文化、习惯、风俗、民情等对立法调整的需求程度，适合本地经济社会发展的实际情况。这种特殊性表明，地方立法能够解决国家立法没有解决或不宜解决的本地突出

① 张文显：《法理学》（第五版），北京大学出版社，2018，第 229 页。

问题。[①]

第二，创新性原则是结合地方实际原则的延伸表达，是《立法法》对地方立法的基本要求。

现代汉语对“创新”一词解释为“抛开旧的，创造新的”；是指创造性。[②]《立法法》第 73 条第二款规定“先制定地方性法规”，不仅指的是时间的先后，也是指可以先行先试制定地方性法规。正因如此，该条第四款规定，制定地方性法规，对上位法已经明确规定的内容，一般不作重复性规定。

根据前述研究发现，草原丝绸之路经济带区域经济和社会发展相对落后，企业履行社会责任状况排在全国最后，地方立法包括企业社会责任地方立法滞后，且区域范围内有三个少数民族自治区均没有制定自治条例。因此，地方立法必须结合地方实际进行先行先试立法，结合地方实际原则和创新性原则是地方立法特有的基本原则。

二　企业社会责任地方立法的法的构造

法案起草最具实质性的工作之一是完成法的构造。现代成文法的结构通常包括三方面要件，即法的名称、法的内容、表现法的内容的符号。[③]

（一）企业社会责任地方性法规的名称

法的名称通常包括三要素：一是反映法的适用范围的要素；二是反映法的内容的要素；三是反映法的效力等级的要素。

按照这个标准，结合新通过的《民法典》，企业社会责任地方性

① 张显伟：《地方立法科学化实践的思考》，法律出版社，2017，第 30 页。

② 中国社会科学院语言研究所词典编辑室：《现代汉语词典》（2002 年增补本），商务印书馆，2003，第 198 页。

③ 周旺生：《立法学》（第二版），法律出版社，2009，第 459 页。

法规的名称定为“××省（区）营利法人社会责任促进条例”。该名称说明，该法适用的地域范围是某省（区），适用的主体范围是营利法人，不包括非营利法人和自然人；法的内容是社会责任促进；效力级别是省级地方性法规，且不属于实施性立法，属于自主性立法。

之所以用促进法的形式，是基于以下理由：（1）我国地方营利法人社会责任的现状。地方营利法人以中小企业、民营企业为主，所属区域内的大型企业、国有企业、上市公司等履行社会责任状况较好。用促进法的形式更能够激发营利法人履行社会责任的积极性。（2）营利法人承担社会责任，不仅需要一定的强制，更需要引导、鼓励，以促进营利法人在本地区经济、社会和可持续发展中做出贡献。（3）我国社会责任现状及国家立法、地方立法的实际经验。目前我国现行有效的名称中含有“促进”一词的地方性法规有540件，其中省级284件、设区的市210件、经济特区法规32件、自治条例和单行条例14件。这些地方性法规在促进某一领域、某一行业、某一事业发展过程中起到了不可或缺的作用。（4）文本中有大量的鼓励词语，强调自愿履行，用促进法的形式更能体现立法的原意。

（二）企业社会责任地方立法的内容

本研究设计的“××省（区）营利法人社会责任促进条例”包括八章，具体章节内容为：总则、社会责任内容、社会责任促进、社会责任评价、社会责任激励和制裁、社会责任监督、法律责任、附则。

总则主要叙述基本原则、政府责任、社会公众义务等。

社会责任内容主要叙述营利法人承担社会责任的具体内容，包括对投资者、债权人、劳动者、消费者、自然资源与环境保护、供应商与客户、中小竞争者、捐赠、基层社区建设等社会公共利益的义务等内容。

社会责任促进主要叙述促进政策及其执行，重点阐述政府制定促进社会责任的政策措施、优惠政策及其保障措施等。

社会责任评价主要叙述社会责任评价机构、评价依据及方法、评价结果的运用等内容。

社会责任激励和制裁主要叙述承担社会责任的激励政策和制裁的具体措施。

社会责任监督主要叙述政府主管部门及行业协会监督的权力和义务。

社会责任法律责任主要叙述营利法人、政府机构、行业监管部门对不履行本条例应当承担的法律责任的种类、方式等。

附则主要叙述地方性法规实施的时间等。

（三）企业社会责任地方立法文本

结合前人研究及地方立法成果[①]，本研究设计的企业社会责任地方立法文本如下。

“××省（自治区）营利法人社会责任促进条例”

第一章 总则

第一条 为了规范营利法人社会责任行为，保护投资者、劳动者、消费者、债权人、客户等利益相关者的合法权益，维护社会公共利益，鼓励营利法人承担社会责任，为营利法人承担社会责任提供保障，促进企业与社会、经济、生态环境全面协调和可持续发展，为构建人类命运共同体做贡献，根据《中华人民共和国民法典》，制定本条例。

---

① 雷兴虎、刘斌：《企业社会责任：立法架构与实现机制》，载《中国商法年刊（2009）》，知识产权出版社，2010，第35~39页；雷兴虎、刘斌：《〈企业社会责任法〉：企业践行社会责任的法制保障》，载《法治研究》2010年第4期，第45~51页；易凌、罗俊杰：《企业社会责任及其立法研究》，科学出版社，2015，第317~323页；张宪丽：《企业社会责任的硬法与软法之治》，中央编译出版社，2018，第67~78页；《宁波市企业信用监管和社会责任评价办法》（2018年修正）。

第二条　本条例所称营利法人是指以取得利润并分配给股东等出资人为目的成立的法人，包括有限责任公司、股份有限公司和其他企业法人等。

本条例所称营利法人社会责任是指营利法人从事经营活动中，依法负有的对投资者、债权人、劳动者、消费者、自然资源和环境保护、客户、供应商、中小竞争者等利益相关者以及捐赠、基层社区建设等社会公共利益的义务，以及不履行法定义务而应承担的不利后果或强制性义务。

第三条　社会责任运动是国家经济社会发展的一项重大战略，应当遵循政府推动、市场引导、营利法人实施、公众参与的原则。

第四条　营利法人从事经营活动，应当遵守商业道德，维护交易安全，接受政府和社会的监督，承担社会责任。

营利法人的合法权益受法律保护，任何组织和个人不得侵犯。

第五条　营利法人应当牢固树立社会责任理念，制定社会责任发展战略，建立社会责任管理和信息发布制度，建设具有社会责任感的企业文化，树立良好企业公民形象。

第六条　省级人民政府经济与信息化管理部门负责组织协调、监督管理社会责任促进工作；省级人民政府人力资源和社会保障、自然资源、生态环境等有关主管部门，按照各自的职责负责协调、监督管理社会责任促进工作。

县级以上人民政府经济与信息化管理部门负责组织协调、监督管理本行政区域的社会责任促进工作；县级以上人民政府人力资源和社会保障、自然资源、生态环境等有关主管部门按照各自的职责负责协调、监督管理社会责任促进工作。

第七条　县级以上人民政府应当建立社会责任促进的目标责任

制，采取规划、财政、投资、税收、评价等措施，促进社会责任运动发展。

第八条 鼓励和支持行业协会在社会责任运动发展中发挥引导、指导和服务作用。

县级以上人民政府可以委托有条件的行业协会、第三方认证机构等社会组织开展社会责任认证、评价等公共服务。

鼓励和支持新闻媒体、中介机构、学会和其他社会组织开展社会责任宣传、咨询、评价服务，促进社会责任发展。

第九条 单位和个人应当增强社会责任意识，有权举报社会责任违法行为，有权了解政府促进社会责任的信息并提出意见和建议。

第二章 社会责任的具体内容

第十条 营利法人应当依法履行对投资者的义务。

营利法人应当定期向投资者报告经营情况和财务报告，披露重大经营信息，按照约定的时间和方式进行利润分配，保证投资者查阅和复制经营管理制度、决议、会议记录、会计账簿等经营管理资料。

营利法人不得滥用权力，损害投资者的合法权益。

第十一条 营利法人应当依法履行对债权人的义务。

营利法人在经营活动中，应当诚实守信。

营利法人应完善法人治理结构，不得滥用股东权利和法人地位，损害债权人的利益。

第十二条 营利法人应当依法履行对劳动者的义务。

营利法人应当采取措施，保障劳动者就业。

营利法人应当严格执行《劳动法》《劳动合同法》《安全生产法》《社会保险法》《就业促进法》《职业教育法》《职业病防治法》《劳动争议调解仲裁法》《保障农民工工资支付条例》等法律、行政法规，构建新型和谐劳动关系，接受人力资源和社会保障部门的劳动监察和监督。

营利法人应当严格执行《工会法》《公司法》《企业民主管理规定》等法律、法规和党法、党规，保障劳动者民主管理权利，建立集体协商制度。

营利法人应当构建合理的激励约束机制，保障职工各项权益，激发劳动者工作积极性、主动性和创造性，促进劳动者全面发展，为劳动者创造价值。

营利法人应当提倡以人为本，重视职工身心健康，关心职工生活，创建健康发展、积极和谐的职业环境。

第十三条　营利法人应当依法履行对消费者的义务。

营利法人应当严格执行《消费者权益保护法》《食品安全法》《产品质量法》《电子商务法》《反垄断法》《反不正当竞争法》等保护消费者合法权益的法律和行政法规。

营利法人应当重视消费者的权益保障，建立消费者权益保护制度，营造和谐的消费环境。

第十四条　营利法人应当依法履行对自然资源和生态环境保护的义务。

营利法人必须牢固树立和践行绿色发展理念。

营利法人应当严格执行《水法》《草原法》《森林法》《矿产资源法》《环境保护法》《大气污染防治法》等自然资源和环境保护的法律、行政法规，履行对自然资源和生态环境保护的义务。

鼓励营利法人发布年度环境报告。

第十五条　营利法人应当依法履行对客户、供应商、中小竞争者的义务。

营利法人应当严格执行《合同法》《反垄断法》《反不正当竞争法》等法律、行政法规，维护充满活力、公平竞争、交易安全、诚实守信的公平交易秩序。

营利法人应当建立客户管理制度，构建和谐伙伴关系，保障客户、供应商、中小竞争者的合法权益。

第十六条　营利法人应当履行对社会慈善的义务。

营利法人应当严格执行《慈善法》等法律、行政法规，自愿开展慈善公益活动。

营利法人应当关心社会发展，弘扬慈善精神，传播慈善文化，热心慈善、志愿者活动，积极投身社会公益活动。

鼓励营利法人以捐赠财产或者提供服务等方式，积极参与慈善事业，弘扬慈善文化。

鼓励营利法人通过捐赠或者提供服务等方式，积极参与教育、文化、卫生健康、体育、文化遗产保护、精准扶贫等公益性活动。

第十七条　营利法人应当履行对社会公共利益的义务。

营利法人从事经营活动，应当遵守社会公德、诚实守信，不得损害社会公共利益，树立良好公民的形象。

营利法人在经营活动中，应充分考虑社区的利益，积极参与社区建设和基层社会治理。鼓励设立专门机构或指定专人协调与社区的关系。

鼓励营利法人发布企业公民报告。

第十八条　上市公司必须发布社会责任报告或可持续发展报告、环境报告、企业公民报告，鼓励其他营利法人发布年度社会责任报告或可持续发展报告、环境报告、企业公民报告。

第三章　社会责任促进

第十九条　县以上各级人民政府应当制定社会责任促进政策，推动本行政区域社会责任运动。

第二十条 县级以上人民政府在制定经济和社会发展中长期规划中，应当列入营利法人履行社会责任目标。

第二十一条 县级以上人民政府财政部门应当加大对履行社会责任优秀的营利法人申报项目的投资力度。

第二十二条 税务机关应当严格执行国家的税收法律，制定营利法人履行社会责任的税收优惠政策。

第二十三条 商业银行应当制定对履行社会责任优秀的营利法人的融资优惠政策。

第二十四条 各级市场监督管理机关应当制定优惠政策，放宽承担社会责任优秀的营利法人市场准入条件和审批手续。

第四章 社会责任评价

第二十五条 社会责任评价应当坚持客观、规范、公平、公开、公正的原则，依法维护国家利益、社会利益和营利法人合法权益。

第二十六条 省级人民政府负责统筹、协调推进社会责任评价制度建设。

第二十七条 社会责任评价由省级人民政府经济与信息化管理部门负责组织实施。县级以上人民政府经济与信息化管理部门具体负责本区域的社会责任评价工作的实施。

省级人民政府自然资源、生态环境、人力资源和社会保障等有关主管部门，可以按照各自的职责组织实施具体单方面的社会责任评价。县级以上人民政府自然资源、生态环境、人力资源和社会保障等有关主管部门，可以按照各自的职责组织实施具体单方面的社会责任评价。

县级以上人民政府可以委托具备认证资质的第三方评价机构等社

会组织开展社会责任评价工作。

社会责任评价每年度进行一次。

第二十八条　工商业联合会、行业协会和其他行业组织可以组织对本区域、本行业的营利法人履行社会责任状况进行评价。

第二十九条　社会责任评价的具体标准，按照国家标准化管理委员会、国家质量监督检验检疫总局发布的《社会责任指南》（GB/T 36000—2015）的规定执行。

行业协会进行社会责任评价的具体标准，也可以根据中国企业评价协会发布的《中国企业社会责任评价准则（CEEA-CSR2.0）》的规定执行。

社会责任评价机构还应当利用企业信用信息数据库的有关信用信息数据，结合企业类型、规模、所在的行业发展特点等因素，开展社会责任评价工作。

第三十条　社会责任评价工作结束后，评价结果应当向社会予以公布。

社会责任评价机构应当定期向社会公布获得优秀、达标、不达标评价等级的企业名录和社会责任严重缺失的企业名录。

鼓励营利法人通过互联网、报纸等公共媒体，公开发布履行社会责任年度报告。

第三十一条　评价结果作为营利法人评奖评优的依据，评价结果也可以作为评选营利法人法定代表人、管理者荣誉的依据。

第五章　社会责任激励和制裁

第三十二条　县级以上人民政府应当制定营利法人社会责任激励政策。

省、市、县（区）人民政府设立最具社会责任企业奖，对获奖企业给予奖励。

第三十三条　对社会责任评价等级为优秀的营利法人，有关管理部门应当实施下列激励措施：

（一）优先享受科学技术、社会保障、节约能源、环境保护等方面的政府资金补贴；

（二）在产业发展、建设用地使用权供应等公共资源配置方面给予适当扶持；

（三）在政府采购和政府投资项目招标中作为重要的评审因素；

（四）优先推荐、安排其法定代表人或者主要负责人参加各类先进评比、享受有关政治待遇；

（五）法律、法规、规章和规范性文件规定的其他激励措施。

第三十四条　对社会责任评价不达标、社会责任严重缺失的营利法人，有关管理部门应当在法定权限范围内采取下列制裁措施：

（一）依法从重实施行政处罚；

（二）取消评选相关荣誉的资格；

（三）不得享受各类政府资金补贴或者参与政府采购和政府投资项目投标；

（四）在产业发展、建设用地使用权供应等公共资源配置方面进行限制；

（五）向社会发出消费、用工、投资等方面的风险警示；

（六）法律、法规、规章规定的其他制裁措施。

第三十五条　对社会责任严重缺失的营利法人，金融机构可以降低其授信等级，并可以将其法定代表人或者主要负责人列入不良信用名单。

保险机构可以不予办理除法定强制保险外的商业保险业务。

第三十六条　社会责任评价工作经费列入各级政府预算，不得向营利法人收取任何费用。

第六章　社会责任监督

第三十七条　各级人民政府应当对营利法人履行社会责任、社会责任评价、社会责任促进等工作履行监督职责。

第三十八条　县级以上行政主管部门按照各自的职责，履行社会责任监督管理职责。

第三十九条　行业协会应当按照协会章程，履行本行业营利法人社会责任监督工作。

第四十条　新闻媒体应当建立社会责任监督平台，对营利法人履行社会责任状况进行宣传和曝光。

第七章　法律责任

第四十一条　县级以上人民政府社会责任管理部门或者其他有关主管部门发现违反本条例的行为或者接到对违法行为的举报后不予查处，或者有其他不依法履行监督管理职责行为的，由本级人民政府或者上一级人民政府有关主管部门责令改正，对直接负责的主管人员和其他直接责任人员依法给予行政处分。

第四十二条　营利法人违反本条例规定，没有履行对投资者义务的，依照《中华人民共和国公司法》等相关法律的规定进行处罚。

第四十三条　营利法人违反本条例规定，没有履行对债权人义务的，依照《中华人民共和国合同法》等相关法律的规定进行处罚。

第四十四条　营利法人违反本条例规定，没有履行对劳动者义务的，依照《中华人民共和国劳动法》等相关法律的规定进行处罚。

第四十五条　营利法人违反本条例规定，没有履行对消费者义务的，依照《中华人民共和国消费者权益保护法》等相关法律的规定进行处罚。

第四十六条　营利法人违反本条例规定，没有履行对自然资源和环境保护义务的，依照《中华人民共和国环境保护法》等相关法律的规定进行处罚。

第四十七条　营利法人违反本条例规定，没有履行对客户、供应商、中小竞争者义务的，依照《中华人民共和国反垄断法》《中华人民共和国反不正当竞争法》等相关法律的规定进行处罚。

第四十八条　违反本条例规定，构成犯罪的，依法追究刑事责任。

第八章　附则

第四十九条　设区的市、自治州人民政府可以结合本地区的实际情况，制定有关实施条例或实施细则。

第五十条　营利性非法人社会责任促进工作，参照本条例执行。

第五十一条　本条例自××××年×月×日起施行。

本章小结

社会责任法治化的前提是社会责任制度化，而且对于企业承担社会责任这样存在较大弹性空间的议题，更有必要加以制度规约，以保证切实践行。制度化指的是国家、行业组织、企业自身和社会参与的整体制度安排。[①] 采取立法的方式强制企业履行社会责任，是当下最需急迫解决的现实难题。虽然在民商分立、民商合一的争论中，我国商事立法踯躅不前，但《民法典》的颁布，为制定“商法通则”预留了立法空间，为社会责任立法打下了坚实的法律基础。在国家没有制定专门的社会责任法的情况下，制定社会责任地方性法规，是最佳的

① 杨力：《企业社会责任的制度化》，载《法学研究》2014 年第 5 期，第 131~158 页。

立法选择。根据《民法典》，结合社会责任的地方实际，地方性法规的名称以“营利法人社会责任促进条例”的形式为最佳的设计。

本研究设计的“××省（区）营利法人社会责任促进条例”包括八章五十一条，涵盖了营利法人社会责任的具体内容、促进政策、评价、激励和制裁等内容。特别是针对《合伙企业法》对社会责任的法律规定，与法规标题相冲突，故在设计法律条文时采取合伙企业参照执行的方式予以解决。

结　语

一　研究结论

（一）我国企业社会责任立法需要系统化、专门化

可持续发展已经成为全人类的共识，企业社会责任作为企业落实可持续发展的行动方案，应当实现企业相对自愿、政府适度干预、行业协会推动的有机统一。《可持续发展经济导刊》评选出2019年国际企业社会责任十大事件，即国际劳工组织发布《为了更加美好的未来而工作》和第108届国际劳工大会讨论通过《国际劳工组织未来工作百年宣言》，德国计划2038年关闭所有燃煤发电厂，欧盟与联合国妇女署合作促进亚洲女性经济赋权，欧盟发布人工智能伦理准则，100位首席执行官呼吁欧洲制定可持续发展新政，“商业自然联盟”倡议在全球预发起，欧盟在线平台新规生效，印度通过的《2019年公司法》修订案明确了未能履行企业社会责任要求的处罚，181家美国顶级企业CEO宣称股东利益不再至上，《欧洲绿色协议》提出2050年率

先实现“碳中和”等大事件。[①] 这些国际有影响力的事件，给我国企业社会责任运动提出了更高的要求和严峻挑战，要求我们必须站在全球化的视野去理解和践行社会责任，促进我国的企业社会责任运动蓬勃发展。

同时，《可持续发展经济导刊》评选出 2019 年国内企业社会责任十大事件，其中九件大事件即履行社会责任典范成为央企创建世界一流示范企业的要求；上海证券交易所对科创板上市公司明确提出履行社会责任的要求；第二届“一带一路”国际合作高峰论坛圆桌峰会通过《共建“一带一路”开创美好未来》呼吁“一带一路”合作的所有市场参与方履行企业社会责任，遵守联合国全球契约；《新一代人工智能治理原则——发展负责任的人工智能》发布八大治理原则；19 部门联合印发促进对外承包工程高质量发展指导意见；“蚂蚁森林”获联合国“地球卫士奖”与“灯塔奖”；16 家企业在首届可持续发展论坛发布《可持续发展企业行动倡议》；《金蜜蜂全球 CSR2030 倡议进展报告》发布；《中共中央国务院关于营造更好发展环境支持民营企业改革发展的意见》发布实施。[②] 说明我国正在积极营造企业社会责任政策和法律环境，企业社会责任实践正在如火如荼地进行中。但同时我们也应该看到一系列典型事件和案件反映出的社会责任问题也相当突出，如“996 工作制”折射出员工权益保护与发展问题，祁连山系列环境污染案导致局部生态环境遭到严重破坏问题；等等。

企业社会责任是一个系统工程，是政府适度干预和企业相对自治的产物，构建政府主导推进企业社会责任的法治体系，需要全方位从

---

① 金蜜蜂企业社会责任中国网：《2019 企业社会责任十大事件（国际）发布》，参见：https：//www. csr-china. net/a/guandian/shouyeguandian/20200421/4767. html。

② 金蜜蜂企业社会责任中国网：《2019 企业社会责任十大事件（国内）发布》，参见：https：//www. csr-china. net/a/guandian/pinglun/2020/0421/4768. html。

法律制度、政策机制、决策机制、监管机制、评价机制、合作机制等方面共同构建。在企业社会责任法治体系中，起到基础、前提和统领性作用的是企业社会责任立法，形成系统的企业社会责任立法、严格的企业社会责任执法、公正的企业社会责任司法的有机统一系统，才能真正解决企业履行社会责任问题，才能实现经济社会的可持续发展。

《公司法》将企业社会责任入法后，中国科学院石钟慈院士就曾建议，开展企业社会责任专项立法是推进我国企业社会责任法制建设，落实科学发展观，构建和谐社会的重要举措。[①] 但我国企业社会责任立法存在着缺乏系统的立法体系，《公司法》在企业社会责任方面规定不足，其他相关部门立法不完善等问题，加强企业社会责任国家立法可以从多维法制环境视角下完善企业社会责任立法。[②] 如果采用这种立法方式，则无须对企业社会责任进行专门立法，当然也不会形成企业社会责任法的完整体系。

解决企业基本社会责任法律规定较为分散、不具有系统性、立法规定过于原则、难以应用于实践、监督机制不完善等问题，需要明确采用强制性法律约束。其具体路径是：明确企业社会责任宪法定位，形成系统立法体系；参照国际劳工标准，完善我国现行劳动法律制度；提高环境法律操作性，完善环境法律保护体系；加强产品质量立法调整，完善相关配套原则。[③] 这种方案还是不能解决基本企业社会责任法律分散、不具有系统性的问题。

“一带一路”倡议和统筹推进“五位一体”总体布局和协调推进“四个全面”战略布局，坚持“创新、协调、绿色、开放、共享”新

---

① 易凌、罗俊杰：《企业社会责任及其立法研究》，科学出版社，2015，石钟慈序。

② 王晓、任文松：《多维法制视角下的企业社会责任》，中国社会科学出版社，2012，第207~213页。

③ 谷亚晴、汪永福、郑和园：《企业社会责任他律：法律的介入与治理》，中国政法大学出版社，2017，第162~170页。

发展理念下，要求企业社会责任法治化。因为企业社会责任法治化，可以有效打通我国企业与国际社会互利互赢实现共同发展的政策沟通，可以更好地推进全面依法治国和深化改革，实现协调发展、绿色发展，最终实现我国社会治理现代化。本研究得出的结论之一是企业社会责任立法需要系统化、专门化，解决路径是先制定“营利法人社会责任法”，然后在制定“商法通则”时专设商人的社会责任一章，期待着为将来可能制定的《商法典》作基础性铺垫。

（二）企业社会责任地方立法应当先行先试

我国地方立法作为国家法的下位法，在国家大政方针和法律、法规得以有效实施方面发挥着不可或缺的作用。但因各地政治、经济、地理环境、历史、文化的不同，地方存在着一系列自身亟需解决的现实问题。因而在没有国家立法的情况下，地方立法就有必要回应本地存在的现实问题，及时制定地方性法规，有针对性地通过立法予以解决。如各地具体的或特有的自然资源和环境保护问题，少数民族就业问题，精准扶贫问题，土地沙化问题；等等。因此，地方立法先行先试既是地方立法的内在要求，也是赋予地方立法权的应有之义。

在现有国家法律对企业社会责任还没有形成体系规范的现实背景下，企业社会责任地方立法就非常有必要而且存在非常大的立法空间。本研究的结论之二是企业社会责任地方立法应当先行先试。具体路径是：由省级人大先行先试制定“营利法人社会责任促进条例”地方性法规，规范区域内营利法人履行社会责任问题。该地方性法规采用“促进条例”的形式，既体现法规的强制性，也体现了法规的指引性、评价性，起到规范、鼓励、教育区域内营利法人承担社会责任的作用。在该地方性法规实施一段时间后，再适时制定“营利法人社会责任条例”。本研究设计的“营利法人社会责任促进条例”法规文本，包括总则、社会责任具体内容、社会责任促进、社会责任评价、社会责任激励与制裁、社会责任监督、法律责任、附则等8章51条。文本的创新点在于：(1) 地方性法规的内容与形式相一致，是名副其实的社会责任“促进”条例。(2) 文本立法目的在于强调营利法人为构建人类命运共同体做贡献。(3) 文本立法的内容在于分类指导，既有强制性规范，也有倡导性规范，如对上市公司要求必须披露社会责任报告，对非上市营利法人则属倡导性规定。(4) 营利法人社会责任内容只列举了责任类型，大量引用援引条款，既避免立法的不必要重复，又不会遗漏单行法律法规规定的具体社会责任内容，保持了与现行单行法的紧密联系。(5) 文本设计的社会责任促进、社会责任评价、奖励与制裁等具体措施，三者形成了强化企业履行社会责任的完整制度体系。

(三) 草原丝绸之路经济带经济社会发展亟需企业社会责任地方立法

内蒙古、宁夏、甘肃、青海、新疆五省（区），早在2000年就被国务院列为西部大开发的重点区域。[①] 2020年5月17日，《中共中央、国务院关于新时代推进西部大开发形成新格局的指导意见》（以下简称《意见》）对中西部各省份的总体要求是：以共建“一带一路”为引领，积极参与和融入“一带一路”建设。在国家利好政策的背景下，区域内的企业面临着一次空前的发展机遇和严峻的挑战。按照《意见》要求，上述五省区内的企业在社会责任方面必须履行下列义务：(1) 企业要积极参与和融入“一带一路”建设。新疆作为丝绸之路经济带核心区，甘肃作为丝绸之路经济带重要通道、节点，青海作为绿色丝绸之路建设的重点，内蒙古作为中蒙俄经济走廊建设的核心，区域内的企业必须有所为有所不为。(2) 优势产业企业必须积极

① 《国务院关于实施西部大开发若干政策措施的通知》（国发〔2000〕33号）。

参与国际产能合作，在境外投资经营中履行必要的环境、社会和治理责任。(3) 青海、甘肃作为长江、黄河上游生态屏障，协同推进生态优先、绿色发展新路径时，企业必须融入其中并作为践行者、先行者。(4) 在重点生态工程建设过程中，企业在冰川、湿地等生态资源保护、水土保持、天然林保护、退耕还林还草、退牧还草、重点防护林体系建设，展现大美西部新面貌中，必须履行保护自然资源的义务。(5) 在国家稳步开展重点区域综合治理，大力推进青海三江源生态保护和建设、祁连山生态保护与综合治理、京津风沙源治理、乌鲁木齐及周边区域大气污染联防联控政策背景下，企业必须履行环境保护的义务。(6) 企业在国家加快征信市场建设的政策背景下，必须诚实守信经营，争做良好的企业公民。(7) 在国家加大对高校毕业生在西部地区就业的扶持力度的基础上，企业必须严格执行，认真落实好劳动保障的义务。上述企业社会责任义务的履行，除了靠企业自愿、政府推动之外，还需要地方立法予以保障。

因此，草原丝绸之路经济带各省（区）在区域经济与社会发展相对落后的情况下，在新时代推进西部大开发形成新格局的政策背景下，区域内的企业应当抓住机遇为促进本地区经济和社会快速发展做出自己应有的贡献。地方政府在深入学习贯彻中央文件精神的同时，必须精心谋划，做好顶层设计，将党中央的文件精神落实到位。其中《意见》提出的要建立健全地方信用法规体系建设，就需要做好地方立法计划，将企业社会责任地方立法纳入立法计划中。因此，草原丝绸之路经济带亟须企业社会责任地方立法，而且企业社会责任地方立法的时机已经成熟，条件已经具备，我们期待着该区域省份早日出台“企业社会责任促进条例”的那一天。此为本研究的第三个结论。

二 研究不足

研究即将结束的时候，再反复回忆研究的整个过程，梳理阅读过的文献和法律文本，仔细斟酌用过的研究方法和得出的研究结论，发现研究还存在着许多不足。主要表现在：

一是文献梳理不够全面，导致研究视域不够开阔，论证不太充分。企业社会责任本属于一个法学、政治学、社会学、管理学、经济学等多学科交叉研究的领域。本研究梳理的文献，偏重于法学学科（当然也不尽全面），对政治学、社会学、管理学等其他学科领域的文献少有涉及。这样使得本研究缺少对企业社会责任国家政策的研究，缺少对企业社会责任行为的研究，缺少对企业社会责任治理的研究等。

二是在研究方法的运用方面，表现出了研究缺少综合性。如我国东部经济社会比较发达，西部地区相对落后，地方立法也是如此。因此，应当借鉴发达地区地方立法的经验以弥补落后地区的立法不足。本研究没有对此进行比较研究。

三是草原丝绸之路经济带企业社会责任地方立法，虽有其区域性、地方性、民族性，但这种实际需要和地方特色到底有哪些，本研究挖掘不全、不深、不透。因此，无法提出也不可能提出加强草原丝绸之路经济带企业社会责任地方立法的有针对性的对策和建议，只能提出一般性的思路和对策。

三 研究展望

2020 年春，全球范围内暴发了新型冠状病毒性肺炎传染性疾病，给国家、社会公众带来了前所未有的诸多难题，如就业问题、环境污染问题、公共卫生基础设施建设问题等。为此，十三届全国人大常委会发布了《强化公共卫生法治保障立法修法工作计划》。按照该《立法修法工作计划》，现已经通过了《关于全面禁止非法野生动物交易、革除滥食野生动物陋习、切实保障人民群众生命健康安全的决定》和《中华人民共和国固体废物污染环境防治法》。还计划修订涉及动植物和动物源性食品安全有关的法律，如《野生动物保护法》《渔业法》《食品安全法》，以及涉及疫情防控有关问题的法律，如《红十字会法》《慈善法》《公益事业捐赠法》等。修订后《固体废物污染环境防治法》的立法目的增加了“为了保护和改善生态环境，保障公众健康，推进生态文明建设”的规定。上述法律修订后，给企业履行社会责任又提出了新问题、新挑战。面对新情况、新问题，结合《中共中央 国务院关于新时代推进西部大开发形成新格局的指导意见》，综合本研究情况，研究者认为企业社会责任立法问题还有待于从以下几个方面展开。

第一，企业社会责任的性质和立法模式、立法内容需要展开深入研究。该问题是企业社会责任立法的基本理论问题，只有在理论上对企业社会责任强制性性质达成认识上的统一，才能够进一步研究立法模式和立法内容。在制定国家法时，是制定专门的“营利法人社会责任法”，还是在制定“商法通则”时专列“营利法人（或商人）社会责任”一篇，抑或是制定“营利法人社会责任促进法”等，都是需要研究者们继续深入研究的。

第二，企业社会责任地方立法还有待进一步深入研究。如发达地区企业社会责任地方立法值得进行研究，以期总结我国企业社会责任地方立法的经验，为企业社会责任国家法的出台打下立法基础。研究者们可以选择企业社会责任的某一方面内容进行研究，如劳动者合法权益保护、自然资源与环境保护、企业公民等。地方立法的名称是用

“企业社会责任促进条例”还是“企业社会责任条例”，虽有一词之差，法规内容却大相径庭。在企业社会责任国家法没有出台前，地方立法会涉及许多技术难题，如鼓励企业履行对投资者的社会责任，会遇到上位法的制约；社会责任评价会遇到评价机构、评价依据等的掣肘，如此等等。

第三，草原丝绸之路经济带其他方面的地方立法需要展开研究，以期为本地区地方立法找寻更多的借鉴经验。研究者们可以选择一个省份某一类如环境保护、某一方面如环境公益诉讼、某个问题如生态补偿机制的地方立法进行研究，既可解剖麻雀，也可举一反三。还可以用案例分析法研究本地区的司法案件，如劳动合同中的经济补偿金类案件，由此研究企业承担劳动者社会责任义务的状况。

第四，“一带一路”沿线及周边国家企业社会责任相关立法值得开展进一步研究。随着“一带一路”倡议的深入实施，在构建“人类命运共同体”的时代发展过程中，紧随党中央新时代西部大开发的政策，研究“一带一路”沿线及周边国家企业社会责任立法，对加强政策沟通，推进我国在外企业高质量发展有着极其重要的现实意义。

鉴于尚未看到赵旭东教授的国家哲学社会科学重大研究项目“中国企业社会责任重大立法问题研究”的专著成果，本研究得出的结论还有待进一步论证，研究缺陷与不足未必点到实处，研究展望亦是研究者的单方设想。研究者期待着我国企业社会责任立法问题研究得到长足的进步和发展，为企业社会责任实践和我国经济和社会可持续发展做出贡献，体现一个学者应有的责任和担当。

主要参考文献

一 中文著作

[1]《毛泽东选集》(第一、第三、第四卷)，人民出版社，1991。

[2]《毛泽东选集》(第五卷)，人民出版社，1977。

[3]《毛泽东文集》(第七卷)，人民出版社，1999。

[4] 张国键:《商事法论》，台湾三民书局，1980。

[5] 伍启元:《公共政策》，香港商务印书馆，1989。

[6] 苏北海:《哈萨克族文化史》，新疆大学出版社，1989。

[7] 袁家方:《企业社会责任》，海洋出版社，1990。

[8] 张彦宁:《中国企业管理年鉴》，企业管理出版社，1990。

[9] 李明伟:《丝绸之路贸易史研究》，甘肃人民出版社，1991。

[10] 张文显:《法学基本范畴研究》，中国政法大学出版社，1993。

[11] 王盛林:《地方立法概念》，山东人民出版社，1993。

[12] 郭道晖:《立法：原则、制度、技术》，北京大学出版

社，1994。

[13] 许崇德：《各国地方制度》，中国检察出版社，1994。

[14] 周旺生：《立法论》，北京大学出版社，1994。

[15] 王飚：《实用立法技术》，中国法制出版社，1995。

[16] 胡长清：《中国民法总论》，中国政法大学出版社，1997。

[17] 刘俊海：《强化公司的社会责任》，法律出版社，1997。

[18] 王保树：《商事法论集》（第1卷），法律出版社，1997。

[19] 王保树：《商事法论集》（第2卷），法律出版社，1997。

[20] 李步云、汪永清：《中国立法的基本原理和制度》，中国法制出版社，1998。

[21] 朱慈蕴：《公司法人人格否认法理研究》，法律出版社，1998。

[22] 林尚立：《国内政府间关系》，浙江人民出版社，1998。

[23] 郑成良：《现代法理学》，吉林大学出版社，1999。

[24] 刘俊海：《公司的社会责任》，法律出版社，1999。

[25] 赵振江、付子堂：《现代法理学》，北京大学出版社，1999。

[26] 王保树：《商事法论集》（第3卷），法律出版社，1999。

[27] 史尚宽：《民法总论》，中国政法大学出版社，2000。

[28] 任先行、周林彬：《比较商法导论》，北京大学出版社，2000。

[29] 李步云：《法理学》，经济科学出版社，2001。

[30] 刘连煜：《公司治理与企业社会责任》，中国政法大学出版社，2001。

[31] 卢代富：《企业社会责任的经济学与法学分析》，法律出版社，2002。

［32］郑玉波：《民法总则》，中国政法大学出版社，2003。

［33］梅仲协：《民法要义》，中国政法大学出版社，2004。

［34］袁行霈：《国学研究》第十三卷，北京大学出版社，2004。

［35］张海鹏：《中国历史上的西部开发》，商务印书馆，2005。

［36］张志红：《当代中国政府间纵向关系研究》，天津人民出版社，2005。

［37］刘俊海：《新公司法的制度创新：立法争点与解释难点》，法律出版社，2006。

［38］范健、王建文：《公司法》，法律出版社，2006。

［39］汪国华：《立法：理想与变革》，山东人民出版社，2007。

［40］沈洪涛、沈艺峰：《公司社会责任思想起源与演进》，上海人民出版社，2007。

［41］上海证券交易所研究中心：《中国公司治理报告（2007）：利益相关者与公司社会责任》，复旦大学出版社，2007。

［42］王建文：《中国商法立法体系：批判与构建》，法律出版社，2008。

［43］封丽霞：《中央与地方立法关系法治化研究》，北京大学出版社，2008。

［44］王玲：《经济法语境下的企业社会责任研究》，中国检察出版社，2008。

［45］周旺生：《立法学》（第二版），法律出版社，2009。

［46］杨春福：《法理学》，清华大学出版社，2009。

［47］楼建波、甘培忠主编《企业社会责任专论》，北京大学出版社，2009。

［48］陈佳贵：《中国企业社会责任报告（2009）》，社会科学文

献出版社，2009。

[49] 王作全等著《公司利益相关者法律保护及实证分析》，法律出版社，2010。

[50] 王保树：《中国商法年刊（2009）》，知识产权出版社，2010。

[51] 高岚君、吴凤君：《全球化视野下企业社会责任法律研究》，法律出版社，2011。

[52] 李雪平：《企业社会责任国际法律问题研究》，中国人民大学出版社，2011。

[53] 王保树：《商事法论集》（第20卷），法律出版社，2011。

[54] 李智、崔校宁：《中国企业社会责任——基于“三省千企”调查和“2S+2C”框架的CSR影响机制与推进方略研究》，中国经济出版社，2011。

[55] 张千帆：《国家主权与地方自治——中央与地方权力关系的法治化》，中国民主法制出版社，2012。

[56] 葛洪义等：《我国地方法制建设理论与实践研究》，经济科学出版社，2012。

[57] 王晓、任文松：《多维法制视角下的企业社会责任》，中国社会科学出版社，2012。

[58] 高宝玉：《中国地方政府推进企业社会责任政策概览》，经济管理出版社，2012。

[59] 邹东涛：《中国企业公民报告No.3》，社会科学文献出版社，2013。

[60] 苏琦：《企业社会责任研究——以中国民营企业为例》，中国书籍出版社，2013。

[61] 陈华:《基于企业社会责任报告的上市公司环境信息披露质量研究》,经济科学出版社,2013。

[62] 卢代富:《企业社会责任研究——基于经济学与法学的视野》,法律出版社,2014。

[63] 付明喜:《中国民族自治地方立法自治研究》,社会科学文献出版社,2014。

[64] 王崟屾:《地方立法权之研究——基于纵向分权所进行的解读》,浙江工商大学出版社,2014。

[65] 龚廷泰、程德文:《马克思主义法律思想通史》(第四卷),南京师范大学出版社,2014。

[66] 李凯:《中国企业社会责任公共政策的演进与发展》,中国经济出版社,2014。

[67] 中国政法大学法治政府研究院:《中国法治政府评价报告(2013)》,中国政法大学出版社,2014。

[68] 石娟:《企业社会责任与劳动者权益保护研究》,中国法制出版社,2014。

[69] 刘俊海:《现代公司法》(第三版),法律出版社,2015。

[70] 史际春:《经济法》(第三版),中国人民大学出版社,2015。

[71] 申卫星:《民法基本范畴研究》,法律出版社,2015。

[72] 刘萍、冯帅:《公司社会责任的国际造法运动研究》,法律出版社,2015。

[73] 白江:《公司治理前沿法律问题研究》,法律出版社,2015。

[74] 易凌、罗俊杰:《企业社会责任及其立法研究》,科学出版社,2015。

[75] 王保树:《中国商法年刊》(2015年),法律出版社,2015。

[76] 陈公雨：《地方立法十三讲》，中国法制出版社，2015。

[77] 蔡刚：《我国上市公司社会责任信息披露实证研究》，经济管理出版社，2015。

[78] 杨临宏：《立法学：原理、制度与技术》，中国社会科学出版社，2016。

[79] 王思斌：《社会学教程》，北京大学出版社，2016。

[80] 陈振明：《政策科学——公共政策分析导论》中国人民大学出版社，2016。

[81] 徐苹芳：《丝绸之路考古论集》，上海古籍出版社，2017。

[82] 梁慧星：《民法总论》（第五版），法律出版社，2017。

[83] 漆鲜萍：《国际企业社会责任运动及其应对研究》，法律出版社，2017。

[84] 武正雄：《公司的社会责任理论探究——以〈公司法〉为视角》，吉林大学出版社，2017。

[85] 张显伟：《地方立法科学化实践的思考》，法律出版社，2017。

[86] 谢晖：《法学范畴的矛盾辨思》，法律出版社，2017。

[87] 宋秉武：《马克思主义法律思想研究》，中国社会科学出版社，2017。

[88] 谷亚晴：《企业社会责任他律：法律的介入与治理》，中国政法大学出版社，2017。

[89] 李宇：《民法总则要义：规范释论与判解集注》，法律出版社，2017。

[90] 陈甦：《民法总则评注》（上册），法律出版社，2017。

[91] 刘玲：《企业发展与民族团结：民族地区企业社会责任的理

论与实践》，社会科学文献出版社，2017。

[92] 张文显：《法理学》（第五版），高等教育出版社、法律出版社，2018。

[93] 张宪丽：《企业社会责任的硬法与软法之治》，中央编译出版社，2018。

[94] 余太山：《早期丝绸之路文献研究》（增订本），商务印书馆，2018。

[95] 施天涛：《公司法论》（第四版），法律出版社，2018。

[96] 季卫东：《宪法的理念与中国实践》，上海人民出版社，2018。

[97] 武钦殿：《地方立法专题研究：以我国设区的市地方立法为视角》，中国法制出版社，2018。

[98] 胡戎恩：《中国地方立法研究》，法律出版社，2018。

[99] 宋方青：《我国地方立法权配置的理论与实践研究》，法律出版社，2018。

[100] 肖红军：《中国上市公司社会责任能力成熟度报告（2017-2018）》，社会科学文献出版社，2018。

[101] 胡戎恩：《中国地方立法研究》，法律出版社，2018。

[102] 中国政法大学法治政府研究院：《中国法治政府评估报告（2018）》，社会科学文献出版社，2018。

[103] 李扬：《中国企业社会责任报告（2018）》，社会科学文献出版社，2018。

[104] 范健、王建文：《商法总论》（第二版），法律出版社，2019。

[105] 石佑启：《地方立法学》（第二版），高等教育出版社，

2019。

［106］谢勇：《地方立法学》，法律出版社，2019。

［107］〔日〕清川佑二：《企业社会责任实践论》，经济科学出版社，2010。

二 中文译著

［1］《马克思恩格斯选集》第一卷，人民出版社，1995。

［2］《马克思恩格斯选集》第三卷，人民出版社，1995。

［3］《马克思恩格斯选集》第四卷，人民出版社，1995。

［4］《马克思恩格斯全集》第二十一卷，人民出版社，2003。

［5］《列宁选集》第二卷，人民出版社，1995。

［6］《列宁全集》第十卷，人民出版社，1987。

［7］《列宁全集》第十九卷，人民出版社，1995。

［8］〔古希腊〕亚里士多德：《政治学》，吴寿彭译，商务印书馆，1965。

［9］〔古罗马〕西塞罗：《论共和国·论法律》，王焕生译，中国政法大学出版社，1997。

［10］〔英〕亚当·斯密：《国民财富的性质和原因的研究》（下卷），郭大力、王亚南译，商务印书馆，1974。

［11］〔英〕洛克：《政府论》（下篇），叶启芳、瞿菊农译，商务印书馆，1964。

［12］〔法〕孟德斯鸠：《论法的精神》（上卷），商务印书馆，2015。

［13］〔英〕霍布斯：《利维坦》，黎思复、黎廷弼译，商务印书馆，1985。

[14]〔法〕卢梭:《社会契约论》，何兆武译，商务印书馆，2016。

[15]〔美〕罗斯科·庞德:《通过法律的社会控制》，沈宗灵译，商务印书馆，1984。

[16]〔美〕吉尔兹:《地方性知识：事实与法律的比较透视》，邓正来译，载梁治平编《法律的文化解释》，三联书店，1994。

[17]〔德〕康德:《法的形而上学原理——权利的科学》，沈叔平译，商务印书馆，2005。

[18]〔美〕汉密尔顿、杰伊、麦迪逊:《联邦党人文集》，程逢如等译，商务印书馆，1980。

[19]〔英〕哈·耶克:《法律、立法与自由》(第二、三卷)，邓正来译，中国大百科全书出版社，2000。

[20]〔美〕哈特:《法律的概念》，许家鑫、李冠宜译，法律出版社，2011。

[21]〔美〕罗纳德·德沃金:《法律帝国》，许杨勇译，上海三联书店，2016。

[22]〔德〕鲁道夫·冯·耶林:《为权利而斗争》，郑永流译，法律出版社，2012。

[23]〔法〕托克维尔:《论美国的民主》(上卷)，董国良译，商务印书馆，1989。

[24]〔美〕亨利·汉斯曼:《企业所有权论》，于静译，中国政法大学出版社，2001。

[25]〔美〕霍华德·R. 鲍恩:《商人的社会责任》，肖红军等译，经济管理出版社，2015。

[26]〔美〕E. 博登海默:《法理学——法律哲学与法律方法》，

邓正来译，中国政法大学出版社，2004。

[27]〔美〕奥利弗·E. 威廉姆森、西德尼·G. 温特：《企业的性质》，姚海鑫、邢源源译，商务印书馆，2010。

[28]〔法〕霍尔巴赫：《自然政治论》，陈太先、睦茂译，商务印书馆，1994。

[29]〔法〕巴扎尔等著《圣西门学说释义》，王永江等译，商务印书馆，1986。

[30]〔英〕麦考密克、魏因贝格：《制度法论》，周叶谦译，中国政法大学出版社，1994。

[31]〔美〕迈克尔·桑德尔：《民主的不满：美国在寻求一种公共哲学》，曾纪茂译，江苏人民出版社，2012。

[32]〔英〕边沁：《立法理论》，李贵方等译，中国人民公安大学出版社，2005。

[33]〔美〕布鲁斯·阿克曼：《别了，孟德斯鸠：新分权的理论与实践》，聂鑫译，中国政法大学出版社，2016。

[34]〔美〕劳伦斯·M. 弗里德曼：《法律制度——从社会科学角度观察》，李琼英、林欣译，中国政法大学出版社，1994。

[35]《德国商事公司法》，胡晓静、杨代雄译，法律出版社，2014。

[36] 吴建斌编译《日本公司法：附经典判例》，法律出版社，2017。

三 期刊论文

[1]〔日〕长泽和俊：《“丝绸之路”研究的回顾与展望》，冯佐哲译，载《国外社会科学》1978年第5期。

[2] 孙培良：《丝绸之路概述》，载《陕西师范大学学报》（社会科学版）1978 年第 3 期。

[3] 康树华：《环境保护中的企业责任——从日本的四大公害案件判决谈起》，载《社会科学》1982 年第 10 期。

[4] 谭永灼：《试论卢梭的人权思想》，载《外国哲学》1983 年第 4 辑。

[5]〔日〕加藤九祚：《草原丝路的民族与历史》，梁景之译，载《民族译丛》1986 第 3 期。

[6] 苏赫、田广林：《草原丝绸之路与辽代中西交通》，载《昭乌达蒙族师专学报》（汉文哲学社会科学版）1989 年第 4 期。

[7] 雷振扬、唐鸣：《马克思主义地方自治理论与实践问题初探》，载《中南民族学院学报》（哲学社会科学版）1990 年第 2 期。

[8] 尤力、王金顺：《论企业的社会责任》，载《四川大学学报》（哲学社会科学版）1990 年第 1 期。

[9] 于向阳：《企业社会责任之探讨》，载《山东法学》1991 年第 4 期。

[10] 王炳华：《从考古资料看丝路开拓及路线变迁》，载《西域研究》1991 年第 3 期。

[11] 齐东方：《李家营子出土的粟特银器与草原丝绸之路》，载《北京大学学报》1992 年第 2 期。

[12] 蔡定剑：《立法权与立法权限》，载《法学研究》1993 年第 5 期。

[13] 卢明辉：《草原丝绸之路——亚欧大陆草原通道与中原地区的经济交流》，载《内蒙古社会科学》1993 年第 3 期。

[14] 徐学鹿、吕来明：《民商分立是我国市场经济立法模式的最

佳选择》，载《现代法学》1993 年第 2 期。

［15］ 周旺生：《关于地方立法的几个理论问题》，载《行政法学研究》1994 年 4 期。

［16］ 贾合甫·米尔扎汗：《丝绸之路在草原文化发展中的作用》，载《西域研究》1994 年第 4 期。

［17］ 费方域：《团队生产、监控和激励——评阿尔钦和登姆塞茨的古典企业理论》，载《外国经济与管理》1995 年第 7 期。

［18］ 魏振瀛：《中国的民事立法与民法法典化》，载《中外法学》1995 年第 3 期。

［19］ 沈关成：《对地方立法权的再认识》，载《中国法学》1996 年第 1 期。

［20］ 范健、张萱：《德国法中雇员参与公司决策制度比较研究》，载《外国法译评》1996 年第 3 期。

［21］ 卢明辉：《13 世纪以后亚欧大陆“草原丝绸之路”与蒙古游牧文化的变迁》，载《内蒙古社会科学》1997 年第 6 期。

［22］ 刘凯湘：《论商法的性质、依据与特征》，载《现代法学》1997 年第 5 期。

［23］ 关保英、张淑芳：《市场经济与立法模式的转换研究》，载《法商研究》1997 年第 4 期。

［24］ 李贵连：《二十世纪初期的中国法学》，载《中外法学》1997 年第 2 期。

［25］ 李贵连：《话说“权利”》，载《北大法律评论》1998 年第 1 卷第 1 辑。

［26］ 江平：《关于制定民法典的几点意见》，载《法律科学》1998 年第 3 期。

[27] 朱慈蕴:《公司法人人格否认法理与公司的社会责任》，载《法学研究》1998年第5期。

[28] 王明锁:《论中国民商立法及其模式选择》，载《法律科学》1999年第5期。

[29] 侯健:《三种权力制约机制及其比较》，载《复旦学报》(社会科学版) 2001年第3期。

[30] 卢代富:《国外企业社会责任界说述评》，载《现代法学》2001年第3期。

[31] 〔德〕托马斯·赖塞尔:《企业和法人》，赵亮译，载《私法》2001年第1辑。

[32] 〔美〕布鲁斯·阿克曼:《新分权理论与民主合法性》，杜刚建、彭亚楠译，载《国家行政学院学报》2001年第1期。

[33] 侯健:《三种权力制约机制及其比较》，载《复旦学报》(社会科学版) 2001年第3期。

[34] 朱存世、李芳:《试析青铜时代贺兰山、北山岩画与欧亚草原丝绸之路的关系——兼论欧亚草原丝绸之路的东段走向》，载《宁夏社会科学》2001年第5期。

[35] 郑贤君:《地方自治学说评析》，载《首都师范大学学报》(社会科学版) 2001年第2期。

[36] 张士元、刘丽:《论公司的社会责任》，载《法商研究》2001年第6期。

[37] 王妍:《企业社会责任及其法理学研究》，载《哈尔滨工业大学学报》(社会科学版) 2001年第9期。

[38] 于新循:《我国企业社会责任及其立法初探》，载《贵州大学学报》(社会科学版) 2001年第3期。

[39] 贾生华、陈宏辉：《利益相关者的界定方法述评》，载《外国经济与管理》2002 年第 5 期。

[40]〔美〕查尔斯·M. 蒂布特：《一个关于地方支出的纯理论》，吴欣望译，载《经济社会体制比较》2003 年第 6 期。

[41] 石笑侠：《我国应实行实质商法主义的民商分立》，载《法制与社会发展》2003 年第 5 期。

[42] 王璟：《中国商法的立法模式再研究》，载《法律适用》2003 年第 1-2 期。

[43] 陈明添：《公司的社会责任——对传统公司法基本理念的修正》，载《东南学术》2003 年第 6 期。

[44] 陈宏辉、贾生华：《企业利益相关者三维分类的实证分析》，载《经济研究》2004 年第 4 期。

[45] 崔欣：《对公司社会责任理论的探讨》，载《当代法学》2003 年第 2 期。

[46] 竺效：《社会法中的"社会"》，载《法学》2004 年第 5 期。

[47] 姚金海：《公司社会责任的法哲学思考》，载《湖南社会科学》2004 年第 5 期。

[48] 曾宪义：《论自治条例的立法基础》，载《中南民族大学学报》（人文社会科学版）2004 年第 4 期。

[49] 陈绍方：《地方自治的概念、流派与体系》，载《求索》2005 年第 7 期。

[50] 苏力：《当代中国的中央与地方分权——重读毛泽东〈论十大关系〉第五节》，载《中国社会科学》2004 年第 2 期。

[51] 秦前红：《宪政视野下的中国立法模式变迁从"变革性立

法”走向“自治性立法”》，载《中国法学》2005年第3期。

[52] 严海良:《超越人权与人民主权的对峙：哈贝马斯的人民主权理论探析》，载《学海》2005年第6期。

[53] 许振洲:《法国的地方分权改革——理论动因与托克维尔》，载《欧洲》2005年第1期。

[54] 李明伟:《丝绸之路研究百年历史回顾》，载《西北民族研究》2005年第2期。

[55] 李平龙:《超越道德化：公司社会责任法律解读》，载《社会科学家》2005年第1期。

[56] 韩艳英、张胜奎:《论公司的社会责任》，载《河北法学》2005年第12期。

[57] 田祖海:《美国现代企业社会责任理论的形成与发展》，载《武汉理工大学学报》（社会科学版）2005年第3期。

[58] 王保树:《商事通则：超越民商合一与民商分立》，载《法学研究》2005年第1期。

[59] 朱显平、邹向阳:《中国—中亚新丝绸之路经济发展带构想》，载《东北亚论坛》2006年第5期。

[60] 周长征:《从探底竞赛到全球治理——公司社会责任中的劳动标准问题探析》，载《中外法学》2006年第5期。

[61] 叶静漪、肖京:《“企业社会责任”国际研讨会综述》，载《中外法学》2006年第5期。

[62] 刘诚:《企业社会责任的定位》，载《中外法学》2006年第5期。

[63] Lance Compa:《企业社会责任和工人的权利》，吴小村译，载《中外法学》2006年第5期。

[64] 王玲：《论企业社会责任的涵义、性质、特征和内容》，载《法学家》2006年第1期。

[65] 金玄武：《公司社会责任的法律界定与类型化分析——兼评公司法修改》，载《学习与探索》2006年第3期。

[66] 郑显芳、张平：《公司社会责任与我国和谐社会建设——兼论建立和完善公司社会责任法律体系》，载《西南民族大学学报》（人文社科版）2006年第7期。

[67] 徐立军：《试论公司社会责任的法治化问题》，载《江西社会科学》2006年第8期。

[68] 田虹、吕有晨：《日本企业社会责任研究》，载《现代日本经济》2006年第1期。

[69] 粟丹：《论民族自治地方立法权在我国立法体制中的地位》，载《贵州民族研究》2006年第1期。

[70] 季立刚：《我国近代关于民商立法模式的三次论争》，载《法学》2006年第6期。

[71] 王玫黎：《通则上的民商合一与各商事单行法独立并行——中国商事立法模式的选择》，载《政治与法律》2006年第3期。

[72] 任尔昕：《我国商事立法模式之选择——兼论〈商事通则〉的制定》，载《现代法学》2006年第1期。

[73] 孙波：《试论地方立法“抄袭”》，载《法商研究》2007年第5期。

[74] 江国华：《立法模式及其类型化研究》，载《公法评论》（第四卷），北京大学出版社，2007。

[75] 李芳、张英洪：《地方自治与自治权成长》，载《社会科学辑刊》2007年第1期。

[76] 史际春:《论和谐社会语境下的地方经济法治》,载《法学家》2007 年第 5 期。

[77] 李淑英:《社会契约论视野中的企业社会责任》,载《中国人民大学学报》2007 年第 1 期。

[78] 萨拜因:《博丹论主权》(《政治学说史》第 21 章),邓正来译,载《河北法学》2008 年第 9 期。

[79] 罗培新:《我国公司社会责任的司法裁判困境及若干解决思路》,载《法学》2007 年第 12 期。

[80] 刘俊海:《关于公司社会责任的若干问题》,载《理论研究》2007 年第 22 期。

[81] 崔新健:《企业社会责任概念的辨析》,载《社会科学》2007 年第 12 期。

[82] 黄晓鹏:《演化经济学视角下的企业社会责任政策——兼谈企业社会责任的演化》,载《经济评论》2007 年第 4 期。

[83] 苏力:《崇山峻岭中的中国法治——从电影〈马背上的法庭〉透视》,载《清华法学》2008 年第 3 期。

[84] 曾宪义:《再论自治条例的立法基础》,载《民族法学评论》(第 6 卷),团结出版社,2008。

[85] 刘灿、吴垠:《分权理论及其在自然资源产权制度改革中的应用》,载《经济理论与经济管理》2008 年第 11 期。

[86] 朱慈蕴:《公司的社会责任:游走于法律责任与道德准则之间》,载《中外法学》2008 年第 1 期。

[87] 史际春、肖竹:《论公司社会责任:法律义务、道德责任及其他》,载《首都师范大学学报》(社会科学版)2008 年第 2 期。

[88] 沈云樵:《公司社会责任再思考》,载《法学杂志》2008 年

第5期。

[89] 郭秀华、王冠宇:《企业社会责任与公司治理国际研讨会综述》,载《中外法学》2008年第1期。

[90] 周林彬、何朝丹:《试论“超越法律”的企业社会责任》,载《现代法学》2008年第2期。

[91] 胡鸿高:《论企业社会责任》,载《东方法学》2008年第1期。

[92] 葛伟军:《析英国新公司法中关于公司社会责任的规定》,载《政治与法律》2008年第4期。

[93] 钟宏武:《日本企业社会责任研究》,载《中国工业经济》2008年第9期。

[94] 楼建波:《中国公司法第五条第一款的文义解释及实施路径——兼论道德层面的企业社会责任的意义》,载《中外法学》2008年第1期。

[95] 雷驰:《“一体两面”的企业社会责任与公司法的进化》,载《中外法学》2008年第1期。

[96] 张雅光:《企业社会责任践行机制之探究》,载《当代法学》2008年第4期。

[97] 张询书:《公司社会责任的立法缺陷及其矫正》,载《重庆社会科学》2008年第3期。

[98] 苗延波:《论中国商法的立法模式——兼论〈商法通则〉的立法问题》(下),载《法学评论》2008年第2期。

[99] 赵旭东:《〈商法通则〉立法的法理基础与现实根据》,载《吉林大学社会科学学报》2008年第2期。

[100] 缪因知:《汉斯曼的企业所有权理论》,载《中外法学》

2009 年第 2 期。

[101] 王晓朝、李树琴：《论西塞罗的国家定义及其基本特征》，载《云南大学学报》(社会科学版) 2009 年第 7 期。

[102] 周友苏、张红：《反思与超越：公司社会责任诠释》，载《法学论坛》2009 年第 1 期。

[103] 蒋大兴：《公司社会责任如何成为“有牙的老虎”——董事会社会责任委员会之设计》，载《清华法学》2009 年第 4 期。

[104] 冯梅、范炳龙：《国外企业社会责任实践评述与借鉴》，载《生产力研究》2009 年第 22 期。

[105] 冯果、袁康：《浅谈企业社会责任法律化》，载《湖北社会科学》2009 年第 9 期。

[106] 田春雷：《我国企业社会责任制度的反思与完善》，载《兰州学刊》2009 年第 1 期。

[107] 沈贵明：《我国公司社会责任的立法规范问题》，载《法学》2009 年第 1 期。

[108] 郑曙光：《企业社会责任：商法视野的考察分析》，载《西南民族大学学报》(人文社会科学版) 2010 年第 1 期。

[109] 王保树：《公司社会责任对公司法理论的影响》，载《法学研究》2010 年第 3 期。

[110] 雷兴虎、刘斌：《〈企业社会责任法〉：企业践行社会责任的法制保障》，载《法治研究》2010 年第 4 期。

[111] 蒋建湘：《企业社会责任的法律化》，载《中国法学》2010 年第 5 期。

[112] 刘俊海：《论全球金融危机背景下的公司社会责任的正当性和可操作性》，载《社会科学》2010 年第 2 期。

[113] 左传卫：《公司社会责任理论述评》，载《湖南社会科学》2010年第2期。

[114] 刘新民：《企业社会责任研究》，载《社会科学》2010年第2期。

[115] 周友苏、宁全红：《公司社会责任本土资源考察》，载《北方法学》2010年第1期。

[116] 甘培忠、雷驰：《公司社会责任的制度起源与人文精神解构》，载《北京大学学报》（哲学社会科学版）2010年第2期。

[117] 宁金城、张安毅：《公司社会责任之伦理责任的公司法审视》，载《郑州大学学报》（哲学社会科学版）2010年第1期。

[118] 薛生全：《公司目标二元论——兼论我国现代公司的社会责任》，载《法学杂志》2010年第12期。

[119] 郑在义：《企业社会责任的商法考量——中国法学会商法学研究会2009年年会综述》，载《国家检察官学院学报》2010年第2期。

[120] 雷兴虎、刘斌：《强化公司社会责任的最佳途径》，载《西南政法大学学报》2010年第5期。

[121] 傅穹：《公司社会责任的法律迷思与规制路径》，载《社会科学战线》2010年第1期。

[122] 冯果：《公用企业社会责任论纲——基于法学的维度》，载《社会科学》2010年第2期。

[123] 王丹：《国有企业社会责任特殊性的法学思考》，载《河北法学》2010年第11期。

[124] 颜运秋、彭敏：《公司社会责任法治化研究》，载《经济法论丛》2010年第1期。

[125] 陈颐:《博丹立法主权理论的论证及其意义》，载《比较法研究》2010 年第 1 期。

[126] 罗海盛:《论企业社会责任法制的法理基础》，载《青海社会科学》2011 年第 3 期。

[127] 宁金成、张昱罡:《企业社会责任视域下的公司捐赠问题研究》，载《云南财经大学学报》2011 年第 5 期。

[128] 石云涛:《3—6 世纪的草原丝绸之路》，载《社会科学战线》2011 年第 9 期。

[129] 张千帆:《主权与分权——中央与地方关系的基本理论》，载《国家检察官学院学报》2011 年第 2 期。

[130] 刘萍:《公司社会责任的重新界定》，载《法学》2011 年第 7 期。

[131] 李富民:《公司社会责任理论研究的困境与出路》，载《西南民族大学学报》（人文社会科学版）2011 年第 7 期。

[132] 田春雷:《金融企业社会责任之辩——兼论企业社会责任的异质性与阶段性》，载《武汉大学学报》（哲学社会科学版）2011 年第 6 期。

[133] 王燕莉:《公司社会责任的本土化实现——以〈公司法〉为视角》，载《西南民族大学学报》（人文社会科学版）2011 年第 4 期。

[134] 朱海珅:《日本学者视野里的企业社会责任研究》，载《现代日本经济》2011 年第 5 期。

[135] 谢晖:《地方自治与宪政》，载《行政管理改革》2012 年第 12 期。

[136] 吴冬燕:《论公司社会责任及其规制》，载《政法论丛》

2012 年第 2 期。

[137] 樊涛:《公司社会责任的法律思考》，载《理论月刊》2012 年第 2 期。

[138] 王崇敏、马建兵:《公司社会责任思想在职工民主管理中的理论意义及实践》，载《法学论坛》2012 年第 1 期。

[139] 王艳梅:《企业概念与地位的法律分析》，载《社会科学战线》2012 年第 1 期。

[140] 蔡秉坤、李清宇:《社会责任语境下的企业环境责任研究》，载《青海社会科学》2012 年第 4 期。

[141] 朱海珅:《经济同友会企业社会责任经营理念的演变》，载《日本研究》2012 年第 4 期。

[142] 刘乃梁、肖顺武:《企业社会责任的法律化探究》，载《天津法学》2013 年第 1 期。

[143] 赵莉:《论企业社会责任原则对商法的扩展》，载《法学杂志》2013 年第 9 期。

[144] 吴飞飞:《公司自治与公司社会责任的公司法困境》，载《北京理工大学学报》(社会科学版) 2013 年第 4 期。

[145] 徐强胜、辛世荣:《公司自治与企业社会责任——关于公司法企业社会责任规范的功能与适用》，载《法学杂志》2013 年第 5 期。

[146] 郭爱君、毛锦凰:《丝绸之路经济带: 优势产业空间差异与产业空间布局战略研究》，载《兰州大学学报》(社会科学版) 2014 年第 1 期。

[147] 马永真、梅园:《构建“草原丝绸之路经济带”的若干思考》，载《内蒙古社会科学》(汉文版) 2014 年第 6 期。

[148] 胡鞍钢等:《“丝绸之路经济带”: 战略内涵、定位和实现路径》, 载《新疆师范大学学报》(哲学社会科学版) 2014 年第 2 期。

[149] 王红一:《立法如何创新——对企业社会责任法律化的反思》, 载《中山大学法律评论》2014 年第 4 辑。

[150] 张龑:《论康德的人民主权观及其批判》, 载《人大法律评论》2014 年第 1 辑。

[151] 汤善鹏、严海良:《地方立法不必要重复的认定与应对》, 载《法制与社会发展》2014 年第 4 期。

[152] 杨力:《企业社会责任的制度化》, 载《法学研究》2014 年第 5 期。

[153] 崔建远:《编纂民法典必须摆正几对关系》, 载《清华法学》2014 年第 6 期。

[154] 徐卫东、崔楠:《保险公司社会责任论——公益性本质与社会性经营的法律契合》, 载《法学杂志》2014 年第 3 期。

[155] 张淑芳:《地方立法客体的选择条件及基本范畴研究》, 载《法律科学》2015 年第 1 期。

[156] 潘永建:《企业社会责任视角下公司环境责任之完善》, 载《江西社会科学》2015 年第 5 期。

[157] 王利明:《民商合一体例下我国民法典总则的制定》, 载《法商研究》2015 年第 4 期。

[158] 孙志芳:《法治视域下国有企业践行社会责任研究》, 载《山东社会科学》2015 年第 7 期。

[159] 梁鲜桃:《构建内蒙古“草原丝绸之路经济带”的优势与对策思考》, 载《区域发展》2015 年第 8 期。

[160] 李建伟:《民法总则设置商法规范的限度及其理论解释》,

载《中国法学》2016 年第 4 期。

[161] 刘凯湘：《剪不断，理还乱：民法典制定中民法与商法关系的再思考》，载《环球法律评论》2016 年第 6 期。

[162] 冯帅：《形式维度下的公司社会责任立法：域外模式与中国选择》，载《重庆社会科学》2016 年第 8 期。

[163] 丁祖年、郑春燕：《中国地方立法的现实与转型》，载《地方立法研究》2016 年第 1 期。

[164] 冯洋：《论地方立法权的范围——地方分权理论与比较分析的双重视角》，载《行政法学研究》2017 年第 2 期。

[165] 李淮：《自治立法权的行使现状及对策研究——以广西 12 个自治县自治条例为分析视角》，载《广西民族研究》2017 年第 5 期。

[166] 孔元：《宪法政治话语的历史生成：以博丹为中心的考察》，载《中外法学》2017 年第 6 期。

[167] 张宪丽、高奇琦：《团队生产理论：公司社会责任的理论基础考辩》，载《政法论丛》2017 年第 4 期。

[168] 王敬波：《地方法治政府评估的中国实践》，载《中国法律评论》2017 年第 4 期。

[169] 王敬波：《我国法治政府建设地区差异的定量分析》，载《法学研究》2017 年第 5 期。

[170] 高瑛玮：《印度新公司法社会责任规则评介》，载《人民论坛》2017 年第 4 期（上）。

[171] 赵磊：《民法典编纂中的立法模式悖论》，载《北方法学》2017 年第 3 期。

[172] 谢鸿飞：《营利法人社会责任的法律定性及其实现机制——兼论〈民法总则〉第 86 条对公司社会责任的发展》，载《法治

现代化研究》2017 年第 2 期。

[173] 朱大明：《从公司法的历史沿革探索我国民商法立法模式的选择》，载《南京大学学报》（哲学·人文科学·社会科学）2017 年第 3 期。

[174] 范健：《民法典编纂背景下商事立法体系与商法通则立法研究》，载《中国法律评论》2017 年第 1 期。

[175] 范健：《中国商法四十年（1978—2018）回顾与思考——中国特色市场经济主体与行为制度的形成与发展历程》，载《学术论坛》2018 年第 2 期。

[176] 范健：《从法律认同走向商法趋同——中国"一带一路"倡议下的法律合作路径研究》，载《南京大学学报》（哲学·人文科学·社会科学）2018 年第 5 期。

[177] 范健：《编纂〈中国商法典〉前瞻性思考》，载《广东社会科学》2018 年第 3 期。

[178] 周林彬：《〈民法总则〉制定后完善我国商事立法的必要性与可行性》，载《地方立法研究》2018 年第 2 期。

[179] 华忆昕：《印度强制性企业社会责任立法的中国启示》，载《华中科技大学学报》（社会科学版）2018 年第 3 期。

[180] 华亿昕：《企业社会责任的责任性质与立法选择》，载《南京师大学报》（社会科学版）2018 年第 6 期。

[181] 曲頔：《改革开放四十年地方立法》，载《地方立法研究》2018 年第 6 期。

[182] 唐学亮、王保民：《霍布斯论绝对主权及其挑战》，载《西安交通大学学报》（社会科学版）2018 年第 2 期。

[183] 周天舒：《公司法经济分析的两个维度：产权理论与团队

生产理论》，载《长沙大学学报》2018 年第 4 期。

[184] 朱海珅：《企业社会责任立法研究回顾与展望：基于 1990—2015 年相关文献的研究》，载《法学杂志》2018 年第 11 期。

[185] 范健：《公司法改革中的泛民法化风险——兼谈〈民法总则〉颁布后的〈公司法〉修订》，载《环球法律评论》2019 年第 4 期。

[186] 范健、丁凤玲：《将〈商法通则〉列入全国人大立法规划的建议》，载《上海政法学院学报》（法治论丛）2019 年第 5 期。

[187] 施天涛：《〈公司法〉第 5 条的理想与现实：公司社会责任何以实施?》，载《清华法学》2019 年第 5 期。

[188] 潘红祥：《论民族自治地方自治立法权和地方立法权的科学界分》，载《法学评论》2019 年第 3 期。

[189] 王怡：《社会主义核心价值观如何入法——一个立法学的分析框架》，载《法学》2019 年第 9 期。

[190] 刘志云：《新发展理念与中国金融机构社会责任立法的互动》，载《现代法学》2019 年第 2 期。

[191] 蒋大兴：《〈商法通则〉/〈商法典〉总则的可能体系——为什么我们认为“七编制”是合适的》，载《学术论坛》2019 年第 1 期。

[192] 金仁仙：《中国企业社会责任政策的分析及启示》，载《北京社会科学》2019 年第 8 期。

[193] 原诗萌：《2018 年〈中央企业社会责任蓝皮书〉的新发现》，载《国资报告》2019 年第 1 期。

[194] 刘凯湘：《商事行为理论在商法中的意义与规则建构》，载《法治研究》2020 年第 3 期。

[195] 赵万一:《民商合一体制之困惑思考》, 载《法学杂志》2020年第10期。

四 外文资料

[1]〔日〕占部都美:『経営者』, ダイヤモンド社1956年出版する。

[2]〔日〕中谷哲郎:『社会的責任論の展開—日本経営理念と企業責任』, ミネルヴァ書房1979年出版する。

[3]〔日〕中村美紀子:『企業の社会的責任—法学を中心に』, 中央経済社1997年出版する。

[4]〔日〕古田龍夫:『企業の法律概念の研究』, 東京文化社1987年出版する。

[5]〔日〕森本三男:『企業社会責任の経営学的研究』, 白桃書房1994出版する

[6]〔日〕宇田川勝、中村青志:『日本経営史——江戸前から現在まで』, 1999年版出版する。

[7]〔日〕土屋喬雄:『日本経営理念史』, 麗沢大学出版社2002年出版する。

[8]〔日〕水尾順一:『自己管理の経営倫理』, 千倉書房2003年出版する。

[9]〔日〕水尾順一:『ゼルフガバナンスの経営倫理』, 千倉書房2003年出版する。

[10]〔日〕中村瑞穗:『企業倫理と企業統治—国際比較』, 文眞堂2003出版する。

[11]〔日〕合力知工:『現代経営戦略の論理と展開——持続的

成長のための経営戦略』，同友館2004年出版する。

[12]〔日〕松野弘、堀越芳昭、合力知工：『企業の社会的責任』，ミネルバ書房2006年出版する。

[13]〔日〕葉山彩蘭：『企業市民モデルの構築—新しい企業と社会の関係』，白桃書房2008年出版する。

[14]〔日〕楠茂树：『ハイエク主義の「企業の社会的責任」論』，勁草書房2010出版する。

[15]〔日〕藻利重隆：『経営者支配の経営学の意義』，『経営学論集』1948年第18巻。

[16]〔日〕山城章：『経営の社会的責任』，『経営評論』1949第4巻。

[17]〔日〕高田馨：『経営者の社会的責任』，『産業能率』1950年第11巻。

[18]〔日〕菅谷重平：『「経営者の社会的責任の自覚と実践」について』，『PR』1957。

[19]〔日〕藻利重隆：『経営者の社会的責任とその他の企業の責任および自己責任』，『経営学論集』1959年第5巻。

[20]〔日〕本間幸作：『企業経営者の社会的責任』，『経営学論集」1959年総5巻。

[21]〔日〕高田馨：『経営者の社会的責任』，『経営学論集』1971年総第41巻。

[22]〔日〕桜井克彦：『企業と環境：現代企業の社会的責任』，『経営学論集』1973年総第43巻。

[22]〔日〕影山喜一：『企業の社会的責任論の系譜』，『東京経大学会誌』1991年総第173巻。

[23]〔日〕櫻井克彦:『企業社会責任論と経営学研究』,『経済科学』, 2002 年総第 49 巻 49。

[24]〔日〕九持英司:『わが国における環境? CSR 会計論文の一覧』,『駿河台経済論集』2010 年第 20 巻。

[25] Daniel T. Ostas, "Deconstructing Corporate Social Responsibility: Insights from Legal and Economic Theory", American Business Law Journal, Vol. 38, 2001, pp. 261-299.

[26] Daniel T. Ostas, "Cooperate, Comply, or Evade? A Corporate Executive' s Social Responsibilities with Regard to Law", American Business Law Journal, Vol. 41, Summer 2004, pp. 559-594.

[27] Salam Taman, "The Concept of Corporate Social Responsibility in Islamic Law", Indiana International & Comparative Law Review, Vol. 21, No. 3, 2011, pp. 481-508.

[28] Paul K Shum and Sharon L Yam, "Ethics and Law: Guiding the Invisible Hand to Correct Corporate Social Responsibility Externalities", Journal of Business Ethics, Vol 98, 2011, pp. 549-571.

[29] Llias Bantekas, "Corporate Social Responsibility in International Law", Boston University International Law Journal, Vol 23, 2004, pp. 309-347.

[30] Norm Keith, "Sentencing the Corporate Offender: Form Deterrence to Corporate Social Responsibility", Criminal Law Quarterly, Vol56, 2010, pp. 294-327.

[31] See C. V. Baxi and Ajit Prasad (ed), Corporate Social Responsibility: Concepts and Cases, the Indian Experience, Excel Books, 2005, pp. 5-16.

［32］ R·Kose,“The Nature of the Firm,” Ecnomica, Nov. 1937, p. 388.

［33］ M. Jensen, W. Meckling. Theory of the Firm: Managerial Behavior, Agency Costs and Ownership Structure ［J］. Journal of Financial Economics, 1976, (4). p. 310

［34］ Stefan J. Padfield, “Rehabilitating Concession Theory”, Oklahoma Law Review, Vol. 66, 2014, pp. 1-37.

五 学位论文

［1］ 关海棠:《宪政架构下的地方分权研究——以地方自治为视角》, 吉林大学 2013 年博士学位论文。

［2］ 李婷:《论人民主权思想的发展脉络——从卢梭到马克思》, 南京师范大学 2014 年博士学位论文。

［3］ 李悦:《中央与地方立法分权模式研究——以美洲 35 国宪法文本为样本》, 西南政法大学 2015 年硕士学位论文。

后记

《企业社会责任地方立法研究》一书，从立项、调研、撰写到付梓，历时五年有余。此期间，我有过教学、管理繁重工作的拖累，有过发表相关研究阶段性成果的安慰，有过指导研究生字斟句酌的辛苦，有过发现团队生产理论和企业所有权理论的兴奋。此时此刻，我没有完成研究项目的愉悦之情，倒有几分惴惴不安。因为相比有过硕士生、博士生经历的研究者来讲，我没有受过严格的学术训练，研究企业社会责任问题只是我多年苦苦探索追寻的结果而已。1986 年从内蒙古师范大学思想政治教育本科专业毕业后，一直从事教学工作，讲授了近十年中国革命史课程。是 1989 年一个偶然的机会，开始讲授自学考试经济法课程，1990 年的全国律师资格考试通过后，开始转行从事法律实务和法学教学与研究工作。那时对自己的研究方向懵懵懂懂，完全处于茫然状态。2004 年到南开大学公司治理中心做访问学者，师从我国著名公司治理学家李维安先生，才在先生的指导下确立了公司治理研究方向，并开始专注于研究企业社会责任。2010 年到日本神户大学作高级访问研修，在经营学研究科黄磷教授指导下，对日本企业社会责任进行了全面系统的研究。此期间，主持完成了两项有关企业社会责任研究的省级社科规划项目。

为完成国家社科基金支持的“草原丝绸之路经济带企业社会责任地方立法研究”项目，我几乎走遍了草原丝绸之路经济带的所有地区，东到内蒙古“三少”自治旗，西到新疆阿勒泰地区，到过当地人大和政府访问，到过企业考察，实地查看大气质量、草原沙化、湖泊污染，参与地方立法，指导11名硕士研究生完成了企业社会责任相关问题研究的学位论文。

能够完成书稿撰写，首先感谢我的大学班主任也是我的“马克思主义哲学原理”任课教师朱国红老师，她严谨的授课风格使我对哲学原著产生了浓厚的兴趣，引导我养成了博览群书的习惯和哲学的思辨思维。感谢我的大学“政治经济学”授课恩师汤贡亮先生，他在我的“如诗年华”大学毕业纪念册上“伟大的事业需要哲学家的头脑、创造力、组织才干和求实精神，努力啊！海珅!”的留言，让我永远刻骨铭记在心，一直鞭策着我勤奋努力。感谢内蒙古科技大学领导和同事们的支持，特别感谢内蒙古科技大学经济与管理学院时任院长张璞教授，派我去南开大学做访问学者，给了我进入研究公司治理领域的平台；自己放弃去日本访学，给了我学习日本学者严谨治学态度和研究方法的机会；他对工作的执着和做人的宽容，给了我深刻的人生启迪，使我受益终生。感谢李永林教授，给我在题目选择、项目论证上的指点。感谢李诚予博士在书稿定稿时的有益建议。感谢社会科学文献出版社编辑在审稿、出版方面给予的大力支持。

本书撰写过程中，是老伴退休后先后考取招标师、注册监理师、专利代理师的勤奋，激励着我完成项目研究。本书定稿时，恰遇世界上出现新冠疫情这一突发公共卫生事件，我专注于书稿定稿时，是儿子朱静远同学（复旦大学在读博士生）一边忙于博士学位论文定稿，一边忙于同济大学实验室建设规划设计，还帮我翻译英文、修改格式，与他妈妈一道准备精致可口的一日三餐。这种精神激励和物质保障，让我享受到了家庭的温馨，也将会激励我在今后的教学和研究工作中继续砥砺前行。

感谢所有关心、支持和帮助我的人，我将铭记在心，并化作我努力和前行的动力，继续为党的高等教育事业奋斗终身。

由于研究水平所限，本书难免有疏漏之处，还请读者们不吝赐教。

朱海珅

2021 年 2 月于明德楼

图书在版编目（CIP）数据

企业社会责任地方立法研究：以草原丝绸之路经济带为例 / 朱海珅著. -- 北京：社会科学文献出版社，2021.9

ISBN 978-7-5201-9061-9

Ⅰ.①企… Ⅱ.①朱… Ⅲ.①企业责任-社会责任-立法-研究-中国 Ⅳ.①D922.291.914

中国版本图书馆 CIP 数据核字（2021）第 186514 号

企业社会责任地方立法研究

——以草原丝绸之路经济带为例

著　　者 / 朱海珅

出 版 人 / 王利民
组稿编辑 / 宋月华
责任编辑 / 韩莹莹
文稿编辑 / 孙以年
责任印制 / 王京美

出　　版 / 社会科学文献出版社 · 人文分社（010）59367215
地址：北京市北三环中路甲 29 号院华龙大厦　邮编：100029
网址：www.ssap.com.cn
发　　行 / 市场营销中心（010）59367081　59367083
印　　装 / 三河市龙林印务有限公司

规　　格 / 开　本：787mm × 1092mm　1/16
印　张：28.5　字　数：367 千字
版　　次 / 2021 年 9 月第 1 版　2021 年 9 月第 1 次印刷
书　　号 / ISBN 978-7-5201-9061-9
定　　价 / 168.00 元

本书如有印装质量问题，请与读者服务中心（010-59367028）联系